Fiches détachables tout-en-un

Objectif BREVET 3e

W0201441

Maths
Nicolas CLAMART

Physique-Chimie-Technologie
Sébastien DESSAINT

SVT
Malorie GORILLOT

Français
Isabelle de LISLE

Histoire-Géographie-EMC
Richard BASNIER

hachette
ÉDUCATION

Pour réviser efficacement le Brevet !

Des fiches synthétiques et complètes

Des fiches détachables, à emporter partout

Le cours, clairement présenté

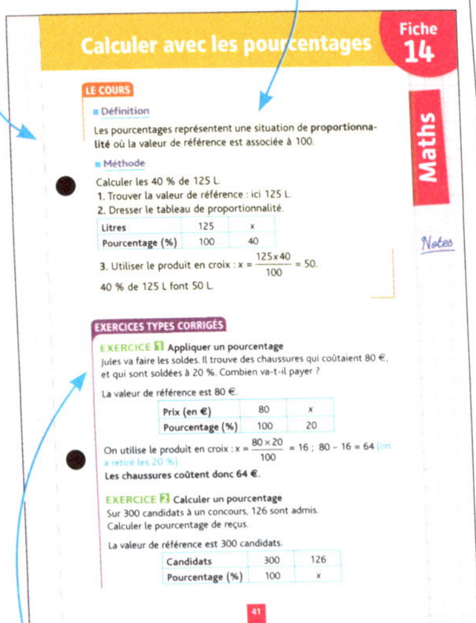

Calculer avec les pourcentages

Fiche 14

Maths

LE COURS

Définition

Les pourcentages représentent une situation de **proportionnalité** où la valeur de référence est associée à 100.

Méthode

Calculer les 40 % de 125 L.

1. Trouver la valeur de référence : ici 125 L.
2. Dresser le tableau de proportionnalité.

Litres	125	x
Pourcentage (%)	100	40

3. Utiliser le produit en croix : $x = \frac{125 \times 40}{100} = 50$.

40 % de 125 L font 50 L.

Notes

EXERCICES TYPES CORRIGÉS

EXERCICE 1 **Appliquer un pourcentage**

Jules va faire les soldes. Il trouve des chaussures qui coûtaient 80 €, et qui sont soldées à 20 %. Combien va-t-il payer ?

La valeur de référence est 80 €.

Prix (en €)	80	x
Pourcentage (%)	100	20

On utilise le produit en croix : $x = \frac{80 \times 20}{100} = 16$; $80 - 16 = 64$ (on a retiré les 20 %).

Les chaussures coûtent donc 64 €.

EXERCICE 2 **Calculer un pourcentage**

Sur 300 candidats à un concours, 126 sont admis. Calculer le pourcentage de reçus.

La valeur de référence est 300 candidats.

Candidats	300	126
Pourcentage (%)	100	x

41

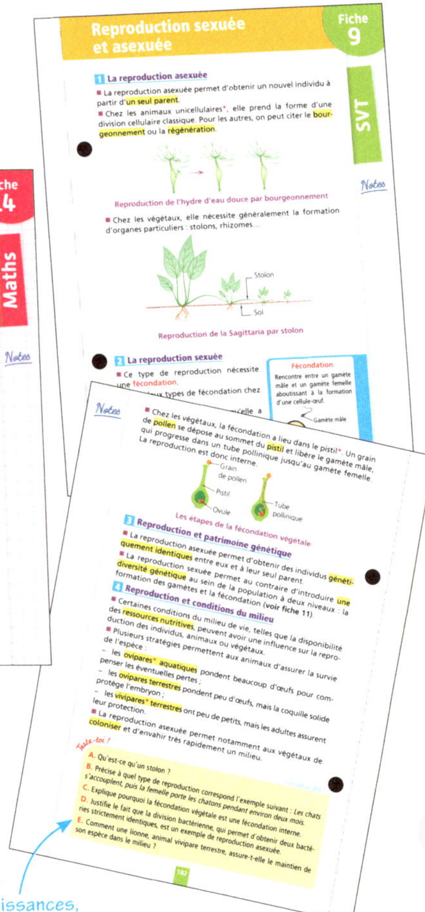

Reproduction sexuée et asexuée

Fiche 9

SVT

1 La reproduction asexuée

■ La reproduction asexuée permet d'obtenir un nouvel individu à partir d'un seul parent.

■ Chez les animaux unicellulaires*, elle prend la forme d'une division cellulaire classique. Pour les autres, on peut citer le bourgeonnement ou la régénération.

Reproduction de l'hydre d'eau douce par bourgeonnement

■ Chez les végétaux, elle nécessite généralement la formation d'organes particuliers : stolons, rhizomes…

Reproduction de la Sagittaria par stolon

Notes

2 La reproduction sexuée

■ Ce type de reproduction nécessite une fécondation.

Fécondation

Rencontre entre un gamète mâle et un gamète femelle aboutissant à la formation d'une cellule-œuf.

Notes

■ Chez les végétaux, la fécondation a lieu dans le pistil*. Un grain de pollen se dépose au sommet du pistil et libère le gamète mâle, qui progresse dans un tube pollinique jusqu'au gamète femelle. La reproduction est donc interne.

Les étapes de la fécondation végétale

3 Reproduction et patrimoine génétique

■ La reproduction asexuée permet d'obtenir des individus génétiquement identiques entre eux et à leur seul parent.

■ La reproduction sexuée permet au contraire d'introduire une diversité génétique au sein de la population à deux niveaux : la formation des gamètes et la fécondation (**voir fiche 11**).

4 Reproduction et conditions du milieu

■ Certaines conditions du milieu de vie, telles que la disponibilité des ressources nutritives, peuvent avoir une influence sur la reproduction des individus, animaux ou végétaux.

■ Plusieurs stratégies permettent aux animaux d'assurer la survie de l'espèce :

– les ovipares* aquatiques pondent beaucoup d'œufs pour compenser les éventuelles pertes ;

– les ovipares terrestres pondent peu d'œufs, mais la coquille solide protège l'embryon ;

– les vivipares* terrestres ont peu de petits, mais les adultes assurent leur protection.

■ La reproduction asexuée permet notamment aux végétaux de coloniser et d'envahir très rapidement un milieu.

Teste-toi !

A. Qu'est-ce qu'un stolon ?

B. Précise à quel type de reproduction correspond l'exemple suivant : *Les chats s'accouplent, puis la femelle porte les chatons pendant environ deux mois.*

C. Explique pourquoi la fécondation végétale est une fécondation interne.

D. Justifie le fait que la division bactérienne, qui permet d'obtenir deux bactéries strictement identiques, est un exemple de reproduction asexuée.

E. Comment une lionne, animal vivipare terrestre, assure-t-elle le maintien de son espèce dans le milieu ?

182

Des exercices types du nouveau brevet entièrement corrigés et commentés

Des questions-tests pour valider les connaissances, et tous leurs corrigés

Auteur du dépliant
Isabelle de Lisle
Réactualisation de la partie Histoire-Géographie-EMC : Laurent Bonnet

Réalisation
Schémas : Lasergraphie (maths et sciences) et Soft Office (sciences)
Mise en pages : Médiamax
Couverture : Stéphanie Benoit

www.hachette-education.com
ISBN : 978-2-01-701343-3

Sommaire général

MATHS

PHYSIQUE-CHIMIE – TECHNOLOGIE

SVT

FRANÇAIS

HISTOIRE-GÉOGRAPHIE-EMC

L'épreuve écrite 1 : mathématiques, physique-chimie, SVT et technologie

Nature de l'épreuve : **épreuve écrite.**
Deux parties : la première est consacrée aux mathématiques, la seconde aux deux disciplines choisies pour la session d'examen.

Durée : 3 heures.
- Première partie : **2 heures.**
- Seconde partie : **1 heure** (30 min par discipline).

Les deux parties de l'épreuve sont séparées par une **pause de 15 minutes.**

Barème : **notation sur 100.**
- Première partie : **50 points** (dont 5 : présentation de la copie et qualité de l'expression écrite).
- Seconde partie : **50 points** (dont 5 : présentation de la copie et qualité de l'expression écrite).

1 Structure de l'épreuve

- L'épreuve se compose de **deux parties, séparées par une pause de quinze minutes.**
- Une **première partie**, d'une durée de **deux heures**, porte sur le programme de **mathématiques**. Elle permet l'évaluation de la maîtrise des compétences « chercher », « modéliser », « représenter », « raisonner », « calculer » et « communiquer », telles que définies dans le programme de mathématiques du cycle 4.
- Une **seconde partie**, d'une durée d'**une heure**, porte sur les programmes de **physique-chimie, SVT et technologie**. Pour chaque session de l'examen, le **choix des deux disciplines** concernées est opéré par la commission nationale d'élaboration des sujets. Pour les candidats de série professionnelle, ce choix tient compte des spécificités des classes de troisième préparatoires à l'enseignement professionnel, des classes des sections d'enseignement général et professionnel adapté et des classes de troisième de l'enseignement agricole.
- Pour la deuxième partie de l'épreuve, le sujet se compose, pour chaque discipline, d'un ou plusieurs exercices d'une durée de trente minutes répartis en deux sous-parties. L'identité disciplinaire des exercices de chaque sous-partie est précisée afin de permettre une correction distincte.
- Le sujet de cette première épreuve comporte obligatoirement au moins un exercice d'algorithmique ou de programmation sur l'ensemble des exercices.

• Une **seconde partie**, d'une durée de **une heure et cinquante minutes**, porte principalement sur la capacité des candidats à rédiger un texte long. 20 minutes sont réservées à la dictée et 1 heure 30 minutes à la rédaction.

2 Modalités de l'épreuve

Première partie de l'épreuve

La première partie porte sur l'analyse et la compréhension de textes et documents. Elle se déroule le matin et est divisée en **deux périodes** : la première consacrée à l'histoire, la géographie et l'enseignement moral et civique (EMC) ; la seconde au français.

• La **première période** se compose de plusieurs exercices ; il y a notamment :
– des questions permettant de comprendre et d'analyser des documents variés d'histoire ou de géographie ;
– la rédaction d'un texte structuré et de longueur adaptée, en réponse à une question d'histoire ou de géographie ; ou la réalisation d'une frise, d'un schéma, d'un croquis…
– une ou plusieurs questions relevant de l'enseignement moral et civique.

• La **seconde période** se compose de questions portant sur un texte littéraire. Elle comporte également un exercice de réécriture qui consiste en un fragment de texte dont il faut transformer les temps, les personnes, les genres…

Seconde partie de l'épreuve

La seconde partie, l'après-midi, évalue votre maîtrise de l'orthographe (dictée) et votre capacité à rédiger un texte long sur un des deux sujets au choix – imagination ou réflexion.

– Le thème de la dictée est en lien avec le corpus de français ; son niveau de difficulté est conforme aux attentes orthographiques des programmes.

– Le texte rédigé doit être d'une longueur de deux pages au moins (environ trois cents mots) et cohérent. Ce texte doit être construit et respecter les principales normes de la langue écrite.

Vous avez le droit de consulter un dictionnaire que vous devez apporter.

3 Évaluation de l'épreuve

La maîtrise de la langue française à l'écrit est évaluée par des exercices différents dans chacune des deux parties, mais principalement dans la seconde consacrée à l'écrit sous différentes formes.

L'ensemble de l'épreuve est noté sur 100 points ainsi répartis :
– première partie d'épreuve : **70 points** distribués entre la première période (50 points) portant sur l'histoire, la géographie et l'EMC et la seconde période (25 points) sur le français ;
– seconde partie d'épreuve : **25 points**, dont 5 points pour la dictée et 20 points pour la rédaction.

Maths

Sommaire

NOMBRES ET CALCULS

ORGANISATION ET GESTION DE DONNÉES, FONCTIONS

Proportionnalité

Statistiques

Probabilités

Fonctions

Maths

Notes

Notes

ESPACE ET GÉOMÉTRIE

GRANDEURS ET MESURES

ALGORITHMIQUE ET PROGRAMMATION

MÉTHODES DE RÉSOLUTION DE PROBLÈMES

Diviseurs, multiples, simplification de fractions

Fiche 1

Maths

Notes

LE COURS

Vocabulaire

Si on a l'égalité suivante : $a = b \times c$ avec *a*, *b* et *c* qui sont des nombres entiers, alors on dit que :
– *a* est un **multiple** de *b* et de *c* ;
– *b* et *c* sont des **diviseurs** de *a* ;
– *a* est **divisible** par *b* et par *c*.

Nombre premier

Un nombre entier est dit **premier** si ses seuls diviseurs sont 1 et lui-même.

Ex. : 5 est un nombre premier, il n'est divisible que par 1 et 5.
21 n'est pas un nombre premier, car il est multiple de 3.

Critères de divisibilité

Un **nombre entier est divisible** par :
– **2** si son chiffre des unités est 0, 2, 4, 6 ou 8 (nombres pairs) ;
– **3** si la somme des chiffres qui composent le nombre est divisible par 3 ;
– **5** si son chiffre des unités est 0 ou 5.

Ex. : 643 n'est pas divisible par 3, car $6 + 4 + 3 = 13$ qui n'est pas divisible par 3.

Applications

Décomposition en facteurs premiers

Décomposer un nombre en facteurs premiers, c'est l'écrire sous la forme d'un produit de nombres premiers. Pour décomposer un nombre en facteurs premiers, on utilise les critères de divisibilité par 2, puis par 5 (qui sont les plus simples) et enfin par 3.

Ex. : 24 se termine par 4, il est donc divisible par 2. $24 \div 2 = 12$.
12 est aussi divisible par 2 ; de même $6 \div 2 = 3$. On obtient : $24 = 2 \times 2 \times 2 \times 3$ qui est la décomposition de 24 en facteurs premiers.

Simplifier le dénominateur d'une fraction

On ne change pas la valeur d'une fraction en **multipliant** ou en **divisant** son numérateur et son dénominateur par un même nombre.

Notes

- Simplifier par **divisions**, en utilisant les critères de divisibilité.

Ex. : $\frac{12}{18}=\frac{12\div 2}{18\div 2}=\frac{6}{9}=\frac{6\div 3}{9\div 3}=\frac{2}{3}$. La fraction est simplifiée au maximum, elle est **irréductible.**

- Simplifier par **décomposition en facteurs premiers**.

Ex. : $\frac{12}{18}=\frac{2\times 2\times 3}{2\times 3\times 3}=\frac{\textcircled{2}\times 2\times \textcircled{3}}{\textcircled{2}\times 3\times \textcircled{3}}=\frac{2}{3}$. On a enlevé les facteurs communs au numérateur et au dénominateur.

EXERCICES TYPES CORRIGÉS

EXERCICE 1 Vrai ou faux ?

1. 4 est un multiple de 20.
2. 15 est un multiple de 3.
3. 30 divise 5.
4. 18 est divisible par 3.

1. Faux, 20 est un multiple de 4.
2. Vrai.
3. Faux, 5 divise 30.
4. Vrai.

EXERCICE 2 Les nombres 43 et 75 sont-ils premiers ?

On divise 43 par les nombres premiers : 2, 3, 5, 7... On cherche un quotient entier.

$43 \div 2 = 21{,}5$; $43 \div 3 \approx 14{,}3$; $43 \div 5 = 8{,}6$; $43 \div 7 \approx 6{,}1$.

Le quotient est plus petit que le diviseur, on s'arrête. Le quotient doit être entier. Plus on divise par un grand nombre, plus le quotient diminue, et on a déjà divisé par les nombres premiers plus petits que 7 sans succès. **43 est donc un nombre premier.**

75 est divisible par 5, car son chiffre des unités est 5. **75 n'est pas un nombre premier.**

EXERCICE 3 Décomposer 135 en facteurs premiers.

On commence par le critère le plus évident, ici 5, $135 \div 5 = 27$, puis, 27 étant divisible par 3, on a $27 \div 3 = 9$; $9 \div 3 = 3$.

Ainsi $\mathbf{135 = 3 \times 3 \times 3 \times 5}$.

EXERCICE 4 Rendre irréductible les fractions : $\frac{42}{48}$ et $\frac{32}{48}$.

Par divisions : $\frac{42}{48}=\frac{42\div 2}{48\div 2}=\frac{21}{24}=\frac{21\div 3}{24\div 3}=\frac{7}{8}$.

Par décomposition : $\frac{32}{48}=\frac{\textcircled{2}\times\textcircled{2}\times\textcircled{2}\times\textcircled{2}\times 2}{\textcircled{2}\times\textcircled{2}\times\textcircled{2}\times\textcircled{2}\times 3}=\frac{2}{3}$.

Calculs sur les nombres relatifs

Fiche 2

Maths

LE COURS

Addition et soustraction

Règle des signes

Quand deux signes se suivent, on applique la règle suivante pour enlever les parenthèses :

– – est remplacé par + ; + + est remplacé par + ;

+ – est remplacé par – ; – + est remplacé par –.

Ex. : – (– 3) = + 3 ; + (– 7) = – 7 ; – (+ 12) = – 12.

Méthode

Pour effectuer les additions et soustractions, on va d'abord enlever les parenthèses en suivant la règle des signes, puis on calcule selon deux cas.

• Mêmes signes : on garde le signe commun et on additionne les parties numériques.

Ex. : (– 5) + (– 12) = – 5 – 12 = – 17 ;
– (– 7) + (+ 9) = + 7 + 9 = + 16.

• Signes contraires : on garde le signe du nombre ayant la plus grande partie numérique et on soustrait les parties numériques.

Ex. : (– 8) – (– 5) = – 8 + 5 = – 3 ; – (– 13) – (+ 4) = + 13 – 4 = + 9.

Remarque : (+ 5) = 5, on peut enlever le signe + s'il est au début du calcul.

Multiplication et division

• La partie numérique est obtenue en effectuant l'opération sur les parties numériques, sans tenir compte du signe.

• Le signe du résultat est obtenu par la **règle des signes**.

Ex. : (+ 5) × (– 4) = – 20 car – + est remplacé par – et 5 × 4 = 20.
(– 8) × (– 3) = 24 car – – est remplacé par + et 8 × 3 = 24.
(– 9) ÷ 6 = – 1,5 car – + est remplacé par – et 9 ÷ 6 = 1,5.

Enchaînement d'opérations

Il faut respecter l'ordre suivant :

– effectuer les calculs entre parenthèses,

– effectuer les multiplications et les divisions de la gauche vers la droite,

Notes

Notes

– effectuer les additions et soustractions de la gauche vers la droite.

Ex. : $-4+\boxed{5\times(-2)}=-4\boxed{+(-10)}=-4-10=-14$.

$3-(\boxed{2\times(-3)}-\boxed{16\div(-4)})=3-(-6\boxed{-(-}4))$
$=3-(-6+4)$
$=3\boxed{-(-}2)=3+2=5$.

Encadrer le calcul à effectuer permet de savoir exactement ce qu'on a pris en compte et de bien respecter les priorités.

EXERCICES TYPES CORRIGÉS

EXERCICE 1 Additions et soustractions

Effectuer les calculs suivants : $A=+9-(-4)+(-2)$; $B=-3-5+2$.

Effectuer les calculs de gauche à droite.

A $=+9\boxed{-(-}4)\boxed{+(-}2)=\boxed{9+4}-2=13-2=\mathbf{11}$.

B $=\boxed{-3-5}+2=-8+2=\mathbf{-6}$.

EXERCICE 2 Multiplications et divisions

Effectuer les calculs suivants :

$A=(-2)\times6\div3$; $B=-8\div(-2)\times5$; $C=-3\times(-2)\times(-7)$.

A $=\boxed{(-2)\times6}\div3=-12\div3=\mathbf{-4}$. Effectuer les calculs de gauche à droite.

B $=\boxed{-8\div(-2)}\times5=4\times5=\mathbf{20}$.

C $=\boxed{-3\times(-2)}\times(-7)=6\times(-7)=\mathbf{-42}$.

EXERCICE 3 Enchaînements d'opérations

Effectuer les calculs suivants :

$A=-3\times2-5\times3$; $B=-18\div3-5-(-4)\times(-3)$;

$C=(3-5\times(-2)-1)+15\div(-2-3)$.

A $=\boxed{-3\times2}-\boxed{5\times3}=-6-15=\mathbf{-21}$.

B $=\boxed{-18\div3}-5-\boxed{(-4)\times(-3)}=-6-5\boxed{-(+}12)=\boxed{-6-5}-12$
$=-11-12=\mathbf{-23}$.

C $=(3-\boxed{5\times(-2)}-1)+15\div\boxed{(-2-3})$
$=(3\boxed{-(-}10)-1)+\boxed{15\div(-5)}$
$=(\boxed{3+10}-1)+(-3)=\boxed{(13-1)}-3=12-3=\mathbf{9}$.

Différentes représentations des nombres

Fiche 3

Maths

Notes

LE COURS

Nombres rationnels

• Un nombre rationnel s'écrit sous la forme $\frac{a}{b}$ avec a et b qui sont des nombres entiers relatifs. b doit être différent de zéro. Ce sont les **fractions**.

Ex. : La barre de fraction représente une division, on a donc $\frac{3}{2} = 3 \div 2 = 1{,}5$.

• Les fractions étant des divisions, on peut utiliser la règle des signes s'il y a plusieurs signes sur une fraction : $\frac{-7}{-5} = \frac{7}{5}$ car – – est remplacé par +. De même, on aura : $\frac{4}{(-3)} = \frac{-4}{3} = -\frac{4}{3}$.

• Il faut placer dès que possible le signe moins au numérateur pendant les calculs, et devant la fraction à la fin.

Comparer des nombres rationnels

• Pour comparer deux fractions, il suffit qu'elles aient le même dénominateur. Les fractions sont alors dans le même ordre que leurs numérateurs.

• Pour que les fractions aient le même dénominateur, on multiplie les dénominateurs entre eux. On fait la même opération sur les numérateurs pour garder la même valeur à chaque fraction :

Ex. : $\frac{2}{7}$ et $\frac{3}{8}$. $\frac{2}{7} = \frac{2 \times 8}{7 \times 8} = \frac{16}{56}$ et $\frac{3}{8} = \frac{3 \times 7}{8 \times 7} = \frac{21}{56}$, donc $\frac{2}{7} < \frac{3}{8}$.

• Une fraction est **inférieure à 1** si son numérateur est inférieur à son dénominateur. Une fraction est **supérieure à 1**, si son numérateur est supérieur à son dénominateur.

Ex. : $\frac{3}{5} < 1$ car $3 < 5$; $\frac{17}{16} > 1$ car $17 > 16$.

Racine carrée

La racine carrée d'une nombre positif, a, est le nombre positif, noté $\sqrt{a}$, qui, élevé au carré, donne a. Autrement dit : $\sqrt{a}^2 = a$.

Ex. : $\sqrt{9} = 3$ car $3^2 = 9$. C'est l'inverse du carré.

Notes

• Il faut connaître par cœur les douze premiers carrés et les racines carrées correspondantes.

$\sqrt{1}=1$; $\sqrt{4}=2$; $\sqrt{9}=3$; $\sqrt{16}=4$; $\sqrt{25}=5$; $\sqrt{36}=6$; $\sqrt{49}=7$; $\sqrt{64}=8$; $\sqrt{81}=9$; $\sqrt{100}=10$; $\sqrt{121}=11$; $\sqrt{144}=12$.

EXERCICES TYPES CORRIGÉS

EXERCICE 1 Écrire sous la forme fractionnaire les nombres suivants : 1,2 ; 24,5 ; 0,4.

$\mathbf{1{,}2}=\dfrac{12}{10}=\dfrac{12\div 2}{10\div 2}=\mathbf{\dfrac{6}{5}}$. $\mathbf{24{,}5}=\dfrac{245}{10}=\dfrac{245\div 5}{10\div 5}=\mathbf{\dfrac{49}{2}}$.

$\mathbf{0{,}4}=\dfrac{4}{10}=\dfrac{4\div 2}{10\div 2}=\mathbf{\dfrac{2}{5}}$.

EXERCICE 2 Ranger dans l'ordre croissant les fractions suivantes :
$\dfrac{3}{5}$; $\dfrac{2}{7}$; $\dfrac{6}{5}$; 1 ; $\dfrac{3}{4}$; $\dfrac{1}{2}$.

On voit tout d'abord que $\dfrac{6}{5}$ est la seule fraction supérieure à 1.

On multiplie le dénominateur des autres fractions pour qu'elles aient toutes le même dénominateur : $\dfrac{3}{5}=\dfrac{3\times7\times4}{5\times7\times4}=\dfrac{84}{140}$;
$\dfrac{2}{7}=\dfrac{2\times5\times4}{7\times5\times4}=\dfrac{40}{140}$; $\dfrac{3}{4}=\dfrac{3\times7\times5}{4\times7\times5}=\dfrac{105}{140}$; $\dfrac{1}{2}=\dfrac{1\times7\times5\times2}{2\times7\times5\times2}=\dfrac{70}{140}$.

Le classement dans l'ordre croissant est $\mathbf{\dfrac{2}{7}<\dfrac{1}{2}<\dfrac{3}{5}<\dfrac{3}{4}<1<\dfrac{6}{5}}$.

EXERCICE 3 Encadrer $\dfrac{17}{5}$ par deux entiers consécutifs.

On utilise la division euclidienne :
$17 = 3\times5+2$, donc $\dfrac{17}{5}=\dfrac{3\times5+2}{5}=3+\dfrac{2}{5}$. **Ainsi** $\mathbf{3<\dfrac{17}{5}<4}$.

EXERCICE 4 Encadrer $\sqrt{20}$ au dixième près.

Il faut tout d'abord encadrer 20 par deux carrés parfaits consécutifs. On trouve $16<20<25$, donc $4<\sqrt{20}<5$. On calcule alors les carrés de 4,1 ; 4,2... pour trouver un carré plus petit que 20 et le suivant, plus grand que 20.

$4{,}4^2=19{,}36$ et $4{,}5^2=20{,}25$ donc $\mathbf{4{,}4<\sqrt{20}<4{,}5}$ est un encadrement au dixième près de $\sqrt{20}$.

Calculer avec les fractions

Fiche 4

Maths

LE COURS

Addition et soustraction

• Pour additionner ou soustraire deux fractions, il faut les réduire au même dénominateur.

• Pour réduire au même dénominateur, il suffit de multiplier les dénominateurs entre eux et de faire aussi l'opération sur les numérateurs.

Ex. : $A = \frac{5}{2} + \frac{4}{3}$ $\quad A = \frac{5}{2} + \frac{4}{3} = \frac{5 \times 3}{2 \times 3} + \frac{4 \times 2}{3 \times 2} = \frac{15 + 8}{6} = \frac{23}{6}$.

Multiplication et division

• Pour **multiplier** deux fractions, on multiplie les numérateurs entre eux et les dénominateurs entre eux.

Ex. : $A = \frac{-6}{7} \times \left(-\frac{5}{4}\right)$.

On met le signe au numérateur pendant le calcul.

$$A = \frac{-6}{7} \times \left(-\frac{5}{4}\right) = \frac{-6 \times (-5)}{7 \times 4} = \frac{30}{28} = \frac{30 \div 2}{28 \div 2} = \frac{15}{14}.$$

• Pour **diviser** par $\frac{a}{b}$, on multiplie par l'inverse, c'est-à-dire $\frac{b}{a}$.

Ex. : $A = \frac{3}{5} \div \left(-\frac{3}{4}\right)$. On garde le signe au numérateur en inversant.

$$A = \frac{3}{5} \div \left(-\frac{3}{4}\right) = \frac{3}{5} \times \left(\frac{-4}{3}\right) = \frac{3 \times (-4)}{5 \times 3} = \frac{-12}{15} = \frac{-12 \div 3}{15 \div 3} = -\frac{4}{5}.$$

Enchaînements d'opérations

On respecte l'ordre suivant :

– effectuer les calculs entre parenthèses,

– effectuer les multiplications et les divisions de la gauche vers la droite,

– effectuer les additions et soustractions de la gauche vers la droite.

Ex. : $A = \frac{2}{3} - \frac{4}{5} \times \left(\frac{1}{2} - \frac{1}{3}\right)$.

$$A = \frac{2}{3} - \frac{4}{5} \times \left(\frac{1}{2} - \frac{1}{3}\right) = \frac{2}{3} - \frac{4}{5} \times \left(\frac{1 \times 3}{2 \times 3} - \frac{1 \times 2}{3 \times 2}\right)$$

Notes

Notes

$$A = \frac{2}{3} - \frac{4}{5} \times \left(\frac{3-2}{6}\right) = \frac{2}{3} - \frac{4}{5} \times \left(\frac{1}{6}\right) = \frac{2}{3} - \frac{4}{30}$$

$$A = \frac{2 \times 10}{3 \times 10} - \frac{4}{30} = \frac{20}{30} - \frac{4}{30} = \frac{16}{30} = \frac{16 \div 2}{30 \div 2} = \frac{8}{15}.$$

$3 \times 10 = 30$, donc on n'est pas obligé de multiplier les deux fractions.

EXERCICES TYPES CORRIGÉS

EXERCICE 1 Calculer :

$$A = -\frac{7}{2} - \frac{-5}{8} \; ; \quad B = \frac{6}{5} - \frac{3}{2} \times \frac{-4}{7} \; ; \quad C = \frac{-4}{3} - \left(\frac{2}{5} \div \frac{-3}{4} - \frac{2}{3}\right).$$

$$\mathbf{A} = -\frac{7}{2} - \frac{-5}{8} = \frac{-7 \times 4}{2 \times 4} - \frac{-5}{8} = \frac{-28}{8} - \frac{-5}{8} = -\mathbf{\frac{23}{8}}.$$

$2 \times 4 = 8$ donc on peut ne changer que cette fraction.

$$\mathbf{B} = \frac{6}{5} - \frac{3}{2} \times \frac{-4}{7} = \frac{6}{5} - \frac{3 \times (-4)}{2 \times 7} = \frac{6}{5} - \frac{-12}{14} = \frac{6 \times 14}{5 \times 14} - \frac{-12 \times 5}{14 \times 5}$$

$$= \frac{84 - (-60)}{70} = \frac{84 + 60}{70} = \frac{144}{70} = \frac{77}{35} = \mathbf{\frac{11}{5}}.$$

$$\mathbf{C} = \frac{-4}{3} - \left(\frac{2}{5} \div \frac{-3}{4} - \frac{2}{3}\right) = \frac{-4}{3} - \left(\frac{2}{5} \times \frac{-4}{3} - \frac{2}{3}\right) = \frac{-4}{3} - \left(\frac{-8}{15} - \frac{2}{3}\right)$$

$$= \frac{-4}{3} - \left(\frac{-8}{15} - \frac{2 \times 5}{3 \times 5}\right) = \frac{-4}{3} - \left(\frac{-8 - 10}{15}\right) = \frac{-4}{3} - \left(\frac{-18}{15}\right)$$

$$= \frac{-4 \times 5}{3 \times 5} - \left(\frac{-18}{15}\right) = \frac{-20 - (-18)}{15} = \frac{-20 + 18}{15} = -\mathbf{\frac{2}{15}}.$$

EXERCICE 2 Calculer l'aire du triangle suivant :

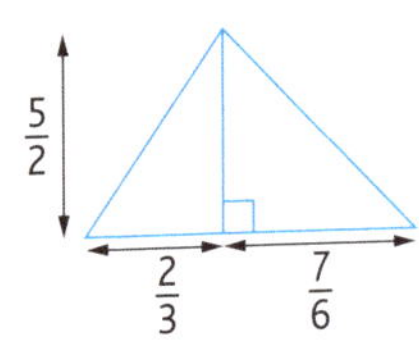

L'aire du triangle est $\frac{b \times h}{2}$ donc :

$$\mathbf{Aire} = \left(\frac{2}{3} + \frac{7}{6}\right) \times \frac{5}{2} \div 2 = \left(\frac{2 \times 2}{3 \times 2} + \frac{7}{6}\right) \times \frac{5}{2} \times \frac{1}{2}$$

$$= \left(\frac{4+7}{6}\right) \times \frac{5}{2} \times \frac{1}{2} = \frac{11}{6} \times \frac{5}{2} \times \frac{1}{2} = \mathbf{\frac{55}{24}}.$$

L'inverse de 2 ou $\frac{2}{1}$ est $\frac{1}{2}$.

Puissances d'un nombre, puissances de 10

Fiche 5

Maths

Notes

LE COURS

Puissances d'un nombre

Pour calculer a^n, c'est-à-dire le nombre *a* à la puissance *n*, on multiplie *a* par lui-même *n* fois.

$\mathbf{a^n = a \times a \times a ... \times a}$ avec *n* facteurs *a* (*n* est un entier relatif).

Ex. : $(-3)^4 = (-3) \times (-3) \times (-3) \times (-3) = 81$;
$-3^4 = -3 \times 3 \times 3 \times 3 = -81$

L'exposant ne s'applique qu'au nombre et pas au signe, sauf si celui-ci est à l'intérieur des parenthèses.

Propriétés

- $a^n \times a^m = a^{n+m}$ *Ex.* : $2^2 \times 2^3 = (2 \times 2) \times (2 \times 2 \times 2) = 2^{2+3} = 2^5$.
- $\dfrac{a^n}{a^m} = a^{n-m}$ et $a^{-n} = \dfrac{1}{a^n}$ • $a^0 = 1$ • $(a^n)^m = a^{n \times m}$

Ex. : $\dfrac{7^3}{7^5} = \dfrac{7 \times 7 \times 7 \times 1}{7 \times 7 \times 7 \times 7 \times 7} = \dfrac{1}{7^2} = 7^{3-5} = 7^{-2}$.

$(2^3)^2 = (2 \times 2 \times 2) \times (2 \times 2 \times 2) = 2^{3+3} = 2^{3 \times 2} = 2^6$.

Puissances de 10

$\mathbf{10^n = 10000...00}$. Il y a *n* zéros.

$\mathbf{10^{-n} = 0{,}000...001}$. Il y a *n* chiffres après la virgule.

Ex. : $10^5 = 100000$; $10^{-3} = 0{,}001$.

- Passer de l'écriture avec exposant à l'écriture décimale.

Ex. : $120 \times 10^3 = 120 \times 1\,000 = 120\,000$.
$451 \times 10^{-5} = 0{,}00451$ car il faut 5 chiffres après la virgule.

- L'**écriture scientifique** d'un nombre est donnée par l'expression : **$a \times 10^n$ où $1 \leq a < 10$ et *n* est un entier relatif.**

Ex. : $0{,}41 \times 10^3$ n'est pas une écriture scientifique car 0 ne peut pas être le premier chiffre. L'écriture scientifique est ici $4{,}1 \times 10^2$. Le nombre *a* n'a qu'un chiffre (différent de zéro) avant la virgule.

- Passer de l'écriture décimale à l'écriture scientifique.

Ex. : $175\,000\,000 = 1{,}75 \times 10^8$. Comme on a 175 000 000, le nombre *a* est donc 1,75. On compte alors le nombre de fois où on a décalé la virgule pour obtenir *a* : ici 8 fois vers la gauche.

Notes

L'exposant est + 8. (Penser que si le nombre de départ est « grand », l'exposant est positif.)

$0{,}000059 = 5{,}9 \times 10^{-5}$. Le nombre *a* est 5,9. Le premier chiffre différent de zéro sera le chiffre des unités de *a*. On compte alors le nombre de fois où on a décalé la virgule, ici 5 fois vers la droite. L'exposant est – 5. (Penser que si le nombre de départ est proche de 0, l'exposant est négatif.)

EXERCICES TYPES CORRIGÉS

EXERCICE 1 Exprimer sous la forme d'une puissance de 10 :

$$A = \frac{(10^2)^4 \times 10^{-3} \times 10^5}{(10^{-2})^{-3} \times 10^4} \; ; \; B = \frac{(10^{-2})^3 \times 10^{-4} \times 10^{-1}}{(10^3)^{-3} \times 10^5}.$$

$$\mathbf{A} = \frac{(10^2)^4 \times 10^{-3} \times 10^5}{(10^{-2})^{-3} \times 10^4} = \frac{10^{2\times4} \times 10^{-3+5}}{10^{-2\times(-3)} \times 10^4} = \frac{10^{8+2}}{10^{6+4}} = 10^{10-10} = 10^0 = \mathbf{1}.$$

$$\mathbf{B} = \frac{(10^{-2})^3 \times 10^{-4} \times 10^{-1}}{(10^3)^{-3} \times 10^5} = \frac{10^{-2\times3} \times 10^{-4+(-1)}}{10^{3\times(-3)} \times 10^5}$$

$$= \frac{10^{-6+(-5)}}{10^{-9+5}} = 10^{-11-(-4)} = \mathbf{10^{-7}}.$$

EXERCICE 2 1. Écrire en écriture décimale :

$5{,}78 \times 10^6$; $2{,}91 \times 10^{-5}$.

2. Passer de l'écriture décimale à l'écriture scientifique :

0,0000009345 ; 6 470 000.

1. $\mathbf{5{,}78 \times 10^6 = 5\,780\,000}$. On doit décaler 6 fois la virgule vers la droite (l'exposant est positif, le nombre de départ est donc « grand »). Les deux premières décimales sont 7 et 8, puis on rajoute 4 zéros pour arriver à 6 décalages au total.

$\mathbf{2{,}91 \times 10^{-5} = 0{,}0000291}$. On doit décaler 5 fois la virgule vers la gauche.

2. $\mathbf{0{,}0000009345 = 9{,}345 \times 10^{-7}}$; $\mathbf{6\,470\,000 = 6{,}47 \times 10^6}$.

EXERCICE 3 La distance entre la Terre et la Lune est approximativement 385 000 km.

La distance entre la Terre et le Soleil est 388 fois plus grande.

Calculer la distance entre la Terre et le Soleil, puis en donner l'écriture scientifique.

385 000 × 388 = 149 380 000. **La distance entre le Soleil et la Terre est 149 380 000 km, soit $1{,}4938 \times 10^8$ km.**

Résoudre une équation

Fiche 6

Maths

LE COURS

Définition

• Une équation est une égalité dans laquelle il y a une inconnue.

• Résoudre une équation, c'est trouver la solution qui vérifie l'égalité.

Ex. : Dans l'équation $3c + 7 = 5c + 3$, la solution est 2, car si on remplace c par 2, on obtient $3 \times 2 + 7 = 13$ et $5 \times 2 + 3 = 13$. Les deux côtés de l'égalité sont égaux, 2 est la solution de l'équation.

Propriétés

• On ne change pas une équation en faisant la même opération de chaque côté.

• **Si $x + a = b$, alors $x = b - a$.**

Ex. fondamental : $x + 2 = 5$

$x + 2 - 2 = 5 - 2$

$x = 3$

On soustrait 2 de chaque côté pour éliminer le + 2 et obtenir x.

• **Si $x - a = b$, alors $x = b + a$.**

Ex. fondamental : $x - 2 = 5$

$x - 2 + 2 = 5 + 2$

$x = 7$

On ajoute 2 de chaque côté pour éliminer le − 2 et obtenir x.

• **Si $ax = b$, alors $x = \frac{b}{a}$.**

Ex. fondamental : $3x = 12$

$3x \div 3 = 12 \div 3$

$x = 4$

On divise par 3 de chaque côté pour éliminer le 3 et obtenir x.

• **Si $\frac{x}{a} = b$, alors $x = b \times a$.**

Ex. fondamental : $\frac{x}{2} = 7$

$\frac{x}{2} \times 2 = 7 \times 2$

$x = 14$

On mulitplie par 2 de chaque côté pour éliminer la division par 2 et obtenir x.

Notes

Notes

Conclusion

Pour éliminer un nombre d'un côté d'une équation, on fait l'opération inverse de l'autre côté.

Ex. : Résoudre l'équation $7x - 3 = 5x - 2$.

On rassemble les éléments qu'on peut calculer ensemble (les termes avec x d'un côté et les termes sans x de l'autre). On obtient selon les étapes suivantes :

$7x = 5x - 2 + 3$, donc $7x = 5x + 1$,

puis $7x - 5x = 1$ et, ainsi, $2x = 1$, et donc $x = \frac{1}{2}$.

EXERCICE TYPE CORRIGÉ

Résoudre les équations suivantes :

1. $8x + 5 = 2x - 3$

2. $-5x - 2 = 3x - 12$

3. $\frac{5}{4}x + 5 = \frac{2}{5}$

1. $8x + 5 = 2x - 3$.

En faisant les deux premières étapes simultanément, on obtient :

$8x - 2x = -3 - 5$, donc $6x = -8$ et $\mathbf{x} = \frac{-8}{6} = \frac{-8 \div 2}{6 \div 2} = -\frac{\mathbf{4}}{\mathbf{3}}$.

2. $-5x - 2 = 3x - 12$.

En faisant les deux premières étapes simultanément, on obtient :

$-5x - 3x = -12 + 2$, donc $-8x = -10$ et $\mathbf{x} = \frac{-10}{-8} = \frac{10 \div 2}{8 \div 2} = \frac{\mathbf{5}}{\mathbf{4}}$.

3. $\frac{5}{4}x + 5 = \frac{2}{5}$. En enlevant 5 de chaque côté, on obtient :

$\frac{5}{4}x = \frac{2}{5} - 5$

donc : $\frac{5}{4}x = \frac{2}{5} - \frac{5}{1}$

$= \frac{2}{5} - \frac{25}{5}$

$= \frac{-23}{5}$

et $\mathbf{x} = \frac{-23}{5} \div \frac{5}{4} = \frac{-23}{5} \times \frac{4}{5} = \frac{\mathbf{-92}}{\mathbf{25}}$.

Résoudre une inéquation

LE COURS

Définitions

• Une **inégalité** est une expression comportant l'un des signes de comparaison : $<$; $>$; $\leqslant$; $\geqslant$.

• Une **inéquation** est une inégalité dans laquelle il y a une inconnue.

• Résoudre une inéquation, c'est trouver les solutions qui vérifient l'inégalité.

Ex. : Dans l'inéquation $x \geqslant 3$, les solutions sont toutes les valeurs supérieures ou égales à 3. On représente ainsi cet ensemble :

On met le crochet dans le sens des solutions pour montrer que 3 est accepté.

Dans l'inéquation $x > 3$, les solutions sont toutes les valeurs supérieures à 3. On représente ainsi cet ensemble :

On met le crochet dans le sens opposé aux solutions pour montrer que 3 n'est pas accepté.

Propriétés

• On ne change pas une inéquation en faisant la même addition ou soustraction de chaque côté.

Ex. fondamental : $x + 5 \leqslant 9$

$x + 5 - 5 \leqslant 9 - 5$

$x \leqslant 4$

On soustrait 5 de chaque côté pour éliminer le +5 et donc avoir x seul d'un côté.

On représente les solutions :

• On ne change pas une inéquation en faisant la même multiplication ou division de chaque côté, par un nombre positif.

Notes

Notes

Ex. fondamental : $2x > 4$

$2x \div 2 > 4 \div 2$

$x > 2$

On divise par 2 de chaque côté pour éliminer le 2 et donc avoir x seul d'un côté.

On représente les solutions :

• On change le sens d'une inéquation en faisant la même multiplication ou division de chaque côté par un nombre négatif.

Ex. fondamental : $-4x > 12$

$-4x \div(-4) < 12 \div(-4)$

$x < -3$

On a divisé par (-4) de chaque côté, on doit donc changer le sens de l'inégalité, le $>$ est devenu $<$.

On représente les solutions :

Application

Pour résoudre l'inéquation $7x - 4 > 5x - 9$, on rassemble les éléments qu'on peut calculer ensemble (les termes avec x d'un côté et les termes sans x de l'autre).

On obtient les étapes suivantes : $7x > 5x - 9 + 4$, donc $7x > 5x - 5$ puis $7x - 5x > -5$, ainsi $2x > -5$.

Le coefficient de x est 2, donc positif, d'où $x > -\frac{5}{2}$

On représente les solutions :

EXERCICE TYPE CORRIGÉ

Résoudre les inéquations suivantes.

1. $2x + 5 \leqslant 5x + 13$ **2.** $-5x - 4 < 8x - 7$

1. $2x + 5 \leqslant 5x + 13$.

En faisant les deux premières étapes simultanément, on obtient :

$2x - 5x \leqslant 13 - 5$, donc $-3x \leqslant 8$. Le coefficient de x est négatif, donc : $x \geqslant \frac{8}{-3}$, soit $x \geqslant -\frac{8}{3}$. Le sens de l'inégalité a été changé.

2. $-5x - 4 < 8x - 7$.

En faisant les deux premières étapes simultanément, on obtient :

$-5x - 8x < -7 + 4$, donc $-13x < -3$. Le coefficient de x est négatif, donc : $x > \frac{-3}{-13} = \frac{3}{13}$. Le sens de l'inégalité a été changé.

Effectuer des développements en utilisant le calcul littéral

LE COURS

Développer et réduire

- **Développer** un produit, c'est le transformer en une somme.
- Quels que soient les nombres a, b et k, on a $\boldsymbol{k(a+b)=ka+kb}$.

En effet, l'aire du rectangle est $k(a+b)$. Si on la décompose en deux rectangles, l'aire est donnée par $ka+kb$.

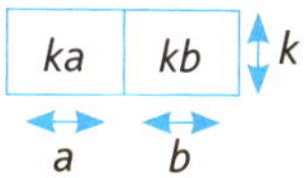

- **De la même façon, $\boldsymbol{k(a-b)=ka-kb}$.**

Ex. : Développer $A = 5(3a+2)$ et $B = 2c(3c-4)$.

$A = 5 \times 3a + 5 \times 2 = 15a + 10$;

$B = 2c \times 3c + 2c \times (-4) = 6c^2 - 8c$.

- **Réduire** un produit, c'est additionner ou soustraire les éléments de même nature.

Ex. : Réduire les expressions suivantes :

$A = 5a + 3a$; $B = x - 5x$; $C = 3x^2 + 7x$;

$D = 5x^2 + 3x - (4x^2 - 7x + 5)$.

$A = 8a$. (On fait l'opération sur les coefficients en gardant l'élément commun.)

$B = x - 5x = 1x - 5x = -4x$.

$C = 3x^2 + 7x$ Cette expression ne peut pas se réduire, les éléments sont de nature différentes. Penser qu'on ne peut pas réduire 3 cm² + 7 cm, alors qu'on peut réduire 3 cm + 7 cm = 10 cm.

$D = 5x^2 + 3x - 4x^2 + 7x - 5$.

Le signe moins s'applique à chaque terme à l'intérieur de la parenthèse. Quand on enlève la parenthèse, on change les signes des éléments qui sont dans la parenthèse quand il y a un moins devant.

On obtient $D = x^2 + 10x - 5$.

Développement double

- Quels que soient les nombres a, b, c et d, on a :

$\boldsymbol{(a+b)(c+d) = ac + ad + bc + bd}$.

- Pour faciliter les calculs, on pourra utiliser le schéma ci-contre.

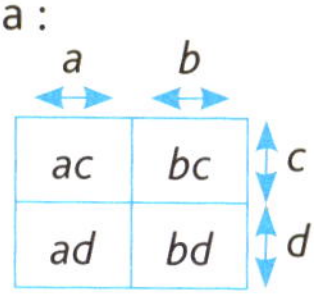

Ex. : Développer $A = (4x-5)(-2x+2)$.

Notes

Notes

On va utiliser les deux méthodes :

$A = 4x \times (-2x) + 4x \times 2 + (-5) \times (-2x) + (-5) \times 2$
$\quad = -8x^2 + 8x + 10x + (-10)$
$\quad = -8x^2 + 18x - 10$

	$4x$	-5
$-2x$	$-8x^2$	$10x$
2	$8x$	-10

Identités remarquables

Quels que soient les nombres a et b, on a :

$$\mathbf{(a+b)^2 = (a+b)(a+b) = a^2 + 2ab + b^2}$$
$$\mathbf{(a-b)^2 = (a-b)(a-b) = a^2 - 2ab + b^2}$$
$$\mathbf{(a+b)(a-b) = a^2 - b^2}$$

Ex. : $(5x+3)^2 = (5x)^2 + 2 \times 5x \times 3 + 3^2 = 25x^2 + 30x + 9$
$(3x-7)^2 = (3x)^2 - 2 \times 3x \times 7 + 7^2 = 9x^2 - 42x + 49$
$(6x+4)(6x-4) = (6x)^2 - 4^2 = 36x^2 - 16$

EXERCICES TYPES CORRIGÉS

EXERCICE 1 Réduire les expressions suivantes :
$A = 7a^2 - 9a + 6a - 5 - 3a^2$; $B = 5 - (4 - 3x) - 2x$.

$A = (7a^2 - 3a^2) + (-9a + 6a) - 5 = 4a^2 - 3a - 5.$
$B = 5 - 4 + 3x - 2x = x + 1.$

EXERCICE 2 Développer et réduire :
$A = 3a(2a - 7)$; $B = 4(3 - 5x)$; $C = (2x - 5)^2$; $D = (4x - 3)(3x - 5)$.

$A = 3a \times 2a + 3a \times (-7) = 6a^2 - 21a.$
$B = 4 \times 3 - 4 \times 5x = 12 - 20x.$
$C = (2x)^2 - 2 \times 2x \times 5 + 5^2 = 4x^2 - 20x + 25.$ (Identité remarquable)

$D = 4x \times 3x + 4x \times (-5) + (-3) \times 3x + (-3) \times (-5)$
$\quad = 12x^2 - 20x - 9x + 15$
$\quad = 12x^2 - 29x + 15$

	$4x$	-3
$3x$	$12x^2$	$-9x$
-5	$-20x$	15

EXERCICE 3 Calculer mentalement : $A = 79^2$; $B = 201 \times 199$.

On utilise les identités remarquables :
$\mathbf{A} = (80 - 1)^2 = 6\,400 - 2 \times 80 \times 1 + 1 = 6\,400 - 160 + 1 = \mathbf{6\,241}.$
$\mathbf{B} = (200 + 1)(200 - 1) = 200^2 - 1 = 40\,000 - 1 = \mathbf{39\,999}.$

EXERCICE 4 Résoudre $4(2x - 3) = 3(x - 2)$.

On a donc $8x - 12 = 3x - 6$. D'où $8x - 3x = -6 + 12$, donc $5x = 6$.

Ainsi $x = \dfrac{6}{5}$.

Effectuer des factorisations

Fiche 9

Maths

Notes

LE COURS

Factoriser

- **Factoriser** une somme, c'est la transformer en un produit.
- Factoriser est le calcul inverse de développer.

On va donc retrouver les propriétés du développement mais l'égalité sera écrite dans l'autre sens.

Ex. : $9x^2 + 7x$ est une expression développée.
$7a(3a - 2)$ ou bien $(4x + 8)(5x - 3)$ sont des expressions factorisées.

- Quels que soient les nombres a, b et k, on a :

$$\boldsymbol{ka + kb = k(a + b) \qquad ka - kb = k(a - b)}$$

Ex. : Factoriser $A = 12a - 8$; $B = 3x^2 + 7x$; $C = 6c^2 - 8c$.
On cherche un facteur commun aux deux termes :
$A = 12a - 8 = 4 \times 3a - 4 \times 2 = 4(3a - 2)$.
On écrit le facteur commun devant. Vérifier mentalement, en développant, que le résultat est correct.
$B = 3x^2 + 7x = x \times 3x + x \times 7 = x(3x + 7)$.
$C = 6c^2 - 8c = 2c \times 3c - 2c \times 4 = 2c(3c - 4)$.

Identités remarquables

- Quels que soient les nombres a et b, on a :

$a^2 + 2ab + b^2 = (a + b)^2$
$a^2 - 2ab + b^2 = (a - b)^2$ — $2ab$ est appelé le double produit.
$a^2 - b^2 = (a + b)(a - b)$

- Pour factoriser une expression, on utilise les identités remarquables.

Ex. : $A = 16x^2 + 40x + 25$. Pour factoriser A, on utilise la première identité car on a trois termes et tous les signes sont positifs.
On repère les éléments qui sont élevés au carré : ici, $16x^2$ et 25. On calcule : $\sqrt{16} = 4$ et $\sqrt{25} = 5$. On peut donc conclure que $(4x)^2 = 16x^2$ et $5^2 = 25$. Donc $a = 4x$ et $b = 5$.
On vérifie ensuite que $2ab = 40x$; $2 \times 4x \times 5 = 40x$.
On peut conclure que :
$A = 16x^2 + 40x + 25 = (4x)^2 + 2 \times 4x \times 5 + 5^2 = (4x + 5)^2$.
Le signe du double produit se retrouve dans la parenthèse.

Notes

$B = 81x^2 - 64$. Pour factoriser B, on utilise la troisième identité car on a la différence de deux carrés.
On calcule $\sqrt{81} = 9$ et $\sqrt{64} = 8$. On peut donc conclure que $(9x)^2 = 81x^2$ et $8^2 = 64$.
Donc $a = 9x$ et $b = 8$. On peut conclure que :
$B = 81x^2 - 64 = (9x)^2 - 8^2 = (9x + 8)(9x - 8)$.

EXERCICES TYPES CORRIGÉS

EXERCICE 1 Factoriser $A = 18b^2 - 8b$; $B = 15x^2 + 5x$; $C = x^2 - x$.

On cherche un facteur commun aux deux termes.
$A = 18b^2 - 8b = 2b \times 9b - 2b \times 4 = \mathbf{2b(9b - 4)}$.
$B = 15x^2 + 5x = 5x \times 3x + 5x \times 1 = \mathbf{5x(3x + 1)}$.
$C = x^2 - x = x \times x - x \times 1 = \mathbf{x(x - 1)}$.

EXERCICE 2 Factoriser les expressions suivantes :
$A = 9x^2 - 12x + 4$; $B = 25x^2 + 36 + 60x$; $C = x^2 - 16$.

Pour factoriser A, on utilise la deuxième identité car il y a trois termes et un signe moins :
$A = 9x^2 - 12x + 4 = (3x)^2 - 2 \times 3x \times 2 + 2^2 = \mathbf{(3x - 2)^2}$.
Pour factoriser B, on utilise la première identité car il y a trois termes et uniquement des signes plus :
$B = 25x^2 + 36 + 60x = (5x)^2 + 6^2 + 2 \times 5x \times 6 = \mathbf{(5x + 6)^2}$.
Pour factoriser C, on utilise la troisième identité car on a la différence de deux carrés :
$C = x^2 - 16 = x^2 - 4^2 = \mathbf{(x + 4)(x - 4)}$.

EXERCICE 3 Julie a écrit :
$C = 20^2 - 2 \times 20 \times 1 + 1^2 = 400 - 40 + 1 = 361$.
Peut-on calculer mentalement $\sqrt{C}$? Justifier la réponse.

On utilise la deuxième identité.

$C = (20 - 1)^2 = 19^2$ donc $\sqrt{C} = 19$.

Résoudre des problèmes avec une équation ou une inéquation

Fiche 10

Maths

LE COURS

Méthode

Pour résoudre un problème concret à l'aide d'une équation ou d'une inéquation, il faut respecter les étapes suivantes :

1. Choisir l'inconnue et la nommer.
2. Mettre les données en équation ou inéquation, c'est-à-dire traduire les données par des calculs faisant intervenir l'inconnue.
3. Résoudre l'équation ou l'inéquation.
4. Trouver une solution et la vérifier.

Notes

EXERCICES TYPES CORRIGÉS

EXERCICE 1 Jibril et Anouk veulent acheter un gâteau qui coûte 24,30 €. Sachant qu'Anouk a donné 2 € de plus que Jibril, calculer combien chacun a donné.

Soit x ce que Jibril a donné. Comme Anouk a donné 2 € de plus, elle a donné $x + 2$. Le problème se traduit donc par : $x + (x + 2) = 24{,}30$, donc $2x + 2 = 24{,}30$.
On résout l'équation : $2x = 24{,}30 - 2$, donc $2x = 22{,}30$ puis $x = 22{,}30 \div 2 = 11{,}15$.
Jibril a donc donné 11,15 € et Anouk 13,15 €.
(On a bien $11{,}15 + 13{,}15 = 24{,}30$.)

EXERCICE 2 Lors d'une course relais, le nombre de kilomètres courus dépend de l'âge des concurrents. Un grand-père, Jean, son fils, Thomas, et son petit-fils, Arthur se sont inscrits à cette course. Le grand-père doit courir 3 km de moins que son fils et le petit-fils doit courir deux fois plus de kilomètres que son père.
Combien chacun a-t-il couru sachant que le parcours fait 16 km ?

Comme les informations sont données par rapport à Thomas, on choisit :
x le nombre de kilomètres courus par Thomas. Jean a couru $x - 3$ kilomètres. Arthur a couru $2x$ kilomètres.
D'où l'équation $(x - 3) + x + 2x = 16$.

Notes

$4x - 3 = 16$ donc $4x = 16 + 3$.
Ainsi $4x = 19$ et donc $x = 19 \div 4 = 4{,}75$.
Jean a donc couru $4{,}75 - 3 =$ **1,75 km.**
Thomas a couru 4,75 km.
Arthur a couru $2 \times 4{,}75 =$ **9,5 km.**
(On vérifie : $1{,}75 + 4{,}75 + 9{,}5 = 16$.)

EXERCICE 3 Un cinéma propose deux tarifs différents :
– une carte d'abonnement annuelle d'une valeur de 18 € qui donne le droit à payer chaque séance 4,50 € ;
– un tarif sans abonnement où le prix de la séance est de 6 €.
À partir de combien de séances par an a-t-on intérêt à choisir l'abonnement ?

Soit x le nombre de séances où l'on va au cinéma par an.
Avec l'abonnement, on obtient $18 + 4{,}5x$.
Sans l'abonnement, on obtient $6x$.
On veut savoir quand l'abonnement est le plus avantageux, c'est-à-dire quand le prix payé est le moins élevé (grand). On a donc l'inéquation suivante : $18 + 4{,}5x < 6x$.
On résout l'inéquation $4{,}5x - 6x < -18$, donc $-1{,}5x < -18$.

$x > \frac{-18}{-1{,}5}$; $x > \frac{18}{1{,}5}$; $x > 12$ (On a divisé par – 1,5, donc changé le sens.)

L'abonnement devient plus avantageux à partir de 13 séances par an.
(Vérification : 13 séances avec abonnement : $18 + 13 \times 4{,}5 = 18 + 58{,}5 = 76{,}5$; sans abonnement : $6 \times 13 = 78$.)

EXERCICE 4 Un vendeur de pizzas a calculé que ses frais par jour s'élèvent à 115 €. Il vend ses pizzas 8 € chacune.
Combien doit-il vendre de pizzas pour avoir un bénéfice d'au moins 80 € par jour ?

Soit x le nombre de pizzas vendues par jour.
Le bénéfice est l'argent gagné une fois qu'on a retiré les frais.
Le bénéfice est donc $8x - 115$.
On traduit le fait que le bénéfice doit être d'au moins 80 € :
$8x - 115 \geqslant 80$, donc $8x \geqslant 80 + 115$; $8x \geqslant 195$.
8 est positif, on ne change pas le sens de l'inégalité en divisant.
$x \geqslant 195 \div 8$. $x \geqslant 24{,}375$.

À partir de 25 pizzas vendues, le vendeur de pizzas réalise un bénéfice au moins égal à 80 €.
(On vérifie : $8 \times 25 - 115 = 200 - 115 = 85$.)

Résoudre des problèmes à l'aide du calcul littéral

Fiche 11

Maths

Notes

LE COURS

• On utilisera le calcul littéral dans un problème, pour pouvoir **généraliser une situation**.

Ex. : Pourquoi le carré d'un nombre pair est divisible par 4.
On voit que si on prend des exemples, la propriété est vérifiée : 6 est pair et son carré, 36, est bien divisible par 4.
On n'a pas répondu à la question de façon générale. Pour ce faire, on va utiliser l'écriture littérale.
Un nombre pair est divisible par 2, il peut donc s'écrire sous la forme $2n$ avec n qui est un entier. On calcule alors le carré du nombre proposé, on a $(2n)^2 = 4n^2$. Le carré de $2n$ est donc divisible par 4.

• On utilisera le calcul littéral si, pour résoudre le problème, il faut **résoudre une équation**.

Ex. : Paul est deux fois plus vieux que Hamza. Hamza a 5 ans de moins que Emma. La somme des âges de Paul, Hamza et Emma est de 25 ans. Quel est l'âge de chacun ?
On pose x = l'âge de Emma, Hamza a alors $(x - 5)$ et Paul $2(x - 5)$ car il a deux fois l'âge de Hamza.
On obtient l'équation : $x + (x - 5) + 2(x - 5) = 25$.
On développe et réduit l'expression littérale :
$x + x - 5 + 2x - 10 = 25$
$4x - 15 = 25$, donc $4x = 25 + 15$,
d'où $4x = 40$ et $x = 40 \div 4 = 10$.
Emma a 10 ans, Hamza a 5 ans et Paul a 10 ans.

EXERCICES TYPES CORRIGÉS

EXERCICE 1 On considère les programmes de calcul suivants :

Programme 1	Programme 2
– Choisir un nombre. – Le multiplier par 2. – Ajouter 6 au résultat. – Élever au carré le résultat précédent.	– Choisir un nombre. – Lui ajouter 6. – Élever au carré le résultat. – Multiplier le nombre obtenu par 2.

Notes

1. Calculer le résultat final obtenu par chaque programme avec comme nombres choisis 3 puis (– 2).
2. Associer chaque programme à l'expression littérale qui lui correspond : $A = 2x + 6^2$; $B = 2(x + 6)^2$; $C = (2x + 6)^2$; $D = 2(x + 6^2)$.
3. Donner l'expression développée de chaque programme.
4. Quel programme donne comme résultat un carré ? Justifier.
5. On a obtenu 64 par le programme 1. Quel a été le nombre de départ ?

1. • Pour le programme 1, on a avec 3 comme nombre de départ :
$3 \times 2 = 6$; $6 + 6 = 12$ et $12^2 = \mathbf{144}$.
• Pour le programme 2, on a avec 3 comme nombre de départ :
$3 + 6 = 9$; $9^2 = 81$ et $81 \times 2 = \mathbf{162}$.
• Pour le programme 1, on a avec (– 2) comme nombre de départ :
$(-2) \times 2 = -4$; $(-4) + 6 = 2$ et $2^2 = \mathbf{4}$.
• Pour le programme 2, on a avec (– 2) comme nombre de départ :
$(-2) + 6 = 4$; $4^2 = 16$ et $16 \times 2 = \mathbf{32}$.
2. • Pour le programme 1, on a avec x comme nombre de départ :
$x \times 2 = 2x$, puis $2x + 6$ et $(2x + 6)^2$. **C'est l'expression *C*.**
• Pour le programme 2, on a avec x comme nombre de départ :
$x + 6$, puis $(x + 6)^2$ et donc $2\,(x + 6)^2$. **C'est l'expression *B*.**
3. $C = (2x + 6)^2 = (2x)^2 + 2 \times 2x \times 6 + 6^2 = \mathbf{4x^2 + 24x + 36}$.
$B = 2\,(x + 6)^2 = 2(x^2 + 2 \times x \times 6 + 36) = \mathbf{2x^2 + 24x + 72}$.
4. La forme générale du résultat du programme 1 est $(2x + 6)^2$. C'est donc **le programme 1 qui donne comme résultat un carré.**
5. 64 est un carré. Il faut que $(2x + 6)^2 = 64$. Donc $2x + 6 = \sqrt{64} = 8$, d'où $2x = 8 - 6 = 2$ et donc $x = 1$. **Le nombre de départ a été 1.**

EXERCICE 2 On considère la figure suivante, déterminer x pour que le triangle soit rectangle en B.

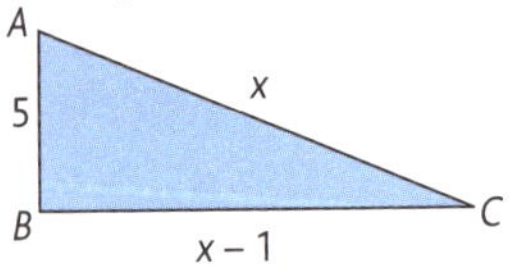

On utilise la réciproque de Pythagore.
$AC^2 = x^2$;
$AB^2 + BC^2 = 5^2 + (x - 1)^2 = 25 + x^2 - 2x + 1 = x^2 - 2x + 26$.
On veut que le triangle soit rectangle, c'est-à-dire qu'il faut qu'on ait l'égalité $AC^2 = AB^2 + BC^2$.
Donc $x^2 = x^2 - 2x + 26$, donc $x^2 - x^2 + 2x = 26$, c'est-à-dire $2x = 26$.
Et donc $x = 26 \div 2 = 13$. **Pour que le triangle soit rectangle en *B*, il faut que *x* soit égal à 13.**

Reconnaître une situation de proportionnalité

LE COURS

Définitions

- Deux grandeurs sont **proportionnelles** si, quand on multiplie (ou divise) l'une par un nombre, l'autre grandeur est aussi multipliée (ou divisée) par ce nombre.
- Le **coefficient de proportionnalité** est le nombre par lequel on multiplie une grandeur pour trouver l'autre.

Méthode

On veut savoir si le tableau suivant représente une situation de proportionnalité.

Masse (en kg)	2	4	6
Prix (en €)	3	6	9

1. Calculer le coefficient de proportionnalité

On cherche x tel que $2x = 3$, donc $x = \frac{3}{2} = 1{,}5$.

Puis on regarde si chaque élément de la ligne du haut multiplié par 1,5 donne les valeurs de la ligne du bas.

$4 \times 1{,}5 = 6$ et $6 \times 1{,}5 = 9$. On a donc une situation de proportionnalité dont le coefficient est 1,5.

2. Calculs sur les colonnes

On part d'un nombre de la ligne du haut et on cherche par quelle valeur le multiplier ou le diviser pour obtenir les autres nombres de cette ligne. Ici, $2 \times 2 = 4$ et $2 \times 3 = 6$. On regarde alors si on fait bien les mêmes opérations pour la ligne du bas.

(flèches au-dessus du tableau : 2 → 4 : × 2 ; 2 → 6 : × 3)

Masse (en kg)	2	4	6
Prix (en €)	3	6	9

(flèches au-dessous du tableau : 3 → 6 : × 2 ; 3 → 9 : × 3)

C'est une situation de proportionnalité.

Notes

3. Faire le graphique
Une situation de proportionnalité est représentée par une droite qui passe par l'origine du repère. Ici, on obtient le graphique suivant ; on a donc bien proportionnalité.

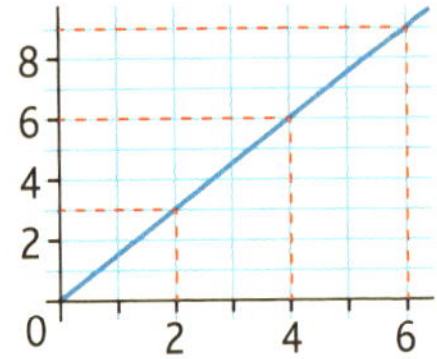

EXERCICES TYPES CORRIGÉS

EXERCICE 1 Chaque cas représente-il, en général, une situation de proportionnalité :

1. la taille et l'âge ;
2. la masse et la taille d'une personne ;
3. le nombre de grains de riz et la masse de ces grains de riz ?

1. **Ce n'est pas une situation de proportionnalité.**
Si on double l'âge de quelqu'un, sa taille ne double pas.

2. Quand on ne grandit plus, on peut quand même prendre du poids. Une grandeur peut varier sans que l'autre varie.
Ce n'est pas une situation de proportionnalité.

3. **C'est une situation de proportionnalité.**
Si on double le nombre de grains, la masse doublera et ainsi de suite.

EXERCICE 2 Les tableaux suivants sont-ils proportionnels ?

1.

Quantité (en kg)	3	4	5
Prix (en €)	9	10	11

2.

Quantité (en kg)	4	8	20
Prix (en €)	9	18	45

1. On calcule le coefficient de proportionnalité : $9 \div 3 = 3$.
Puis on multiplie chaque élément de la ligne du haut par 3 :
$4 \times 3 = 12$, on voulait obtenir 10.
Le tableau ne représente pas une situation de proportionnalité.

2. On observe que les nombres de la ligne du haut sont des multiples de 4. $4 \times 2 = 8$, on calcule donc $9 \times 2 = 18$; $4 \times 5 = 20$, puis on calcule $9 \times 5 = 45$.
Le tableau représente bien une situation de proportionnalité.

Techniques de calculs sur la proportionnalité

Fiche 13

Maths

LE COURS

Dans une situation de proportionnalité, on peut calculer les valeurs d'une grandeur quand on connaît celles de l'autre, en suivant l'une de ces méthodes.

Le coefficient de proportionnalité

On a la situation de proportionnalité suivante :

Litres	2	5	
Prix	1,5		7,5

On peut calculer le coefficient de proportionnalité quand on connaît deux valeurs correspondantes : ici, 2 L pour 1,50 €. On divise alors 1,50 par 2 (le bas par le haut). On obtient 0,75 qui est le coefficient de proportionnalité.

Il faut alors multiplier 5 par 0,75 (car on descend) pour trouver le prix, c'est-à-dire 3,75 €.

Il faut diviser 7,5 par 0,75 (car on monte) pour trouver le nombre de litres correspondants à 7,50 €. On trouve $7{,}5 \div 0{,}75 = 10$.

Calculs sur les colonnes

Dans une situation de proportionnalité, on peut faire des combinaisons sur les colonnes pour trouver des valeurs.

Masse	4	8	
Prix	3		18

On part de la colonne connue, ici 4 et 3, et on regarde la ligne du haut. On a $8 = 4 \times 2$, donc la valeur sous 8 sera obtenue en faisant $3 \times 2 = 6$.

Pour trouver la valeur au-dessus de $18 = 3 \times 6$, on effectue $4 \times 6 = 24$. On a donc :

× 6
× 2

Masse	4	8	24
Prix	3	6	18

× 2
× 6

Notes

Notes

Produit en croix

En reprenant l'exemple précédent :
on multiplie entre elles les deux valeurs en **diagonale**, puis on divise par la **dernière** :

4	8
3	?

$\frac{8 \times 3}{4} = \frac{24}{4} = 6$. On obtient :

4	8
3	**6**

EXERCICES TYPES CORRIGÉS

EXERCICE 1 Dix stylos coûtent 11 €. Combien coûtent 15 stylos ?

On est bien dans une situation de proportionnalité : si on achète deux fois plus de stylos, on paiera deux fois plus cher. On fait un tableau.

Stylos	10	15
Prix (en €)	11	?

- Coefficient de proportionnalité : $11 \div 10 = 1{,}1$, puis $15 \times 1{,}1 = 16{,}5$.
- Colonnes : $10 \times 1{,}5 = 15$, donc on calcule $11 \times 1{,}5 = 16{,}5$.
- Produit en croix : $15 \times 11 \div 10 = 16{,}5$.

Il faut choisir sa méthode. **15 stylos coûtent 16,50 €.**

EXERCICE 2 Paul a mis 15 secondes pour télécharger un programme de 3 Mo. Combien de temps va-t-il mettre pour télécharger un programme de 30 Mo ? Combien de Mo pourra-t-il télécharger en 3 minutes ?

Il y a bien proportionnalité, on remplit le tableau.
3 minutes = $3 \times 60 = 180$ secondes.

Mo	3	30	?
secondes	15	?	180

- Coefficient de proportionnalité : $15 \div 3 = 5$,
puis $30 \times 5 = 150$ secondes. $180 \div 5 = 36$ Mo.
- Colonnes : $3 \times 10 = 30$, donc on calcule $15 \times 10 = 150$ secondes.
$15 \times 12 = 180$, donc on calcule $3 \times 12 = 36$ Mo.
- Produit en croix : $30 \times 15 \div 3 = 150$ secondes. $180 \times 3 \div 15 = 36$ Mo.

Paul mettra 150 s, donc 2 minutes 30 secondes pour télécharger 30 Mo. En 3 minutes, il téléchargera 36 Mo.

Calculer avec les pourcentages

Fiche 14

Maths

Notes

LE COURS

Définition

Les pourcentages représentent une situation de **proportionnalité** où la valeur de référence est associée à 100.

Méthode

Calculer les 40 % de 125 L.

1. Trouver la valeur de référence : ici 125 L.

2. Dresser le tableau de proportionnalité.

Litres	125	x
Pourcentage (%)	100	40

3. Utiliser le produit en croix : $x = \frac{125 \times 40}{100} = 50$.

40 % de 125 L font 50 L.

EXERCICES TYPES CORRIGÉS

EXERCICE 1 Appliquer un pourcentage

Jules va faire les soldes. Il trouve des chaussures qui coûtaient 80 €, et qui sont soldées à 20 %. Combien va-t-il payer ?

La valeur de référence est 80 €.

Prix (en €)	80	x
Pourcentage (%)	100	20

On utilise le produit en croix : $x = \frac{80 \times 20}{100} = 16$; $80 - 16 = 64$ (on a retiré les 20 %).

Les chaussures coûtent donc 64 €.

EXERCICE 2 Calculer un pourcentage

Sur 300 candidats à un concours, 126 sont admis.
Calculer le pourcentage de reçus.

La valeur de référence est 300 candidats.

Candidats	300	126
Pourcentage (%)	100	x

Notes

On utilise le produit en croix : $x = \frac{126 \times 100}{300} = 42.$

Il y a 42 % de reçus.

EXERCICE 3 Retrouver la valeur de référence

45 % des moutons d'un troupeau sont blancs. Il y a 72 moutons blancs.

Combien y a-t-il de moutons en tout ?

La valeur de référence est inconnue.

Moutons	x	72
Pourcentge (%)	100	45

On utilise le produit en croix : $x = \frac{72 \times 100}{45} = 160.$

Il y a 160 moutons.

EXERCICE 4 Dans un laboratoire, on cultive des bactéries. La population diminue de 30 % toutes les heures. À 9 h, il y a 1 260 bactéries. Combien y avait-il de bactéries à 8 h ?

La valeur de référence est inconnue.

Les 1 260 bactéries correspondent à 70 % de la population de 8 h (100 – 30 = 70).

Bactéries	x	1 260
Pourcentage (%)	100	70

On utilise le produit en croix : $x = \frac{1260 \times 100}{70} = 1\,800.$

À 8 h, il y avait 1 800 bactéries.

EXERCICE 5 Dans une station balnéaire, la population passe de 20 000 habitants en août à 5 600 en septembre. Calculer le pourcentage de diminution.

La valeur de référence est 20 000, c'est la situation de départ.

Habitants	20 000	5 600
Pourcentage (%)	100	x

On utilise le produit en croix : $x = \frac{5600 \times 100}{20000} = 28.$

28 % correspond aux 5 600 habitants. **La diminution, de 20 000 à 5 600 est donc de 100 – 28 = 72 %.**

Utiliser la proportionnalité (échelle, durée…)

Fiche 15

Maths

Notes

LE COURS

Les situations suivantes sont des situations de proportionnalité.

Échelle

Dire qu'une reproduction est à l'échelle t, signifie que les dimensions réelles sont multipliées par t.

Ex. : Une carte à l'échelle $\frac{1}{100}$ signifie que les dimension de la carte sont obtenues en multipliant les dimensions réelles par $\frac{1}{100}$. Donc 1 cm sur la carte représente 100 cm, soit 1 m en réalité.

Le dessin d'un objet est un agrandissement à l'échelle 5. Cela signifie que les dimensions du dessin sont obtenues en multipliant les dimensions réelles de l'objet par 5.

Mouvement uniforme

Un mouvement est **uniforme** si la distance parcourue est proportionnelle à la durée de parcours. La vitesse est alors constante.

EXERCICES TYPES CORRIGÉS

EXERCICE 1 Mouvement uniforme

Lors d'un orage, le son se déplace de 1 700 m en 5 s. La lumière, elle, apparaît quasiment instantanément.

1. Combien de temps après avoir vu l'éclair, entend-on le tonnerre si on est à 3 km de l'orage ? On arrondira au dixième.
2. À quelle distance est l'orage si on entend le tonnerre 4 s après avoir vu l'éclair ?

On est bien dans une situation de proportionnalité, le son et la lumière se déplaçant dans un mouvement uniforme.

Distance (en m)	1700	3000	?
Temps (en s)	5	?	4

1. On utilise le produit en croix. $3000 \times 5 \div 1700 = 8{,}8$ s. **On entendra l'orage 8,8 secondes après avoir vu l'éclair.**
2. $4 \times 1700 \div 5 = 1360$. **L'orage est à 1 360 m.**

Notes

EXERCICE 2 Échelle de réduction

Louna a une carte à l'échelle 1/1 000 000e.

1. Quelle est la distance réelle qui est représentée par 2,5 cm sur la carte ?

2. Quelle longueur sur la carte représente 52 km dans la réalité ?

Il y a bien proportionnalité, on remplit le tableau.

1 cm sur la carte représente 1 000 000 cm en réalité, c'est-à-dire 10 km. On peut alors remplir le tableau de proportionnalité suivant :

Carte (en cm)	1	2,5	?
Réalité (en km)	10	?	52

On fait les opérations sur les colonnes.

1. $1 \times 2,5 = 2,5$, donc on calcule $10 \times 2,5 = 25$.

2,5 cm sur la carte représentent donc 25 km dans la réalité.

2. $10 \times 5,2 = 52$, donc on calcule $1 \times 5,2 = 5,2$.

52 km dans la réalité sont donc représentés par 5,2 cm sur la carte.

EXERCICE 3 Échelle d'agrandissement

Un globule rouge peut être considéré comme un disque de 0,007 mm de diamètre.

1. Quel sera le diamètre du disque si on représente le globule rouge à l'échelle 5 000 ?

2. Julie a représenté un globule rouge en traçant un disque de diamètre 5,6 cm. À quelle échelle l'a-t-elle reproduit ?
Avec cette échelle, Julie représente un globule blanc en faisant un disque de 9,6 cm. Calculer la taille réelle du globule blanc.

1. La reproduction est à l'échelle 5 000, on multiplie donc la taille réelle par 5 000 pour obtenir la taille de la représentation.
$0,007 \times 5000 = 35$. **Le diamètre du disque représenté sera de 35 mm.**

2. On cherche le coefficient de proportionnalité. Il faut que les longueurs soient exprimées dans la même unité.

Taille réelle (en mm)	0,007	?
Reproduction (en mm)	56	96

On calcule le coefficient de proportionnalité, $56 \div 0,007 = 8000$.
L'échelle de la reproduction utilisé par Julie est donc 8 000.
Maintenant qu'on a l'échelle, il suffit de diviser : $96 \div 8000 = 0,012$.
La taille réelle du globule blanc est de 0,012 mm.

Différentes représentations des données statistiques

Fiche 16

Maths

Notes

LE COURS

Vocabulaire

Population : ensemble étudié.
Caractère : propriété étudiée.
Effectif total : nombre d'éléments étudiés.
Fréquence : quotient de l'effectif d'une valeur par l'effectif total.

Représentations

Ex. : Voici les notes d'anglais obtenues par Charlotte : 8 ; 9 ; 11 ; 11 ; 12 ; 15 ; 15 ; 15.

Le tableau

Notes	8	9	11	12	15
Effectifs	1	1	2	1	3

Le diagramme en bâton

On représente les valeurs du caractère en abscisse et les effectifs en ordonnée.

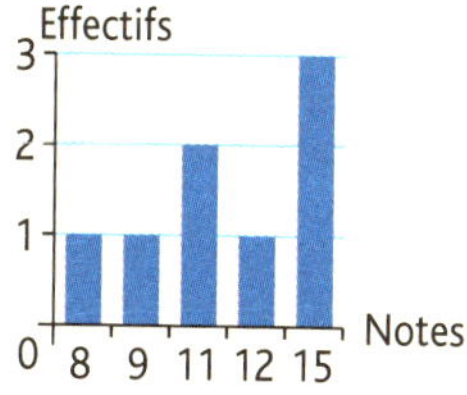

Le diagramme circulaire

L'ensemble des données est représenté par un disque. Chaque fréquence est représentée par un secteur angulaire, donné par la formule : **secteur angulaire = fréquence** × **360** .

Ex. : Ici, la fréquence du 11 est de 0,25.
On calcule $0{,}25 \times 360 = 90°$.
Pour 15, on a $3 \div 8 \times 360 = 135°$, et $1 \div 8 \times 360 = 45°$ pour les autres notes.

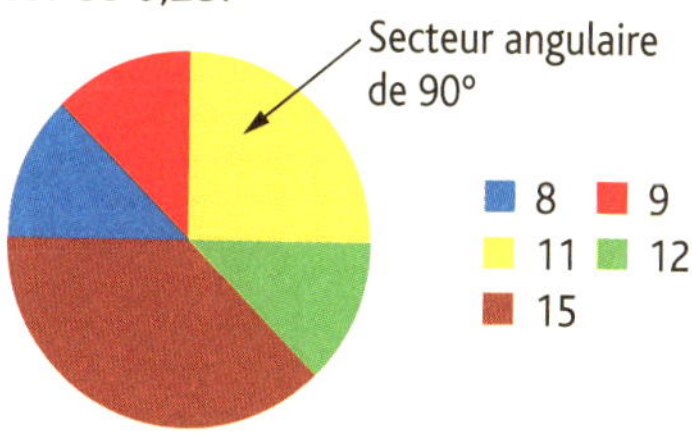

Notes

EXERCICES TYPES CORRIGÉS

EXERCICE 1 Un éleveur possède 80 animaux, 25 poules, 20 coqs, 15 vaches et des taureaux.

1. Compléter le tableau suivant :

	Femelles	Mâles	Total
Volaille			
Mammifères			
Total			

2. Calculer les fréquences des poules, des mammifères, des mâles.

1.

	Femelles	Mâles	Total
Volaille	25	20	45
Mammifères	15	20	35
Total	40	40	80

Pour trouver l'effectif des taureaux, on effectue :

$$80 - (25 + 20 + 15) = 20.$$

2. L'effectif des poules est de 25. La fréquence est donc de $25 \div 80 = \mathbf{0{,}3125}$.

Pour les mammifères, $35 \div 80 = \mathbf{0{,}4375}$ et pour les mâles $40 \div 80 = \mathbf{0{,}5}$.

EXERCICE 2 Dans une classe de 30 élèves, 3 viennent en voiture, 12 viennent à vélo, 9 en bus et le reste à pied.

1. Calculer la fréquence de chaque mode de déplacement.
2. Construire le diagramme circulaire et le diagramme en bâton correspondants.

1. Les fréquences sont : pour la voiture $3 \div 30 = 0{,}1$, pour le vélo $12 \div 30 = 0{,}4$, pour le bus $9 \div 30 = 0{,}3$. L'effectif des élèves venant à pied est 30 – (3 + 12 + 9) = 6. La fréquence correspondante est donc $6 \div 30 = 0{,}2$.

2. Les secteurs angulaires sont : pour la voiture $0{,}1 \times 360 = 36°$, pour le vélo $0{,}4 \times 360 = 144°$, pour le bus $0{,}3 \times 360 = 108°$ et pour la marche à pied $0{,}2 \times 360 = 72°$.

Diagramme circulaire :

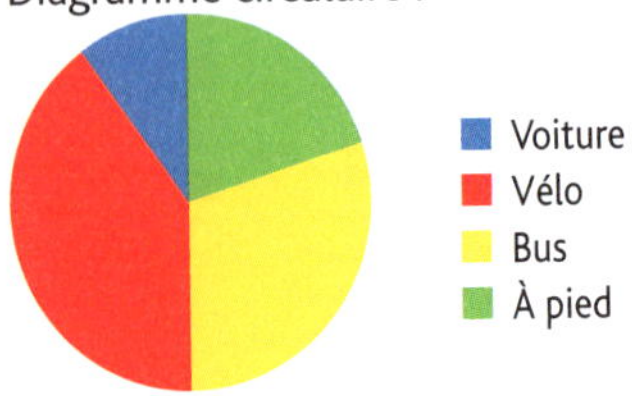

Diagramme en bâton :

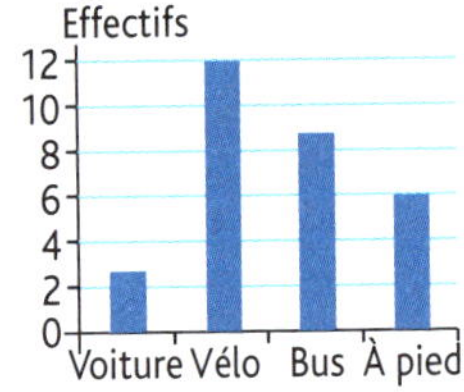

Calculs statistiques (étendue, moyenne et médiane)

Fiche 17

Maths

LE COURS

La moyenne d'une série statistique

La **moyenne** est donnée par la formule : $\dfrac{\textbf{Somme des valeurs}}{\textbf{Effectif total}}$.

Ex. : Les notes obtenues par Matéo en SVT sont 7 ; 9 ; 10 ; 12 ; 16 ; 18. En maths, il a eu : 8 ; 8 ; 12 ; 12 ; 15.

Sa moyenne en SVT est donc :

$$\frac{(7+9+10+12+16+18)}{6}=12.$$

Sa moyenne en maths est donc :

$$\frac{(8\times2+12\times2+15)}{5}=\frac{55}{5}=11.$$

Notes

La médiane d'une série statistique

• Quand on a classé les valeurs par ordre croissant, la **médiane** est :

– la valeur du milieu si l'effectif est impair ;

– la moyenne des deux valeurs du milieu si l'effectif est pair.

• La moitié de l'effectif est donc situé en dessous de la médiane et l'autre moitié est au-dessus.

Ex. : On a relevé la taille de 5 personnes : 1,64 m ; 1,70 m ; 1,72 m ; 1,82 m ; 1,92 m.

La médiane est ici la valeur du milieu, c'est-à-dire 1,72 m.

Si on reprend l'exemple des notes en SVT de Matéo, les deux valeurs du milieu sont 10 et 12.

La médiane est donc $\dfrac{10+12}{2}=11$.

L'étendue d'une série statistique

L'**étendue** est la différence entre la plus grande et la plus petite valeur.

Ex. : Dans l'exemple des tailles, l'étendue est de :

1,92 – 1,64 = 0,28 m.

Notes

EXERCICES TYPES CORRIGÉS

EXERCICE 1 Données brutes

On a noté les temps, en secondes, de onze élèves au 400 m :
48,7 ; 50 ; 50,3 ; 49 ; 54,2 ; 50,2 ; 51,8 ; 51,3 ; 50,1 ; 49,2 ; 50,5.

1. Déterminer le temps moyen *m*.
2. Déterminer le temps médian. En donner une interprétation.
3. Calculer l'étendue de ces données.

1. $m = \dfrac{(48{,}7+50+50{,}3+49+54{,}2+50{,}2+51{,}8+51{,}3+50{,}1+49{,}2+50{,}5)}{11}$

$m \approx$ **50,48.**

2. Il faut classer les données dans l'ordre croissant :
48,7 ; 49 ; 49,2 ; 50 ; 50,1 ; 50,2 ; 50,3 ; 50,5 ; 51,3 ; 51,8 ; 54,2.
L'effectif est impair. Le milieu de l'effectif est donné par $11 \div 2 = 5{,}5$, donc la 6e valeur. **Le temps médian est 50,2 secondes.**
La moitié des élèves a couru le 400 m en moins de 50,2 s.

3. On calcule la différence de la plus grande et de la plus petite valeur.
54,2 – 48,7 = 5,5. **L'étendue est de 5,5 secondes.**

EXERCICE 2 Avec un tableau

On a mesuré les 30 élèves d'une classe et reporté les données :

Taille (en cm)	160	162	165	166	167	170	172	174	176	177	178	180	183	185	190
Effectif	2	3	1	1	2	4	2	3	2	2	2	3	1	1	1

1. Calculer la taille moyenne de cette classe.
2. Déterminer la taille médiane. Interpréter.
3. Déterminer l'effectif des élèves ayant une taille inférieure à 1,76 m.

1. Les valeurs ont été regroupées par groupes. Il y a 2 élèves qui mesurent 160 cm, 3 pour 162 cm... On a donc la formule suivante pour la moyenne :

$$\frac{(160\times2+162\times3+165\times1+\ldots+185\times1+190\times1)}{30}=\frac{5177}{30}\simeq172{,}6\,.$$

La taille moyenne est de 172,6 cm.

2. L'effectif est pair. On retient les deux valeurs centrales : 15e et 16e.
Le 15e élève mesure 172 cm et le 16e 174 cm.

La médiane est donnée par $\dfrac{172+174}{2}=\mathbf{173}$. Il y a donc la moitié de la classe qui mesure moins de 173 cm et l'autre moitié qui mesure plus que 173 cm.

3. Ce sont tous les élèves qui mesurent 174 cm et moins. **Il y a donc 18 élèves qui mesurent moins de 176 cm.**

Calculer des probabilités

Fiche 18

Maths

Notes

LE COURS

Vocabulaire

• **Expérience aléatoire** : Expérience dont on ne connaît pas le résultat à l'avance.

Ex. : Jeter un dé est une expérience aléatoire. Elle fait intervenir le hasard.

• **Événement** : un événement est constitué d'un ou plusieurs résultats d'une expérience aléatoire.

Ex. : On jette un dé. Les résultats sont {1 ; 2 ; 3 ; 4 ; 5 ; 6}.
Obtenir un multiple de 3 est un événement ; il est constitué de 3 et 6.

Propriétés

• On appelle **probabilité d'un événement *A***, noté $p(A)$, sa fréquence d'apparition. Elle est donnée par la formule :

$$p(A) = \frac{\textbf{nombre de résultats dans } A}{\textbf{nombre de résultats total}}.$$

• $p(A)$ est une fréquence donc : $\mathbf{0 < p(A) < 1}$.
Si $p(A) = 0$, A est l'événement impossible.
Si $p(A) = 1$, A est l'événement certain.

Ex. : On reprend le lancer de dé et les événements suivants :
A : « Obtenir un multiple de 3. »
B : « Obtenir un nombre plus petit que 10. »
C : « Obtenir 7. »

A est composé de deux résultats, donc $p(A) = \frac{2}{6} \approx 0,33$, soit 33 % de chances d'apparition.
B est certain, donc $p(B) = 1$, soit 100 % de chances d'apparition.
C est impossible, donc $p(C) = 0$, soit 0 % de chances d'apparition.

EXERCICES TYPES CORRIGÉS

EXERCICE 1 On réalise l'expérience aléatoire suivante : on pioche une carte au hasard dans un jeu de 32 cartes. Calculer les probabilités des événements suivants :

Notes

1. A : « Obtenir un pique. »
2. B : « Obtenir un roi ou un sept rouge. »
3. C : « Obtenir un cœur ou un huit. »

1. L'événement A est composé des piques, donc 8 cartes : as, roi, dame, valet, 10, 9, 8 et 7 de pique. Donc $p(A) = \frac{8}{32} = 0{,}25$, **soit 25 % de chances.**
2. L'événement B est composé des quatre rois et des deux 7 rouges, donc de 6 cartes. Donc $p(B) = \frac{6}{32} = 0{,}1875$, **soit 18,75 % de chances.**
3. L'événement C est composé des huit cœurs et des trois huit restants, le huit de cœur étant déjà compté. L'événement C correspond à onze cartes.

Donc $p(C) = \frac{11}{32} \approx 0{,}3437$, **soit 34,37 % de chances.**

EXERCICE 2 Lors des élections de délégués, Maxime obtient 12 voix et Pauline 18. La classe comporte 30 élèves. On choisit un élève au hasard dans la classe.
Quelle est la probabilité qu'il ait voté pour Maxime ?

Il y a 12 élèves qui ont voté pour Maxime. Il y a donc 12 chances sur 30 que l'élève choisi ait voté pour Maxime.

$p(\text{Maxime}) = \frac{12}{30} = 0{,}4$, **soit 40 %.**

EXERCICE 3 Dans un pot rouge, on a mis 6 bonbons à la fraise et 10 à la menthe. Dans un pot bleu, on a mis 8 bonbons à la fraise et 14 à la menthe. Les bonbons sont enveloppés pour qu'on ne puisse pas les différencier.
Dans quel pot a-t-on plus de chances d'obtenir un bonbon à la fraise ?

Soit R l'événement « piocher un bonbon à la fraise » dans le pot rouge.

Il y a 16 bonbons en tout, donc $p(R) = \frac{6}{16} = 0{,}375$, **soit 37,5 %.**

Soit B l'événement « piocher un bonbon à la fraise » dans le pot bleu.

Il y a 22 bonbons en tout, donc $p(B) = \frac{8}{22} \approx 0{,}364$, **soit 36,4 %.**

On a donc plus de chances d'obtenir un bonbon à la fraise dans le pot rouge.

Définition et vocabulaire des fonctions

Fiche 19

Maths

LE COURS

Fonction

- Une **fonction** est un procédé qui, à un nombre, appelé **antécédent**, associe un autre nombre, appelé **image**.
- **Notation** : Pour la fonction appelée f, si x est l'antécédent, on note $f(x)$ l'image de x par f. $f(x)$ se lit « f de x ».

Ex. : La consommation de produits sucrés en kg par personne, en France, de 1990 à 2004 est la suivante :

Année	1990	1995	1999	2000	2004
Consommation en kg	29,4	30	29,1	29,4	29,3

En 1995, la consommation de produits sucrés était de 30 kg. On notera $f(1995) = 30$.
Cela signifie que l'image de 1995 est 30 ou encore qu'un antécédent de 30 est 1995.
On a aussi : $f(1990) = 29,4$ et $f(2000) = 29,4$. 29,4 a pour antécédents 1990 et 2000.

Notes

EXERCICES TYPES CORRIGÉS

EXERCICE 1 On étudie le temps que met une pierre à chuter de 10 m. On a effectué différentes mesures, reportées dans le tableau suivant :

Hauteur de chute (en m)	1	3	6	8	10
Temps (en s)	0,5	0,8	1,1	1,25	1,4

On considère la fonction f qui, à la hauteur en m, associe le temps de chute en secondes.

1. Déterminer l'image de 1 et de 6. Que signifient en pratique ces résultats ?
2. Déterminer un antécédent de 0,8.
3. Déterminer $f(10)$.

1. L'image de 1 est 0,5. On note $\boldsymbol{f(1) = 0,5}$.
L'image de 6 est 1,1. On note $\boldsymbol{f(6) = 1,1}$.
Ces égalités signifient en pratique que la pierre met 0,5 s à parcourir 1 m et 1,1 s à parcourir 6 m.

Notes

2. **Un antécédent de 0,8 est 3.** On note $f(3) = 0,8$. La pierre met 0,8 s à parcourir 3 m.
3. **$f(10) = 1,4$.** La pierre met 1,4 s à tomber de 10 m.

EXERCICE 2 On considère le tableau suivant, où on a reporté les tailles moyennes d'un groupe d'enfants, en m, en fonction de l'âge, en années.

Âge (en années)	2	4	8	10	12	15
Taille (en m)	0,84	0,99	1,19	1,31	1,45	1,59

1. Déterminer $f(2)$ et $f(10)$. Interpréter.
2. Déterminer un antécédent de 1,19. Interpréter.
3. Déterminer le nombre qui a pour image 1,45. Interpréter.

1. **$f(2) = 0,84$.** La taille moyenne à 2 ans est de 0,84 m.
$f(10) = 1,31$. La taille moyenne à 10 ans est de 1,31 m.
2. **Un antécédent de 1,19 est 8.** On a $f(8) = 1,19$. À 8 ans, la taille moyenne est de 1,19 m.
3. **Le nombre qui a pour image 1,45 est 12.** On a $f(12) = 1,45$. La taille moyenne à 12 ans est de 1,45 m.

EXERCICE 3 On considère le tableau suivant, où on a reporté certains antécédents et les images correspondantes d'une fonction appelée g.

x	-3	-2	-1	0	1	2	3	4	5
$g(x)$	4	2	1	3	0	-1	2	0	3

À l'aide du tableau, déterminer :
1. $g(2)$.
2. L'image de 3.
3. Le ou les antécédents de 3.
4. $g(0)$.
5. Le ou les antécédents de 0.
6. Le ou les nombres ayant pour image 2.

1. **$g(2) = -1$.** On choisit 2 dans la ligne des antécédents, c'est-à-dire la ligne avec x, et on regarde en dessous l'image correspondante.
2. L'image de 3 est **$g(3) = 2$.**
3. **Les antécédents de 3 sont 0 et 5.** 3 est une image car on cherche ses antécédents. C'est donc dans la ligne $g(x)$ qu'on cherche le 3 et les antécédents seront au-dessus.
4. **$g(0) = 3$.**
5. **Les antécédents de 0 sont 1 et 4.**
6. Les nombres qui ont pour image 2 sont les antécédents de 2, c'est-à-dire **-2 et 3**.

Calculs avec les fonctions Application au tableur

Fiche 20

Maths

LE COURS

- Une fonction peut être définie par les calculs à effectuer en fonction de l'antécédent x pour trouver l'image $f(x)$.
- On notera $f : x \mapsto f(x)$ la fonction f qui à x associe $f(x)$.

Ex. : On donne $f : x \mapsto f(x) = 3x - 4$ (c'est l'expression algébrique de f).
Pour calculer l'image de x, on multiplie x par 3, puis on enlève 4 au résultat.
$f(5) = 3 \times 5 - 4 = 15 - 4 = 11$, on a remplacé x par 5.
L'image de 5 par f est donc 11.

Notes

EXERCICES TYPES CORRIGÉS

EXERCICE 1 On donne le programme de calculs suivant :
- choisir un nombre ;
- lui ajouter 5 ;
- multiplier le résultat par 3 ;
- retirer 7 au résultat trouvé.

1. Calculer le nombre obtenu si on choisit 4, si on choisit (– 3).
2. Écrire l'expression algébrique correspondante.

1. Pour 4, on effectue $(4 + 5) \times 3 - 7 = 9 \times 3 - 7 = 27 - 7 = \mathbf{20}$.
Pour (– 3), on effectue $(-3 + 5) \times 3 - 7 = 2 \times 3 - 7 = 6 - 7 = \mathbf{-1}$.
2. L'expression algébrique est donnée en prenant x comme nombre de départ.
$(x+5) \times 3 - 7 = 3x + 15 - 7 = \mathbf{3x + 8}$.

EXERCICE 2 On donne $f : x \mapsto f(x) = 2x^2 - 2x - 4$.
1. Calculer $f(3)$.
2. Calculer l'image de (– 3).
3. 0 est-il un antécédent de (– 4) ?
4. (– 2) a-t-il pour image (– 4) ?

1. Pour calculer $f(3)$, c'est-à-dire l'image de 3, on remplace x par 3 dans l'expression algébrique de $f(x)$.
$\mathbf{f(3)} = 2 \times 3^2 - 2 \times 3 - 4 = 2 \times 9 - 6 - 4 = 18 - 10 = \mathbf{8}$.
2. Cela revient à calculer $f(-3)$: on remplace x par (– 3).
$\mathbf{f(-3)} = 2 \times (-3)^2 - 2 \times (-3) - 4 = 2 \times 9 + 6 - 4 = 18 + 2 = \mathbf{20}$.

Notes

3. Dire que 0 est un antécédent de (– 4), revient à dire que l'image de 0 est (– 4). Pour le vérifier, on calcule donc l'image de 0.

$f(0) = 2\times0^2-2\times0-4=2\times0-0-4=-\mathbf{4}$. Donc **0 est un antécédent de (– 4).**

4. On calcule l'image de (– 2), soit $f(-2)$.

$f(-2) = 2\times(-2)^2-2\times(-2)-4=2\times4+4-4=\mathbf{8}$.

L'image de (– 2) n'est pas (– 4).

EXERCICE 3 En physique, l'énergie cinétique d'un solide en mouvement est donnée par la formule $E_c = \frac{1}{2}mv^2$. E_c est exprimée en joules, la masse m en kg et la vitesse v en m/s.

1. Donner l'énergie cinétique d'un véhicule de 1,2 tonnes :

a. se déplaçant à 10 m/s (soit 36km/h) ;

b. se déplaçant à 36m/s (soit environ 130 km/h).

2. Pour ce véhicule, quelle vitesse correspond à une énergie cinétique de 290 400 joules ?

1. a. 1,2 tonnes = 1 200 kg. On remplace m par 1 200 et v par 10.

$E_c = \frac{1}{2}\times1\,200\times10^2 = 600\times100 = \mathbf{60\ 000\ joules.}$

b. $E_c = \frac{1}{2}\times1\,200\times36^2 = 600\times1\,296 = \mathbf{777\ 600\ joules.}$

2. On a l'équation $290\,400 = 600\times v^2$, donc $v^2 = \frac{290\,400}{600} = 484$.

Ainsi, $v=\sqrt{484}=22$. **La vitesse du véhicule est de 22 m/s.**

EXERCICE 4

	A	B	C	D	E
1	x	3	4	5	6
2	f(x)				

On considère la fonction $f : x \mapsto f(x) = 4x - 7$.

1. Quelle formule doit-on taper dans la cellule B2 afin d'obtenir l'image de 3 par f ? Combien obtient-on alors ?

2. On fait un copier/coller de la cellule B2 vers la cellule D2. Quelle est la formule obtenue dans la cellule D2 ?

1. Dans un tableur, on écrit «=» devant une formule.

La formule à taper dans la cellule B2 est **=4*B1– 7.**

On obtient alors $4\times3-7 = \mathbf{5}$.

2. Quand on fait un copier/coller d'une formule dans un tableur, celui-ci change le nom des cellules dans cette formule en fonction de l'endroit où on fait le coller. Ici, on copie B2 vers D2 et il y a B1 dans la formule ; il y aura donc D1 dans la formule copiée.

La formule dans la cellule D2 sera **=4*D1– 7.**

Représentation graphique d'une fonction

Fiche 21

Maths

LE COURS

La **représentation graphique** d'une fonction f est une **courbe** composée des points de coordonnées $(x ; f(x))$.

Ex. : On a représenté graphiquement une fonction f :

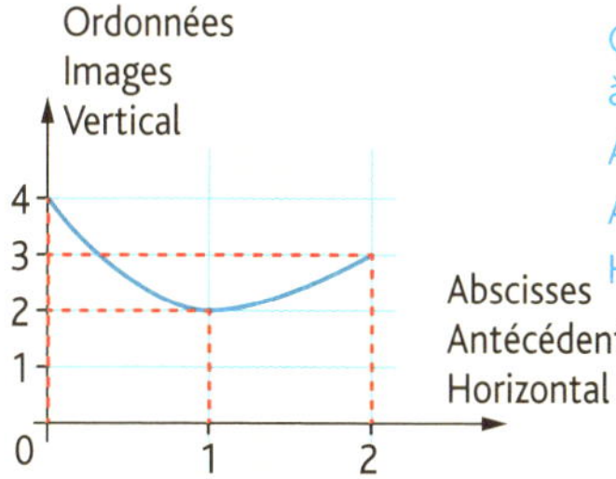

On associe les mots deux à deux :
Antécédent / Image
Abscisse / Ordonnées
Horizontal / Vertical

Notes

Le point de coordonnées (1 ; 2) est sur la courbe, donc 2 est l'image de 1 par f ou encore $f(1) = 2$.
Le point de coordonnées (0 ; 4) est sur la courbe, donc 4 est l'image de 0 par f ou encore $f(0) = 4$.

EXERCICES TYPES CORRIGÉS

EXERCICE 1 On considère le graphique suivant :

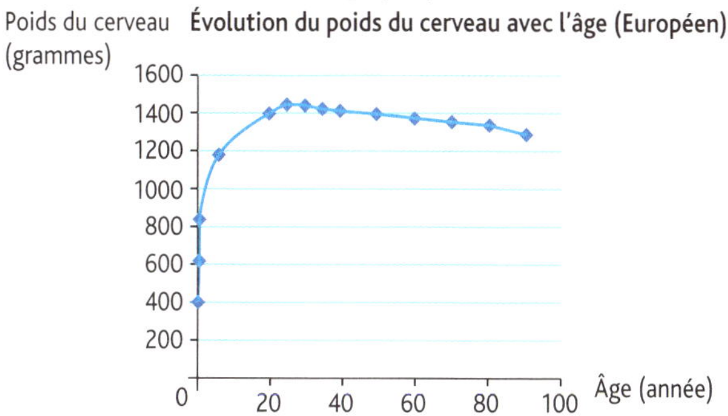

1. Déterminer, à l'aide du graphique, l'image de 30 et de 80. Interpréter.
2. Déterminer, à l'aide du graphique, le ou les antécédent(s) de 1 200, de 1 400. Interpréter.

1. Avec la précision que permet le graphique, on regarde l'ordonnée correspondante à l'abscisse 30, c'est 1 420.

L'image de 30 est 1 420, donc une personne âgée de 30 ans a, en moyenne, un cerveau qui pèse 1 420 g.

On regarde l'ordonnée correspondante à l'abscisse 80, c'est 1 350.

L'image de 80 est 1 350, donc une personne âgée de 80 ans a, en moyenne, un cerveau qui pèse 1 350 g.

2. On regarde la ou les abscisse(s) correspondant à l'ordonnée 1 200, c'est environ 7.

1 200 a pour antécédent 7. Un cerveau de 1 200 g correspond en moyenne à une personne âgée de 7 ans.

On regarde la ou les abscisse(s) correspondant à l'ordonnée 1 400, ce sont 20 et 50.

1 400 a pour antécédents 20 et 50. Un cerveau de 1 400 g correspond en moyenne à une personne âgée de 20 ou 50 ans.

EXERCICE 2 On considère le graphique suivant :

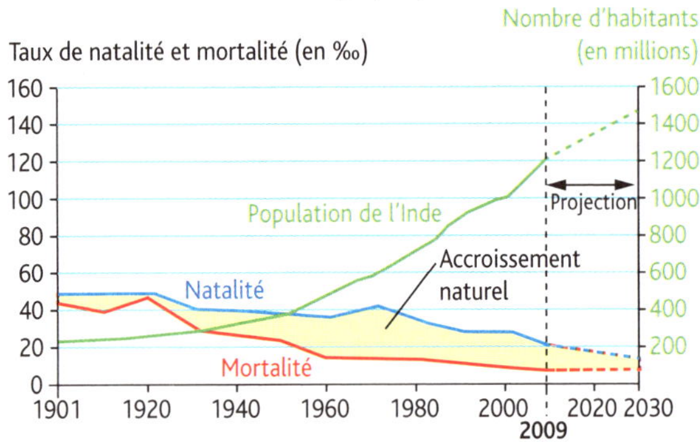

Déterminer, avec la précision que permet le graphique :

1. a. Le taux de natalité en 2000. b. Le taux de mortalité en 1980.
c. La population en 2000.

2. a. L'année où le taux de mortalité est de 10 ‰.
b) L'année où le taux de natalité est de 30 ‰.
c) L'année où la population est de 600 millions d'habitants.

1. Ici, les taux se lisent en ordonnée sur la gauche.
a. Le taux de natalité en 2000 est de **30 ‰**. b. Le taux de mortalité en 1980 est de **15 ‰**. c. La population en 2000 est de 1 000 millions d'habitants, soit 1 milliard.

2. a. Le taux de mortalité est de 10 ‰ en 2000.
b. Le taux de natalité est de 30 ‰ de 1990 à 2000.
c. La population est de 600 millions en 1970.

Fonctions linéaires
Représentation, calculs

Notes

LE COURS

Fonction linéaire

• Une fonction est dite **linéaire** si son expression algébrique est de la forme $\boldsymbol{f(x) = ax}$, avec a nombre relatif.

• $\boldsymbol{a}$ est le **coefficient directeur** de la fonction linéaire.

Ex. : La fonction $f : x \mapsto f(x) = 3x$ est une fonction linéaire.
L'image de 4 par f est donnée par $f(4) = 3 \times 4 = 12$.

• Une fonction linéaire représente une **situation de proportionnalité** avec comme **coefficient de proportionnalité**, le coefficient directeur de la fonction linéaire, $\boldsymbol{a}$.

• Par une fonction linéaire, chaque image a un seul antécédent.

Représentation graphique

• Une fonction linéaire représentant une situation de proportionnalité, sa représentation graphique est une **droite qui passe par l'origine du repère.**

Ex. : La représentation graphique de $f : x \mapsto f(x) = 2x$ est :

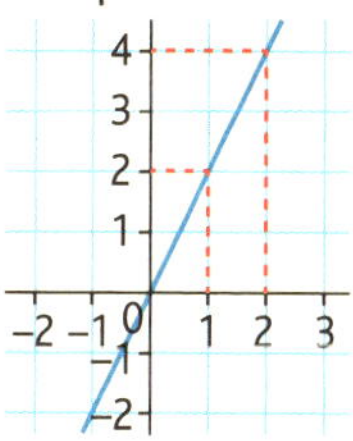

On a bien l'image de 1 qui est 2, soit le point (1 ; 2) et celle de 2 qui est 4, donc le point (2 ; 4).

Application

Construire la représentation de $f : x \mapsto f(x) = -2x$.

On sait que la courbe de f est une droite qui passe par l'origine. Il suffit donc d'obtenir un autre point de la courbe. Pour cela, on calcule l'image d'un nombre qu'on choisit. Ici 2, soit $f(2) = -2 \times 2 = -4$, donc le point est (2 ; – 4). On le place dans le repère et on trace la droite.

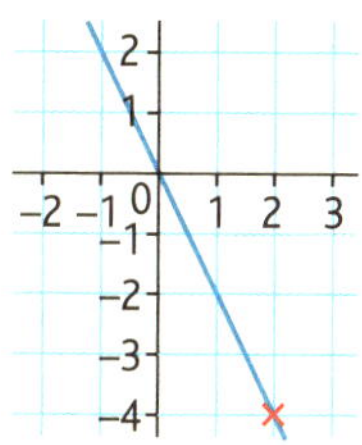

Notes

EXERCICES TYPES CORRIGÉS

EXERCICE 1 Calculs d'images et d'antécédents

Soit la fonction $f : x \mapsto f(x) = 3x$.

1. Calculer l'image de 4 et de (– 3).
2. Calculer l'antécédent de 6 et de (– 12).

1. $f(4) = 3 \times 4 = 12$. **L'image de 4 est 12.**
$f(-3) = 3 \times (-3) = -9$. **L'image de – 3 est – 9.**
2. Pour calculer l'antécédent de 6, on cherche x tel que $f(x) = 6$, donc $3x = 6$. Ainsi $x = \frac{6}{3} = 2$. **L'antécédent de 6 par *f* est 2.**
Pour calculer l'antécédent de – 12, on cherche x tel que $f(x) = -12$, donc $3x = -12$. Ainsi $x = \frac{-12}{3} = -4$. **L'antécédent de – 12 par *f* est – 4.**

EXERCICE 2 Calculer le coefficient d'une fonction linéaire

Calculer le coefficient de la fonction linéaire g telle que le point (– 3 ; 6) appartient à la courbe de g.

g est une fonction linéaire, son expression algébrique est donc de la forme ax. Comme (– 3 ; 6) est sur la courbe de g, on a : $g(-3) = 6$; on remplace x par – 3 dans l'expression algébrique.

$g(-3) = -3a = 6$, donc $a = \frac{-6}{3} = -2$. **Le coefficient de *g* est donc – 2.**

EXERCICE 3 Représenter une fonction linéaire

1. Représenter la fonction $f : x \mapsto f(x) = \frac{1}{2}x$.
2. Déterminer l'antécédent de – 2 graphiquement, puis par le calcul.

1. La représentation d'une fonction linéaire est une droite qui passe par l'origine du repère. On calcule l'image de 2 : $f(2) = \frac{1}{2} \times 2 = 1$.
Le point (2 ; 1) est sur la courbe.
On obtient donc :

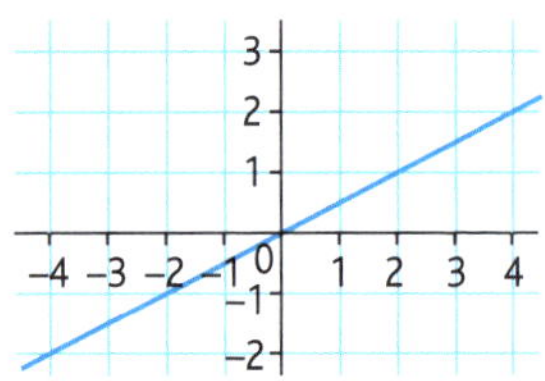

2. Le point de coordonnées (– 4 ; – 2) est sur la droite, donc **l'antécédent de – 2 est – 4.**

Par le calcul, $f(x) = -2$, donc $\frac{1}{2}x = -2$ et $\boldsymbol{x} = \frac{2}{1} \times (-2) = \mathbf{-4}$.

Fonctions linéaires et pourcentages

Fiche 23

Maths

LE COURS

Augmentation en pourcentage

• Une **augmentation** de p % correspond à une situation de proportionnalité où le coefficient est $(100 + p)$ %, c'est-à-dire $\frac{100+p}{100}$.

• On peut donc utiliser la fonction linéaire f définie par $f(x) = \frac{100+p}{100}x$.

Diminution en pourcentage

• Une **diminution** de p % correspond à une situation de proportionnalité où le coefficient est $(100 - p)$ %, c'est-à-dire $\frac{100-p}{100}$.

• On peut donc utiliser la fonction linéaire f définie par $f(x) = \frac{100-p}{100}x$.

Notes

EXERCICES TYPES CORRIGÉS

EXERCICE 1 Déterminer la fonction linéaire ou la variation de pourcentage.

1. Augmentation de 7 %.
2. Diminution de 12 %.
3. $f : x \mapsto f(x) = 1{,}4\,x$;
4. $f : x \mapsto f(x) = 0{,}96\,x$.

1. $\frac{100+7}{100} = \frac{107}{100} = 1{,}07$ donc $\boldsymbol{f : x \mapsto f(x) = 1{,}07\,x}$.

2. $\frac{100-12}{100} = \frac{88}{100} = 0{,}88$ donc $\boldsymbol{f : x \mapsto f(x) = 0{,}88\,x}$.

3. Comme $\frac{100+40}{100} = \frac{140}{100} = 1{,}4$, c'est une **augmentation de 40 %**.

4. Comme $\frac{100-4}{100} = \frac{96}{100} = 0{,}96$, c'est une **diminution de 4 %**.

Notes

EXERCICE 2 Le salaire de Paul est de 1 700 €. Il reçoit une augmentation de 5 %.

1. Déterminer la fonction linéaire associée à cette augmentation.
2. Calculer le nouveau salaire de Paul.
3. Yasmine a elle aussi reçu une augmentation de 5 %. Son salaire est maintenant de 2 100 €. À combien s'élevait le salaire de Yasmine avant son augmentation ?

1. $\frac{100+5}{100} = \frac{105}{100} = 1{,}05$ donc $\boldsymbol{f : x \mapsto f(x) = 1{,}05\,x}$.

2. Pour calculer le nouveau salaire, il faut calculer l'image de l'ancien.
$f(1\,700) = 1{,}05 \times 1\,700 = 1\,785$. **Le nouveau salaire de Paul est de 1 785 €.**

3. C'est un calcul d'antécédent.
On a $f(x) = 1{,}05x = 2\,100$ donc $x = \frac{2100}{1{,}05} = 2000$. **L'ancien salaire de Yasmine était de 2 000 €.**

EXERCICE 3 Le prix d'un abonnement pour téléphone portable est passé de 19,99 € à 15,99 €.

1. Quelle est la fonction linéaire associée ? (On arrondira au centième.)
2. À quelle diminution de pourcentage est-elle associée ?

1. On cherche quel est l'antécédent et quelle est l'image.
19,99 est l'ancien prix, donc l'antécédent. 15,99 est l'image.
On a ainsi l'égalité $f(19{,}99) = 15{,}99$ et la fonction linéaire f peut s'écrire :
$f(19{,}99) = 19{,}99a = 15{,}99$,
donc $a = \frac{15{,}99}{19{,}99} \approx 0{,}8$ arrondi au centième.
On a donc $\boldsymbol{f : x \mapsto f(x) = 0{,}8\,x}$.

2. La fonction correspond à une **diminution de 20 %** car
$\frac{100-20}{100} = \frac{80}{100} = 0{,}8$.

Fonctions affines
Représentation, calculs

Fiche 24

Maths

Notes

LE COURS

Fonction affine

• Une fonction est dite **affine** si son expression algébrique est de la forme $\boldsymbol{f(x) = ax + b}$, avec a et b nombres relatifs.

• a est le coefficient directeur de la fonction et on ajoute b au résultat.

• Par une fonction affine, chaque image a un seul antécédent.

Représentation graphique

La représentation graphique d'une fonction affine est une **droite**.

Ex. : La représentation graphique de $f : x \mapsto f(x) = 2x + 1$ est :

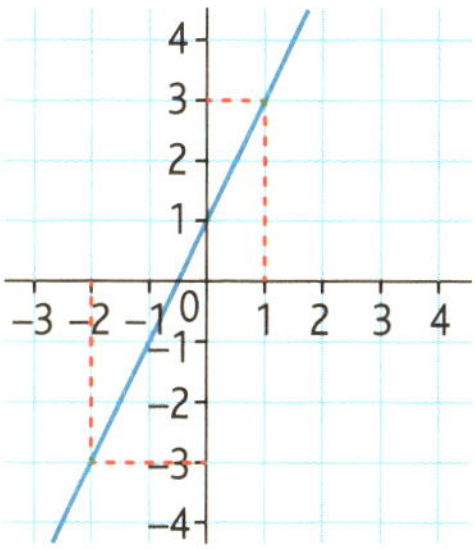

On a bien l'image de 1 qui est 3, soit le point (1 ; 3) et celle de – 2 qui est – 3, donc le point (– 2 ; – 3).

EXERCICES TYPES CORRIGÉS

EXERCICE 1 Calculs d'images et d'antécédents

Soit la fonction $f : x \mapsto f(x) = 3x - 4$.

1. Calculer l'image de 2 et de (– 5).
2. Calculer l'antécédent de 3 et de 0.

1. $f(2) = 3 \times 2 - 4 = 2$. **L'image de 2 est 2.**
$f(-5) = 3 \times (-5) - 4 = -19$. **L'image de – 5 est – 19.**

2. Pour calculer l'antécédent de 3, on cherche x tel que $f(x) = 3$, donc $3x - 4 = 3$. Ainsi $3x = 3 + 4 = 7$ et donc $x = \frac{7}{3}$.

L'antécédent de 3 par f est $\frac{7}{3}$.

On cherche x tel que $f(x) = 0$, donc $3x - 4 = 0$.

Ainsi $3x = 4$ et donc $x = \frac{4}{3}$. **L'antécédent de 0 par f est $\frac{4}{3}$.**

Notes

EXERCICE 2 Représenter une fonction affine

1. Représenter la fonction $f : x \mapsto f(x) = \frac{3}{2}x + 2$.
2. Déterminer graphiquement l'antécédent de – 4.

1. La représentation d'une fonction affine est une droite. Il faut déterminer deux points et donc calculer deux images.

On calcule l'image de 2 :

$f(2) = \frac{3}{2} \times 2 + 2 = 3 + 2 = 5$.

Le point (2 ; 5) est sur la courbe.

On calcule l'image de 0 :

$f(0) = \frac{3}{2} \times 0 + 2 = 2$.

Le point (0 ; 2) est sur la courbe.

2. Le point de coordonnées (– 4 ; – 4) est sur la droite, donc **l'antécédent de – 4 est – 4.** On a $f(-4) = -4$.

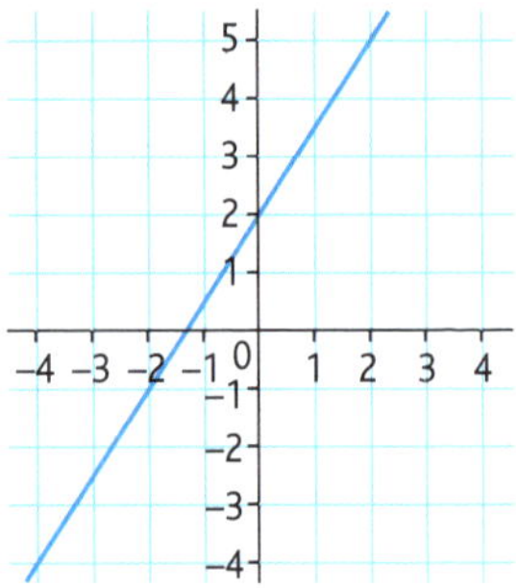

EXERCICE 3 Situation concrète

Enzo va au cinéma. On lui propose deux options : tarif 1, 6 € la séance ; tarif 2, il faut acheter une carte d'abonnement à 10 €, puis on paye 4 € la séance.

1. Trouver les fonctions f et g associées à chaque tarif.
2. Représenter graphiquement ces fonctions. Pour combien de séances les tarifs semblent équivalents ?

1. Tarif 1 : $\boldsymbol{f(x) = 6x}$.

Tarif 2 : $\boldsymbol{g(x) = 4x + 10}$.

2. Pour représenter f, on calcule $f(5) = 30$ (représentée en rouge).

Pour g, $g(0) = 10$ et $g(10) = 50$ (représentée en bleu).

Les tarifs semblent équivalents pour 5 séances.

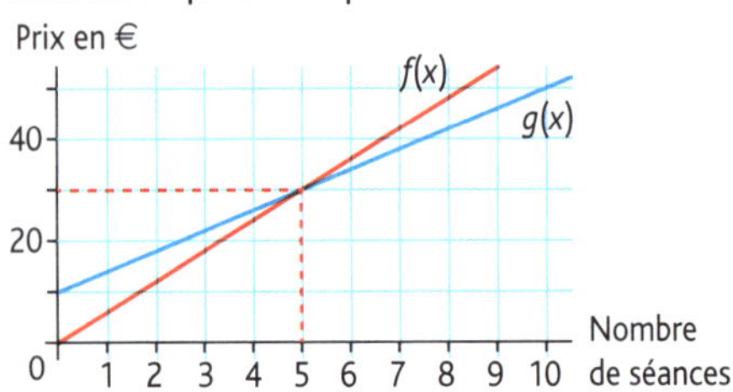

Fonctions linéaires et affines : lien entre calculs et graphiques

Fiche 25

Maths

Notes

LE COURS

Coefficients des fonctions linéaire et affine

• Le **coefficient directeur** d'une fonction linéaire ou affine est le nombre a dans l'expression algébrique. Il est aussi appelé la **pente de la droite**.

• Pour le trouver, on choisit deux points sur la droite, on mesure le déplacement horizontal et le déplacement vertical en partant d'un point pour arriver à l'autre.

Le coefficient est le rapport du déplacement vertical par le déplacement horizontal.

Pour $f(x) = ax$ ou $g(x) = ax + b$, on a $\mathbf{a} = \dfrac{\textbf{Déplacement vertical}}{\textbf{Déplacement horizontal}}$.

Ex. : **1.**

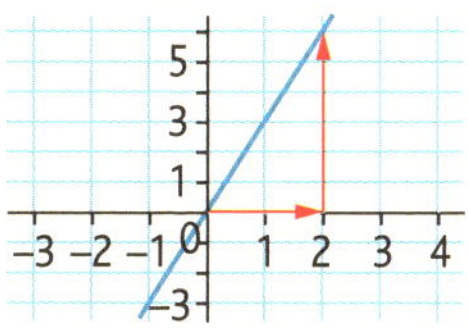

$$a = \frac{\text{Déplacement vertical}}{\text{Déplacement horizontal}} = \frac{6}{2} = 3.$$

La fonction est linéaire on a donc $f(x) = 3x$.

a est positif, la droite monte.

2.

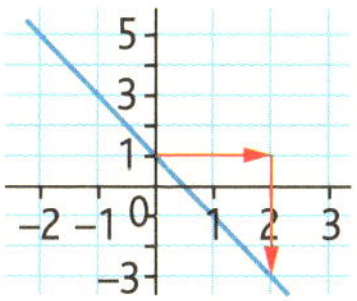

$$a = \frac{\text{Déplacement vertical}}{\text{Déplacement horizontal}} = \frac{-4}{2} = -2.$$

Le coefficient directeur de la fonction affine est – 2.

a est négatif, la droite descend.

L'ordonnée à l'origine

• Dans l'expression algébrique d'une fonction affine, b est appelé l'**ordonnée à l'origine**. C'est l'ordonnée du point d'intersection entre la droite qui représente la fonction et l'axe des ordonnées.

• Par le calcul, on trouve b en calculant l'image de 0.

En effet, si $f(x) = ax + b$, alors $f(0) = a \times 0 + b$ donc $f(0) = b$.

Le point $(0 ; b)$ est donc sur la droite représentant la fonction.

Notes

EXERCICES TYPES CORRIGÉS

EXERCICE 1 On considère les représentations graphiques suivantes. Déterminer les expressions algébriques des différentes fonctions.

1.

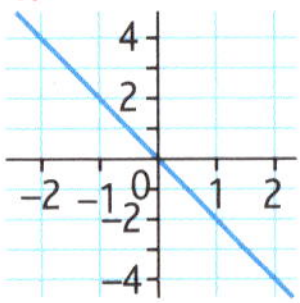

2.

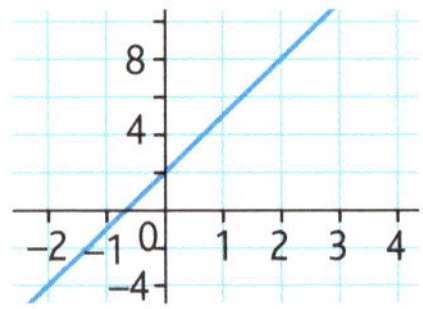

3.

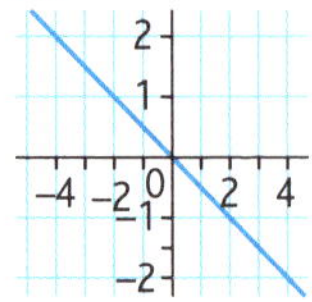

1. f est linéaire car sa droite passe par l'origine.

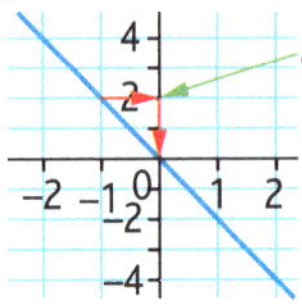

$a = \dfrac{-2}{1} = -2$

$f(x) = -2x.$

2.

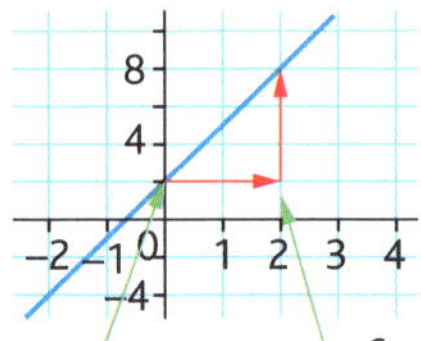

L'ordonnée à l'origine est 2

$a = \dfrac{6}{2} = 3$

On a donc $f(x) = 3x + 2$.

3.

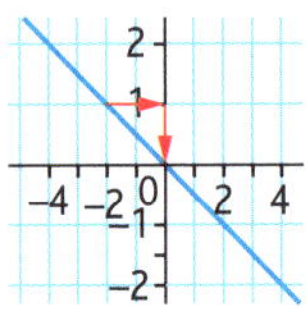

f est linéaire car sa droite passe par l'origine.

$a = \dfrac{-1}{2} = -0{,}5$

$f(x) = -0{,}5x.$

EXERCICE 2 Représenter en utilisant les propriétés géométriques des coefficients des fonctions linéaires ou affines :

1. $f : x \mapsto f(x) = 2x.$ **2.** $g : x \mapsto g(x) = \dfrac{1}{2}x + 1.$

1.

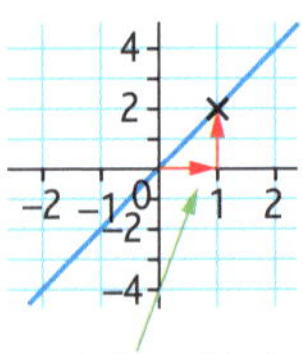

On part de 0, on fait 1 horizontalement pour 2 verticalement

2.

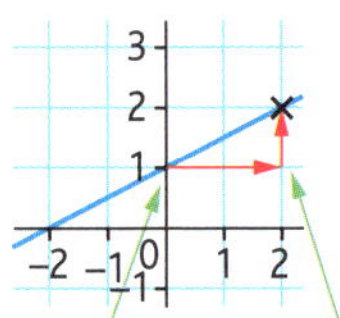

L'ordonnée à l'origine est 1, on place le point.

En partant du point trouvé, 2 horizontalement pour 1 verticalement.

Triangles, droites remarquables et angles

Fiche 26

Maths

LE COURS

Hauteur

Dans un triangle, la **hauteur** issue d'un sommet est la droite passant par un sommet et coupant perpendiculairement le côté opposé à ce sommet.

Ex. : La droite (BK) est la hauteur issue de B, $(BK) \perp (AC)$.
K est appelé le pied de la hauteur issue de B.

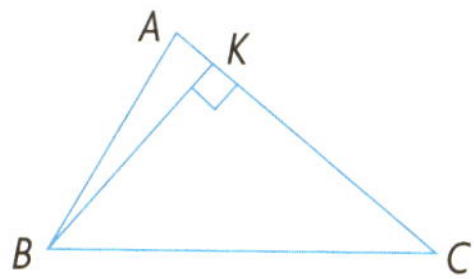

Médiatrice

La **médiatrice** d'un segment est la droite qui coupe ce segment perpendiculairement en son milieu.

Ex. : La droite (d) est la médiatrice du segment $[EF]$ (elle ne passe pas obligatoirement par un sommet).

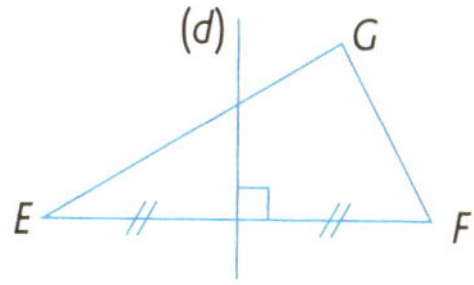

Angles

Dans un triangle

- Dans un triangle, la somme des angles est de 180°.
- Dans un **triangle isocèle**, les angles à la base sont égaux.
- Les angles d'un **triangle équilatéral** étant égaux, chacun mesure 60°.
- Dans un **triangle rectangle**, la somme des deux angles aigus est de 90°.

Angles alternes-internes

- Deux droites parallèles déterminent des angles alternes-internes égaux.

Si $(d_1) // (d_2)$, alors les angles alternes-internes suivants sont égaux : $\widehat{A_1} = \widehat{B_1}$ et $\widehat{A_2} = \widehat{B_2}$.

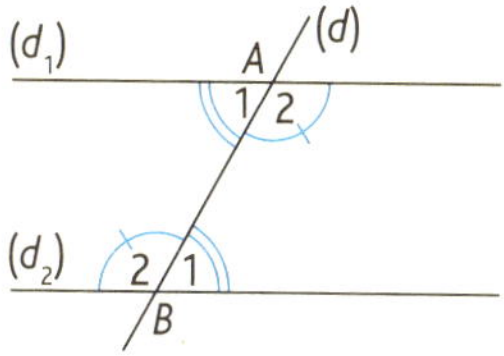

- Si deux angles alternes-internes sont égaux, alors les droites qui les définissent sont parallèles.

Si $\widehat{A_1} = \widehat{B_1}$ ou $\widehat{A_2} = \widehat{B_2}$, alors on a $(d_1) // (d_2)$.

Notes

Notes

EXERCICES TYPES CORRIGÉS

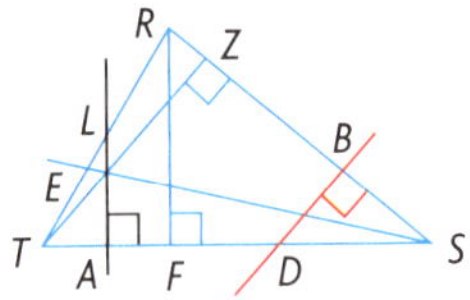

Document Exercice 1

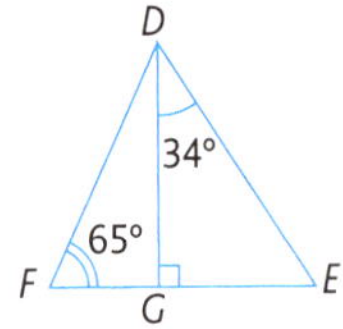

Document Exercice 2

EXERCICE 1 1. Dans le triangle *RST*, trouver les droites qui sont des hauteurs.

2. Démontrer que les droites (*AL*) et (*RF*) sont parallèles.

1. **Les hauteurs sont (*RF*) et (*TZ*).**

(*LA*) est bien perpendiculaire à (*ST*), mais ne passe pas par le sommet *R*, de même pour (*BD*) avec le sommet *T*. (*SE*) n'est pas perpendiculaire à (*RT*).

2. On a $(AL) \perp (ST)$ et $(RF) \perp (ST)$.

Si deux droites sont perpendiculaires à une même droite, alors ces deux droites sont parallèles. Donc $(AL) // (RF)$.

EXERCICE 2 Calculer la mesure des angles dans les triangles *DGE* et *DFG*.

Dans le triangle *DGE*, on connaît déjà deux angles :

$$\widehat{D} = 34° \text{ et } \widehat{G} = 90°.$$

La somme des angles dans un triangle est égale à 180°, donc :

$$\widehat{E} = 180 - (90 + 34) = \mathbf{56°}.$$

De même, dans le triangle *DGF*, l'angle $\widehat{D} = 180 - (90 + 65) = \mathbf{25°}$.

EXERCICE 3 Calculer les angles du triangle *AMF*, sachant que les droites (*xy*) et (*AF*) sont parallèles et que *AMF* est un triangle isocèle en *F*.

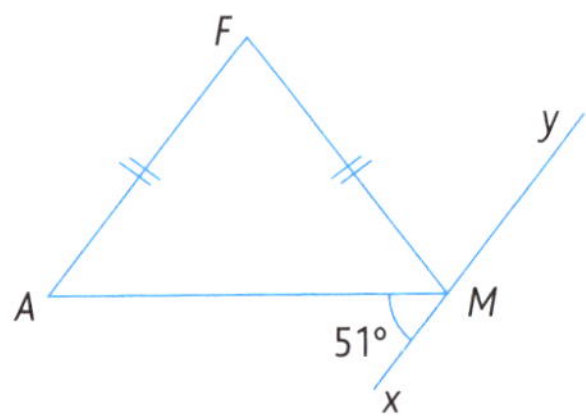

(*AF*) et (*xy*) sont parallèles. (*AM*) est une droite sécante à ces deux droites. Les angles $\widehat{FAM}$ et $\widehat{AMx}$ sont donc alternes-internes et égaux. La mesure de $\widehat{FAM}$ **est donc de 51°.**

Le triangle *FAM* est isocèle en *F*, ses angles à la base sont donc de même mesure. Ainsi $\widehat{FMA}$ **mesure 51°.**

La somme des angles d'un triangle est de 180°, donc :

$\widehat{AFM} = 180 - (2 \times 51) = 180 - 102 = \mathbf{78°}$.

Théorème de Pythagore

LE COURS

Théorème de Pythagore

Dans un triangle rectangle, le carré de l'hypoténuse est égal à la somme des carrés des côtés perpendiculaires.

Figures clés

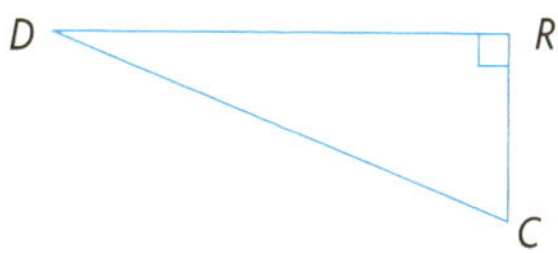

L'hypoténuse est [*DC*]. On a donc : $DC^2 = DR^2 + RC^2$.

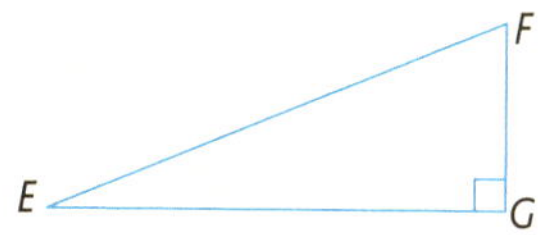

L'hypoténuse est [*EF*]. On a donc : $EF^2 = FG^2 + EG^2$.

EXERCICES TYPES CORRIGÉS

EXERCICE 1 On considère la figure ci-contre avec :

$MB = 15$ cm.

1. Calculer NP.
2. Calculer NB ; arrondir au millimètre.

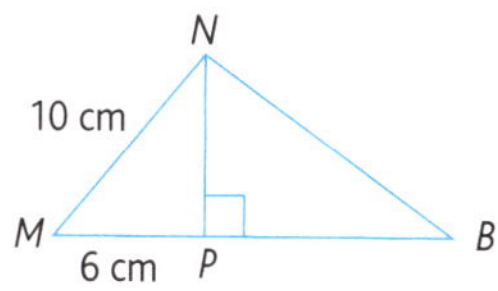

1. **On sait que** le triangle *MNP* est rectangle en *P*.
Donc, d'après le théorème de Pythagore, **on obtient :**
$MN^2 = MP^2 + NP^2$.
$10^2 = 6^2 + NP^2$. Ainsi $NP^2 = 100 - 36 = 64$.
On a calculé un côté perpendiculaire, plus petit que l'hypoténuse ; on a donc fait une soustraction.
Donc $NP = \sqrt{64} = 8$ **cm .**

2. $PB = 15 - 6 = 9$ cm.
On sait que le triangle *PNB* est rectangle en *P*.
Donc, d'après le théorème de Pythagore, **on obtient :**
$NB^2 = NP^2 + PB^2$.
$NB^2 = 8^2 + 9^2 = 64 + 81 = 145$.
On a calculé l'hypoténuse, le plus grand côté ; on a donc fait une addition.
Donc $NB = \sqrt{145} \approx 12$ **cm .**

Notes

EXERCICE 2 On considère la figure ci-contre.

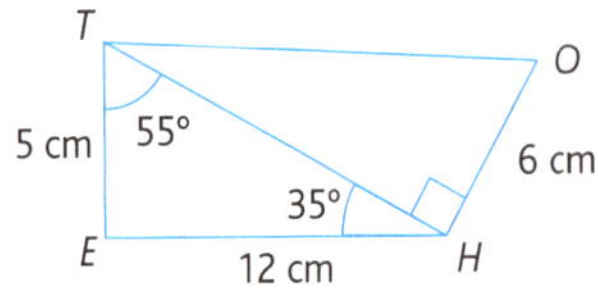

1. Démontrer que le triangle *EHT* est rectangle en *E*.
2. Calculer *TH*.
3. Calculer *TO* ; arrondir au millimètre.

1. La somme des angles d'un triangle est égale à 180°, donc :

$$\widehat{TEH} = 180 - (55 + 35) = 180 - 90 = \mathbf{90°}.$$

Le triangle *EHT* est donc rectangle en *E*.

2. **On sait que** le triangle *EHT* est rectangle en *E*.
Donc, d'après le théorème de Pythagore, **on obtient** :
$TH^2 = TE^2 + EH^2$.
$TH^2 = 5^2 + 12^2 = 25 + 144 = 169$.
Donc $\mathbf{TH} = \sqrt{169} = \mathbf{13\ cm}$.

3. **On sait que** le triangle *OTH* est rectangle en *H*.
Donc, d'après le théorème de Pythagore, **on obtient** :
$TO^2 = TH^2 + OH^2$.
$TO^2 = 13^2 + 6^2 = 169 + 36 = 205$.
Donc $\mathbf{TO} = \sqrt{205} \approx \mathbf{14{,}3\ cm}$.

EXERCICE 3 Avec un tableur

1. Que calcule le tableur dans la cellule C1 ?

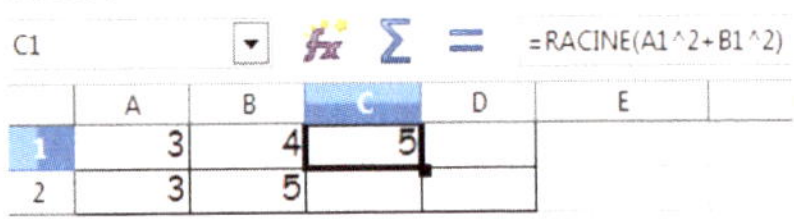

2. On veut que la cellule D1 soit la valeur d'un côté perpendiculaire dans un triangle rectangle, avec en B1 l'hypoténuse et en A1 l'autre côté perpendiculaire. Quelle est la formule à taper ? Quelle valeur trouve-t-on ?
3. On fait copier-coller des cellules C1 et D1 vers les cellules C2 et D2. Quelles sont les formules obtenues dans chaque cellule ? Quelles sont les valeurs ?

1. La cellule C1 donne la valeur de l'hypoténuse d'un triangle rectangle quand on connaît les deux côtés perpendiculaires.
2. On doit taper en D1 : **= RACINE(B1^2-A1^2).**
On trouve $\sqrt{(16-9)} = \sqrt{7} \approx \mathbf{2{,}65}$.
3. En **C2**, on obtient **= RACINE(A2^2+B2^2)**
et en **D2** : **= RACINE(B2^2-A2^2)**
$\mathbf{C2} = \sqrt{(9+25)} = \sqrt{34} \approx \mathbf{5{,}83}$ et $\mathbf{D2} = \sqrt{(25-9)} = \sqrt{16} = \mathbf{4}$.

Théorème de Thalès

LE COURS

Théorème de Thalès

Soient deux triangles ABC et AMN tels que :

$M \in (AB)$; $N \in (AC)$ et $(BC) // (MN)$, alors $\dfrac{AB}{AM} = \dfrac{AC}{AN} = \dfrac{BC}{MN}$.

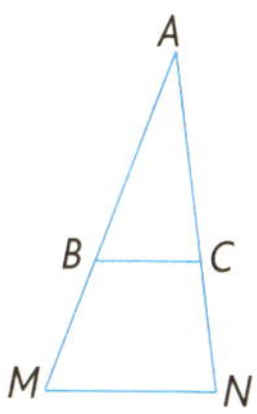

ou bien

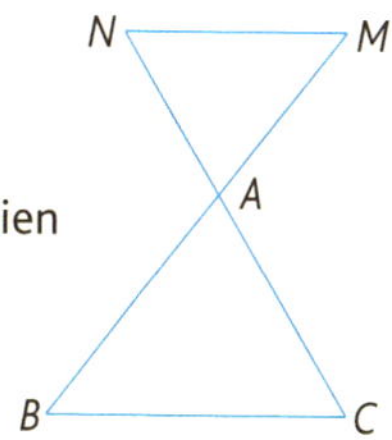

On met au numérateur les côtés de ABC et, au dénominateur, les côtés correspondants de AMN. Les côtés des deux triangles sont proportionnels.

Figures clés

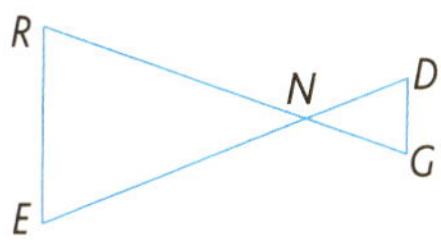

$$\frac{RN}{NG} = \frac{EN}{ND} = \frac{ER}{DG}$$

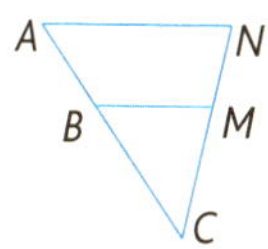

$$\frac{CB}{CA} = \frac{CM}{CN} = \frac{BM}{AN}$$

EXERCICES TYPES CORRIGÉS

EXERCICE 1

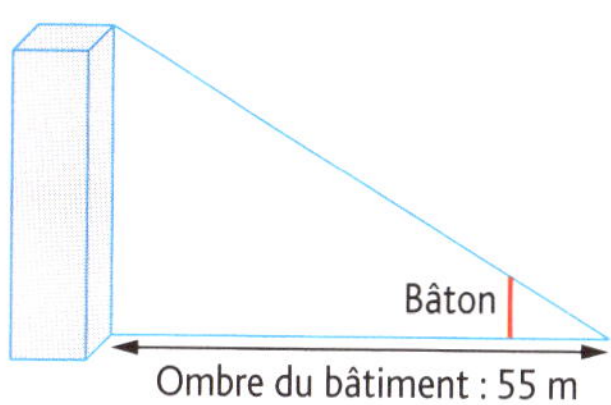

On veut mesurer la hauteur d'un immeuble. Pour cela, on mesure l'ombre du bâtiment : elle fait 55 m. On place un bâton de 2 m de hauteur perpendiculairement au sol et on mesure l'ombre de ce bâton ; on trouve alors 2,5 m.

Notes

1. Faire un schéma simplifiant les données.
2. Démontrer que le bâton et l'immeuble sont parallèles.
3. Calculer la hauteur de l'immeuble.

1.

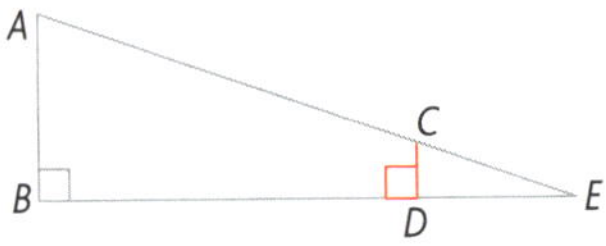

Avec $[AB]$ l'immeuble et $[CD]$ le bâton.

2. $(AB) \perp (BD)$; $(CD) \perp (BD)$.
Quand deux droites sont perpendiculaires à une même troisième, ces deux droites sont parallèles, donc $(AB) // (CD)$.

3. On sait que $A \in (EC)$; $B \in (ED)$ et $(AB) // (CD)$.
Donc, d'après le théorème de Thalès,
on obtient : $\frac{EC}{EA} = \frac{ED}{EB} = \frac{CD}{AB}$, d'où $\frac{2,5}{55} = \frac{2}{AB}$.

On utilise le produit en croix : $AB = \frac{2 \times 55}{2,5} = 44$.

L'immeuble mesure donc 44 mètres.

EXERCICE 2 Cédric met un disque de 26 mm de diamètre à 2,80 m de son œil. Il peut ainsi masquer parfaitement la Lune. Sachant que le rayon de la Lune est de 1 737 km, calculer la distance Terre-Lune arrondie au km.

Diamètre de la Lune :
$1\,737 \times 2 = 3\,474$ km.
On sait que $F \in (OD)$; $G \in (OE)$ et $(DE) // (FG)$.
Donc, d'après le théorème de Thalès,

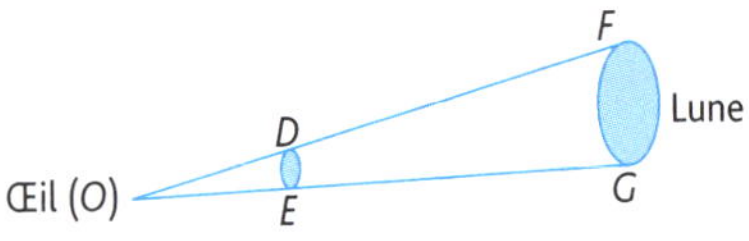

On convertit les distances en mètres.

on obtient $\frac{OD}{OF} = \frac{OE}{OG} = \frac{DE}{FG}$, d'où $\frac{2,8}{OG} = \frac{0,026}{3\,474\,000}$.

On utilise le produit en croix :

$OG = \frac{2,8 \times 3\,474\,000}{0,026} \approx 374\,123\,077$ m.

La distance Terre-Lune est donc approximativement de 374 123 km.

Réciproque de Pythagore et de Thalès

Fiche 29

Maths

Notes

LE COURS

Un triangle est-il rectangle ?

Réciproque du théorème de Pythagore

Si, dans un triangle, le carré du plus grand côté est égal à la somme des carrés des autres côtés, **alors** ce triangle est rectangle.

Application

On donne :

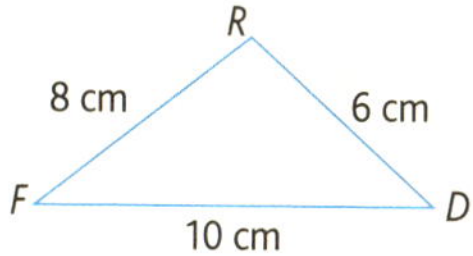

Le triangle *DRF* est-il rectangle ?

Le plus grand côté est [*FD*].

On calcule séparément :

$FD^2 = 10^2 = 100$ et $FR^2 + RD^2 = 6^2 + 8^2 = 100$.

On a $FD^2 = FR^2 + RD^2$.

Donc, d'après la réciproque du théorème de Pythagore, le triangle *FRD* est rectangle en *R*. [*FD*] est seul dans l'égalité, c'est l'hypoténuse. Le triangle est donc rectangle en *R*.

Deux droites sont-elles parallèles ?

Réciproque du théorème de Thalès

Si les points *A*, *B* et *M* d'une part et *A*, *C* et *N* d'autre part, sont alignés dans le même ordre et si $\frac{AB}{AM} = \frac{AC}{AN}$, **alors** les droites (*BC*) et (*MN*) sont parallèles.

(Même ordre signifie que si *A* est entre *B* et *M*, alors *A* sera entre *C* et *N*.)

Application

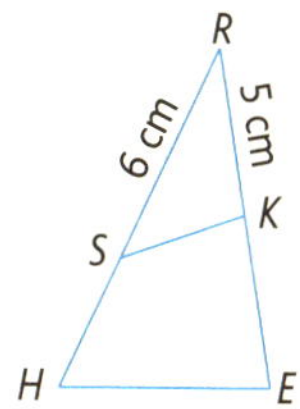

On donne : *RH* = 13 cm et *RE* = 11 cm.

(*SK*) et (*HE*) sont-elles parallèles ?

On calcule séparément :

$\frac{RS}{RH} = \frac{6}{13}$ et $\frac{RK}{RE} = \frac{5}{11}$.

Comme $6 \times 11 = 66$ et $5 \times 13 = 65$ (on a fait les produits en croix), on a $\frac{RS}{RH} \neq \frac{RK}{RE}$. **Donc** d'après le théorème de Thalès, les droites (*SK*) et (*HE*) ne sont pas parallèles.

Quand on n'obtient pas l'égalité, c'est le théorème qui permet de conclure que les droites ne sont pas parallèles.

Notes

EXERCICE TYPE CORRIGÉ

On considère le rectangle *ABCE* et les points définis par la figure :

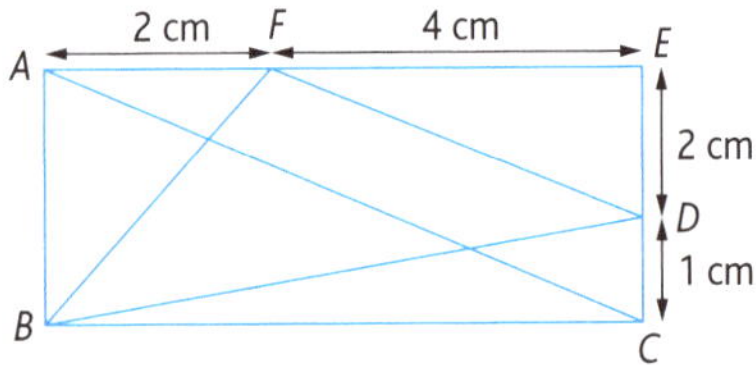

1. Calculer les valeurs exactes de *BD*, *BF* et *FD*.
2. Le triangle *BFD* est-il rectangle ?
3. Les droites (*AC*) et (*FD*) sont-elles parallèles ?

1. *ABCE* est un rectangle, donc $BC = AE$ et $AE = 4 + 2 = 6$ cm, donc $BC = 6$ cm.
On sait que le triangle *BCD* est rectangle en *C*. Donc, d'après le théorème de Pythagore, on obtient $BD^2 = BC^2 + DC^2$.
$BD^2 = 6^2 + 1^2$. Ainsi $BD^2 = 36 + 1 = 37$. Donc $\mathbf{BD = \sqrt{37}}$ **cm.**
De même, dans *DEF* rectangle en *E*, on obtient :
$FD^2 = 4^2 + 2^2 = 16 + 4 = 20$, donc $\mathbf{FD = \sqrt{20}}$ **cm.**
De même, dans *ABF* rectangle en *A*, on obtient :
$BF^2 = 3^2 + 2^2 = 9 + 4 = 13$, donc $\mathbf{BF = \sqrt{13}}$ **cm.**
2. Le plus grand côté est [*BD*]. On calcule séparément :
$BD^2 = 37$ et $FD^2 + BF^2 = 20 + 13 = 33$.
On a $BD^2 \neq FD^2 + BF^2$. Donc, d'après le théorème de Pythagore, le **triangle *BDF* n'est pas rectangle**.
3. On se place dans la configuration avec les triangles *EFD* et *EAC*.
On calcule séparément : $\frac{EF}{EA} = \frac{4}{6}$ et $\frac{ED}{EC} = \frac{2}{3}$.
Comme $4 \times 3 = 12$ et $6 \times 2 = 12$, on a $\frac{EF}{EA} = \frac{ED}{EC}$ et les points sont alignés dans le même ordre.
Donc, d'après la réciproque du théorème de Thalès, **les droites (*FD*) et (*AC*) sont parallèles.**

Trigonométrie

Fiche 30

Maths

Notes

LE COURS

Dans un triangle rectangle

Pour nommer les côtés, on peut mémoriser les abréviations suivantes :
- côté Opposé : Op ;
- côté Adjacent : Ad ;
- Hypoténuse : Hy.

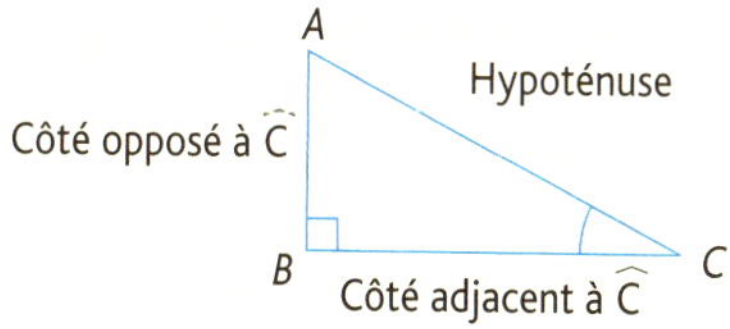

Relations trigonométriques dans le triangle rectangle

• Dans le triangle ABC rectangle en B, on a les égalités suivantes :

$$\sin \widehat{C} = \frac{\text{opposé à } \widehat{C}}{\text{hypoténuse}} = \frac{AB}{AC} = \frac{\text{Op}}{\text{Hy}} \quad \left(\sin = \frac{\text{Op}}{\text{Hy}} \text{ ; mémoriser SOH}\right)$$

$$\cos \widehat{C} = \frac{\text{adjacent à } \widehat{C}}{\text{hypoténuse}} = \frac{BC}{AC} = \frac{\text{Ad}}{\text{Hy}} \quad \left(\cos = \frac{\text{Ad}}{\text{Hy}} \text{ ; mémoriser CAH}\right)$$

$$\tan \widehat{C} = \frac{\text{opposé à } \widehat{C}}{\text{adjacent à } \widehat{C}} = \frac{AB}{BC} = \frac{\text{Op}}{\text{Ad}} \quad \left(\tan = \frac{\text{Op}}{\text{Ad}} \text{ ; mémoriser TOA}\right)$$

• Pour retenir ces égalités, il suffit de se dire « SOH CAH TOA ».

EXERCICES TYPES CORRIGÉS

EXERCICE 1 Calculer la longueur EF. Arrondir au millimètre près.

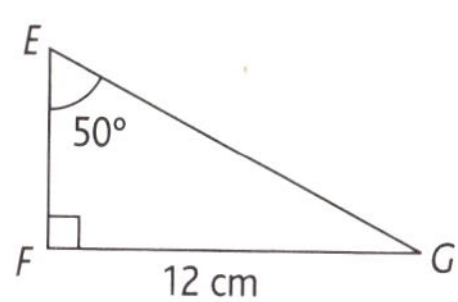

On nomme les côtés par rapport à l'angle $\widehat{E}$.
On choisit les deux côtés utilisés : Op est donné et Ad est demandé.
On utilise alors *TOA* donc **tan**.

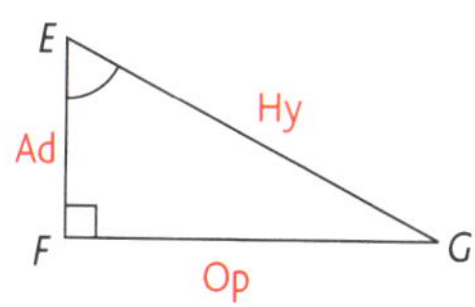

Notes

EFG est un triangle rectangle :

$\tan(\widehat{E}) = \dfrac{FG}{EF}$; $\dfrac{\tan(50)}{1} = \dfrac{12}{EF}$

et donc $\boldsymbol{EF} = \dfrac{12 \times 1}{\tan(50)} \approx \mathbf{10{,}1\,cm}$.

Pour calculer tan(50), utiliser la calculatrice.
On trouve $\tan(50) \approx 1{,}19$.

EXERCICE 2 Calculer la mesure de l'angle $\widehat{RST}$. Arrondir au degré près.

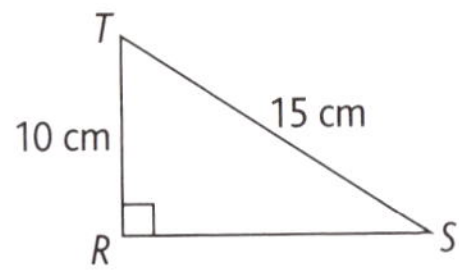

On nomme les côtés par rapport à l'angle demandé, ici $\widehat{RST}$.
On choisit les deux côtés utilisés : Op est donné et Hy est donné.
On utilise donc *SOH*, d'où **sin**.

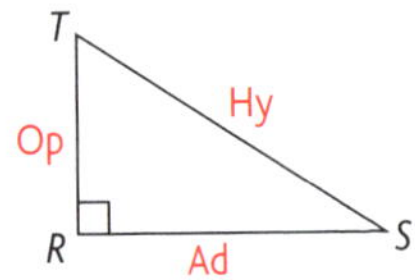

RST est un triangle rectangle, d'où $\sin(\widehat{S}) = \dfrac{TR}{ST} = \dfrac{10}{15}$.

Utiliser la calculatrice, touche **shift** ou **2nde** (touche en haut à gauche), puis **sin**.

On obtient : arc sin$(10 \div 15)$ ou $\sin^{-1}(10 \div 15)$. $\widehat{\boldsymbol{RST}} \approx \mathbf{42°}$

EXERCICE 3 Avec la figure suivante, calculer l'angle $\widehat{MOK}$.

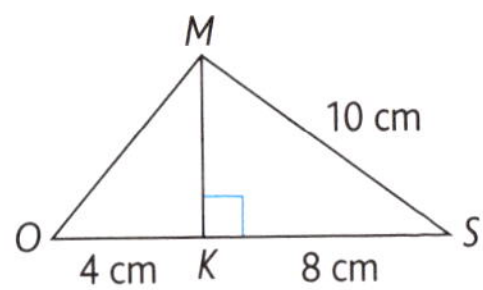

Il manque une longueur dans *MOK* pour calculer l'angle, il faut donc obtenir *MK* dans le triangle *MKS*.

Dans le triangle *MKS* rectangle en *K*, on utilise le théorème de Pythagore : $MS^2 = MK^2 + KS^2$. $100 = MK^2 + 64$ donc $MK^2 = 100 - 64 = 36$ et $MK = \sqrt{36} = 6$ cm.

On peut maintenant nommer les côtés du triangle *MOK*, l'angle étant en $\widehat{MOK}$: *MK* est le côté opposé, *OK* est l'adjacent et *MO* est l'hypoténuse.

On choisit *MK* et *OK* qui sont connus, on a Op et Ad, donc *TOA*, d'où **tan**.

$\tan(\widehat{O}) = \dfrac{MK}{OK} = \dfrac{6}{4}$.

Utiliser la calculatrice, touche **shift** ou **2nde**, puis **tan** :
arc tan$(6 \div 4)$ ou $\tan^{-1}(6 \div 4)$. $\widehat{\boldsymbol{MOK}} \approx \mathbf{56°}$.

Rotation et translation

Notes

LE COURS

Translation

Définition

• L'image du point M par la **translation** qui transforme le point A en B, est le point M', tel que le quadrilatère $ABM'M$ soit un parallélogramme.

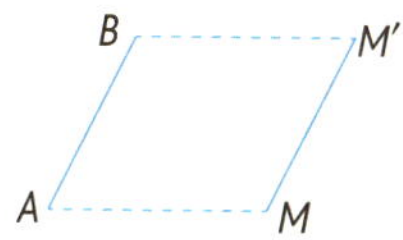

Pour obtenir M', on fait « glisser » M comme A vers B, donc parallèlement à $[AB]$ sur une même longeur et dans le même sens.

• On a donc $AB = MM'$ et (AB) parallèle à (MM').

Propriétés

• La translation conserve les distances et les angles.

• L'image d'une droite par une translation est une droite parallèle.

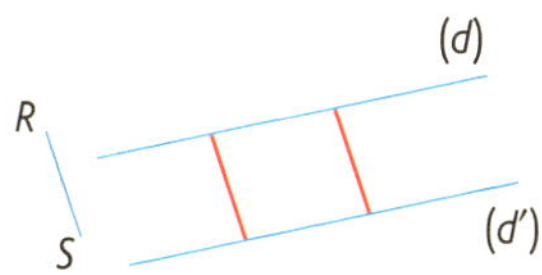

• L'image d'un cercle par une translation est un cercle de même rayon.

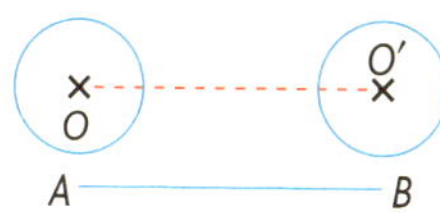

Rotation

L'image du point M par la rotation, de centre O et d'angle a, est le point M', tel que $\widehat{MOM'} = a$ et $OM = OM'$.

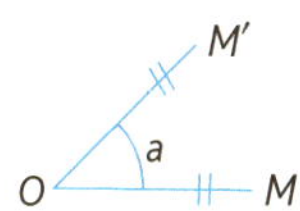

Pour obtenir M', il faut utiliser le rapporteur, le centrer sur O et mesurer l'angle demandé. On place ensuite M' sur ce côté, tel que $OM' = OM$.

EXERCICES TYPES CORRIGÉS

EXERCICE 1 On considère la figure suivante où les triangles sont équilatéraux.

1. Expliquer pourquoi l'image de E par la rotation de centre A et d'angle 60° est C.
2. Expliquer pourquoi l'image de F par la translation qui transforme C en B est E.

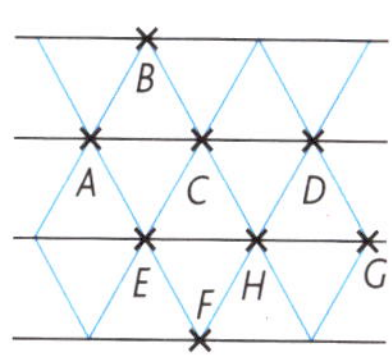

Notes

3. Déterminer l'image de F par la rotation de centre A et d'angle 60°.
4. Déterminer l'image de E par la rotation de centre C et d'angle 120°.
5. Déterminer l'image de ABC par la translation qui transforme B en D.

1. Les triangles étant équilatéraux, leurs angles sont égaux (60°) et leurs côtés sont de même longueur. On a donc $\widehat{EAC} = 60°$ et $AE = AC$. Donc l'image de E par la rotation de centre A et d'angle 60° est bien C.
2. Les droites (BC) et (FE) sont sécantes avec (AB) avec laquelle elles forment un angle de 60°. Les deux angles alternes-internes sont égaux, on a donc (BC) et (FE) qui sont parallèles et $EF = CB$. Donc l'image de F par la translation est bien E.
3. On a $\widehat{FAD} = 60°$ et $AF = AD$, car ces mesures sont égales à deux fois le côté du triangle équilatéral. Donc **l'image de F par la rotation de centre A et d'angle 60° est D.**
4. On a $\widehat{ECB} = 120°$ (deux fois l'angle du triangle équilatéral) et $CE = CB$. **Donc l'image de E par la rotation de centre C et d'angle 120° est B.**
5. **L'image de ABC par la translation qui transforme B en D est le triangle DGH.**

EXERCICE 2 On considère la figure ci-dessous où les triangles sont équilatéraux et les quadrilatères sont des carrés ayant le même côté que le triangle.

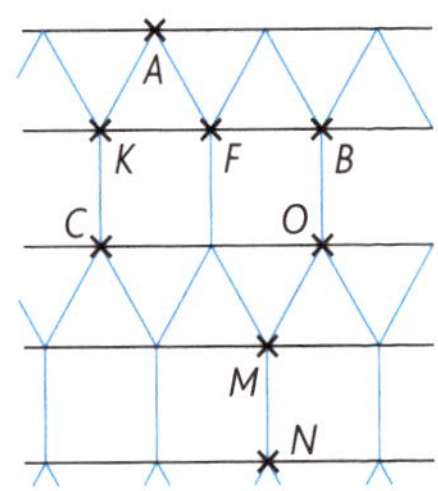

1. Expliquer pourquoi l'image de C par la rotation de centre K et d'angle 90° est F.
2. Déterminer l'image de A par la translation qui transforme C en M.
3. Déterminer la transformation telle que l'image de C soit A.
4. Déterminer la transformation telle que l'image de MNO soit KCA.

1. On a des carrés, donc $\widehat{CKF} = 90°$ et $KC = KF$. Donc l'image de C par la rotation de centre K et d'angle 90° est bien F.
2. L'image de A par la translation qui transforme C en M est **B.**
3. On a $\widehat{CKA} = 150°$, car $60 + 90 = 150$ et $KC = KA$. Donc la transformation est la **rotation de centre K et d'angle 150°.**
4. La transformation est la **translation qui transforme O en A.**

Symétrie centrale, symétrie axiale et homothétie

Fiche 32

Maths

LE COURS

Symétrie centrale

L'image d'un point M par la **symétrie de centre O** est le point M' tel que O soit le milieu de $[MM']$.

Ex. : On construit A', image de A par la symétrie de centre O.

On trace (OA), puis on reporte la distance OA pour que O soit le milieu de $[AA']$.

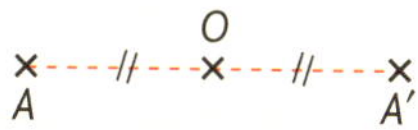

Symétrie axiale

L'image d'un point M par la **symétrie d'axe (d)** est le point M', tel que (d) soit la médiatrice de $[MM']$.

Ex. : On construit l'image de B par la symétrie d'axe (d).

On trace la perpendiculaire à (d) passant par B, puis on reporte la distance de B à (d) pour que (d) soit la médiatrice de $[BB']$.

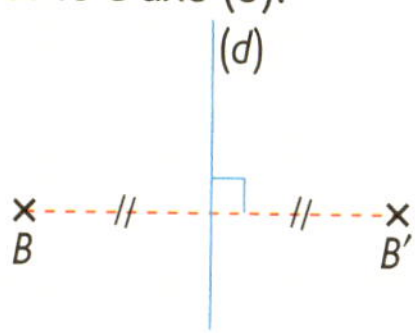

Homothétie

L'image d'un point M par **l'homothétie** de centre O et de rapport k est le point M' tel que $M' \in (OM)$ et $\frac{OM'}{OM} = k$.

Ex. : <u>**Rapport positif**</u>

On construit l'image de A par l'homothétie de centre O et de rapport 3.

On trace $[OA]$, on mesure OA et on le multiplie par 3.

On place alors A' avec $OA' = 3OA$, donc $\frac{OA'}{OA} = 3$.

<u>**Rapport négatif**</u>

On construit l'image de A par l'homothétie de centre O et de rapport (-2).

On trace $[AO]$, on place A' de l'autre côté de O tel que $\frac{OA'}{OA} = 2$.

Notes

Notes

EXERCICES TYPES CORRIGÉS

EXERCICE 1 1. Construire l'image du segment $[EF]$ avec $EF = 2$ cm, par l'homothétie de centre A et de rapport $(-1{,}5)$. On l'appellera $[E'F']$.
2. Montrer que les droites (EF) et $(E'F')$ sont parallèles.
3. Calculer $E'F'$.

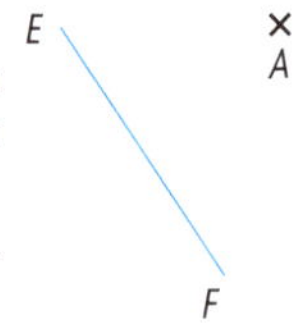

1. Le rapport est négatif, les images ne seront pas du même côté de A.
E' est sur $[EA)$ tel que $AE' = 1{,}5 \times AE$ et F' est sur $[FA)$ tel que $AF' = 1{,}5 \times AF$.
2. On se place dans la configuration avec les triangles AEF et $AE'F'$.
On a $\dfrac{AE'}{AE} = 1{,}5$ et $\dfrac{AF'}{AF} = 1{,}5$.
Ainsi $\dfrac{AE'}{AE} = \dfrac{AF'}{AF}$ et les points sont alignés dans le même ordre.

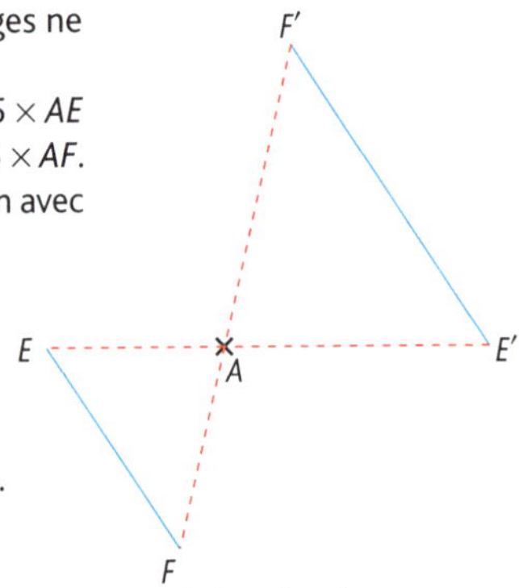

Donc, d'après la réciproque de Thalès, on a : $(EF) // (E'F')$.
3. On sait que $E' \in (AE)$; $F' \in (AF)$ et $(EF) // (E'F')$.
Donc, d'après le théorème de Thalès, on obtient $\dfrac{AE'}{AE} = \dfrac{AF'}{AF} = \dfrac{E'F'}{EF}$,
d'où $\dfrac{E'F'}{2} = 1{,}5$. On calcule $\boldsymbol{E'F'} = 1{,}5 \times 2 = \mathbf{3\ cm}$.

EXERCICE 2 **Vrai ou Faux ?**

1. La figure 1 a pour image la figure 4 par la symétrie d'axe (d_3).
2. La figure 1 a pour image la figure 2 par la symétrie d'axe (d_1).
3. La figure 2 a pour image la figure 3 par la symétrie d'axe (d_2).
4. La figure 1 a pour image la figure 3 par la symétrie de centre O.

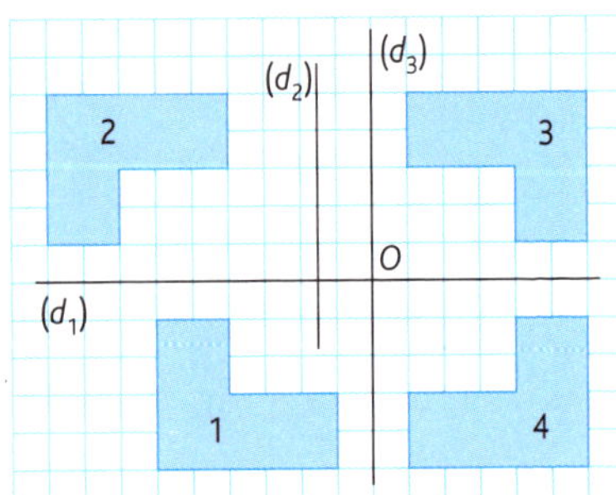

5. La figure 4 a pour image la figure 2 par la symétrie de centre O.
6. La figure 3 a pour image la figure 4 par la symétrie d'axe (d_1).

1. Vrai. 2. Faux, il y a un décalage. 3. Vrai.
4. Vrai. 5. Faux. 6. Vrai.

Parallélépipède rectangle

Fiche 33

Maths

LE COURS

Définitions

• Un **parallélépipède rectangle** ou **pavé droit** est un solide (figure en trois dimensions) dont les faces sont des rectangles. Deux faces consécutives sont perpendiculaires, deux faces opposées sont parallèles.

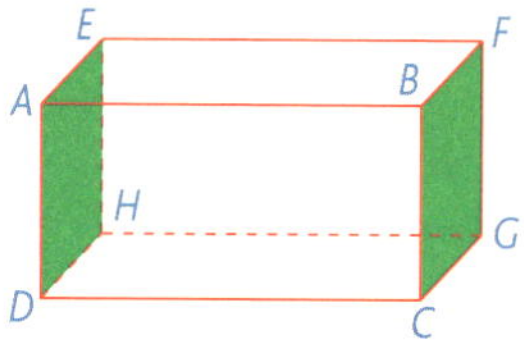

Ici, les **sommets** sont *A*, *B*, *C*, *D*, *E*, *F*, *G*, *H*...

• Une **arête** est un segment joignant deux sommets.
Ici, [*AD*], [*BC*], [*CG*]...

• Les **faces** opposées sont des rectangles superposables.
Ici, *AEHD* et *BFGC* ont les mêmes dimensions.

• Un parallélépipède possède 8 sommets, 6 faces et 12 arêtes.

Patron

Le **patron d'un parallélépipède rectangle** est une figure, qui permet de fabriquer un parallélépipède rectangle.

Ex. : La figure ci-contre est un patron de parallélépipède rectangle. Si on la replie suivant les segments, les faces opposées sont superposables.
Il faut aussi vérifier que les largeurs des rectangles 1 et 3 soient les mêmes, sinon, le patron ne serait pas juste.

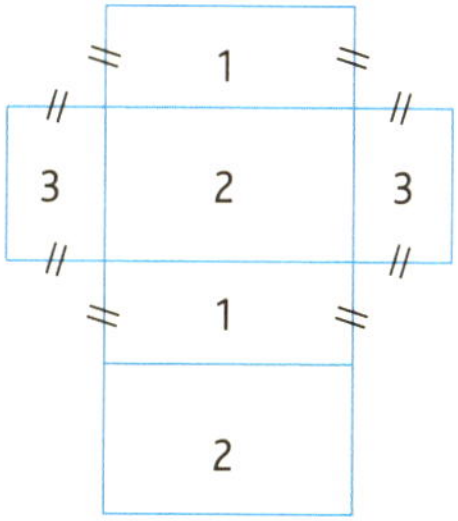

Notes

EXERCICES TYPES CORRIGÉS

EXERCICE 1 Repérer des patrons

Parmi les figures suivantes, quelles sont celles qui représentent le patron d'un pavé droit ?

Notes

1.

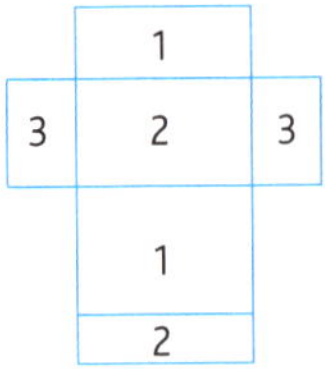

2.

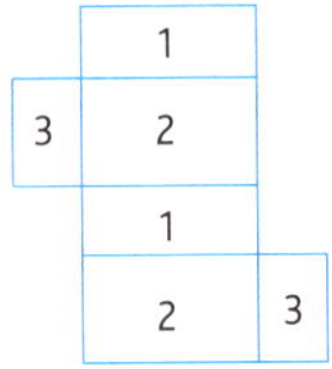

3.

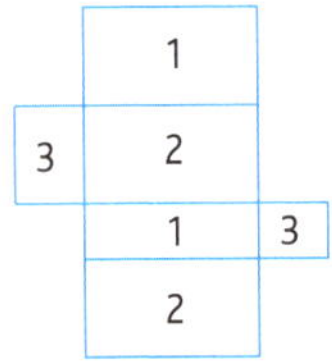

1. La figure ne représente pas un patron car les faces ne sont pas superposables deux à deux.
2. La figure représente un patron, toutes les faces sont superposables deux à deux, et coïncident si on plie suivant les segments.
3. La figure ne représente pas un patron. En effet, les deux faces 3 (par exemple) ne sont pas superposables.

EXERCICE 2 Calculer longueur et angle

On considère le pavé droit suivant :

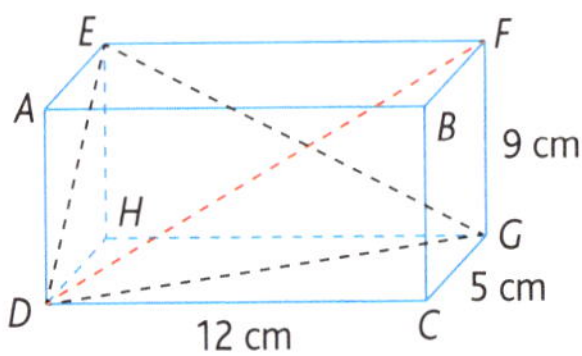

1. Calculer DG.

2. Calculer la mesure de l'angle $\widehat{FDG}$, arrondie au degré.

3. Le triangle EDG est-il rectangle ?

1. On sait que le triangle DCG est rectangle en C. Donc, d'après le théorème de Pythagore, on obtient $DG^2 = CD^2 + CG^2$.
$DG^2 = 12^2 + 5^2$. Ainsi $DG^2 = 144 + 25 = 169$.
Donc $\mathbf{DG = \sqrt{169} = 13}$ **cm.**

2. FDG est rectangle en G.

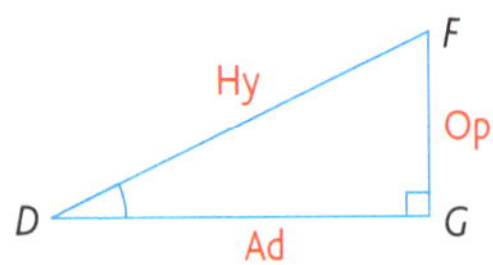

On connaît Ad et Op, donc tan.

$\tan(\widehat{D}) = \dfrac{FG}{DG} = \dfrac{9}{13}$, d'où $\widehat{FDG} \approx 35°$.

3. Il faut calculer ED^2 et EG^2. On utilise le théorème de Pythagore dans les triangles EAD rectangle en A et EFG rectangle en F.
$ED^2 = 5^2 + 9^2 = 25 + 81 = 106$ et $EG^2 = 12^2 + 9^2 = 144 + 81 = 225$.
On a donc $EG^2 = 225$ et $ED^2 + DG^2 = 106 + 169 = 275$.
Donc $EG^2 \neq ED^2 + DG^2$. Ainsi, d'après le théorème de Pythagore, **le triangle *EDG* n'est pas rectangle.**

Sphère

LE COURS

Sphère

Une **sphère,** de centre O et de rayon r, est constituée de l'ensemble des points de l'espace qui sont situés à la distance r de O.

Ex. : Les points A, B et M sont sur la sphère de centre O, donc on a :
$OM = OA = OB =$ rayon.
Attention aux effets de perspective : A, B et M sont bien à la même distance de O.

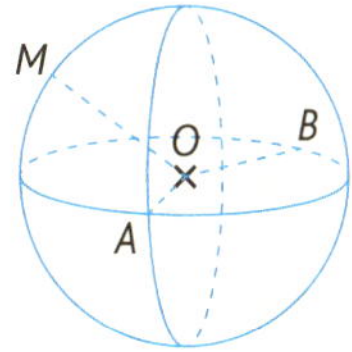

Positions géographiques

- **Méridien** : cercle imaginaire, passant par les deux pôles de la Terre.
- **Parallèle** : cercle imaginaire, parallèle à l'équateur.

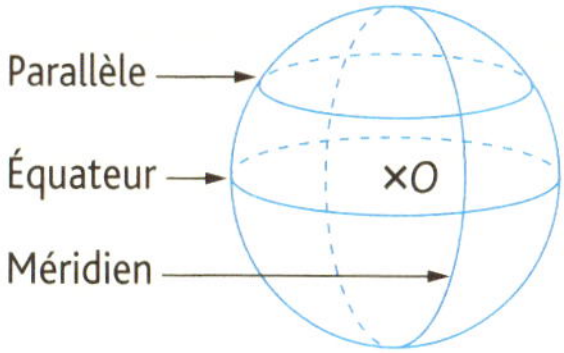

- **Longitude** : Angle formé par le méridien d'un lieu avec le méridien de Greenwich (proche de Londres) et compté jusqu'à 180° vers l'ouest et 180° vers l'est.

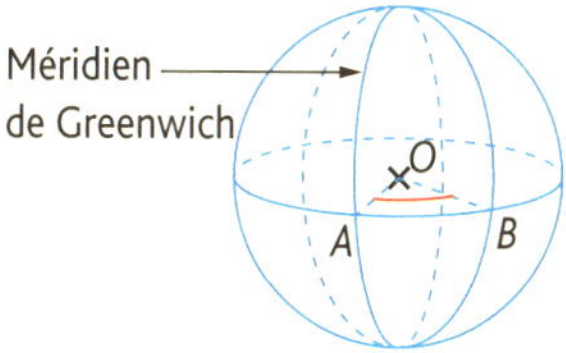

Ici, la mesure de l'angle $\widehat{AOB}$ est la longitude du point B, et de tous les points situés sur le méridien contenant B.

- **Latitude** : Angle formé par le parallèle d'un lieu avec l'équateur et compté jusqu'à 90° vers le nord et 90° vers le sud.

Ici, la mesure de l'angle $\widehat{AOB}$ est la latitude du point B, et de tous les points situés sur le parallèle contenant B.

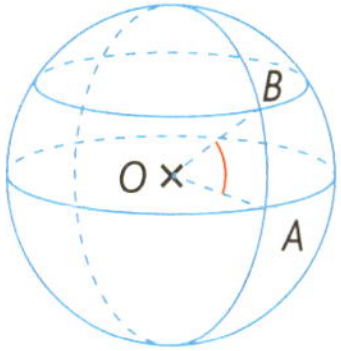

Ex. : Les coordonnées de Paris sont 48,85° Nord et 2,35° Est, c'est-à-dire qu'il y a un angle de 48,85° entre l'équateur et Paris et un angle de 2,35° entre Greenwich et Paris.

Notes

Notes

EXERCICES TYPES CORRIGÉS

EXERCICE 1 1. Sur quel parallèle est située la ville de Sydney (Australie) dont les coordonnées sont 34° Sud et 151° Est ?
2. Sur quel méridien est située la ville de Las Vegas (États-Unis) dont les coordonnées sont 36° Nord et 115° Ouest ?

1. Sydney est sur le 34e parallèle au sud de l'équateur.
2. Las Vegas est situé sur le 115e méridien à l'ouest de Greenwich.

EXERCICE 2 On considère que le rayon de la Terre est de 6 370 km. La latitude de Moscou (Russie) est de 55,75° Nord et sa longitude 37,6° Est.
1. Calculer la longueur de l'équateur et des méridiens.
2. Calculer la distance entre Moscou et l'équateur.
3. Calculer la distance entre Moscou et le méridien de Greenwich.

1. Les longueurs des méridiens et de l'équateur sont identiques, car on assimile la Terre à une sphère. Cette longueur est obtenue en calculant le périmètre du cercle de rayon 6 370 km :
$P = 2 \times \pi \times R \approx 2 \times 3{,}14 \times 6\,370 \approx 40\,003$ km.
2. La distance entre Moscou et l'équateur est une partie de méridien. Il y a proportionnalité entre l'angle et la distance parcourue sur le méridien (pour un angle de 180°, la moitié de 360°, on obtient un demi-méridien, c'est-à-dire 20 001,5 km).
On a donc le tableau de proportionnalité suivant :

Angle	360	55,75
km	40 003	d

Donc $d = \dfrac{55{,}75 \times 40\,003}{360} \approx 6\,195$ km.

La distance entre Moscou et l'équateur est de 6 195 km.

3.

Angle	360	37,6
km	40 003	d

$d = \dfrac{37{,}6 \times 40\,003}{360} \approx 4\,178$ km.

La distance entre Moscou et le méridien de Greenwich est de 4 178 km.

EXERCICE 3 Calculer le rayon du 45e parallèle.

Il faut calculer la distance HB.

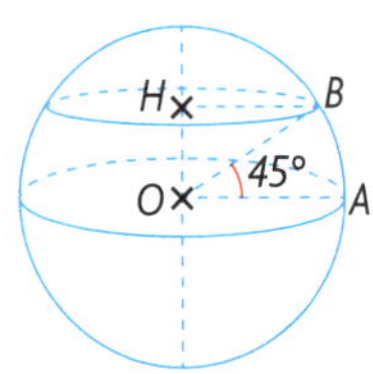

L'angle $\widehat{AOH}$ mesure 90° et $\widehat{AOB}$ mesure 45°, donc $\widehat{HOB} = 45°$.
Dans BOH rectangle en H, $[OB]$ est l'hypoténuse, $[HB]$ le côté opposé, donc $\sin(BOH) = \dfrac{HB}{OB}$ et $HB = 6\,370 \times \sin(45) \approx 4\,504$ km.

Le rayon du 45e parallèle est environ 4 504 km.

Changements d'unités de grandeurs simples

Notes

LE COURS

Tableau de conversion

• Les grandeurs simples sont composées d'un préfixe et de l'unité d'expression. Les préfixes à connaître sont :

giga	G	1 000 000 000 = 10^9	milliard
méga	M	1 000 000 = 10^6	million
micro	µ	0,000 001 = 10^{-6}	millionième
nano	n	0,000 000 001 = 10^{-9}	milliardième

• On peut donc, pour chaque unité simple (gramme, mètre, litre...), faire le tableau suivant :

t	q		kg	hg	dag	**g**	dg	cg	mg			µg
Mm			km	hm	dam	**m**	dm	cm	mm			µm

Pour les masses, 1 quintal fait 100 kg, 1 tonne fait 1 000 kg.
Le chiffre des unités du nombre est dans la colonne de l'unité d'expression de la grandeur.

Ex. : 120 km = 0,120 Mm = 120 000 m = $1{,}2\times10^5$ m.
17,5 kg = 0,175 q = 0,0175 t = $1{,}75\times10^{-2}$ t.

Conversions par le calcul

Parfois, les unités ne sont pas des multiples ou des sous-multiples de 10, il faut alors effectuer des calculs afin de convertir (durées, miles, gallons...).

• **Les durées** : 1 j = 24 h ; 1 h = 60 min ; 1 min = 60 s.
On utilise ces correspondances pour exprimer une durée sous forme décimale : 2 h 30 min a pour écriture décimale 2,5 h.

• **En informatique** : un *bit* est l'élément de base avec lequel travaille l'ordinateur : sa valeur est 1 ou 0.
Le *bit* est la contraction de *BinaryDigit*, son abréviation est **b**.
Un *octet* est un ensemble de 8 *bits*, son abréviation est **o**.
On a donc **1 o = 8 b.**
Un *byte* est équivalent à un *octet*, son abréviation est **B**.
On a donc **8 Mb = 1 MB = 1 Mo.**

Notes

EXERCICES TYPES CORRIGÉS

EXERCICE 1 Compléter les égalités suivantes.

1. 37,6 hg = t = q. 2. 50 Go = GB = Mo.

1. 37,6 hg = 0,00376 t = 0,0376 q. 2. 50 Go = 50 GB = 50 000 Mo.

EXERCICE 2 Compléter les égalités suivantes en utilisant l'écriture scientifique.

1. 0,00000674 dam = km = nm.
2. 198 000 000 ko = Mo = Go.

1. 0,00000674 dam = 0,0000000674 km = $6{,}74 \times 10^{-8}$ km = 67 400 nm = $6{,}74 \times 10^{4}$ nm.
2. 198 000 000 ko = 198 000 Mo = $1{,}98 \times 10^{5}$ Mo = 198 Go = $1{,}98 \times 10^{2}$ Go.

EXERCICE 3 Compléter les égalités suivantes en utilisant les calculs :

1. 2 j 3 h 52 min = s = h (heures décimales).
2. 78,53 h = j h min s.

1. On a 1 h = 3 600 s, donc 1 j = 24 × 3 600 = 86 400 s. Donc :
2 j 3 h 52 min = 2 × 86 400 + 3 × 3 600 + 52 × 60 = 186 720 s.
On a le tableau de proportionnalité suivant :

h	1	
s	3 600	186 720

, donc le nombre d'heures décimales est : $\frac{186\,720 \times 1}{3\,600} \approx$ **51,87 h**.

2. Pour 78,53 h, on détermine le nombre de jours : 78 ÷ 24 = 3,25 et 3 × 24 = 72. 78,53 h = 3 j 6,53 h.
Pour les 0,53 h, on a le tableau de proportionnalité suivant :

h	1	0,53
min	60	

, donc le nombre de minutes est $\frac{60 \times 0{,}53}{1} = 31{,}8$ min.

De même pour trouver le nombre de secondes, on calcule :
$\frac{60 \times 0{,}8}{1} = 48$ s. Donc **78,53 h = 3 j 6 h 31 min 48 s.**

EXERCICE 4 Je viens de tester le débit de ma connexion adsl. Sur un site, on m'affiche 1 582 kbits/s et sur un autre 199 ko/sec. Les deux tests sont-ils équivalents ?

1 582 kb = 1 582 ÷ 8 ko = 197,75 ko.
Les tests sont donc équivalents.

Changements d'unités de grandeurs composées

Fiche 36

Maths

LE COURS

Grandeurs produits

Une **grandeur produit** est le résultat d'une multiplication de grandeurs.

• Pour effectuer des **changements d'unité d'aire**, on utilise le tableau suivant :

km^2		hm^2		dam^2		m^2		dm^2		cm^2		mm^2	
							1	2	3,	5	6		
					0,	0	1	2	3	5	6		
							1	2	3	5	6		

• Pour effectuer des **changements d'unité de volume**, on utilise le tableau suivant :

dam^3			m^3			dm^3			cm^3			mm^3		
						hL	daL	L	dL	cL	mL			
							8	5,	5	6				
							8	5	5	6	0			

1 dm^3 = 1 Litre.

• Pour effectuer un **changement d'unité avec une grandeur produit**, il faut changer l'unité de chaque grandeur, en suivant la multiplication.

Ex. : L'énergie consommée s'exprime en kWh
(1 kiloWatt × 1 heure).
12 kWh = 12 kW × 1 h = 12 kW × 60 min = 720 kWmin.
La valeur numérique suit l'opération faite sur les unités, ici une multiplication.

Grandeurs quotients

• Une grandeur quotient est le résultat d'une division de grandeurs.

• La vitesse est une grandeur quotient.

$v = \frac{d}{t}$ avec d = distance et t = temps.

Notes

Notes

EXERCICES TYPES CORRIGÉS

EXERCICE 1 Compléter les égalités suivantes.

1. $57{,}32 \text{ cm}^2 = \quad \text{dm}^2 = \quad \text{m}^2 = \quad \text{mm}^2$
2. $800 \text{ m}^2 = \quad \text{km}^2 = \quad \text{cm}^2 = \quad \text{hm}^2$

1. $57{,}32 \text{ cm}^2 = 0{,}5732 \text{ dm}^2 = 0{,}005732 \text{ m}^2 = 5\,732 \text{ mm}^2$.
2. $800 \text{ m}^2 = 0{,}0008 \text{ km}^2 = 8\,000\,000 \text{ cm}^2 = 0{,}08 \text{ hm}^2$.

EXERCICE 2 Compléter les égalités suivantes.

1. $75{,}32 \text{ m}^3 = \quad \text{dm}^3 = \quad \text{mm}^3 = \quad \text{L}$
2. $5600 \text{ cm}^3 = \quad \text{L} = \quad \text{dm}^3 = \quad \text{m}^3$

1. $75{,}32 \text{ m}^3 = 75\,320 \text{ dm}^3 = 75\,320\,000\,000 \text{ mm}^3 = 75\,320 \text{ L}$.
2. $5600 \text{ cm}^3 = 5{,}6 \text{ L} = 5{,}6 \text{ dm}^3 = 0{,}0056 \text{ m}^3$.

EXERCICE 3 Compléter les égalités suivantes.

1. 60 Wmin = kWmin = kWh
2. 5,32 kWh = Wh = Wmin

1. 60 Wmin = 0,06 kWmin (on a converti 60 W en 0,06 kW)

$$= 0{,}06 \text{ kW} \times 1 \text{ min} = 0{,}06 \text{ kW} \times \frac{1}{60} \text{ h} = 0{,}001 \text{ kWh}.$$

2. $5{,}32 \text{ kWh} = 5\,320 \text{ Wh} = 5320 \text{ W} \times 1 \text{ h} = 5\,320 \text{ W} \times 60 \text{ min}$
$= 319\,200 \text{ Wmin}$.

EXERCICE 4 Compléter les égalités suivantes.

1. 72 km/h = km/min = m/s
2. 10 m/s = km/h

1. $72 \text{ km/h} = \dfrac{72 \text{ km}}{1 \text{ h}} = \dfrac{72 \text{ km}}{60 \text{ min}} = 1{,}2 \text{ km / min}.$

$72 \text{ km/h} = \dfrac{72 \text{ km}}{1 \text{ h}} = \dfrac{72\,000 \text{ m}}{3\,600 \text{ s}} = 20 \text{ m / s}.$

2. $10 \text{ m/s} = \dfrac{10 \text{ m}}{1 \text{ s}} = \dfrac{0{,}01 \text{ km}}{\dfrac{1}{3\,600 \text{ h}}} = 0{,}01 \times 3\,600 \text{ km/h} = 36 \text{ km/h}.$

Périmètre, aire et volume

LE COURS

Périmètre

- Le **périmètre** d'une figure fermée est la longueur de son contour.
- Périmètre du rectangle : $P = 2 \times (\text{Longueur} + \text{largeur})$.
- Périmètre d'un cercle : $P = 2 \times \pi \times \text{rayon}$.

Ex. : Le périmètre d'un cercle de diamètre 6 cm est :
$P = 2 \times \pi \times 3 \approx 2 \times 3{,}14 \times 3 \approx 18{,}84$ cm.

Aire

- L'**aire** d'une figure fermée est la taille, exprimée en unité d'aire, de la surface de la figure.

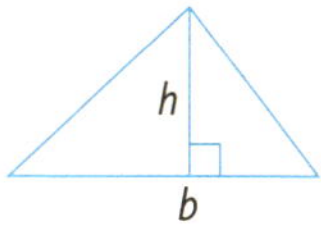

- Aire d'un triangle : $A = \dfrac{\text{base} \times \text{hauteur}}{2} = \dfrac{b \times h}{2}$.
- Aire d'un rectangle : $A = \text{Longueur} \times \text{largeur}$.
- Aire d'un disque : $A = \pi \times \text{rayon}^2 = \pi \times R^2$.

Volume

- Le **volume** d'un solide est la taille, exprimée en unité de volume, de l'espace occupé par ce solide.
- Volume d'un pavé droit :
$V = \text{Longueur} \times \text{largeur} \times \text{hauteur}$.

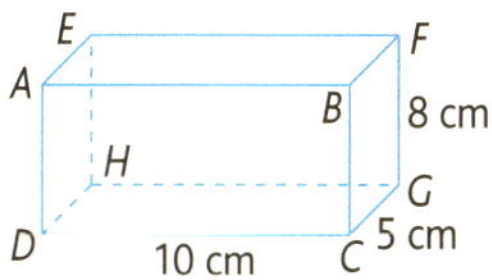

Ex. : Le volume du pavé *ABCDEFGH* est $10 \times 5 \times 8 = 400$ cm^3.

- Volume d'une pyramide ou d'un cône :
$V = \dfrac{1}{3} \times \text{Aire de la base} \times \text{hauteur} = \dfrac{1}{3} \times B \times h$.

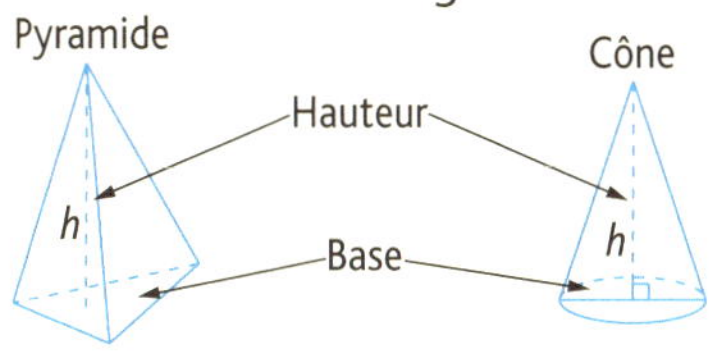

- Volume d'une boule de rayon R : $V = \dfrac{4}{3} \times \pi \times R^3$.

Notes

EXERCICES TYPES CORRIGÉS

EXERCICE 1 Calculer le périmètre des figures suivantes.

1. 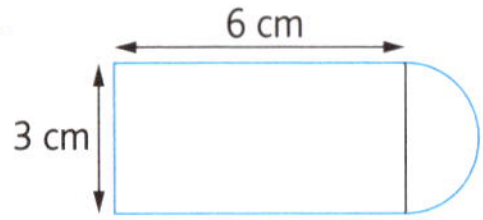

2. 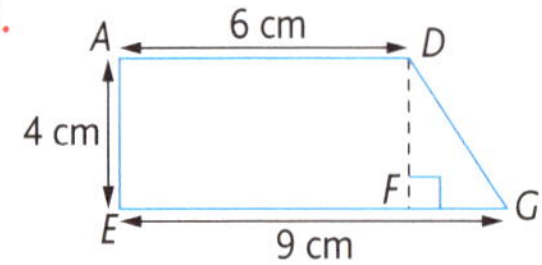

1. Le périmètre est composé des trois côtés extérieurs du rectangle, c'est-à-dire $2 \times 6 + 3 = 15$ cm, et du demi-cercle. Le diamètre du demi-cercle est 3 cm, donc son rayon est de 1,5 cm.
Pour le demi-cercle, on a $2 \times 3{,}14 \times 1{,}5 \div 2 \approx 4{,}71$ cm.
Au final, **le périmètre de la figure est de 15 + 4,71 = 19,71 cm.**

2. Le périmètre de la figure est composé des trois côtés du rectangle (*AE*, *AD* et *EF*), c'est-à -dire $2 \times 6 + 4 = 16$cm, et des deux côtés du triangle rectangle. On doit donc calculer *DG*.
On sait que le triangle *DFG* est rectangle en *F*. Donc, d'après le théorème de Pythagore, on obtient $DG^2 = DF^2 + FG^2$.
$FG = 9 - 6 = 3$ cm et $DF = AE = 4$ cm.
$DG^2 = 4^2 + 3^2$. Ainsi $DG^2 = 16 + 9 = 25$. Donc $DG = \sqrt{25} = 5$ cm .
Le périmètre est donc 16 + 3 + 5 = 24 cm.

EXERCICE 2 Calculer le volume de la glace schématisée ci-dessous (on arrondira au mm³ près).

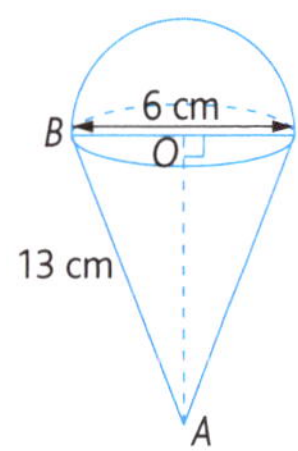

On calcule le volume V_1 de la demi-boule.
$R = 3$ cm,

$$V_1 = \frac{4}{3} \times \pi \times R^3 \div 2 \approx \frac{4 \times 3{,}14 \times 27}{3 \times 2} = 56{,}52 \text{ cm}^3.$$

Le volume V_2 du cône est donné par :

$V_2 = \frac{1}{3} \times B \times h$; il faut donc calculer l'aire de la base et la hauteur du cône.

Aire $= (3{,}14 \times 3^2) = 28{,}26 \text{cm}^2$.

Calcul de la hauteur : on sait que le triangle *AOB* est rectangle en *O*, donc, d'après le théorème de Pythagore, on obtient :
$AB^2 = OB^2 + OA^2$; $OA^2 = 13^2 - 3^2$, donc $OA^2 = 169 - 9 = 160$.

Donc $OA = \sqrt{160} \approx 12{,}649$ cm .

$$V_2 = \frac{28{,}26 \times 12{,}649}{3} \approx 119{,}154 \text{cm}^3 .$$

Donc le volume *V* de la glace est de :
$V = 119{,}154 + 56{,}52 =$ **175,674 cm³**.

Agrandissement et réduction

Fiche 38

Maths

Notes

LE COURS

Définition

Si l'on multiplie toutes les dimensions d'un objet par un nombre k strictement positif, on dit qu'on a effectué :
– un **agrandissement** de rapport k si $k > 1$;
– une **réduction** de rapport k si $k < 1$.

Propriétés de l'agrandissement ou de la réduction

• En agrandissant ou en réduisant un objet, on obtient un objet de même nature géométrique. Ainsi, en réduisant ou en agrandissant un carré, on obtient un carré. En réduisant ou en agrandissant un cylindre, on obtient un cylindre.
• Dans un agrandissement ou une réduction de rapport k :
– l'aire d'une surface est multipliée par k^2 ;
– le volume d'un solide est multiplié par k^3.
• L'image d'un objet par une homothétie de rapport k (on ne considère que la partie numérique et pas le signe du rapport de l'homothétie), est une réduction (si $\boldsymbol{k} < 1$) ou un agrandissement (si $\boldsymbol{k} > 1$) de cet objet.

EXERCICES TYPES CORRIGÉS

EXERCICE 1 La pyramide $SABCD$ a pour base le carré $ABCD$ de côté 10 cm. La hauteur $[SA]$ de cette pyramide est de 15 cm.
On coupe cette pyramide par un plan parallèle à sa base coupant (SA) en M avec $MS = 4$ cm, on obtient la pyramide $SMNPR$, réduction de $SABCD$.

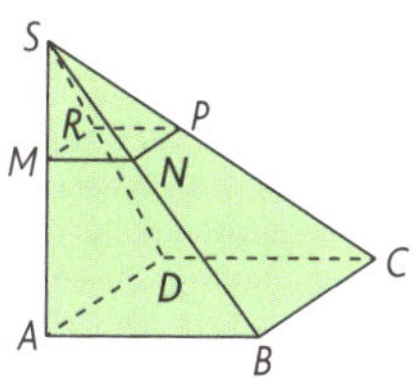

1. Calculer l'aire de la base $ABCD$.
2. Calculer le volume de la pyramide $SABCD$.
3. Calculer le coefficient de réduction permettant de passer de $SABCD$ à $SMNPR$.
4. En déduire l'aire de la base $MNPR$, arrondie au mm² et le volume de la pyramide $SMNPR$, arrondi au centième.

Notes

1. L'aire du carré $ABCD$ est 10^2 = **100 cm²**.

2. Le volume de $SABCD$ est donné par l'expression :

$$V=\frac{1}{3}\times B\times h=\frac{100\times 15}{3}=\mathbf{500\ cm^3}.$$

3. Le coefficient de réduction est donné par le rapport $\frac{MS}{AS}=\frac{4}{15}$.

4. $SMNPR$ est une réduction de $SABCD$ de rapport $\frac{4}{15}$,

donc l'aire de $MNPR$ est :

$$\left(\frac{4}{15}\right)^2\times \text{Aire de } ABCD=\frac{16}{225}\times 100\approx \mathbf{7{,}11\ cm^2}.$$

Le volume de $SMNPR$ est :

$$\left(\frac{4}{15}\right)^3\times \text{Volume de } SABCD=\frac{64}{3375}\times 500\approx \mathbf{9{,}48\ cm^3}.$$

EXERCICE 2

On considère le triangle ABC, avec BC = 4 cm et AH = 3 cm. La figure est ici à l'échelle $\frac{1}{2}$.

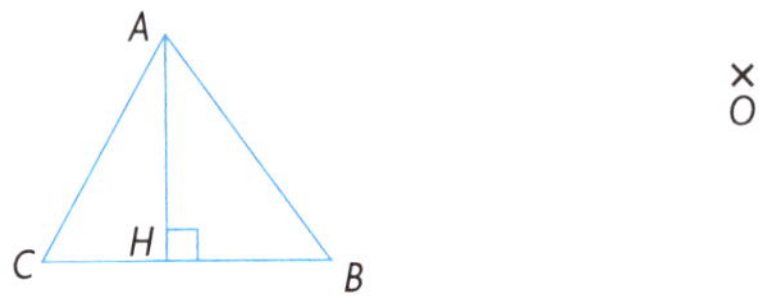

1. Calculer l'aire du triangle ABC.
2. Construire $A'B'C'$ image de ABC par l'homothétie de centre O et de rapport $\frac{1}{2}$.
3. Calculer la longueur $B'C'$ et l'aire du triangle $A'B'C'$.

1. L'aire de ABC est donnée par $\frac{\text{Base}\times\text{hauteur}}{2}=\frac{4\times 3}{2}=6\ \text{cm}^2$.

2. Pour construire l'image de ABC par l'homothétie de centre O et de rapport $\frac{1}{2}$, on construit l'image de chaque sommet.

Pour A', image de A, on a donc $A'\in(OA)$ et $\frac{OA'}{OA}=\frac{1}{2}$. Donc OA' mesure la moitié de OA.

On obtient la figure ci-contre.

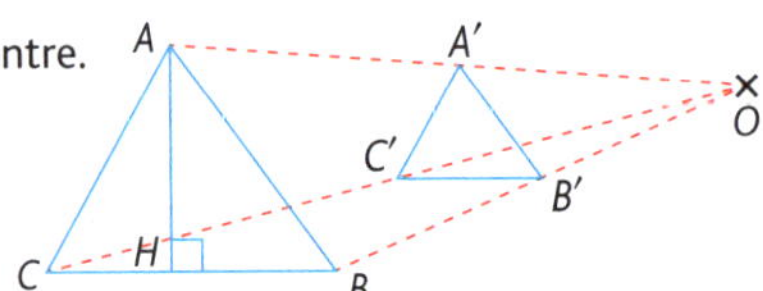

3. $A'B'C'$ est une réduction de ABC de rapport $\frac{1}{2}$.

La longueur $B'C'$ est $\frac{1}{2}\times BC=\frac{4}{2}=\mathbf{2\ cm}$ et **l'aire de $A'B'C'$** est

$$\left(\frac{1}{2}\right)^2\times \text{Aire de } ABC=\frac{1}{4}\times 6=\mathbf{1{,}5\ cm^2}.$$

Utiliser les grandeurs produits

LE COURS

Exemples de grandeurs produits

- Une **grandeur produit** est le résultat d'une **multiplication de grandeurs**.
- L'**énergie électrique** est donnée par la formule.

E = **Puissance (kW) × temps (h).**

L'énergie s'exprime donc en kWatt heure : kWh (on a multiplié des kW par des h).

- La **puissance électrique** est donnée par la formule

P = **Tension (V) × Intensité (A).**

On a multiplié des volts par des ampères ; on obtient des Volt Ampère ou Watt. **1 VA = 1 W.**

Notes

EXERCICES TYPES CORRIGÉS

EXERCICE 1 1. Calculer l'énergie consommée par un four dont la puissance électrique est de 1 500 W, pendant la cuisson d'un rôti de bœuf prenant 20 minutes. On utilisera la formule $E = P \times t$.

2. Le prix du kWh est de 0,11 €. Quel est le montant de la dépense associée à la cuisson du rôti ?

3. Combien de temps faudrait-il laisser une lampe de 60 W allumée pour consommer l'énergie correspondant à la cuisson du rôti ?

1. Il faut passer à une écriture décimale des heures :

h	1	
min	60	20

On fait le produit en croix :
$1 \times 20 \div 60 \approx 0{,}33$.

Ainsi $t \approx 0{,}33$ h et donc $\boldsymbol{E} \approx 1\,500 \times 0{,}33 \approx 500$ Wh = **0,5 kWh.**

2. Le prix associé à la cuisson est donc de $0{,}5 \times 0{,}11 = 0{,}055$ €.

3. On veut que la lampe consomme 500 Wh. Il faut résoudre l'équation : $500 = 60 \times t$, donc $\boldsymbol{t} = 500 \div 60 \approx$ **8,33 h.**

On doit convertir le temps en heures, minutes et secondes.

h	1	0,33
min	60	

$60 \times 0{,}33 = 20$.

Il faudrait donc laisser la lampe allumée 8 h 20 min pour avoir la même consommation que pendant la cuisson du rôti.

Notes

EXERCICE 2 En électricité, on a la formule $P = U \times I$ avec U, la tension en volt et I, l'intensité en ampère. La tension est de 220 V. Un abonnement électrique est de 6,6 kW, c'est-à-dire que la puissance maximale autorisée est de 6,6 kW. Calculer l'intensité maximale autorisée avec un tel abonnement.

6,6 kW = 6 600 W. On a donc l'équation $6\,600 = 220 \times I$, donc $I = 6\,600 \div 220 = 30$ A.
L'intensité maximale d'un tel abonnement est de 30 A.

EXERCICE 3 Pour exprimer les puissances, les scientifiques utilisent le Joule (J), le Watt seconde (Ws) ou la calorie (cal), sachant que $1 \text{ J} = 1 \text{ Ws} = 2{,}39 \times 10^{-4}$ kcal.

1. Paul mange une tablette de chocolat de 100 g apportant 555 kcal. Exprimer, en kiloJoules, l'énergie correspondant à cette tablette de chocolat.
2. Combien de temps un téléviseur de puissance 72 W devra-t-il rester allumé pour consommer la même énergie qu'apporte la tablette de chocolat ?
3. Paul consomme 290 kcal en marchant pendant une heure à 6 km/h. Combien de temps devra-t-il marcher à cette vitesse pour éliminer la tablette de chocolat ?

1. Pour passer des kcal aux Joules, on a la correspondance $1 \text{ J} = 2{,}39 \times 10^{-4}$ kcal, donc le tableau de proportionnalité suivant :

J	1	
kcal	$2{,}39 \times 10^{-4}$	555

$555 \times 1 \div (2{,}39 \times 10^{-4})$
$\approx 2\,322\,176 \text{ J} \approx$ **2 322 kJ**.

2. On sait donc que $E = P \times t$, avec E en Joule, P en Watt et t en seconde. On veut une énergie de 2 322 kJ avec une puissance de 72 W.
On obtient $2\,322 \times 10^3 = 72 \times t$, donc $t = 2\,322 \times 10^3 \div 72$
$= 32\,250$ s.
Pour obtenir le nombre de minutes, on calcule :
$32\,250 \div 60 = 537{,}5$
donc 537 min 30 s,
puis $537 \div 60 \approx 8{,}95$ h et $0{,}95 \times 60 = 57$ min.
L'énergie apportée par la tablette de chocolat correspond au fait de laisser une télévision allumée pendant 8 h 57 min 30 s.

3. C'est encore un tableau de proportionnalité :

h	1	
kcal	290	555

$555 \times 1 \div 290 \approx 1{,}91$ h
et $0{,}91 \times 60 = 54{,}6$ min
et $0{,}6 \times 60 = 36$ s.

Il faudra donc que Paul marche pendant 1 h 54 min 36 s pour éliminer la tablette de chocolat.

Utiliser les grandeurs quotients

Fiche 40

Maths

Notes

LE COURS

Exemples de grandeurs quotients

• Une **grandeur quotient** est le **résultat d'une division de grandeurs**.

• Vitesse moyenne = $\dfrac{\text{distance parcourue}}{\text{durée du parcours}}$.

L'unité donne l'opération à faire entre les grandeurs. Ici, la vitesse s'exprime en km/h, donc on va diviser des km par des h, autrement dit une distance par un temps. On retrouve grâce à cela les formules donnant des grandeurs quotients.

Quand on veut trouver un temps et que l'on connaît une distance (km) et une vitesse (km/h), on calculera : $\text{km} \div \dfrac{\text{km}}{\text{h}} = \text{km} \times \dfrac{\text{h}}{\text{km}} = \text{h}$.

Ex. : Prix au kg : l'unité est €/kg, donc on divise le prix par la masse.
Masse volumique : l'unité est kg/m^3, donc on divise la masse par le volume.

EXERCICES TYPES CORRIGÉS

EXERCICE 1 Un cycliste parcourt 27 km en 48 min. Calculer sa vitesse en km/h.

L'unité de vitesse est le km/h, on divise les km par les heures. On doit d'abord convertir 48 min en heure décimale : 48 ÷ 60 = 0,8 h. Donc la vitesse est obtenue par v = 27/0,8 = **33,75 km/h**.

EXERCICE 2 1. Un steak de 200 g est vendu à 18,50 €/kg. Quel est le prix du steak ?
2. On achète pour 8,10 € de pommes coûtant 2,70 €/kg. Quelle est la masse de pommes achetée ?
3. On achète 350 g de poisson pour 7 €. Quel est le prix au kg ?

1. Pour savoir quelle opération faire, on raisonne sur les unités : kg × €/kg = €.
On va donc multiplier la masse en kg par le prix au kg.
200 g = 0,2 kg. 0,2 × 18,50 = 3,7 €. **Le prix du steak est de 3,70 €.**
2. Pour savoir quelle opération faire, on raisonne sur les unités :
$€ \div €/\text{kg} = € \times \dfrac{\text{kg}}{€} = \text{kg}$.

Notes

On va diviser le prix par le prix au kg, donc 8,10 ÷ **2,70** = 3 kg.
On a acheté 3 kg de pommes.

3. On cherche des €/kg, on va donc diviser le prix par la masse en kg.
350 g = 0,35 kg, donc 7 ÷ 0,35 = 20. **Le prix au kg est de 20 €.**

EXERCICE 3 Quelle distance va parcourir un automobiliste roulant à 60 km/h en 1 h 36 min ?

On veut obtenir des km, il faut donc faire km/h × h, c'est-à-dire multiplier la vitesse par le temps de parcours. On exprime le temps en heure décimale :

h	1	
min	60	36

36 × 1 ÷ 60 = 0,6. Le temps est de 1,6h.

Donc 60 × 1,6 = 96 km.
La distance parcourue est de 96 km.

EXERCICE 4 Un mille marin correspond à 1,852 km. En mer, la vitesse est exprimée en nœuds (1 nœud = 1 mille marin par heure). Le record de la Route du Rhum, traversée entre Saint-Malo et Pointe-à-pitre, est de 7 j 15 h 8 min et correspond à une distance de 3 542 milles marin.
Calculer la vitesse de cette traversée en nœuds et en km/h.

Il faut convertir la durée en heures décimales :

Pour les minutes :

h	1	
min	60	8

8 × 1 ÷ 60 ≈ 0,13.

Pour les jours, 7 × 24 = 168 h. La durée de la traversée est donc de : 168 + 15 + 0,13 = 183,13 h.
La vitesse en nœuds : 3542 ÷ 183,13 ≈ **19,34 nœuds**.
Pour la vitesse en km/h, il faut convertir les milles en km :
3 542 × 1,852 = 6 559,784 km. La vitesse est alors donnée par :
6 558,784 ÷ 183,13 ≈ **35,8 km/h**.

EXERCICE 5 Une solution de 25 L d'eau salée a une concentration de 30 g/L.
Déterminer la quantité de sel qu'il a fallu dissoudre pour obtenir cette solution.

On veut obtenir des grammes, il faut donc faire $\frac{g}{L} \times L = g$. On multiplie donc la concentration par le volume : 30 × 25 = 750.
La quantité de sel est de 750 g.

Résoudre des problèmes en utilisant les grandeurs composées

EXERCICES TYPES CORRIGÉS

EXERCICE 1 Voici les caractéristiques de deux lave-linge, basées sur un cycle blanc à 60 °C dans des conditions normales d'utilisation :

Lave-linge A	Lave linge B
Puissance *P* : 540 W Durée moyenne d'un cycle de lavage : 105 min Capacité de chargement : 5 kg	Puissance *P* : 780 W Durée moyenne d'un cycle de lavage : 110 min Capacité de chargement : 8,5 kg

La consommation d'énergie *E*, exprimée en kWh, se calcule par la formule $E = P \times t$ où *P* est la puissance électrique exprimée en kWh et *t* est la durée exprimée en h.

1. Calculer la consommation d'énergie de chaque lave-linge en kWh par cycle. On arrondira au millième.

2. Calculer la consommation en kWh par kg de linge lavé de chaque lave-linge (en arrondissant au millième si nécessaire). Quel est, en kWh par kg de linge lavé, le lave-linge qui a la plus basse consommation d'énergie ?

3. Le prix unitaire du kWh est 0,1085 €. Pour chaque lave-linge, calculer :
– le coût de l'énergie consommée par cycle ;
– le coût de l'énergie consommée par kg de linge lavé.

1. • Pour le lave-linge A : il faut d'abord exprimer les 105 min en heures décimales. On a le tableau de proportionnalité suivant :

h	1	
min	60	105

$105 \times 1 \div 60 = 1{,}75$.

La durée du cycle est de 1,75 h et $P = 0{,}540$ kW.
On peut alors appliquer $\boldsymbol{E} = P \times t = 0{,}540 \times 1{,}75 =$ **0,945 kWh**.

• Pour le lave-linge B : il faut d'abord exprimer les 110 min en heures décimales. On a le tableau de proportionnalité suivant :

h	1	
min	60	110

$110 \times 1 \div 60 \approx 1{,}83$.

La durée du cycle est de 1,83 h et $P = 0{,}780$ kW.
On peut alors appliquer $\boldsymbol{E} = P \times t = 0{,}780 \times 1{,}83 \approx$ **1,427 kWh**.

2. On veut obtenir des kWh/kg de linge lavé. On va donc diviser l'énergie par le nombre de kg de linge lavé.
Pour le lave-linge A : $0{,}945 \div 5 =$ **0,189 kWh/kg de linge lavé**.

Notes

Notes

Pour le lave-linge B : 1,427 ÷ 8,5 = **0,168 kWh/kg de linge lavé.**
C'est donc le lave-linge B qui a la consommation la plus basse.
3. **Coût de la consommation par cycle :**
– **Lave-linge A :** 0,945 × 0,1085 ≈ **0,103 €.**
– **Lave-linge B :** 1,427 × 0,1085 ≈ **0,155 €.**
Coût de la consommation par kg de linge lavé :
– **Lave-linge A :** 0,189 × 0,1085 = **0,021 €.**
– **Lave-linge B :** 0,168 × 0,1085 = **0,018 €.**

EXERCICE 2 Un internaute a téléchargé un fichier de 258 MégaOctets en 10 minutes.
1. Quelle est la vitesse de téléchargement en Mo/min ?
2. Calculer la vitesse de téléchargement en kiloOctets par seconde. Convertir cette vitesse de téléchargement en Mb/s sachant que 1 o = 8 b.
3. Calculer en Mo la taille d'un fichier que l'on a téléchargé en 8 min.
4. Calculer en min le temps mis pour télécharger un fichier de 523,2 Mo à la même vitesse. Arrondir à la seconde.

1. On veut obtenir des Mo/min, on va donc diviser les Mo par les minutes : 258 ÷ 10 = 25,8.
La vitesse de téléchargement est 25,8 Mo/min.
2. On a : $25{,}8 \text{ Mo/min} = \dfrac{25{,}8 \text{ Mo}}{1 \text{ min}} = \dfrac{25\,800 \text{ ko}}{60 \text{ s}}$
$= 25\,800 \div 60 \text{ ko/s} =$ **430 ko/s.**
1 o = 8 b, donc 430 ko = 430 × 8 kb = 3440 kb = **3,440 Mb.**
La **vitesse de téléchargement est donc 3,44 Mb/s.**
3. On veut obtenir des Mo, donc $\dfrac{\text{Mo}}{\text{min}} \times \text{min} = \text{Mo}$. On va donc multiplier la vitesse en Mo/min par le nombre de minutes.
25,8 × 8 = **206,4 Mo.**
4. On veut obtenir des min, donc $\dfrac{\text{Mo}}{\dfrac{\text{Mo}}{\text{min}}} = \dfrac{\text{Mo} \times \text{min}}{\text{Mo}} = \text{min}$. On va diviser la taille du fichier par la vitesse de téléchargement :
523,2 ÷ 25,8 = 20,28 min.
Pour obtenir les secondes, on a le tableau de proportionnalité suivant :

min	1	0,28
s	60	

donc 60 × 0,28 = 16,8 s, qui, arrondi à la seconde donne 17 s.
Le temps nécessaire pour télécharger le fichier est donc de 20 min 17 s.

Algorithmes : vocabulaire et notations

Fiche 42

Maths

Notes

LE COURS

• Un **algorithme** est une suite d'opérations élémentaires à faire pour accomplir une tâche.
• Les algorithmes permettent aussi de pouvoir automatiser des opérations. On utilise alors un ordinateur pour les écrire.

Vocabulaire

Ex. : Un programme de calculs est un algorithme :
- Choisir un nombre
- Lui ajouter 4
- Multiplier le résultat trouvé par 3
- Enlever 5 au résultat
- Écrire le résultat

Vocabulaire	Définition	Exemple du programme de calcul
Entrée	Le ou les éléments dont on a besoin pour pouvoir faire les opérations.	Nombre choisi que l'on appelle A.
Sortie	Ce qu'on obtient à la fin des opérations.	Résultat final obtenu.
Variable	Ce que l'on va stocker, afin de pouvoir le réutiliser.	$(A + 4) \times 3 - 5$ Quand on donne une valeur à la variable, on dit qu'on lui affecte une valeur.
Commandes	Ce qu'on demande à l'ordinateur de faire. Un ensemble de commandes est appelé traitement.	

Les commandes

• Pour demander de rentrer une valeur, on écrira : **Saisir** puis le nom de la variable.
• Pour affecter une valeur à une variable, on écrira $3 \rightarrow A$ (3 va dans la variable A, on affecte 3 à la variable A).

Notes

• Pour afficher un résultat, on écrira : **Afficher** puis la variable. Si on veut afficher des mots, on utilisera les guillemets.

Ex. : Écrire l'algorithme correspondant au programme de calculs précédent. Affecter 5 à l'entrée, déterminer la sortie et l'afficher.

Saisir A
$(A + 4) \times 3 - 5 \to B$
Afficher «Le résultat demandé est :» B

On saisit 5 : $5 \to A$;
$(5 + 4) \times 3 - 5 = 9 \times 3 - 5 = 27 - 5 = 22$.
Ce qui sera affiché est : Le résultat demandé est 22.

EXERCICES TYPES CORRIGÉS

EXERCICE 1 On donne l'algorithme suivant :
$4 \to A$; $5 \to B$; $A \to C$; $B \to A$; $C \to B$
Déterminer la valeur de A, de B, et de C à la fin de l'algorithme.

La première instruction met 4 dans A, la seconde 5 dans B. Puis on met A dans C donc il y a maintenant la valeur de A, c'est-à-dire 4, dans C. B va dans A, donc A est alors égal à 5. Enfin, C va dans B, donc la valeur de B est alors celle de C, c'est-à-dire 4. Pour conclure, à la fin de l'algorithme, on a **A = 5 ; B = 4 et C = 4**.

EXERCICE 2 On donne l'algorithme suivant :

Saisir C
$(C - 5)/2 + 7 \to B$
Afficher : « La sortie est : » B « et l'entrée est : » C.

Qu'affiche l'ordinateur si on rentre 11 ?

$11 \to C$, donc on a $(11 - 5)/2 + 7 = 6/2 + 7 = 3 + 7 = 10$.
L'ordinateur affichera : La sortie est : 10 et l'entrée est : 11.

EXERCICE 3 **1.** Écrire l'algorithme qui affiche l'image B d'une valeur A rentrée par l'utilisateur pour la fonction définie par $f(x) = 3x^2 - 2x + 5$.
2. Qu'affiche l'ordinateur si on rentre (–2) ?

1. Saisir A
$3 \times A \times A - 2 \times A + 5 \to B$
Afficher «L'image de : » A « est : » B
2. $-2 \to A$, donc on a :
$3 \times (-2) \times (-2) - 2 \times (-2) + 5 = 3 \times 4 + 4 + 5 = 12 + 9 = 21$.
L'ordinateur affichera : **L'image de : – 2 est : 21.**

Algorithmes : instructions conditionnelles

Fiche 43

Maths

Notes

LE COURS

Définitions

- Une instruction conditionnelle est une suite de commandes qui sont exécutées si certaines conditions sont réalisées.
- Elle est de la forme : ***Si*** (condition) ***Alors*** (commande 1) ***Sinon*** (commande 2) ***Fin Si***.
- Ces conditions sont : $\leqslant$; $\geqslant$; $<$; $>$; = ; $\neq$; et ; ou.
- La commande 1 est exécutée si la condition est réalisée, sinon c'est la commande 2 qui est exécutée.

Ex. : S'il y a deux instructions conditionnelles, on cherchera à aligner le *Si*, *Alors*, *Sinon* et *Fin Si* de chaque test.

```
Saisir E et F
Si E > F
Alors Si F>0
         Alors Afficher E+F « > » E
         Sinon Afficher E+F « < » E
         Fin Si
Sinon Si E>0
         Alors Afficher E+F « > » F
         Sinon Afficher E+F « < » F
         Fin Si
Fin Si
```

EXERCICES TYPES CORRIGÉS

EXERCICE 1 On donne l'algorithme suivant :

```
Saisir A et B
Si A >= 0
Alors Si B >= 0
      Alors Afficher « Le produit » A « × » B « est positif ou nul. »
      Sinon Afficher « Le produit » A « × » B « est négatif ou nul. »
      Fin Si
Sinon Si B >= 0
      Alors Afficher « Le produit » A « × » B « est positif ou nul. »
      Sinon Afficher « Le produit » A « × » B « est négatif ou nul. »
      Fin Si
FinSi
```

Notes

1. Qu'est-il affiché si l'utilisateur rentre A = 5 et B = – 4 ?
2. Qu'est-il affiché si l'utilisateur rentre A = – 6 et B = – 5 ?
Que remarque-t-on ? Corriger l'erreur.

1. L'utilisateur rentre A = 5 et B = – 4. La condition A $\geqslant$ 0 est réalisée, on poursuit donc la commande du Alors. La condition B $\geqslant$ 0 n'est pas réalisée on poursuit avec le Sinon.
Donc il est affiché : **Le produit 5 × (– 4) est négatif ou nul.**
2. L'utilisateur rentre A = –6 et B = –5. La condition A $\geqslant$ 0 n'est pas réalisée, on poursuit donc la commande du Sinon aligné avec ce Si. La condition B $\geqslant$ 0 n'est pas réalisée, on poursuit avec le Sinon. Il est alors affiché : **Le produit – 6 × (– 5) est négatif ou nul. On remarque que ce n'est pas juste.**
Pour corriger l'algorithme, il faut donc inverser les deux derniers Afficher.

EXERCICE 2 Écrire l'algorithme qui dit si un triangle est rectangle ou pas. L'ordinateur demandera le plus grand côté et les deux autres et répondra à la question.

```
Afficher « Rentrer le côté le plus grand »
Saisir A
Afficher « Rentrer les deux autres côtés »
Saisir B et C
Si A × A = B × B + C × C
Alors Afficher « Le triangle est rectangle »
Sinon Afficher « Le triangle n'est pas rectangle »
FinSi
```

EXERCICE 3 Un magasin propose de tirer des photos sur papier au tarif de 0,15 € la photo pour les 100 premières photos, puis 0,10 € la photo pour les photos suivantes. Écrire un algorithme demandant à l'utilisateur d'entrer le nombre de photos commandées et calculant le montant à payer.

```
Afficher « Entrer le nombre de photos »
Saisir A
Si A ⩽ 100
Alors Afficher « Le prix est de » A × 0,15
Sinon Afficher « Le prix est de » 15 + (A – 100) × 0,1
FinSi
```

Algorithmes : boucles

Fiche 44

Maths

Notes

LE COURS

Une boucle permet de répéter plusieurs fois de suite un même traitement. Il existe deux types de boucles : la boucle itérative (répétitive) et la boucle conditionnelle.

Boucle itérative

• Une **boucle itérative** permet de répéter plusieurs fois de suite un même traitement avec un nombre de répétitions connu, N. On utilise un compteur initialisé à 1 et qui augmente de 1 automatiquement à chaque itération. Le traitement est fait à chaque fois et il s'arrête quand on atteint N.

• Une boucle itérative est de la forme :

Pour *i* allant de 1 à *N* **faire** (Commandes) **Fin Pour.**

Ex. : On a l'algorithme suivant :

```
Saisir N
0 → S
Pour i allant de 1 à N faire
i + S → S
Fin Pour
Afficher S
```

Avec $N = 3$

Valeur de *i* (compteur)	Valeur de *S* avant la boucle	Valeur de *S* après la boucle
1	0	1
2	1	3
3	3	6

Boucle conditionnelle

• Dans une **boucle conditionnelle**, on répète le traitement tant que la condition est vérifiée. Lorsqu'elle ne l'est plus, on sort de la boucle.

• Une boucle conditionnelle est de la forme :

Tant que Condition **faire** (Commandes) **Fin Tant que.**

Ex. : On a l'algorithme suivant :

```
Saisir N ;1 → i ; 1 → P
Tant que i ⩽ N faire
i × P → P ; i + 1 → i
Fin Tant que
Afficher P
```

Avec N = 3

Valeur de *i* avant la boucle	Valeur de *i* après la boucle	Valeur de *P* avant la boucle	Valeur de *P* après la boucle
1	2	1	$1 \times 1 = 1$
2	3	1	$1 \times 2 = 2$
3	4	2	$3 \times 2 = 6$

Notes

EXERCICES TYPES CORRIGÉS

EXERCICE 1 Combien de fois le message « Bonjour » sera-t-il affiché à partir des algorithmes suivants ?

1.
```
11 → N
Pour i allant de 1 à 11 faire
Afficher « Bonjour »
Fin Pour
```

2.
```
11 → N
Tant que N < 12 faire
Afficher « Bonjour »
Fin Tant que
```

1. Le message sera affiché 11 fois, *i* prenant les valeurs de 1 à 11.
2. Le message sera affiché une infinité de fois, la boucle est infinie car la condition est toujours réalisée.

Il faut absolument éviter d'écrire ce genre de boucle qui ne s'arrête pas.

EXERCICE 2 Écrire un algorithme affichant la division euclidienne par 5 d'un nombre entier rentré par un utilisateur.

La division euclidienne par 5 est de la forme :
$A = 5 \times B + R$ avec le reste qui est inférieur à 5.

On a $R = A - 5 \times B$ et on veut s'arrêter quand ce nombre est plus petit que 5. Donc on continue à faire augmenter *B* de 1 tant que ce nombre est supérieur ou égal à 5.

```
Saisir A
0 → B
Tant que A – 5 × B ⩾ 5 faire
B+1 → B
Fin Tant que
Afficher A «= 5x» B «+» (A – 5 × B)
```

EXERCICE 3 Écrire un algorithme affichant la somme des 20 premiers nombres impairs.

On introduit deux variables de travail, *j* et *S*. *j* prendra les valeurs des nombres impairs. On a bien au début $j = 1$, puis 3, puis 5... On rajoute dans *S* le nombre impair suivant et on fait cela 20 fois.

```
1 → j ; 0 → S
Pour i allant de 1 à 20 faire
j + S → S ; j + 2 → j
Fin Pour
Afficher « la somme des 20 premiers
nombres impairs est : » S
```

Programmation : prise en main du logiciel Scratch

Fiche 45

Maths

Notes

LE COURS

Définitions

• SCRATCH est une application qui permet de faire se déplacer un objet, appelé **lutin**, en suivant un algorithme.

• L'adresse de cette application est : https://scratch.mit.edu/. Choisir « Créer », puis cliquer sur le chat pour la prise en main :

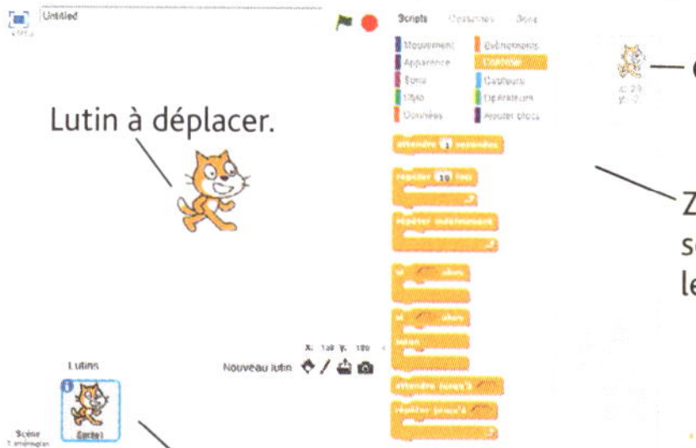

Lutin à déplacer.

Coordonnées du lutin.

Zone où l'on va écrire le script en faisant glisser les blocs placés ci-contre.

Le lutin est sélectionné, le script portera sur lui. On peut aussi sélectionner l'arrière-plan ou d'autres lutins s'il y en a.

• Le **script** est l'algorithme écrit avec le langage de programmation. Ici, on écrira le script à l'aide des différents blocs qui sont au centre de la page.

Comprendre les blocs du script

– Mouvement : les actions qui vont faire se déplacer le lutin.
– Apparence : pour faire parler le lutin et changer son aspect.
– Sons : les sons que peut produire le lutin.
– Stylo : laissera une ligne derrière le lutin quand il se déplacera.
– Données : permet de créer une variable, de lui donner un nom
– Événements : exécute le script dès que l'événement se produit (clic, appui sur une touche...).
– Contrôle : ce sont les boucles et les tests (si...alors...).
– Capteurs : permet de savoir si le lutin touche une couleur...
– Opérateurs : permet d'effectuer des opérations avec des nombres ou des variables.
– Ajouter blocs : permet de créer ses propres blocs de script.

Pour voir l'action sur le lutin, il suffit de double cliquer sur le bloc qu'on aura glissé dans la zone de script.

Notes

Écrire un script

• Pour écrire un script sur le lutin, il suffit donc de cliquer sur un bloc et de le déposer dans la zone de script. Afin de pouvoir enchaîner les actions, il faut emboîter les blocs de script. Un contour blanc apparaît alors qui précise qu'il est possible d'emboîter ces éléments.

Ex. :

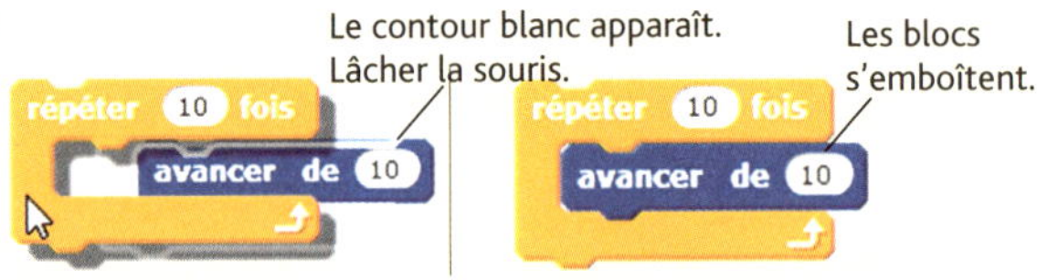

Double cliquer sur le bloc va faire avancer le lutin 10 fois de 10.

• On peut aussi emboîter un bloc pour remplacer une valeur.

Ex. :

On obtient :

Le lutin avancera de 10 entre une fois et dix fois.

EXERCICE TYPE CORRIGÉ

On donne les scripts suivants. Décrire les mouvements du lutin.

1.

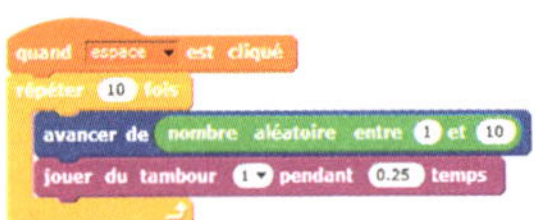

2.

1. Quand on appuiera sur la touche espace, le lutin avancera 10 fois d'un nombre compris entre 1 et 10, en faisant à chaque fois le son du tambour.

Vérifier sur le site en recopiant le script donné.

2. Quand on appuiera sur la touche « a » du clavier, le lutin ira au point d'abscisse 5 et d'ordonnée comprise entre -10 et 10.
Si l'ordonnée est négative, le lutin avancera de 10, sinon, il tournera de 90° et dira « Bonjour » pendant 2 secondes.

Programmer avec Scratch

Notes

LE COURS

• **Arrière-plan** : pour créer des éléments en arrière plan qui ne se déplaceront donc pas avec le lutin. On peut alors créer des dessins qui seront indépendants du lutin, et qui pourront servir avec les capteurs, par exemple.

• **Créer une variable** : il peut être très utile de créer une variable pour permettre de garder des nombres en mémoire, tester leur valeur... Pour cela, il faut aller dans l'onglet « Scripts », cliquer sur « Données » puis sur « Créer une variable » . Il faut alors lui choisir un nom et indiquer si elle s'appliquera à tous les lutins ou seulement au lutin sélectionné.

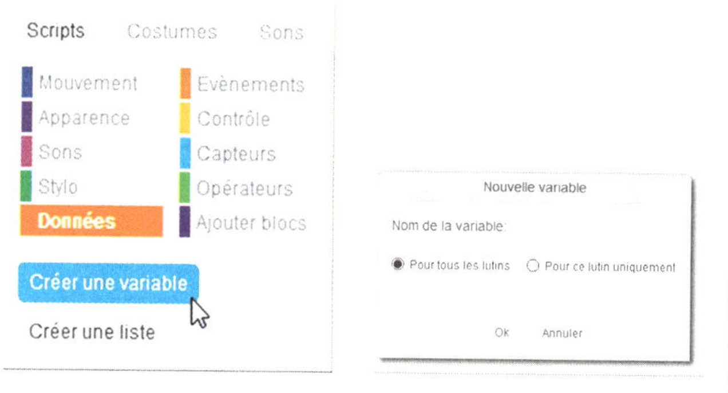

EXERCICE TYPE CORRIGÉ

1. Construire en arrière plan sur la droite, un rectangle rouge.
2. Écrire un script tel que : quand on clique sur le lutin, il va se positionner en (-200 ; 0), puis il glissera jusqu'à ce qu'il atteigne le rectangle rouge ; il s'arrête alors et dit « Je suis arrivé. »

Notes

1. On clique sur l'arrière-plan, puis sur l'onglet « Arrière-plan ». On construit alors sur la droite un rectangle rouge en utilisant les outils de dessin proposés, on obtient :

2. Pour commencer le script, on clique sur le lutin puis sur l'onglet Scripts. On va dans les blocs Événements et on choisit le bloc :

`quand ce lutin est cliqué` .

Il faut ensuite positionner le lutin. On va dans les blocs Mouvement et on choisit `glisser en 1 secondes à x: -200 y: 0` ; on clique à côté de x et on rentre la valeur – 200 puis à côté de y on entre 0.

Pour faire avancer le lutin jusqu'à ce que le rouge soit atteint, on doit aller dans les blocs Contrôle pour trouver :

`répéter jusqu'à` et y insérer un bloc capteur.

Il faut choisir : `couleur ■ touchée?` puis cliquer dans la case couleur. Le curseur de la souris devient une main et on peut alors, en cliquant sur le rectangle rouge, définir la couleur dans le bloc. On obtient : `couleur ■ touchée?` .

Il suffit alors d'insérer dans la boucle, le mouvement : `avancer de 10` et, à la fin de la boucle, l'apparence :

`dire Je suis arrivé pendant 2 secondes` après avoir inséré la phrase « Je suis arrivé » dans le bloc.

Au final, le script est le suivant :

Vérifier sur la page internet que le lutin fait bien ce qui a été demandé.

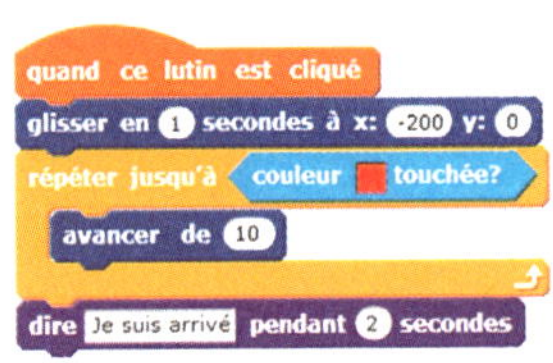

Simplifier une situation pour résoudre un problème

Notes

EXERCICES TYPES CORRIGÉS

EXERCICE 1 D'après Brevet 2014, Amérique du Nord

Pour une bonne partie de pêche au bord du canal, il faut un siège pliant adapté ! Nicolas est de taille moyenne et, pour qu'il soit bien assis, il est nécessaire que la hauteur de l'assise du siège soit comprise entre 44 cm et 46 cm.

Voici les dimensions d'un siège pliable qu'il a trouvé en vente sur internet :

– longueur des pieds : 56 cm ;
– largeur de l'assise : 34 cm ;
– profondeur de l'assise : 31 cm.

L'angle $\widehat{ACE}$ est droit et $ABDC$ est un rectangle. La hauteur de ce siège est-elle adaptée à Nicolas ?

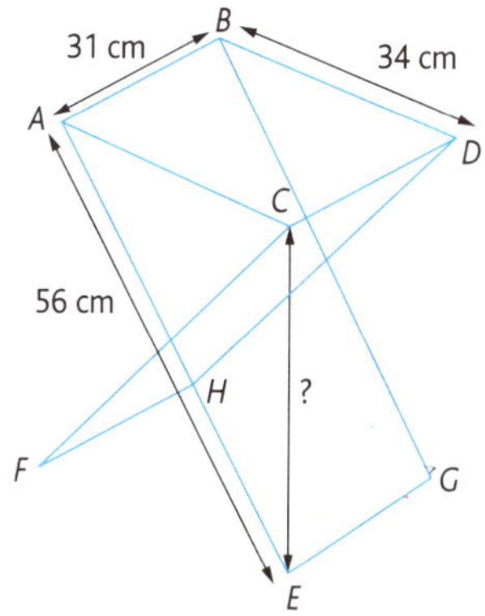

Il faut tout d'abord identifier les données liées à la question. Ici, le but est de trouver la hauteur du siège, c'est-à-dire longueur CE. Il faut utiliser une figure qui comprend CE.

On lit le texte et on y cherche des indices. On y parle de l'angle $\widehat{ACE}$; il faut donc observer les possibilités par rapport au triangle ACE.

Il peut être utile de refaire uniquement le triangle ACE au brouillon afin de simplifier la figure, pour déterminer la notion à utiliser.

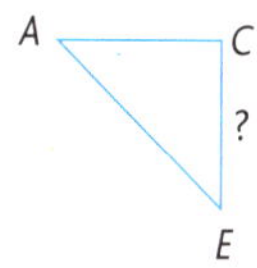

L'angle $\widehat{ACE}$ est droit. Il manque, pour pouvoir calculer CE dans ce triangle, la longueur AC.

On relit encore le texte pour chercher s'il n'y a pas des indices sur AC. On voit que $ABDC$ est un rectangle, ses côtés opposés ont donc la même longueur. AC va donc être égale à BD, soit 34 cm.

On est alors dans un triangle rectangle avec deux côtés connus et un à calculer. Il faut donc utiliser le théorème de Pythagore.

On sait que le triangle ACE est rectangle en C. Donc, d'après le théorème de Pythagore : $AE^2 = AC^2 + CE^2$.

$AE^2 = 56^2$, donc $56^2 = 34^2 + CE^2$.

$CE^2 = 3\,136 - 1\,156 = 1\,980$. Donc $CE = \sqrt{1980} \approx 44{,}50$ cm.

La hauteur du siège est entre 44 et 46 cm, elle est donc bien adaptée.

Notes

EXERCICE 2 D'après Brevet 2013, Pondichéry

Lancé le 26 novembre 2011, le Rover Curiosity de la NASA est chargé d'analyser la planète Mars, appelée aussi planète rouge. Il a atterri sur la planète rouge le 6 août 2012, parcourant ainsi une distance d'environ 560 millions de km en 255 jours.

1. Quelle a été la durée en heures du vol ?

2. Calculer la vitesse moyenne du Rover en km/h. Arrondir à la centaine près. *Pour cette question toute trace de recherche, même incomplète, sera prise en compte dans l'évaluation.*

3. Via le satellite de Mars, Odyssey, des images prises et envoyées par le Rover ont été retransmises au centre de la NASA. Les premières images ont été émises de Mars à 7 h 48 min le 6 août 2012. La distance parcourue par le signal a été de 248×10^6 km à une vitesse moyenne de 300 000 km/s environ (vitesse de la lumière). À quelle heure ces premières images sont-elles parvenues au centre de la NASA ? (On donnera l'arrondi à la minute près.) *Pour cette question toute trace de recherche, même incomplète, sera prise en compte dans l'évaluation.*

1. La durée du vol est de 255 jours. Il y a 24 heures par jour, donc **la durée du vol est de** $255 \times 24 = 6\,120$, soit **6 120 h**.

2. Les données sont très complexes, on peut alors raisonner sans les valeurs des grandeurs, mais juste sur les unités. On veut calculer la vitesse en km/h, on va donc diviser les km par les heures.

On a donc **vitesse** = $\dfrac{560\,000\,000}{6\,120} \approx$ **91 503 km/h.**

L'arrondi est demandé à la centaine, on regarde donc le chiffre des dizaines. Il est inférieur à 5,

L'arrondi de la vitesse à la centaine est 91 500 km/h.

3. Les données sont encore complexes. On raisonne avec les unités. On veut une durée. On a des km/s et des km, on va donc chercher le résultat en secondes. Il faut donc diviser les km par les km/s : $\dfrac{\text{km}}{\frac{\text{km}}{\text{s}}} = \text{km} \times \dfrac{\text{s}}{\text{km}} = \text{s}$.

Il faut aussi simplifier les écritures des nombres dans la fraction. Au lieu de 248×10^6, on écrit 248 000 000.

$$\frac{248\,000\,000}{300\,000} = \frac{248\,000}{300} \approx 826{,}67 \text{ s.}$$

On convertit les secondes en minutes : $826 \div 60 \approx 13{,}77 \approx 14$ min.

Le signal est parti à 7 h 48 min et est arrivé 14 minutes plus tard. $48 + 14 = 62$ min, donc 7 h 62 min, c'est-à-dire qu'**il était 8 h 02 min quand les images sont arrivées**.

Utiliser des exemples pour résoudre un problème

Notes

EXERCICES TYPES CORRIGÉS

EXERCICE 1 D'après Brevet 2015, Pondichéry.

Trois triangles équilatéraux identiques sont découpés dans les coins d'un triangle équilatéral de côté 6 cm. La somme des périmètres des trois petits triangles est égale au périmètre de l'hexagone gris restant. Quelle est la mesure du côté des petits triangles ?

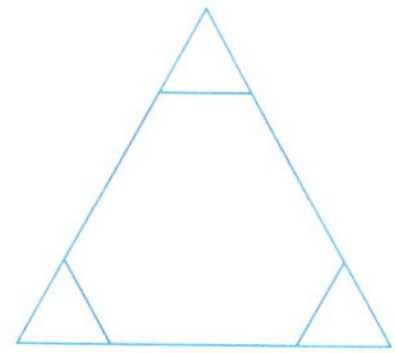

Toute trace de recherche, même non aboutie, figurant sur la copie sera prise en compte dans la notation.

On peut commencer par calculer ce qu'il se passe si les petits triangles ont un côté de 2 cm (on prendra toujours des exemples simples). Le périmètre de l'ensemble des triangles est alors $9 \times 2 = 18$ cm. Pour l'hexagone, on a :

$BC = 6 - 2 \times 2 = 2$ cm.

De même $EF = 2$ cm et $HI = 2$ cm.

On trouve alors comme périmètre : $2 \times 6 = 12$ cm. La mesure du côté des petits triangles n'est donc pas 2 cm.

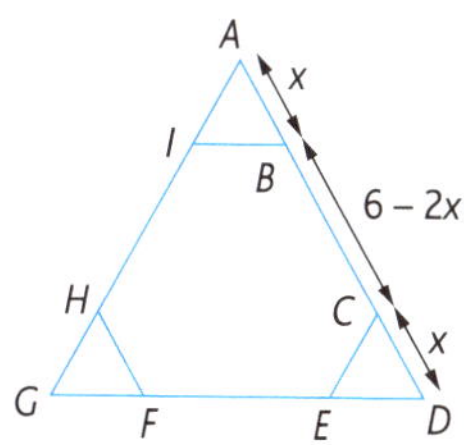

En s'appuyant sur l'exemple, on peut chercher à exprimer le périmètre de l'hexagone en fonction du côté des petits triangles équilatéraux. On l'appelle x.

On a $BC = 6 - 2x$; cette longueur est présente trois fois, donc $3(6 - 2x)$. On doit ajouter IB, CE et FH qui ont pour valeur x. Le périmètre de l'hexagone gris est donc égal à :

$3(6 - 2x) + 3x = 3 \times 6 - 3 \times 2x + 3x = 18 - 3x$.

La sommes des périmètres des petits triangles équilatéraux est $9x$.

On a l'équation $18 - 3x = 9x$, donc $18 = 9x + 3x$, soit $18 = 12x$, ce qui donne $x = 18 \div 12 = 1,5$. On vérifie.

Pour les petits triangles équilatéraux, on a $9 \times 1,5 = 13,5$ cm et pour l'hexagone : $3 \times (6 - 3) + 3 \times 1,5 = 9 + 4,5 = 13,5$ cm.

Il faut donc que le **côté des petits triangles mesure 1,5 cm**.

EXERCICE 2 Une baisse de 20 % puis de 30 % correspond-elle à une baisse de 50 % ?

Pour un prix de 10 € (toujours des exemples simples), une baisse de 20 % correspond au fait de payer 80 % du prix, c'est-à-dire le

Notes

tableau de proportionnalité suivant :

€	10	
%	100	80

donc $80 \times 10 \div 100 = 8$. Le prix après une baisse de 20 % est de 8 €. On applique alors une baisse de 30 %, c'est-à-dire un prix à 70 % autrement dit :

€	8	
%	100	70

$70 \times 8 \div 100 = 5{,}6$. C'est le prix après les deux baisses. Il ne correspond pas à une baisse de 50 % du prix de départ, qui aurait donné 5 € en prix final.

Une baisse de 20 % puis de 30 % ne correspond donc pas à une baisse de 50 %.

EXERCICE 3 La somme de trois entiers consécutifs est 36. Quels sont ces nombres ?

On a besoin de trois nombres dont la somme est égale 36. Ils sont donc proches de 10. On fait alors des essais :
$10 + 11 + 12 = 33$; on continue : $11 + 12 + 13 = 36$.
Les trois nombres demandés sont 11, 12 et 13.

EXERCICE 4 D'après Brevet 2013, Amérique du Nord.
Arthur vide sa tirelire et constate qu'il possède 21 billets. Il a des billets de 5 € et des billets de 10 € pour une somme totale de 125 €.
Combien de billets de chaque sorte possède-t-il ?
Toute trace de recherche, même non aboutie, figurant sur la copie sera prise en compte dans la notation.

On procède par tâtonnement, c'est-à-dire qu'on va prendre un exemple, et réfléchir à partir de son résultat. On va commencer par répartir les billets de façon équilibrée, on verra après s'il faut plus de billets de 10 ou de 5 en fonction du résultat obtenu.
Prenons 10 billets de 5 et 11 billets de 10 : $10 \times 5 + 11 \times 10 = 160$.
Il faut obtenir une somme inférieure, on a donc besoin de moins de billets de 10 €.
Prenons 15 billets de 5 € et 6 billets de 10 € : $15 \times 5 + 6 \times 10 = 135$.
Il faut obtenir une somme inférieure, on a donc besoin de moins de billets de 10 €.
Prenons 18 billets de 5 € et 3 billets de 10 € : $18 \times 5 + 3 \times 10 = 120$.
Il faut obtenir une somme supérieure, on a donc besoin de plus de billets de 10 €.
Prenons 17 billets de 5 € et 4 billets de 10 € : $17 \times 5 + 4 \times 10 = 125$.
Arthur possède donc 17 billets de 5 € et 4 billets de 10 €.

Choisir les données utiles pour resoudre un problème

EXERCICES TYPES CORRIGÉS

EXERCICE 1 D'après Brevet 2015, Pondichéry.

Peio, un jeune Basque, décide de vendre des glaces du 1er juin au 31 août inclus à Hendaye. Pour vendre ses glaces, Peio hésite entre 2 emplacements : une paillotte sur la plage ; une boutique en centre-ville.

En utilisant les informations ci-dessous, aidez Peio à choisir l'emplacement le plus rentable.

Information 1. Les loyers des deux emplacements proposés :
- la paillotte sur la plage : 2 500 € par mois ;
- la boutique en centre-ville : 60 € par jour.

Information 2. La météo à Hendaye du 1er juin au 31 août inclus :
- le soleil brille 75 % du temps ;
- le reste du temps, le temps est nuageux ou pluvieux.

Information 3. Prévisions des ventes par jour selon la météo :

	Soleil	Nuageux - pluvieux
La paillotte	500,00 €	50,00 €
La boutique	350,00 €	300,00 €

Juin : 30 jours ; juillet et août : 31 jours.

Toute piste de recherche, même non aboutie, sera prise en compte dans l'évaluation.

Pour comparer deux investissements, on calcule combien coûte chacun en séparant bien les calculs.

– **Pour la paillotte** : le coût est de 2 500 € par mois. Pour les trois mois (juin, juillet et août), Peio paiera 2 500 × 3 = 7 500 €.

– **Pour la boutique** : le prix est donné par jour. Pour les trois mois, on aura 30 (juin) + 31 (juillet) + 31 (août) = 92 jours. Le prix à payer sera donc de 92 × 60 = 5 520 €.

Il faut maintenant calculer combien Peio pourrait gagner dans chaque emplacement.

– **Pour la paillotte** : ce que gagne Peio dépend de la météo. L'information sur la météo indique qu'il y a du soleil 75 % du temps, donc 75 % des 92 jours, c'est-à-dire 92 × 75 ÷ 100 = 69 jours de soleil ; 92 – 69 = 23, il y a donc 23 jours nuageux ou pluvieux.

On regarde alors pour combien il vend chaque jour : 500 € quand il y a du soleil et 50 € sinon. Pour les trois mois, on obtient donc : 69 × 500 + 23 × 50 = 35 650 €.

Notes

Notes

– **Pour la boutique** : il vend pour 350 € quand il y a du soleil et pour 300 € sinon. Pour les trois mois, on obtient donc :
$69 \times 350 + 23 \times 300 = 31\,050$ €.
Il faut alors retirer le prix du loyer de chaque emplacement afin de savoir lequel des deux rapportera le plus.
Pour la paillotte : $35\,650 - 7\,500 = 28\,150$ €.
Pour la boutique : $31\,050 - 5\,520 = 25\,530$ €.
L'emplacement le plus rentable est donc la paillotte.

EXERCICE 2 D'après Brevet Polynésie, 2015.

Les « 24 heures du Mans » est le nom d'une course automobile.

Document 1 : **principe de la course** Les voitures tournent sur un circuit pendant 24 heures. La voiture gagnante est celle qui a parcouru la plus grande distance.	**Document 2 :** **schéma du circuit** 
Document 3 : **article extrait d'un journal** 5 405,470 : c'est le nombre de kilomètres parcourus par l'Audi R15+ à l'issue de la course.	**Document 4 :** **unités anglo-saxonnes** L'unité de mesure utilisée par les anglo-saxons est le mile par heure (mile per hour) noté mph. 1 mile ≈ 1 609 mètres

À l'aide des documents fournis :

1. Déterminer le nombre de tours complets que la voiture Audi R15+ a effectués lors de cette course.
2. Calculer la vitesse moyenne en km/h de cette voiture. Arrondir à l'unité.
3. On relève la vitesse de deux voitures au même moment :
– vitesse de la voiture n° 37 : 205 mph ;
– vitesse de la voiture n° 38 : 310 km/h.
Quelle est la voiture la plus rapide ?

1. Distance parcourue (document 3) : 5 405,470 km. Longueur d'un tour (document 2) : 13,629 km.
$5\,405{,}470 \div 13{,}629 = 396{,}6$.
L'Audi R15+ a donc effectué 396 tours complets.
2. $5\,405{,}470 \div 24 \approx 225$ km/h.
La vitesse moyenne de l'Audi R15+ est d'environ 225 km/h.
3. 1 mile ≈ 1 609 m= 1,609 km (document 4).
205 miles par heure $\approx 205 \times 1{,}609 \approx 329{,}8$ km/h.
La voiture la plus rapide est donc la voiture n° 37.

Utiliser des formules littérales pour résoudre un problème

Notes

EXERCICES TYPES CORRIGÉS

EXERCICE 1 D'après Brevet 2015, Polynésie.

La distance d'arrêt est la distance que parcourt un véhicule entre le moment où son conducteur voit un obstacle et le moment où le véhicule s'arrête.

Une formule permettant de calculer la distance d'arrêt est :

$D = \frac{5}{18} \times V + 0{,}006 \times V^2$ avec D la distance d'arrêt en m et V la vitesse en km/h.

1. Un conducteur roule à 130 km/h sur l'autoroute. Surgit un obstacle à 100 m de lui. Pourra-t-il s'arrêter à temps ?

2. On a utilisé un tableur pour calculer la distance d'arrêt pour quelques vitesses.
Une copie de l'écran obtenu est donnée ci-contre. La colonne B est configurée pour afficher les résultats arrondis à l'unité.
Quelle formule a-t-on saisie dans la cellule B2 avant de la recopier vers le bas ?

	A	B
1	Vitesse en km/h	Distance d'arrêt en m
2	30	14
3	40	21
4	50	29
5	60	38
6	70	49
7	80	61
8	90	74
9	100	88

3. On entend fréquemment l'affirmation suivante : « Lorsqu'on va deux fois plus vite, il faut une distance deux fois plus grande pour s'arrêter ». Est-elle exacte ?

4. Au code de la route, on donne la règle suivante pour calculer de tête sa distance d'arrêt : « Pour une vitesse comprise entre 50 km/h et 90 km/h, multiplier par lui-même le chiffre des dizaines de la vitesse ».
Le résultat calculé avec cette règle pour un automobiliste qui roule à 80 km/h est-il cohérent avec celui calculé par la formule ?

1. On remplace la vitesse par la valeur fourni, ici 130. On obtient le calcul suivant :

$$\frac{5}{18} \times 130 + 0{,}006 \times 130^2 = 36{,}1 + 0{,}006 \times 16\,900 = 137{,}5 \text{ m}.$$

La distance d'arrêt pour une voiture roulant à 130 km/h est de 137,5 m. **Le conducteur ne pourra donc pas s'arrêter à temps.**

Notes

2. Il faut reproduire la formule donnée en remplaçant V par le nom de la cellule avec laquelle on doit effectuer le calcul, c'est-à-dire A2. On obtient donc dans B2 :

$$= \frac{5}{18} \times \text{A2} + 0{,}006 \times \text{A2}^2.$$

3. **L'affirmation est fausse.** Par exemple pour 30 km/h, il faut 14 m pour s'arrêter, alors que pour 60 km/h, il faut 38 m, donc plus du double.

4. Pour 80 km/h, on prend donc le chiffre des dizaines : 8, puis $8^2 = 64$. Dans le tableau, on a trouvé 61 m, on peut donc dire que la **règle semble cohérente.**

EXERCICE 2 D'après Brevet 2014, Amérique du Nord.

Le débit moyen q d'un fluide dépend de la vitesse moyenne v du fluide et de l'aire de la section d'écoulement S. Il est donné par la formule suivante :

$q = S \times v$ où q est exprimé en m^3/s ; S est exprimé en m^2 ; v est exprimé en m/s.

On considérera que la vitesse moyenne d'écoulement de l'eau à travers une vanne durant le remplissage est $v = 2{,}8$ m/s.

La vanne a la forme d'un disque de rayon $R = 30$ cm.

1. Quelle est l'aire exacte, en m^2, de la vanne ?
2. Déterminer le débit moyen arrondi au millième de cette vanne durant le remplissage. On prendra $\pi = 3{,}14$.
3. Pendant combien de secondes faudra-t-il patienter pour le remplissage d'une écluse de capacité 756 m^3 ? Est-ce qu'on attendra plus de 15 minutes ?

1. L'aire d'un disque est donnée par la formule πR^2. Il faut le résultat en m^2, 30 cm = 0,3 m. On a donc pour valeur exacte :
Aire = $\pi \times 0{,}3^2$ = $0{,}09\pi$ m² ($\approx 0{,}2827 m^2$).

2. Pour calculer le débit moyen, on utilise la formule $q = S \times v$.
Ici, S est l'aire de la vanne et $v = 2{,}8$ m/s. On a donc :
$q = 0{,}09\pi \times 2{,}8 \approx 0{,}7912$ = **0,791 m³/s, arrondi au millième.**

3. On veut obtenir des secondes. Il faut donc, avec les unités dont on dispose ici, effectuer : $\frac{m^3}{\frac{m^3}{s}} = \frac{m^3 \times s}{m^3} = s$. Ainsi, on divise le volume par le débit q : $756 \div 0{,}791 \approx 955{,}75$ s.
Il faudra donc 956 secondes pour remplir cette écluse.
On veut alors savoir si ce temps représente plus de 15 minutes. On peut simplement calculer $15 \times 60 = 900$ s. **On attendra donc plus de 15 minutes pour que l'écluse soit remplie.**

Méthodes pour répondre à un QCM

Fiche 51

Maths

Notes

EXERCICES TYPES CORRIGÉS

EXERCICE 1 D'après Brevet 2015, Amérique du Nord.

Cet exercice est un questionnaire à choix multiples (QCM). Aucune justification n'est demandée.

Pour chaque question, trois réponses (A, B et C) sont proposées. Une seule d'entre elles est exacte. Recopier sur la copie le numéro de la question et la réponse exacte. Une bonne réponse rapporte 1 point. Une mauvaise réponse ou l'absence de réponse n'enlève aucun point.

	A	B	C
1. Quelle est l'écriture scientifique de $\dfrac{5 \times 10^6 \times 1{,}2 \times 10^{-8}}{2{,}4 \times 10^5}$?	25×10^{-8}	$2{,}5 \times 10^{-7}$	$2{,}5 \times 10^3$
2. Pour $x = 20$ et $y = 5$, quelle est la valeur de R dans l'expression $\dfrac{1}{R} = \dfrac{1}{x} + \dfrac{1}{y}$?	0,25	4	25
3. Un article coûte 120 €. Une fois soldé, il coûte 90 €. Quel est le pourcentage de réduction ?	25%	30%	75%
4. On considère l'agrandissement de coefficient 2 d'un rectangle ayant pour largeur 5 cm et pour longueur 8 cm. Quelle est l'aire du rectangle obtenu ?	40 cm²	80 cm²	160 cm²

Il n'y a pas de point enlevé si la réponse est fausse. Il faudra donc, si jamais on n'arrive pas à répondre, tenter une réponse au hasard. Il faut absolument répondre, on n'a rien à perdre.

1. **Par élimination.** On élimine d'abord la réponse A qui n'est pas une écriture scientifique. On élimine ensuite des réponses en raisonnant, par ordre de grandeur dans ce cas. Sur les puissances de 10, on a, au numérateur, 6 + (– 8) = – 2, et 5 au dénominateur. On aura donc au résultat – 2 – 5 = – 7. On élimine la réponse C.
La réponse juste est donc la B.

2. **Utiliser la calculatrice.** Ici, au lieu de faire un calcul de fraction, on peut calculer. $1 \div 20 + 1 \div 5 = 0{,}25$, on veut $1 \div R = 0{,}25$ donc $R = 1 \div 0{,}25 = 4$. **La réponse juste est la B.**

Notes

3. Utiliser les réponses. On commence par utiliser la réponse A, en calculant 25 % de 120. $120 \times 25 \div 100 = 30$ puis $120 - 30 = 90$. **La réponse juste est la A.**
4. Calculer avec les données. On élimine déjà 40 cm^2. C'est 8×5, donc l'aire du rectangle de base.
L'agrandissement est de 2, donc la largeur et la longueur sont multipliées par 2, c'est-à-dire qu'on aura 10 cm de largeur et 16 cm de longueur. L'aire est donc de $10 \times 16 = 160$ cm^2.
La réponse juste est la C.

EXERCICE 2 D'après Brevet 2014, Nouvelle-Calédonie.

	A	B	C
1. $\frac{4}{5} + \frac{1}{5} \times \frac{2}{3} =$	$\frac{14}{15}$	$\frac{2}{3}$	$\frac{6}{20}$
2. Combien font 5 % de 650 ?	32,5	645	13 000
3. Quelle est approximativement la masse de la Terre?	32 tonnes	6×10^{24}kg	7×10^{15}g

1. Utiliser la calculatrice. $4 \div 5 + (1 \div 5) \times (2 \div 3) \approx 0{,}933$.
C'est proche de 1. La réponse est donc sûrement $\frac{14}{15}$. En effet, $14 \div 15 \approx 0{,}933$. **La réponse juste est la A.**
2. Par élimination. 5 % est beaucoup plus petit que le tout, on peut donc éliminer 645 et 13 000. **La réponse juste est donc la A.**
3. On élimine 32 tonnes : c'est la masse d'un gros camion. Par ordre de grandeur, on convertit 7×10^{15} g = 7×10^{12} kg = 7 000 milliards de kg. Il est utile de passer à ce genre d'écriture pour essayer de se faire une idée de la grandeur. On cherche alors des exemples. Il y a environ 7 milliards d'habitants sur Terre : même si, en moyenne, chacun pesait 10 kg, on arriverait à 70 milliards de kg ; la Terre serait seulement 100 fois plus lourde, ça ne peut donc pas être la réponse. **La réponse juste est donc la B.**

EXERCICE 3 D'après Brevet 2013, Amérique du Nord.

Dans une salle, il y a des tables à 3 pieds et à 4 pieds. Léa compte avec les yeux bandés 169 pieds. Son frère lui indique qu'il y a 34 tables à 4 pieds. Sans enlever son bandeau, elle parvient à donner le nombre de tables à 3 pieds qui est de :
A. 135 **B.** 11 **C.** 166

Utiliser les données. 34 tables à 4 pieds, donc $34 \times 4 = 136$ pieds. Il ne reste que 33 pieds, la seule réponse possible est alors **la réponse B.**

Physique Chimie Technologie

Notes

Sommaire

PHYSIQUE-CHIMIE

Organisation et transformation de la matière

Mouvements et interactions

L'énergie et ses conversions

Des signaux pour observer et communiquer

TECHNOLOGIE

Corps pur et mélange

LE COURS

Espèce chimique

On appelle « espèce chimique » un **ensemble d'entités chimiques identiques**. Une espèce chimique peut être atomique, moléculaire ou ionique.

L'hélium	L'eau	Le sel
He	H_2O	(Na^+ ; Cl^-)
Espèce chimique atomique	Espèce chimique moléculaire	Espèce chimique ionique

Corps pur et mélange

- Un **corps pur** est une substance (solide, liquide ou gazeuse) qui ne contient qu'**une seule sorte d'espèce chimique**.
- Un **mélange** est une substance (solide, liquide ou gazeuse) contenant **des espèces chimiques différentes**.

Ex. : L'air contient principalement du diazote et du dioxygène, c'est un mélange. L'eau distillée ne contient que des molécules d'eau, c'est un corps pur.

Notes

Miscibilité et solubilité

- La **miscibilité** est la capacité de deux liquides à se mélanger. Deux liquides miscibles forment un **mélange homogène**. Dans le cas contraire, ils forment un **mélange hétérogène**.

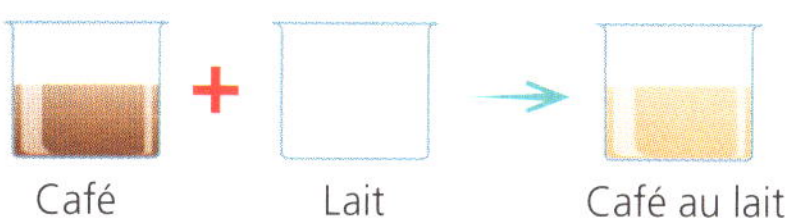

Le lait et le café sont **miscibles**. Ils forment un mélange **homogène**.

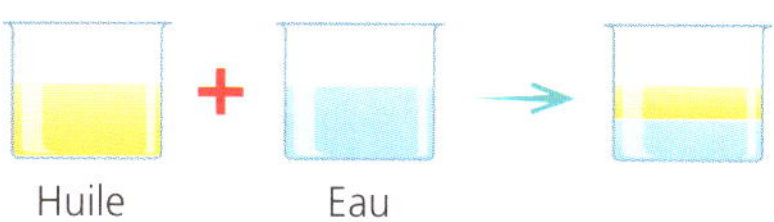

On distingue 2 phases. L'huile est moins dense que l'eau. Elles forment un mélange **hétérogène**.

- La **solubilité** est la capacité d'une substance solide, liquide ou gazeuse (appelée soluté) à **se dissoudre** dans un liquide (appelé solvant). Le mélange obtenu est appelé **solution**. Si le solvant utilisé est de l'eau, alors on parle de **solution aqueuse**.
- Lors d'une dissolution, il y a conservation de la masse totale.

Notes

SUJET TYPE CORRIGÉ

Pour étudier l'eau des océans, les scientifiques mesurent **la salinité de l'eau**. C'est la masse de sel (chlorure de sodium) dissout dans un litre d'eau. Utilise tes connaissances et les résultats expérimentaux ci-dessous pour répondre aux questions.

1 Nomme l'espèce chimique commune contenue dans les deux béchers.

L'espèce chimique commune aux deux béchers est l'eau. C'est une espèce chimique moléculaire, de formule chimique H_2O.

2 Pour chaque bécher, indique s'il s'agit d'un corps pur ou d'un mélange.

L'eau distillée est un corps pur, car elle ne contient que des molécules d'eau.
L'eau de la mer Méditerranée est un mélange homogène, car elle contient des molécules d'eau et du sel dissout.

3 Le sel contenu dans l'eau de mer n'est pas visible. Quelle propriété du sel permet d'expliquer cette observation ?

Le sel peut se dissoudre dans l'eau. On dit qu'il est soluble dans l'eau.

4 Calcule la masse de sel contenue dans le bécher 2, puis détermine la salinité de l'eau de la mer Méditerranée.

L'eau distillée est pure, elle ne contient pas de sel. L'eau de la mer Méditerranée contient du sel. En faisant la différence entre les deux récipients, on en déduit la masse de sel dans les 250 ml d'eau du prélèvement.
$m = 384 - 375 = 9$ grammes de sel dans 250 ml d'eau.
Dans un litre d'eau, il y a 4 × 250 ml d'eau.
Donc 4 × 9 = 36 grammes.
La salinité du prélèvement est de 36 grammes par litre.

Modélisation de la matière

Notes

LE COURS

Modéliser pour comprendre

Pour expliquer certaines propriétés de la matière, on peut modéliser les molécules.

	À l'état solide, les molécules sont proches les unes des autres et immobiles les unes par rapport aux autres. L'état solide est **compact** et **ordonné**.
	À l'état liquide, les molécules sont proches les unes des autres et peuvent se déplacer les unes par rapport aux autres. L'état liquide est **compact** et **désordonné**.
	À l'état gazeux, les molécules sont éloignées les unes des autres et se déplacent rapidement. Entre elles règne le vide. L'état gazeux est **dispersé** et **désordonné**.

Corps pur et mélange

Un corps pur est constitué de molécules toutes identiques.

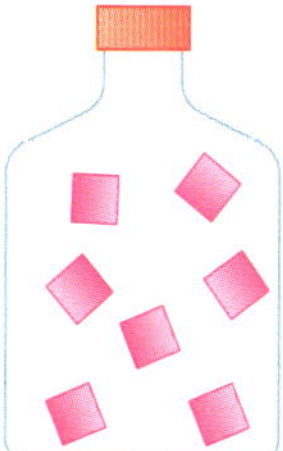

Ce gaz ne contient qu'un seul type de molécule, c'est un corps pur.

Un mélange est composé de molécules différentes.

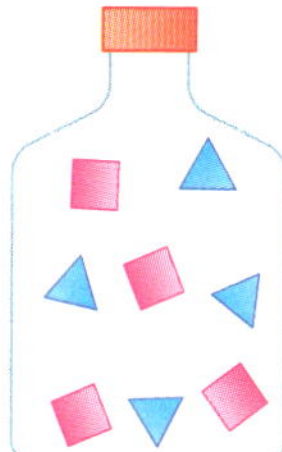

Ce gaz contient deux types de molécules, c'est un mélange.

Changement d'état, masse et volume

Lors d'un changement d'état :

- le **nombre** de molécules ne change pas, donc la masse se conserve ;
- la distance entre les molécules change, donc le volume varie.

Notes

SUJET TYPE CORRIGÉ

1 On a représenté différents corps dans les récipients A, B et C. Indique l'état de chaque corps dans les récipients et s'il s'agit d'un corps pur ou d'un mélange.

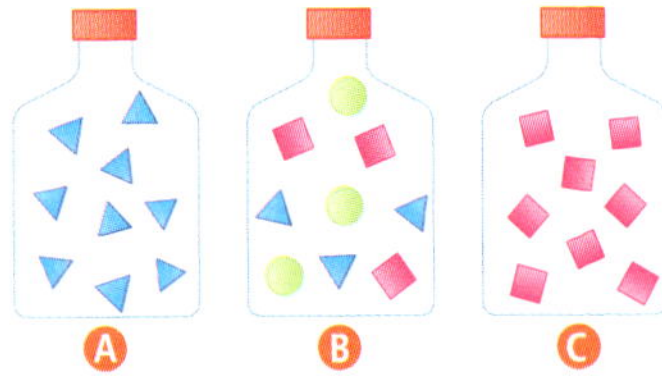

Dans les trois récipients, les molécules sont éloignées les unes des autres. Il s'agit donc de l'**état gazeux**. Dans les récipients A et C, les molécules sont **identiques**. Les récipients A et C contiennent des **corps purs**. Dans le récipient B, on observe **plusieurs types de molécules**. Le récipient B contient donc un **mélange**.

2 Un récipient pèse 250 g vide. On verse 30 g d'eau pure dans ce récipient, puis on place l'expérience au congélateur pendant 24 heures. **a)** Modélise et décris la transformation physique à l'aide du modèle des molécules ; **b)** détermine la masse du récipient après la transformation physique.

a) Lors de ce changement d'état, le nombre de molécules ne change pas. Seule la disposition des molécules change. **b)** La masse se conserve lors du changement d'état d'un corps pur, donc la masse de l'expérience sera de $m_{totale} = 250 + 30 = 280$ g.

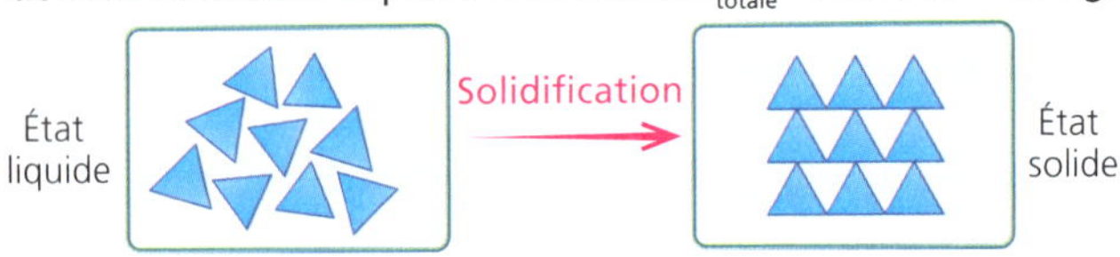

3 L'air est un mélange de gaz. Il contient 80 % de diazote et 20 % de dioxygène. Propose une modélisation de l'air en représentant 20 molécules.

L'air contient 80 % de diazote, donc sur 20 molécules, on doit représenter 80/100 × 20 = 16 molécules de diazote (▲). On représentera donc 4 molécules de dioxygène (■).

Atomes et molécules

LE COURS

L'atome

La matière est constituée d'**atomes**. Un atome est représenté par un **symbole chimique** et modélisé par une sphère colorée.

Atome	Carbone	Oxygène	Hydrogène	Azote
Symbole	C	O	H	N
Représentation				

La molécule

Une molécule est composée à partir d'**atomes**. Elle est représentée par une **formule chimique** et modélisée par un **modèle moléculaire**.

• La **molécule de diazote** contient 2 atomes d'azote. Sa formule chimique est N_2.

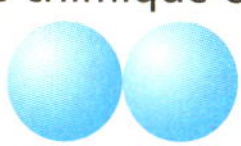

N_2

• La **molécule d'eau** contient 2 atomes d'hydrogène et 1 atome d'oxygène.
Sa formule chimique est H_2O.

H_2O

• La **molécule de dioxygène** contient 2 atomes d'oxygène. Sa formule chimique est O_2.

O_2

• La **molécule de dioxyde de carbone** contient 2 atomes d'oxygène et 1 atome de carbone.
Sa formule chimique est CO_2.

CO_2

L'air : un mélange de molécules

L'air n'est pas un corps pur, mais un **mélange de plusieurs gaz**. Il contient 78 % de diazote, 21 % de dioxygène et 1 % d'autres gaz.

Notes

Atomes et transformation chimique

Lors d'une transformation chimique, les atomes qui constituent les **réactifs**, se réarrangent pour former de nouvelles molécules : les **produits**. Lors d'une transformation chimique, les atomes **se conservent** (il y a le même nombre d'atomes avant et après la transformation). La masse totale se conserve donc aussi.

SUJET TYPE CORRIGÉ

1 Pour chaque modélisation, indique s'il s'agit d'un atome ou d'une molécule. Écris son symbole ou sa formule chimique. Précise la composition des molécules.

A B C D

A représente un atome d'hydrogène, de symbole H.
B représente une molécule d'eau. Elle contient un atome d'oxygène et deux atomes d'hydrogène. Sa formule chimique est H_2O.
C représente une molécule de diazote. Elle contient deux atomes d'azote. Sa formule chimique est N_2.
D représente un atome d'oxygène, de symbole O.

2 La molécule qui compose le sucre contient 12 atomes de carbone, 22 atomes d'hydrogène et 11 atomes d'oxygène. Écris sa formule chimique.

La formule chimique du sucre s'écrit $C_{12}H_{22}O_{11}$.

3 L'air est-il un corps pur ? Quelle(s) molécules le constitue ?

L'air est un mélange de plusieurs types de molécules. Ce n'est pas un corps pur. Il contient principalement du diazote, de formule chimique N_2 et du dioxygène, de formule chimique O_2.

4 Les molécules des réactifs se conservent-elles lors d'une transformation chimique ? Justifie ta réponse.

Lors d'une transformation chimique, les molécules ne se conservent pas, car les atomes qui les composent se réarrangent pour former de nouvelles molécules (les produits). Il y a conservation des atomes mais pas des molécules lors d'une transformation chimique.

Les constituants de l'atome

Notes

LE COURS

Modèle de l'atome

• Un **atome** est composé d'un **noyau** (chargé positivement) et d'un **nuage d'électrons** (chargés négativement). Les électrons sont en mouvement autour du noyau. Un atome est électriquement neutre, car il contient autant de charges positives (**protons**) dans son noyau que de charges négatives (**électrons**) dans son nuage.

• Le noyau est constitué de **protons** (chargés positivement) et de neutrons (neutres). Ils constituent les **nucléons**.

• Le diamètre d'un atome est de l'ordre du dixième de **nanomètre**, soit 10^{-10} m. Son noyau est 100 000 fois plus petit, soit 10^{-15} m. De plus, la quasi-totalité de la masse d'un atome est concentrée dans le noyau. Un atome est donc principalement constitué de vide.

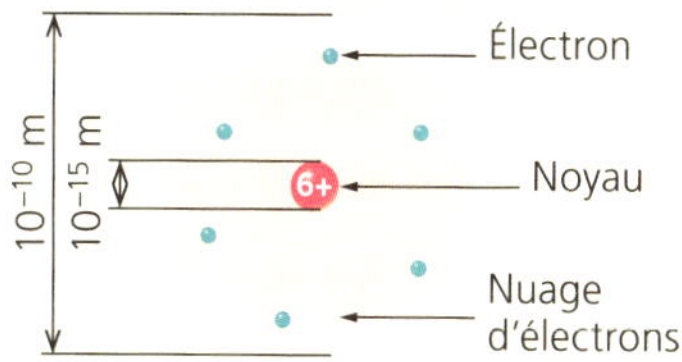

Élément chimique

Un élément chimique est identifié par son **symbole** et par son **numéro atomique Z** (c'est le nombre de protons que contient un atome). Sur Terre, il existe 112 éléments chimiques stables. Dans la **classification périodique**, les éléments sont classés par numéro atomique Z croissant.

$_1$H Hydrogène						Numéro atomique →	$_2$He Hélium
$_3$Li Lithium	$_4$Be Béryllium	$_5$B Bore	$_6$C Carbone	$_7$N Azote	$_8$O Oxygène	$_9$F Fluor	$_{10}$Ne Néon
$_{11}$Na Sodium	$_{12}$Mg Magnésium	$_{13}$Al Aluminium	$_{14}$Si Silicium	$_{15}$P Phosphore	$_{16}$S Soufre	$_{17}$Cl Chlore	$_{18}$Ar Argon

Classification des 18 premiers éléments

Notes

SUJET TYPE CORRIGÉ

1 Détermine le numéro atomique de l'atome d'oxygène. Explique pourquoi cet atome est électriquement neutre puis propose une représentation de cet atome.

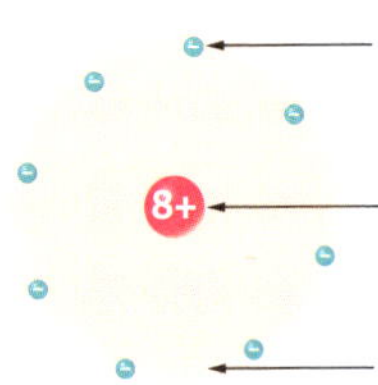

L'atome d'oxygène possède le numéro 8 atomique. Il est électriquement neutre, car il contient autant de charges positives (8 protons) dans son noyau que de charges négatives (8 électrons) dans son nuage d'électrons.

2 L'atome d'aluminium a un rayon de $1,2 \times 10^{-10}$ mètre. Calcule le diamètre de cet atome, ainsi que celui de son noyau, puis décris la répartition de la masse dans cet atome.

Le diamètre d'un atome est égal à deux fois son rayon.
$d_{atome} = 2 \times r = 2 \times 1,2 \times 10^{-10}$ m $= 2,4 \times 10^{-10}$ m.
Le noyau d'un atome est 100 000 fois plus petit que l'atome.
$d_{noyau} = d_{atome} / 100\,000$
$d_{noyau} = 2,4 \times 10^{-10} / 100\,000$
$d_{noyau} = 2,4 \times 10^{-15}$ m
Le noyau est 100 000 fois plus petit que l'atome et il contient la quasi-totalité de la masse. Un atome est donc principalement constitué de vide.

3 Utilise la classification périodique afin d'identifier et de décrire la composition des éléments chimiques suivants :
a) Élément chimique de numéro atomique 13.
b) Élément chimique de symbole Na.
c) Élément chimique contenant 1 proton et 1 électron.

a) Il s'agit de l'élément aluminium. Il contient 13 protons dans son noyau et 13 électrons dans son nuage d'électrons.
b) Il s'agit de l'élément sodium. Il a pour numéro atomique 11. Il contient donc 11 protons dans son noyau et 11 électrons dans son nuage d'électrons.
c) Le numéro atomique de cet élément est 1. Il s'agit de l'élément hydrogène, de symbole H.

La masse volumique des corps

Fiche 5

Physique-Chimie

Notes

LE COURS

Mesure de masse et de volume

• La **masse d'un corps** se mesure à l'aide d'une balance. Le **kilogramme** (kg) est l'unité légale dans le Système international. À noter 1 kg = 1 000 g.

• Le **volume d'un liquide** peut se mesurer avec une éprouvette graduée. L'unité légale du volume est le **mètre cube** (m^3). On peut aussi utiliser une unité plus petite, le **millilitre** (ml). À noter : 1 m^3 = 1 000 L et 1 cm^3 = 1 ml.

• Pour mesurer le volume d'un objet, on peut utiliser la technique du déplacement d'eau. On immerge le solide dans un récipient gradué contenant de l'eau. Il déplace un volume d'eau égal à son propre volume.

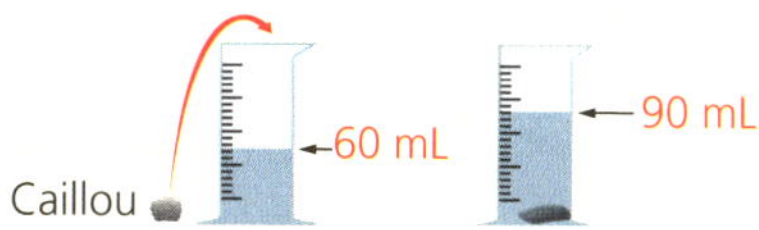

$V_{\text{eau déplacée}} = 90 - 60$

$V_{\text{eau déplacée}} = 30$ ml

or 1 ml = 1 cm^3

$V_{\text{objet}} = 30$ cm^3

Calcul de la masse volumique d'un corps

• La **masse volumique** ρ (lettre grecque qui se prononce « rho ») d'un corps correspond au quotient de sa masse (*m*) par son volume (*V*).

$$\rho = \frac{m}{V}$$

masse volumique (g/cm^3) → ρ ; masse (g) → *m* ; volume (cm^3) → *V*

Remarque : La masse volumique peut aussi s'exprimer en kilogramme par mètre cube (kg/m^3).

• La formule peut aussi s'écrire $\boldsymbol{m = \rho \times V}$.

Un corps peut être identifié par sa masse volumique :

Corps solide : $\rho_{\text{liège}} = 0{,}24$ g/cm^3 $\rho_{\text{glace}} = 0{,}9$ g/cm^3
$\rho_{\text{fer}} = 7{,}9$ g/cm^3 $\rho_{\text{aluminium}} = 2{,}7$ g/cm^3 $\rho_{\text{or}} = 19{,}3$ g/cm^3
$\rho_{\text{cuivre}} = 8{,}9$ g/cm^3 $\rho_{\text{plomb}} = 11{,}3$ g/cm^3

Corps liquide (à 20 °C) : $\rho_{\text{essence}} = 0{,}75$ g/cm^3 $\rho_{\text{gazole}} = 0{,}85$ g/cm^3
$\rho_{\text{huile d'olive}} = 0{,}92$ g/cm^3 $\rho_{\text{eau douce}} = 1{,}0$ g/cm^3
$\rho_{\text{eau de mer}}$ = De 1,00 à 1,03 g/cm^3

Notes

SUJET TYPE CORRIGÉ

1 Utilise les expériences suivantes et les masses volumiques données p. 19 pour déterminer la nature du matériau utilisé.

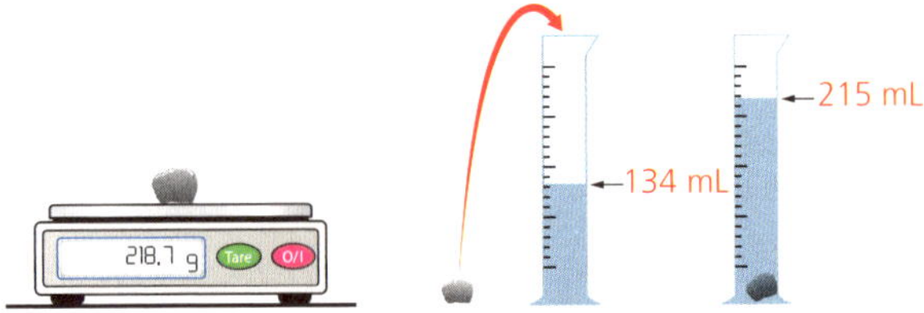

Expérience 1 Expérience 2

L'expérience 1 permet de déterminer **la masse** du matériau : m = 218,7 g.
L'expérience 2 permet de déterminer **le volume** du matériau en mL. Cette expérience se nomme « mesure de volume par déplacement d'eau » :
V = 215 – 134 = **81 ml**.
On utilise ensuite la formule de la masse volumique $\rho = m / V$.
ρ = 218,7 / 81.
ρ = 2,7 g/mL or 1 cm^3 = 1 ml donc ρ = 2,7 g/cm^3.
Cette valeur correspond à la masse volumique de l'**aluminium**.

2 Un artisan veut acheter 3 m^3 de sable. Pour le transporter, il utilise une remorque pouvant supporter une charge maximale de 800 kg. La masse volumique du sable sec est de 1 600 kg/m^3. Combien de voyages, au minimum, l'artisan doit-il réaliser ?

Il faut d'abord déterminer le volume maximal de sable que peut contenir la remorque.
Pour calculer le volume maximal de sable V, on va utiliser la formule $\rho = m/V$.
Ici, on cherche V donc la formule devient $V = m / \rho$.
V = 800 / 1 600.
V = 0,5 m^3.
La remorque peut contenir au maximum 0,5 m^3 de sable.
Pour transporter 3 m^3 de sable, il faut donc 3 / 0,5 = **6 voyages**.

Transformations physiques et chimiques

LE COURS

Transformation physique

• Lors d'une **transformation physique** (changement d'état, dissolution…), les molécules ne sont pas modifiées. Il y a **conservation des molécules**. Seule leur **disposition** les unes par rapport aux autres est modifiée.

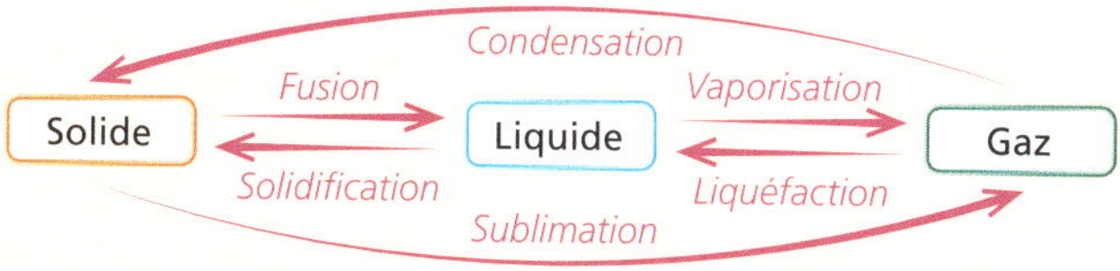

• La **température** reste constante lors du changement d'état d'un corps pur, alors qu'elle varie lors du changement d'état d'un mélange.

Transformation chimique

Une **transformation chimique** (combustion, réaction acide-métal, réaction acide-base…) est une transformation de la matière au cours de laquelle les atomes qui constituent les molécules des **réactifs** se réarrangent pour former de nouvelles molécules : les **produits**. Lors de la transformation chimique, il y a **conservation des atomes** : la masse totale est conservée.

Équation de réaction

Pour décrire une transformation chimique, on écrit une **équation de réaction**. Son écriture fait intervenir les formules chimiques des réactifs et des produits, ainsi que des coefficients assurant la conservation des éléments et des charges électriques.

Exemple : la combustion du méthane.

Bilan : méthane + dioxygène → dioxyde de carbone + eau

Équation de réaction :

Coefficients d'ajustement

$$\underbrace{CH_4 + 2O_2}_{\text{Réactifs}} \longrightarrow \underbrace{CO_2 + 2H_2O}_{\text{Produits}}$$

Notes

SUJET TYPE CORRIGÉ

Protocole expérimental permettant de synthétiser le nitrobenzène :

Le nitrobenzène est un corps pur de formule chimique $C_6H_5NO_2$ utilisé dans la chimie des colorants. Pour l'obtenir, on fait réagir de l'acide nitrique (HNO_3) avec du benzène (C_6H_6). Il se forme du nitrobenzène et de l'eau (H_2O).

Les caractéristiques du nitrobenzène sont : T_{fusion} : 5,7 °C et $T_{ébullition}$: 210,9 °C.

1 Indique les états du nitrobenzène à 0 °C et à 100 °C. Quel changement d'état aura lieu si le nitrobenzène passe de 215 °C à 200 °C ?

Le point de fusion du nitrobenzène est à 5,7 °C. À 0 °C, il est donc encore solide. Le point d'ébullition du nitrobenzène est à 210,9 °C. À 100 °C, il est donc encore liquide. À 215 °C, le nitrobenzène est gazeux et à 200 °C il est liquide. Le passage de l'état gazeux à l'état liquide se nomme liquéfaction.

2 Ce protocole correspond à une transformation chimique. Donne deux arguments justifiant cette affirmation.

Ce protocole correspond à une transformation chimique, car il s'agit d'une synthèse. De plus, il y a formation de nouvelles molécules (eau et nitrobenzène).

3 Nomme les réactifs, puis les produits obtenus lors de cette expérience en utilisant l'équation de réaction suivante :
$HNO_3 + C_6H_6 \rightarrow C_6H_5NO_2 + H_2O$.

Les réactifs utilisés sont l'acide nitrique (HNO_3) et le benzène (C_6H_6).
Les produits formés sont le nitrobenzène ($C_6H_5NO_2$) et l'eau (H_2O).

4 Vérifie que l'affirmation suivante s'applique à la synthèse du nitrobenzène : « lors d'une transformation chimique, il y a redistribution des atomes ».

Les atomes contenus dans les molécules des réactifs se réarrangent pour former les molécules des produits. Dans l'équation de réaction $HNO_3 + C_6H_6 \rightarrow C_6H_5NO_2 + H_2O$, il y a les mêmes atomes et les mêmes quantités de part et d'autre de la flèche.

Formation et identification des ions

Notes

LE COURS

La formation des ions

Un **ion** provient d'un atome (ou d'un groupe d'atomes) ayant gagné (ou perdu) un (ou plusieurs) électron. Un ion est donc électriquement chargé.

Ions positifs		Ions négatifs
ion sodium Na^+ ion hydrogène H^+	ion cuivre II Cu^{2+} ion fer II Fe^{2+} ion fer III Fe^{3+}	ion chlorure Cl^- ion hydroxyde HO^- ion nitrate NO_3^-

Modéliser la formation d'un ion

• Pour modéliser la formation d'un ion, il faut faire apparaître le gain (ou la perte) d'un (ou plusieurs) électrons.

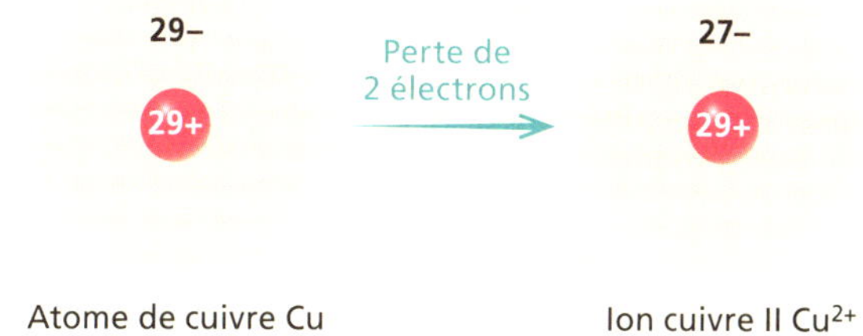

Mise en évidence des ions

On identifie un ion dans une solution en réalisant une réaction de **précipitation**. L'ajout de quelques gouttes d'un réactif permet de former un **précipité** (solide) coloré caractéristique de l'ion.

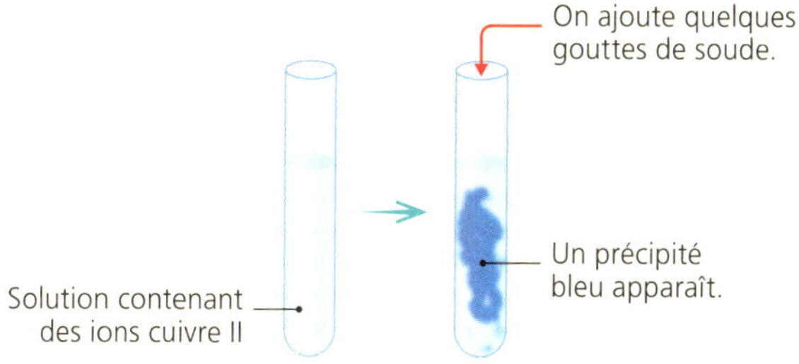

Notes

Ions	Cu^{2+}	Fe^{2+}	Fe^{3+}	Al^{3+}	Cl^-
Réactif	soude	soude	soude	soude	solution de nitrate d'argent
Couleur du précipité	bleue	verte	orange	blanche	blanche qui noircit

SUJET TYPE CORRIGÉ

1 L'eau salée contient des ions sodium et des ions chlorure. Modélise et explique la formation de chacun de ces ions sachant que le numéro atomique du sodium est 11 et que celui du chlore est le 17.

Formation de l'ion chlorure : l'ion chlorure a pour formule Cl^-. Il est donc négatif. Il provient d'un atome qui a gagné un électron.

Atome de chlore Cl — Ion chlorure Cl^-

Formation de l'ion sodium : l'ion sodium a pour formule Na^+. Il est donc positif. Il provient d'un atome qui a perdu un électron.

Atome de sodium Na — Ion sodium Na^+

2 Propose un protocole permettant de mettre en évidence la présence des ions chlorure dans l'eau salée.

Pour mettre en évidence les ions chlorure, il faut verser quelques gouttes d'une solution de nitrate d'argent dans un tube à essai contenant de l'eau salée. Il y a alors formation d'un précipité blanc qui noircit à la lumière.

Le pH des solutions

LE COURS

Le pH de solutions aqueuses

• Le **pH** est un nombre sans unité, compris entre 0 et 14. Il permet de classer les solutions aqueuses en trois groupes.

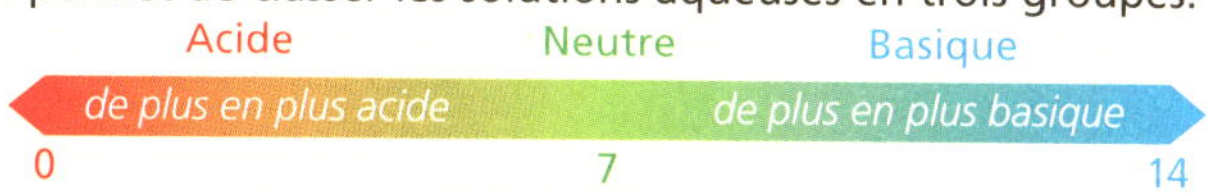

• La **mesure du pH** d'une solution aqueuse s'effectue avec du papier pH (la précision sera à l'unité) ou à l'aide d'un pH-mètre (la précision sera au dixième ou au centième).

Ions et pH

L'ion H^+ (ion hydrogène) est responsable de l'**acidité**.
L'ion HO^- (ion hydroxyde) est responsable de la **basicité**.

• Une **solution acide** contient plus d'ions H^+ que d'ions HO^-.
• Une **solution neutre** contient autant d'ions H^+ que HO^-.
• Une **solution basique** contient plus d'ions HO^- que d'ions H^+.

pH, dilution et sécurité

Diluer une solution aqueuse, c'est **ajouter de l'eau** à cette solution. Il faut toujours verser l'acide dans l'eau et non l'inverse, afin d'éviter tout risque de projection. Lorsqu'on dilue une solution acide, son pH augmente et tend vers 7.

Notes

SUJET TYPE CORRIGÉ

Dans une cuisine, on trouve de nombreux liquides comme des boissons, des condiments ou des produits ménagers dont on a mesuré le pH.

Liquide	Lait	Vinaigre	Eau minérale	Jus de tomate	Soude
pH	6,5	2,4	7,0	3,8	13,0

Liquide	Acide chlorhydrique	Eau de Javel	Perrier	Ammoniaque
pH	1,8	13,2	5,2	12,0

Notes

SUJET TYPE CORRIGÉ

1 Les mesures de pH ont-elles été obtenues en utilisant un papier indicateur de pH ? Argumente la réponse.

Les mesures sont précises au dixième. Elles n'ont pas été obtenues avec le papier indicateur de pH, car ce dernier a une précision à l'unité. Elles ont été obtenues avec le pH-mètre.

2 Classe les solutions acides du tableau de la p. 25 de la plus acide à la moins acide.

Le liquide plus acide est l'acide chlorhydrique (pH = 1,8), puis le vinaigre (pH = 2,4), le jus de tomate (pH = 3,8), le Perrier (pH = 5,2) et enfin le lait (pH = 6,5).

3 Comment varient le pH et l'acidité d'une solution acide ?

Le liquide le plus acide possède la plus petite valeur de pH. Le pH d'une solution diminue donc lorsque l'acidité augmente.

4 Le document ci-dessous représente la modélisation de trois solutions aqueuses. Indique la nature (acide, neutre ou basique) de ces solutions.

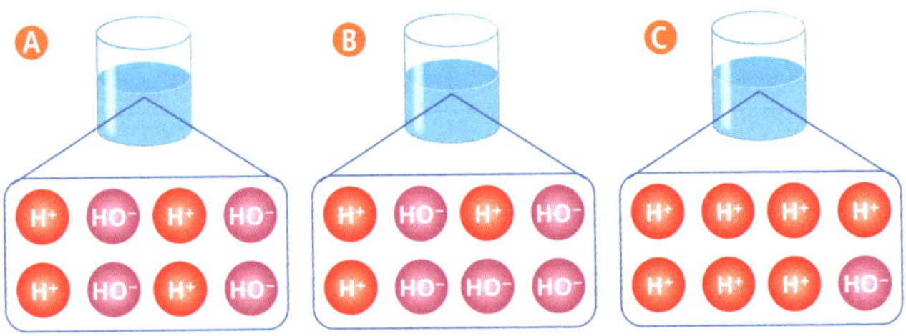

Une solution neutre contient autant d'ions HO^- que d'ions H^+. La modélisation Ⓐ représente donc une solution neutre.
Une solution basique contient davantage d'ions HO^- que d'ions H^+. La modélisation Ⓑ représente donc une solution basique.
Une solution acide contient davantage d'ions H^+ que d'ions HO^-. La modélisation Ⓒ représente donc une solution acide.

Réaction entre solutions acides et métaux et réaction acides bases

Notes

LE COURS

L'acide chlorhydrique

L'**acide chlorhydrique** est une solution corrosive de pH inférieur à 7. Elle contient des **ions hydrogène** (H^+) et des **ions chlorure** (Cl^-). Elle a pour formule chimique (H^+, Cl^-). C'est l'ion hydrogène qui est responsable de l'acidité de cette solution et qui réagit avec les métaux. L'ion chlorure n'intervient pas, on dit qu'il est **spectateur**.

Corrosif

Action de l'acide chlorhydrique sur les métaux

- L'acide chlorhydrique réagit avec l'**aluminium** (Al), le **fer** (Fe) et le **zinc** (Zn), mais ne réagit pas avec le **cuivre** (Cu).
- Lors de la transformation chimique entre l'acide chlorhydrique et le zinc, les ions H^+ et le zinc sont consommés. Il se forme alors un gaz : du **dihydrogène**. Ce gaz produit une détonation en présence d'une flamme. Il se forme aussi des ions zinc.
- Le bilan de cette transformation chimique est :

Acide chlorhydrique + zinc	→	Dihydrogène + chlorure de zinc
Réactifs		*Produits*

- L'**équation simplifiée** de réaction est :

$$2H^+ + Zn \rightarrow H_2 + Zn^{2+}$$

- Il y a **conservation** des atomes et des charges électriques lors de la réaction chimique entre l'acide chlorhydrique et le zinc.

Réaction entre solutions acides et basiques

- Lorsqu'on mélange de la soude et de l'acide chlorhydrique, il se produit une transformation chimique qui libère de la chaleur (la température augmente).
- **Attention, les réactions acide-base sont dangereuses.** Elles peuvent produire des projections. Il faut porter des équipements de protection pour manipuler ces produits.

Notes

SUJET TYPE CORRIGÉ

On fait réagir un métal avec l'acide chlorhydrique. Il y a formation d'un gaz qui produit une détonation en présence d'une flamme. Après réaction, le métal a totalement disparu. Un test d'identification à la soude faire apparaître un précipité vert. Le pH de la solution passe de 2,2 à 3,4 lors de cette transformation chimique.

1 Utilise le test d'identification pour identifier le métal utilisé (reporte-toi à la fiche 7).

L'action de la soude sur la solution fait apparaître un précipité vert. Il permet d'identifier la présence d'ions fer II, de formule chimique Fe^{2+}. Le métal utilisé est donc du fer.

2 Identifie et nomme le gaz obtenu lors de cette transformation chimique.

Le gaz formé est le dihydrogène, de formule chimique H_2. En présence d'une flamme, il brûle en produisant une légère détonation.

3 Écris le bilan de cette transformation chimique, repère les réactifs et les produits, puis écris son équation simplifiée de réaction.

Acide chlorhydrique + fer	→	Dihydrogène + chlorure de fer II
Réactifs		*Produits*

L'équation de réaction est :

$$2H^+ + Fe \rightarrow H_2 + Fe^{2+}$$

4 Utilise tes connaissances pour justifier la phrase : « Le pH de la solution passe de 2,2 à 3,4 lors de cette transformation chimique. »

Le pH a augmenté lors de cette transformation chimique. La solution est « moins acide », car les ions H^+, responsables de l'acidité de la solution, disparaissent. Les ions H^+ font partis des réactifs.

5 La variation du pH aurait-elle été plus importante si le métal utilisé était le cuivre ?

Le cuivre ne réagit pas avec l'acide chlorhydrique. Les ions H^+ ne disparaissant pas, la valeur du pH ne sera pas modifiée.

Les mouvements

LE COURS

Étude d'un mouvement

Avant de décrire un mouvement, il faut d'abord définir le **référentiel** dans lequel on va l'étudier. Le plus souvent, on utilise le sol comme référentiel.

La trajectoire d'un objet

• La trajectoire d'un point d'un objet est l'ensemble des positions occupées par ce point lors du mouvement de l'objet.
• Lorsqu'un objet effectue une translation (déplacement linéaire), on parle de **mouvement rectiligne**.
• Lorsqu'un objet effectue une rotation, on parle de **mouvement circulaire**.

La chronophotographie

Une **chronophotographie** représente, à intervalles de temps égaux rapprochés, les positions d'un objet en mouvement. Elle permet de comparer les distances parcourues pendant ces intervalles de temps et ainsi de décrire l'allure du mouvement.

Le mouvement uniforme : Les distances parcourues pendant des durées égales sont égales. La vitesse est constante.

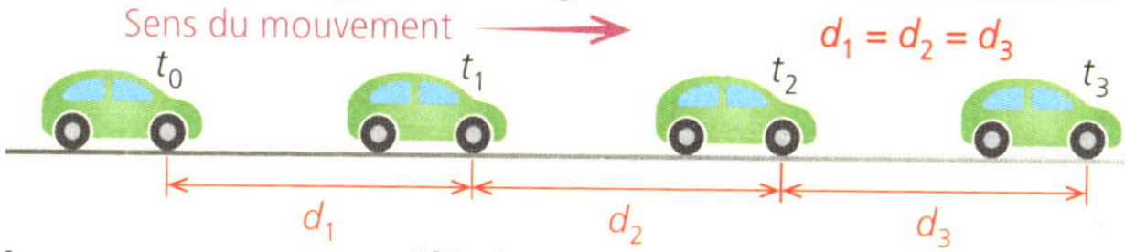

Le mouvement accéléré : Les distances parcourues pendant des durées égales augmentent.

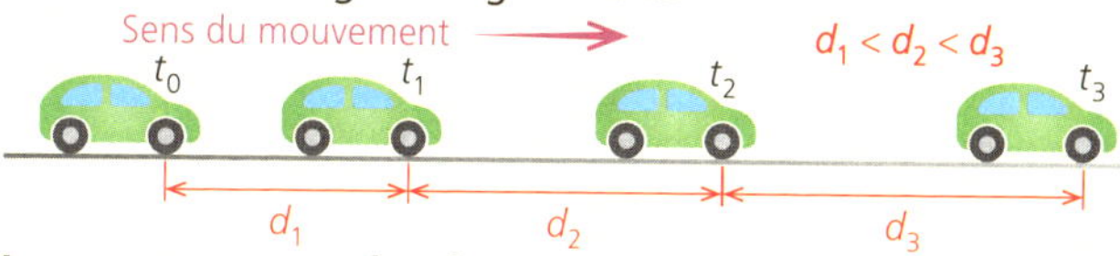

Le mouvement ralenti : Les distances parcourues pendant des durées égales diminuent.

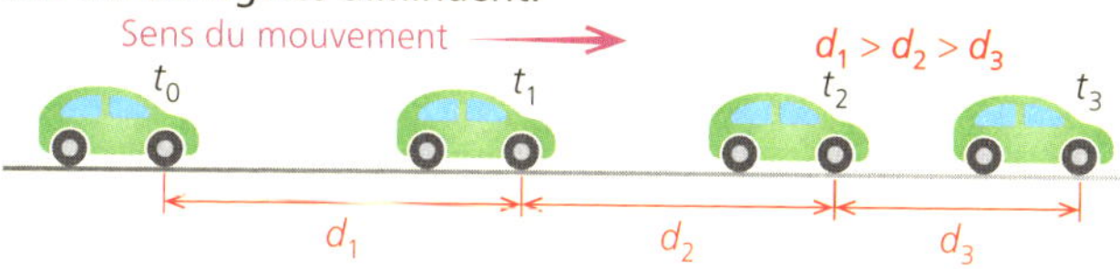

Notes

Notes

La relativité du mouvement

Un objet peut être en mouvement dans un référentiel et immobile dans un autre : on dit que le mouvement est **relatif**.

Exemple : Par rapport à la route (le sol), les passagers d'une voiture sont en mouvement. Par rapport à la voiture, les passagers sont immobiles. Le mouvement des passagers est donc relatif.

SUJET TYPE CORRIGÉ

1 On étudie les personnages A, B et C par rapport au sol, puis par rapport à l'escalator. Indique, pour chaque référentiel, si le personnage est immobile ou s'il est en mouvement.

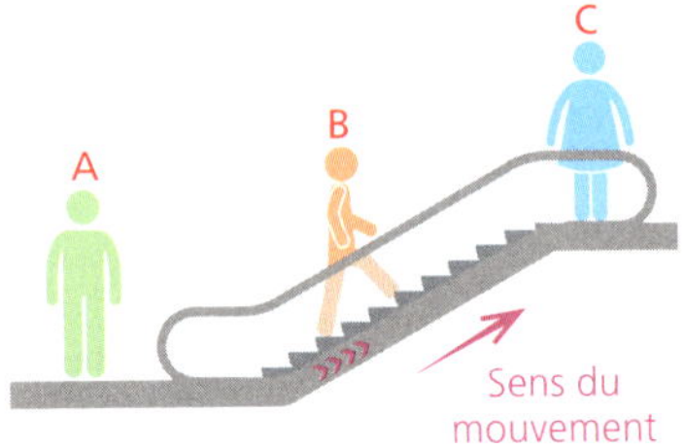

Plaçons-nous dans le référentiel sol (on imagine être à côté de A par exemple). Dans ce référentiel, A est immobile, et B et C s'éloignent : ils sont en mouvement.
Plaçons-nous maintenant dans le référentiel escalator (on imagine être sur l'escalator). Dans ce référentiel, A et B s'éloignent : ils sont en mouvement (B marche sur l'escalator). Le personnage C est immobile.

2 Utilise les chronophotographies pour décrire l'allure de chaque mouvement. Justifie ta réponse par une phrase.

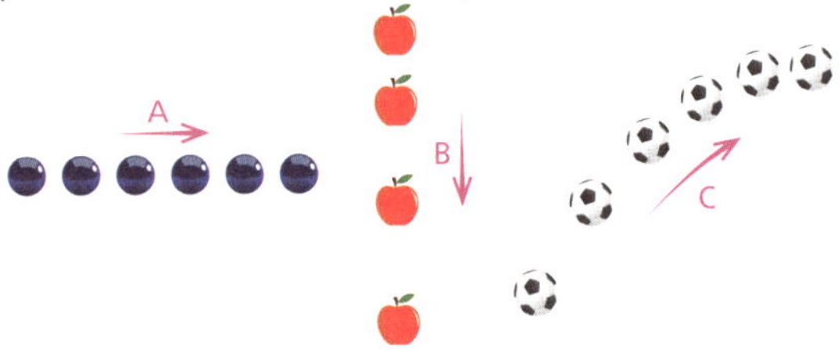

Le mouvement A est uniforme, car les distances parcourues pendant des durées égales sont égales. Le mouvement B est accéléré (les distances parcourues augmentent). Le mouvement C est ralenti (les distances parcourues diminuent).

Vitesse et énergie cinétique

LE COURS

La vitesse d'un objet

• La **vitesse moyenne** v **d'un objet** est le quotient de la distance parcourue d par la durée Δt du parcours. Dans le Système international des unités, la vitesse s'exprime en mètre par seconde (m/s). La vitesse peut aussi s'exprimer en kilomètre par heure (km/h).

Attention, un radar de vitesse ne mesure pas une vitesse moyenne, mais une vitesse à un instant donné.

$$v = \frac{d}{\Delta t}$$

vitesse (m/s) → v ; d ← distance (m) ; Δt ← durée (s)

• En modifiant la formule permettant de calculer la vitesse moyenne d'un objet, on peut :

– calculer une distance d : on a $d = v \times \Delta t$;

– calculer une durée Δt : on a $\Delta t = \frac{d}{v}$.

• Pour définir une vitesse il faut préciser sa valeur, sa direction et son sens.

Notes

Convertir des distances, des durées, des vitesses

1 kilomètre = 1 000 mètres
1 heure = 60 minutes
1 minute = 60 secondes
1 heure = 3 600 secondes

km/h (kilomètre par heure) → ÷ 3,6 → m/s (mètre par seconde)
m/s (mètre par seconde) → × 3,6 → km/h (kilomètre par heure)

L'énergie cinétique

Lorsqu'un corps est en mouvement (par exemple lorsqu'un corps chute), il possède de l'énergie. Cette énergie, appelée **énergie cinétique**, de symbole E_c, dépend de la vitesse du corps et de sa masse. Elle s'obtient par la formule :

$$E_c = \frac{1}{2} m \cdot v^2$$

E_c en J ; m en kg ; v en m/s

L'unité légale de l'énergie est le **joule**, de symbole J. Il est aussi possible d'utiliser le kilojoule (kJ).

1 kJ = 1 000 J = 10^3 J.

Notes

SUJET TYPE CORRIGÉ

Une voiture de masse 900 kg a parcouru une distance de 440 kilomètres en 3 heures 30 minutes sur autoroute.

1 Rappelle la formule permettant de calculer la vitesse, puis calcule la vitesse de la voiture. Arrondis ton résultat au dixième.

La formule pour calculer la vitesse est : $v = \dfrac{d}{\Delta t}$
avec d = 440 km
et Δt = 3 h 30 min soit 3,5 h.
$v = d/\Delta t = 440/3{,}5 \approx 125{,}7$ km/h.

2 Convertis cette vitesse en m/s. Arrondis ton résultat au dixième.

Pour convertir une vitesse de km/h en m/s, on divise par 3,6.
Le calcul précédent étant déjà arrondi, on va réutiliser l'expression littérale précédente pour effectuer la conversion.
$v = (440/3{,}5)/3{,}6$ soit $v \approx 34{,}9$ m/s.

3 Quelques jours après son voyage, l'automobiliste reçoit une contravention. Il a été flashé à 138 km/h. Est-ce possible ?

Le calcul précédent est une vitesse moyenne. Le radar mesure une vitesse a un instant donné. Le véhicule a donc pu commettre cette infraction.

4 Sur une portion d'autoroute, la vitesse est réduite à 110 km/h. Ce ralentissement dure 30 minutes. Quelle distance a parcouru la voiture ?

La durée est exprimée en minutes, il faut la convertir en heure :
30 minutes = 30/60 = 0,5 heure.
On applique la formule $d = v \times \Delta t$ avec v = 110 km/h et Δt = 0,5 h.
$d = v \times \Delta t = 110 \times 0{,}5 = 55$ km. D'où d = 55 km.

5 Rappelle la formule permettant de calculer l'énergie cinétique d'un corps, puis calcule l'énergie cinétique d'une voiture roulant à une vitesse de 54 km/h. Convertis ensuite ton résultat en kilojoule.

$E_c = 1/2 \times m \times v^2$ avec m = 900 kg et v = 54 km/h.
La vitesse doit être exprimée en m/s. Il faut donc la convertir :
54 km/h = 54/3,6 = 15 m/s.
$E_c = 1/2 \times 900 \times 15^2$. E_c = 101 250 J.
1kJ = 1000 J, donc pour obtenir le résultat en kilojoule, il faut diviser par 1 000 le résultat précédent.
E_c = 101 250/1 000 = 101,25 kJ.

Action mécanique et force

Fiche 12

Physique-Chimie

Notes

LE COURS

Les effets d'une action mécanique

Une **action mécanique** exercée par un objet sur un autre objet peut mettre l'objet en mouvement, modifier sa trajectoire ou sa vitesse. Elle peut aussi le déformer. Ces effets peuvent se cumuler.

Différents types d'interactions

On distingue deux types d'actions mécaniques :
- les **actions de contact** : l'action s'exerce par contact entre l'acteur et le receveur. Ce contact peut être localisé ou réparti sur toute une surface ;
- les **actions à distance** : l'action s'exerce sans contact entre l'acteur et le receveur. Elle est répartie sur tout l'objet. Une action à distance peut être d'origine magnétique, électrique ou liée à l'attraction de la Terre.

Décrire une action mécanique

- Une action mécanique peut être décrite par une **force** (notée F), qui se caractérise par quatre paramètres : son point d'application, sa direction, son sens et sa valeur.
- La valeur d'une force s'exprime en **newton** (N) ou en **kilonewton** (1 kN = 1 000 N) et se mesure avec un dynamomètre.

Représenter une action mécanique

Sur un schéma, une force peut être représentée par un segment fléché (appelé vecteur) dont les caractéristiques sont :
- Origine : le point d'application de la force ;
- Direction : la direction de la force ;
- Sens : le sens de la force ;
- La longueur du segment fléché est proportionnelle à la valeur de la force.

Exemple : La force exercée par la voiture sur la caravane se note $F_{v/c}$.
$F_{v/c}$ = 1 500 N et $F_{v/c}$ mesure 1,5 cm avec l'échelle 1 cm ↔ 1000 N.

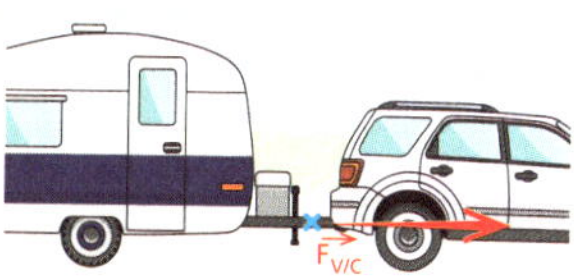

Notes

SUJET TYPE CORRIGÉ

1 Au décollage, une fusée reçoit une force de 12 000 kN. Cette poussée permet à la fusée de s'élever à la verticale.

a) Quelles actions mécaniques s'exercent sur la fusée ?

Le moteur exerce une action sur la fusée.
La Terre exerce une action sur la fusée.

b) Décris l'interaction entre la fusée et la Terre.

L'interaction entre la fusée et la Terre est une action à distance, répartie sur toute la fusée.

c) Détermine les quatre caractéristiques de cette force exercée par le moteur sur la fusée.

Les quatre caractéristiques de cette force sont : 1) Point d'application : le centre du moteur. 2) Direction : verticale. 3) Sens : vers le haut. 4) Valeur : 12 millions de newtons.

d) Représente la force avec l'échelle : 1 cm = 6 000 kN.

$F_{m/f}$ = 12 000 kN or 1 cm = 6 000 kN.
Il faut représenter un segment fléché de 2 cm de longueur.
$\vec{F}_{m/f}$ mesure 2 cm.

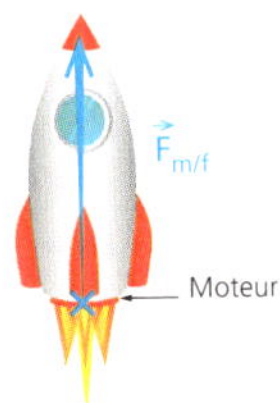

2 Définis le type d'action représentée ci-contre et détermine ses caractéristiques.

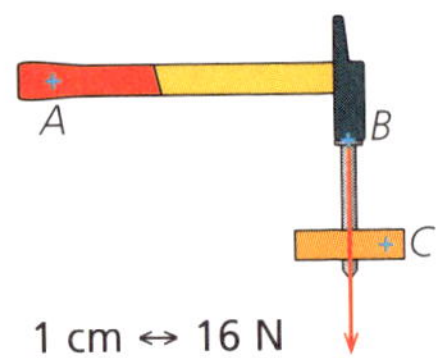

L'action du marteau sur le clou $F_{m/c}$ a pour caractéristiques :
– Point d'application : contact marteau-clou, donc le point B.
– Direction : verticale.
– Sens : vers le bas.
Pour déterminer la valeur de la force, on mesure le segment fléché. On trouve 1,5 cm. Or l'échelle indique 1 cm =16 N.
La valeur de la force est donc $F_{m/c}$ = 1,5 × 16 soit $F_{m/c}$ = 24 N.

Univers et gravitation universelle

Fiche 13

Physique-Chimie

LE COURS

Description de l'Univers

• L'Univers – âgé d'environ 15 milliards d'années – est constitué de plusieurs centaines de milliards de **galaxies** réunies en amas. Entre ces galaxies règne le vide.
• Le **Soleil** est l'une des 100 milliards d'étoiles qui composent notre Galaxie : la **Voie lactée**.

Le système solaire

Le système solaire s'est formé il y a environ 4,6 milliards d'années. Il est composé de **8 planètes** (Mercure, Vénus, Terre, Mars, Jupiter, Saturne, Uranus et Neptune), qui gravitent autour d'une étoile : le Soleil.

La matière et l'Univers

• Les éléments chimiques qui composent l'Univers, et donc la Terre, ont pour origine l'explosion originelle. Elle peut être décrite par la **théorie du Big Bang**.
• L'**hydrogène** et l'**hélium**, principaux constituants de l'Univers, existent depuis le début de l'Univers. Les autres éléments plus lourds (comme l'oxygène, le carbone, le fer, le silicium) ont été fabriqués par les réactions thermonucléaires au sein des étoiles.

Notes

La loi de gravitation universelle

Deux corps A (de masse m_A) et B (de masse m_B), séparés par une distance d, exercent l'un sur l'autre une action attractive dont la valeur est obtenue par la formule :

$$F_{A/B} = F_{B/A} = G \times (m_A \times m_B) / d^2$$

où G est la constante de gravitation.
$G = 6{,}67 \times 10^{-11}$ unités SI, m en kilogramme et d en mètre.
Cette interaction, appelée gravitation, gouverne tout l'Univers.

Les distances dans l'Univers

L'**année-lumière** (a.l.) est l'unité de longueur utilisée pour mesurer les distances dans l'Univers. Elle correspond à la distance parcourue par la lumière en une année : 9 500 milliards de kilomètres.

$$1 \text{ a.l.} \approx 9{,}5 \times 10^{12} \text{ km}$$

Notes

SUJET TYPE CORRIGÉ

1 Explique de manière simple la formation de l'Univers et des éléments qui le composent, puis décris sa structure.

– L'Univers et les éléments chimiques qui le composent ont pour origine le Big Bang. Les principaux constituants de l'Univers sont l'hydrogène et l'hélium.
– L'Univers s'est formé il y a environ 15 milliards d'années. Il est constitué de centaines de milliards de galaxies réunies en amas. Notre système solaire est contenu dans l'une d'entre elle : la Voie lactée.

2 La Terre exerce une action à distance sur la Lune. La distance moyenne entre les centres des deux astres est de 384 400 km. Utilise la loi de gravitation pour calculer la valeur de la force d'attraction exercée par la Terre sur la Lune.
Données : masse Terre : $5{,}98 \times 10^{24}$ kg
masse Lune : $7{,}35 \times 10^{22}$ kg

On applique la loi de gravitation.

$$F_{Terre/Lune} = G \times \frac{m_{Terre} \times m_{Lune}}{d^2_{Terre\text{-}Lune}}$$

La distance Terre-Lune doit être convertie en mètres.
d = 384 400 km, soit $384\,400 \times 10^3$ m = $3{,}84 \times 10^8$ m.

$$F_{Terre/Lune} = 6{,}67 \times 10^{-11} \times \frac{5{,}98 \times 10^{24} \times 7{,}35 \times 10^{22}}{(3{,}84 \times 10^8)^2}$$

$F_{Terre/Lune} \approx 1{,}99 \times 10^{20}$ newtons.

3 Dans la constellation de la Lyre, on peut observer une étoile très brillante : Véga. Elle se trouve à une distance de $2{,}37 \times 10^{14}$ km de la Terre. Calcule, en années-lumière, la distance entre la Terre et Véga.

L'année-lumière (a.l.) est la distance parcourue par la lumière en une année, soit 9 500 milliards de kilomètres :
1 a.l. ≈ $9{,}5 \times 10^{12}$ km.
Pour convertir une distance en années-lumière, il faut diviser cette distance par $9{,}5 \times 10^{12}$ km.
$d_{Terre\text{-}Véga} = 2{,}37 \times 10^{14} / 9{,}5 \times 10^{12}$ soit $d_{Terre\text{-}Véga} \approx 25$ a.l.
La distance entre la Terre et Véga est d'environ **25 années-lumière**.

Masse et poids d'un corps

Fiche 14

Physique-Chimie

Notes

LE COURS

Masse d'un objet

La **masse** d'un objet correspond à la **quantité de matière** qui compose cet objet. La masse se mesure avec une balance et s'exprime en kilogramme (kg). La **masse** est **invariable** : elle ne dépend pas du lieu de la mesure.

Poids d'un objet

La Terre exerce une **action attractive**, à distance, sur tous les corps placés à son voisinage. Cette force est appelée « le **poids** » du corps. Le poids varie selon le lieu de la mesure. Il se mesure avec un dynamomètre et s'exprime en newton. Il se calcule par la formule :

$$P = m \times g$$

N kg N/kg

g est l'intensité de la pesanteur en newton par kilogramme (N/kg).
Sur Terre, $g = 9{,}8$ N/kg ; sur la Lune, $g = 1{,}6$ N/kg.

Représentation du poids

Sur un schéma, le poids peut être représenté par un **segment fléché, noté** $\vec{P}$. Il a pour point d'application : le centre de gravité de l'objet ; pour direction la verticale du lieu ; et pour sens : dirigé vers le bas. Sa longueur est proportionnelle à la valeur du poids *P*.

SUJET TYPE CORRIGÉ

1 Sur un sac de ciment, on peut lire l'indication suivante : « Poids = 35 kg ». Explique d'abord la différence entre poids et masse, puis modifie l'indication portée sur le sac afin qu'elle soit scientifiquement correcte.

– La masse du sac correspond à la quantité de matière qui compose le sac. Elle s'exprime en kilogramme. Le poids du sac est l'action attractive à distance exercée par la Terre sur le sac, il s'exprime en newton.
– L'information n'est pas correcte, car elle correspond à la masse. Il faut écrire : « Masse = 35 kg. »

Notes

SUJET TYPE CORRIGÉ

2 Le 21 juillet 1969, Neil Armstrong (qui pesait 70 kg) est le premier homme à poser le pied sur la Lune. Pour cette mission, il portait une combinaison spatiale de 72 kg.

a) Explique pourquoi Neil Armstrong a eu plus de facilité à se déplacer sur la Lune que sur la Terre.

La masse de l'astronaute avec son équipement est de :

$$m = 70 + 72 = 142 \text{ kg.}$$

Sur Terre, le poids de l'astronaute est de $P = 142 \times 9{,}8 \approx 1\,392$ N.
Sur la Lune, le poids de l'astronaute est $P = 142 \times 1{,}6 \approx 227$ N.
On compare alors les deux valeurs du poids : $1\,392/227 \approx 6$
Le poids sur la Lune est six fois plus faible que sur la Terre, c'est pourquoi Neil Armstrong avait plus de facilité à se déplacer sur la Lune que sur la Terre.

b) Détermine les caractéristiques du poids de l'astronaute, puis représente le poids de l'astronaute sur la Lune par un segment fléché (échelle 1 cm ⇔ 100 N).

Les caractéristiques du poids sont :
– Point d'application : le centre de gravité de l'astronaute.
– Direction : verticale.
– Sens : dirigé vers le bas.
– Valeur : 227 newtons.
Le segment fléché aura donc pour longueur $227/100 \approx 2{,}3$ cm.

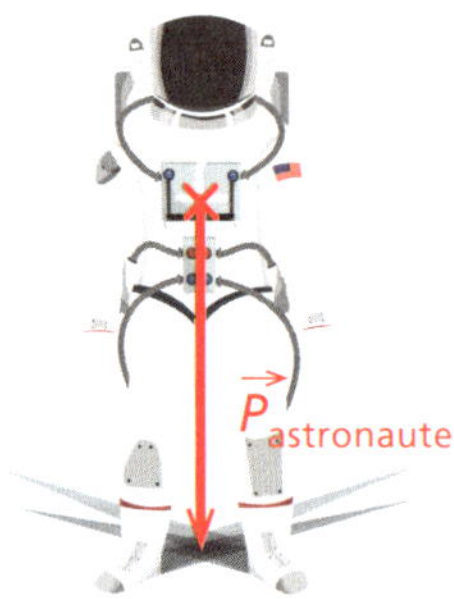

3 Un container de 3 500 kg a un poids de 34 303,5 newtons. Utilise les données du tableau afin de déterminer le lieu de la mesure du poids.

Ville	Intensité de la pesanteur
Paris	9,809 $N \cdot kg^{-1}$
Madrid	9,801 $N \cdot kg^{-1}$
Rome	9,803 $N \cdot kg^{-1}$

$P = m \times g$ donc $g = P/m$.
$g = 34\,303{,}5/3\,500$ et $g = 9{,}801$ N/kg.
En comparant cette valeur à celles du tableau, on peut dire que la mesure a été effectuée à Madrid.

Tension et intensité électriques

LE COURS

Les différents types de circuit

Un **circuit électrique** contient un **dipôle** générateur (pile, photopile, batterie, générateur) relié à des dipôles récepteurs (lampe, diode, DEL, moteur…) par des fils de connexion. Les dipôles peuvent être reliés **en série** ou **en dérivation**.

La tension électrique

La **tension électrique *U*** s'exprime en **volt** (V). Elle se mesure avec un **voltmètre** branché en dérivation aux bornes du dipôle à étudier.

Loi d'additivité des tensions

Dans un circuit en série, la tension aux bornes du générateur est **égale à la somme des tensions** aux bornes des autres dipôles.

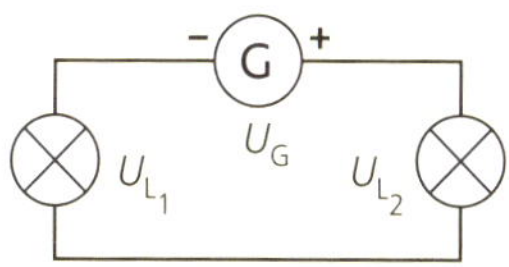

$U_G = U_{L_1} + U_{L_2}$

Loi d'unicité des tensions

Dans un circuit monté en dérivation, la tension aux bornes des dipôles est **la même**.

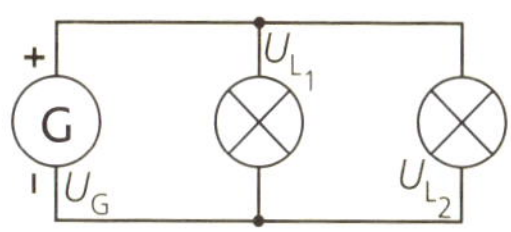

$U_G = U_{L_1} = U_{L_2}$

L'intensité électrique

L'**intensité électrique *I*** s'exprime en ampère (A). Elle se mesure avec un **ampèremètre** branché en série dans le circuit.

Loi d'unicité des intensités

L'intensité est la même en tout point d'un circuit monté en **série**.

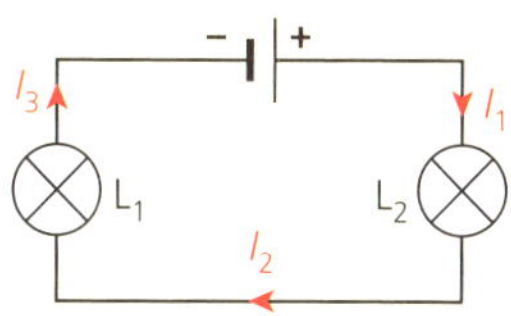

$I_1 = I_2 = I_3$

Loi d'additivité des intensités

Dans un circuit monté en dérivation, l'intensité du courant dans la branche principale est égale à la somme des intensités des branches dérivées.

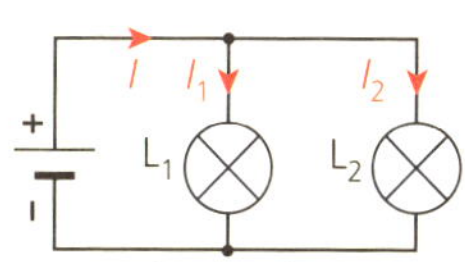

$I = I_1 + I_2$

Notes

Notes

SUJET TYPE CORRIGÉ

Dans ce circuit, la tension aux bornes du générateur est de 12 volts. La lampe reçoit une tension de 5 volts.

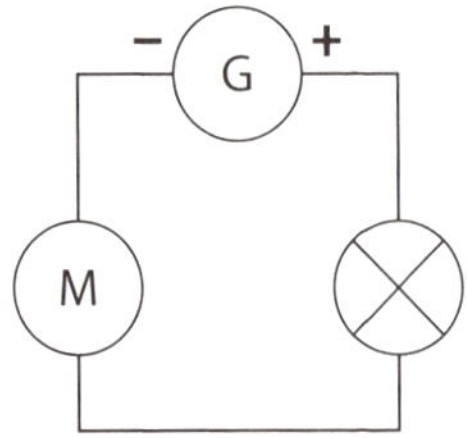

1 Observe le schéma électrique ci-contre et :

a) détermine la nature du circuit ;

b) écris la liste des dipôles présents dans ce circuit ;

c) explique comment on peut mesurer la tension reçue par le moteur.

a) Les dipôles se trouvent tous sur la même boucle, donc il s'agit d'un circuit en série. b) Les dipôles utilisés sont un générateur, une lampe et un moteur. c) Pour mesurer la tension aux bornes du générateur, on doit brancher un voltmètre en dérivation sur les bornes du générateur.

2 Énonce la loi des tensions de ce circuit, puis calcule la tension reçue par le moteur.

C'est un circuit en série, donc on applique la loi d'additivité des tensions.

$U_{\text{générateur}} = U_{\text{moteur}} + U_{\text{lampe}}$ d'où $U_{\text{moteur}} = U_{\text{générateur}} - U_{\text{lampe}}$

$U_{\text{moteur}} = 12 - 5$, soit $U_{\text{moteur}} = 7$ volts

3 On branche une seconde lampe en dérivation sur celle déjà présente dans le circuit. Quelle tension va recevoir chacune des deux lampes ? Justifie ta réponse.

Les deux lampes sont branchées en dérivation. On sait que la tension aux bornes de dipôles montés en dérivation est la même. C'est la loi d'unicité des tensions. La lampe 2 va donc recevoir la même tension que la lampe 1, soit 5 volts.

4 On souhaite mesurer l'intensité électrique dans le circuit. Quel appareil doit-on utiliser ? Comment doit-on le brancher ?

Pour mesurer l'intensité du courant, on doit utiliser un ampèremètre. Il doit se brancher en série dans le circuit.

5 L'intensité du courant entre la lampe et le générateur est de 0,25 A. Détermine l'intensité du courant entre la lampe et le moteur. Justifie ta réponse.

C'est un circuit en série, donc l'intensité est la même à tous les points du circuit. L'intensité entre le moteur et la lampe sera donc de 0,25 A.

Résistance électrique et loi d'Ohm

Notes

LE COURS

Rôle du conducteur ohmique

• Un **conducteur ohmique** est un dipôle qui permet de diminuer l'intensité du courant dans un circuit série. Il est caractérisé par sa **résistance électrique** *R*. L'unité de la résistance est l'**ohm**, de symbole Ω. Dans ce circuit série, l'intensité diminue quand la résistance du conducteur ohmique augmente.

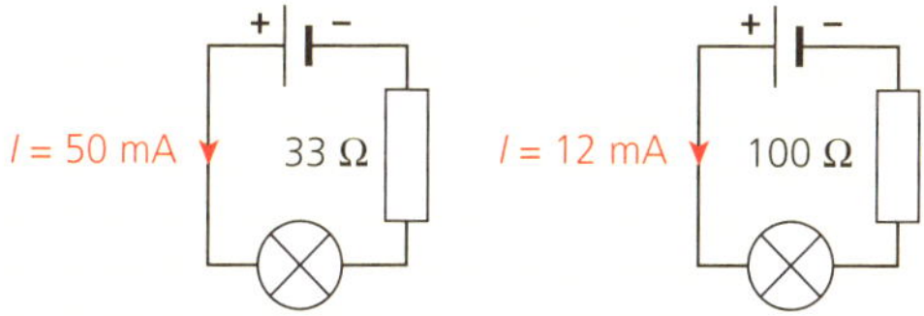

• La résistance électrique *R* se mesure avec un **ohmmètre**, branché aux bornes du conducteur ohmique. Attention, le dipôle doit être déconnecté du circuit lors de la mesure de sa résistance. La résistance peut aussi s'exprimer en kilo-ohm : 1 kΩ = 1 000 Ω.

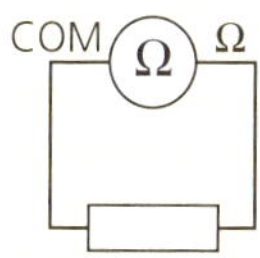

La caractéristique d'un dipôle

• La **caractéristique d'un dipôle** est un graphique qui représente la tension aux bornes d'un dipôle en fonction de l'intensité du courant qui le traverse.

• Dans le cas d'un conducteur ohmique, la caractéristique est une droite passant par l'origine. La tension aux bornes d'un conducteur ohmique est donc proportionnelle à l'intensité du courant qui le traverse.

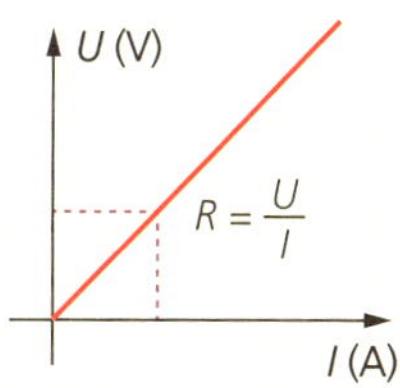

La loi d'Ohm

La tension *U* aux bornes d'un conducteur ohmique est égale au produit de sa résistance *R* par l'intensité du courant *I* qui le traverse.

$$U = R \times I$$

tension (V) ; résistance (Ω) ; intensité (A)

La relation peut aussi s'écrire : $R = U/I$ où $I = U/R$.

Notes

SUJET TYPE CORRIGÉ

1 **a)** Utilise la caractéristique ci-dessous afin d'identifier le dipôle et déterminer sa résistance électrique.

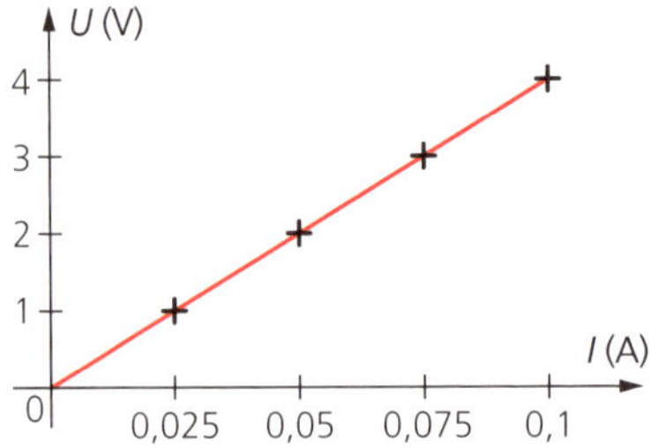

La caractéristique de ce dipôle est une droite passant par l'origine. Le dipôle est donc un conducteur ohmique. Il répond alors à la loi d'Ohm. On relève un couple de points sur le graphique. Par exemple, pour $U = 3$ V, on lit $I = 0{,}075$ A. Appliquons la loi d'Ohm : $U = R \times I$ donc $R = U/I = 3/0{,}075 = 40$. La résistance électrique de ce conducteur ohmique est de 40 ohms.

b) On place ce conducteur ohmique en série dans un circuit contenant une pile et une lampe. Explique comment va varier l'éclat de la lampe ainsi que l'intensité du courant dans le circuit.

Le rôle d'un conducteur ohmique est de diminuer l'intensité du courant dans un circuit série. L'intensité du courant étant plus faible, l'éclat de la lampe sera donc aussi plus faible.

2 **a)** Un conducteur ohmique de résistance $R = 220\ \Omega$ est parcouru par un courant de 0,04 A. Calcule la tension aux bornes de ce dipôle.

On applique la loi d'Ohm : $U = R \times I$

$U = 220 \times 0{,}04$ et $U = 8{,}8$ V

b) La tension aux bornes d'un conducteur ohmique de résistance $R = 1{,}2$ kΩ est de 2,4 V. Calcule l'intensité du courant qui le traverse.

Il faut convertir la résistance en ohm : 1,2 kΩ = 1 200 Ω.

$I = U / R$

$I = 2{,}4 / 1\,200$

$I = 0{,}002$ A, soit 2 mA.

Puissance et énergie électrique

LE COURS

Puissance nominale d'un appareil

La **puissance nominale** d'un appareil est la puissance électrique qu'il reçoit en fonctionnement normal.
La puissance électrique s'exprime en watt (W) ou en kilowatt (kW). 1 kW = 1 000 W.

Calcul de la puissance électrique

- **La puissance reçue par un appareil électrique est égale au produit de la tension qu'il reçoit par l'intensité du courant qui le traverse.**

$$P = U \times I$$

P : puissance (W) ; U : tension (V) ; I : intensité (A)

- La puissance reçue par une installation électrique est égale à la somme des puissances des appareils fonctionnant simultanément.

Protection d'une installation

Un **fusible** permet de protéger un appareil ou une installation contre une surintensité. Son rôle est d'ouvrir le circuit (en fondant) lorsque l'intensité du courant dépasse sa valeur.
Ex. : un fusible de 10 A va fondre si l'intensité qui le traverse dépasse 10 ampères.

L'énergie électrique

L'énergie électrique transférée à un appareil est égale au produit de sa puissance P par la durée de fonctionnement Δt.
L'unité légale d'énergie est le **joule** (J).

$$E = P \times \Delta t$$

E : J ; P : W ; Δt : s

Facturer l'énergie

La facture électrique est établie à partir des relevés du compteur électrique. Le montant de la consommation est égal au produit de l'énergie consommée par le prix du kWh. À ce montant, il faudra ajouter le prix de l'abonnement, les taxes locales et la TVA. L'unité utilisée pour facturer l'énergie électrique est le **wattheure** (Wh).
À noter : 1 wattheure = 3 600 wattsecondes = 3 600 Joules.

Notes

Notes

SUJET TYPE CORRIGÉ

Dans une entreprise, chaque bureau possède un équipement informatique composé d'un ordinateur, d'un écran, d'une imprimante, d'une paire de haut-parleurs et d'une lampe de bureau.

	Puissance
Ordinateur	90 W
Écran LCD	70 W
Imprimante	10 W
Haut-parleurs	20 W

1 L'écran de l'ordinateur porte l'étiquette : 240 V 70 W . Donne le nom des deux grandeurs figurant sur l'étiquette en précisant les unités utilisées.

240 V : tension nominale en volt.
70 W : puissance nominale en watt.

2 Calcule la puissance reçue par la lampe de bureau sachant qu'elle est alimentée par une tension de 240 V et parcourue par un courant de 0,25 A.

$P = U \times I$ soit $P = 240 \times 0,25$ soit $P = 60$ W.
La puissance reçue par la lampe de bureau est de 60 watts.

3 Vérifie que la puissance totale consommée par l'installation électrique est de 250 W.

La puissance totale s'obtient en effectuant la somme des puissances des appareils en fonctionnement.
$P_{totale} = P_{ordinateur} + P_{écran} + P_{imprimante} + P_{haut\text{-}parleurs} + P_{lampe.}$
$P_{totale} = 90 + 70 + 10 + 20 + 60 = 250$ W.

4 Calcule, en wattheure puis en kilowattheure, l'énergie totale consommée par cette installation en une journée.

$E = P \times \Delta t$.
Pendant 24 heures : $E = P_{totale} \times \Delta t = 250 \times 24 = 6\,000$ Wh.
Énergie totale consommée : $E_{totale} = 6\,000 / 1\,000$ kWh, soit 6 kWh.

5 Pour économiser de l'énergie, les appareils sont éteints la nuit (dix heures par jour). Estime l'économie d'argent réalisée en une année sachant que 1 kWh est facturé 0,12 €.

Pour un arrêt de 10 heures, l'énergie économisée est :

$$E_{jour} = 250 \times 10 = 2\,500 \text{ Wh.}$$

Pour une année, l'énergie économisée sera de :
$E_{année} = E_{jour} \times 365 = 2\,500 \times 365 = 912\,500$ Wh, soit 912,5 kWh.
L'économie réalisable en une année est donc de :

$$912,5 \times 0,12 = 109,50 \text{ euros.}$$

L'énergie sous toutes ses formes

Fiche 18

Notes

LE COURS

Les sources d'énergie

Une **source d'énergie** est un phénomène ou une matière première pouvant être exploités (dans des centrales hydrauliques, thermiques, nucléaires, éoliennes…) afin d'obtenir une forme d'énergie utilisable par l'homme.
Ex. : le Soleil, la gravité terrestre, le vent, l'eau en mouvement, la géothermie, l'atome…
Une énergie est dite **renouvelable** si son utilisation n'entraîne pas la diminution de sa réserve.

- **Sources d'énergie renouvelables :** le Soleil, le vent, l'eau, la chaleur du sol (géothermie), la biomasse, le bois.
- **Sources d'énergie non renouvelables :** le charbon, le gaz, le pétrole, l'uranium.

Les formes d'énergie

L'énergie peut exister sous différentes formes. On distingue l'énergie électrique, chimique, thermique, lumineuse, nucléaire, cinétique, potentielle.

Transfert et conversion de l'énergie

- Lorsque l'énergie d'un corps passe vers un autre corps, il y a **transfert d'énergie** : on parle de chaleur dans le cas d'un transfert thermique.
- L'énergie ne se crée pas et ne se perd pas. **Elle se conserve.** L'énergie peut être convertie d'une forme à une autre grâce à un convertisseur.

Ex. : La bouilloire électrique convertit l'énergie électrique en énergie thermique.

Bilan énergétique d'un système

Pour réaliser le bilan énergétique d'un système/objet, on construit une **chaîne (ou diagramme) d'énergie**.
Le système/l'objet est représenté par un cercle et les énergies mises en jeu par des flèches.

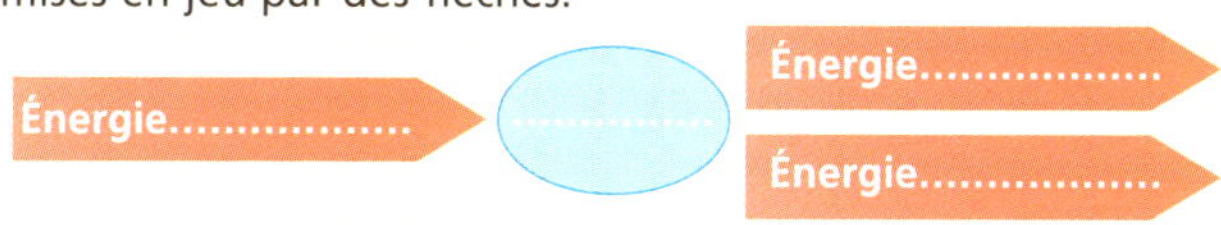

Notes

L'énergie mécanique d'un corps

- Au voisinage de la Terre, un objet possède une **énergie de position** E_p. Cette énergie dépend de sa position et de la masse du corps.
- Un objet en mouvement possède une **énergie cinétique** E_c.
- L'**énergie mécanique** E_M d'un objet est égale à la somme de son énergie de position et de son énergie cinétique :

$$E_M = E_p + E_c.$$

SUJET TYPE CORRIGÉ

Un ventilateur est branché sur une prise électrique. On se propose d'étudier les énergies mises en jeu lorsque cet appareil fonctionne.

1 L'électricité produite pour alimenter le ventilateur provient d'une centrale hydraulique. Quelle source d'énergie est utilisée dans cette centrale ? S'agit-il d'une énergie renouvelable ?

C'est la force de l'eau qui est utilisée dans une centrale hydraulique. L'eau est une énergie renouvelable, car l'utilisation de cette source d'énergie n'entraîne pas la diminution de sa réserve.

2 Cite une source d'énergie non renouvelable pouvant être utilisée pour produire de l'électricité.

On peut produire de l'électricité dans une centrale nucléaire. La source d'énergie utilisée est l'atome (uranium) : c'est une énergie non renouvelable.

3 Décris le fonctionnement du ventilateur en termes d'énergie, puis construis son diagramme d'énergie sachant qu'une partie de l'énergie qu'il reçoit est perdue sous forme de chaleur.

Le ventilateur est un convertisseur d'énergie : il transforme l'énergie électrique qu'il reçoit en énergie mécanique (les pales du ventilateur tournent). Une partie de l'énergie électrique est perdue sous forme d'énergie thermique (le moteur chauffe).

Signaux lumineux et sonores

LE COURS

Signaux sonores

• Un son a besoin d'un **milieu matériel** pour se propager. **Il ne peut donc pas se propager dans le vide**.

• La **vitesse du son** dépend du **milieu** dans lequel il se propage, ainsi que de la **température** de ce milieu. Dans l'air, le son se propage à 340 m/s (à 20 °C). Dans l'eau, le son se propage à 1 500 m/s. L'utilisation du son (ou de la lumière) permet d'émettre, de transporter un signal, donc une information.

• On appelle **fréquence sonore**, le nombre de vibrations à la seconde. La fréquence s'exprime en **hertz** (Hz). Elle se calcule par la formule $f = 1/T$ (avec T en seconde). L'oreille humaine est sensible aux sons compris entre **20 Hz et 20 000 Hz**.

Notes

Signaux lumineux

• Une **source primaire** produit la lumière qu'elle diffuse.
Ex. : le Soleil, les étoiles, une lampe, un laser, la flamme d'une bougie…

• Un **objet diffusant** (source secondaire) ne produit pas sa propre lumière. Il diffuse une partie de la lumière qu'il reçoit.
Ex. : les planètes, la Lune, un écran, un livre, un crayon…

• La lumière **se propage dans tous les milieux transparents** (air, verre, eau…), même dans le vide. Dans un milieu transparent et homogène, la lumière se propage en ligne droite. Son trajet est représenté par une droite appelée **rayon lumineux**. Un ensemble de rayons lumineux est appelé **faisceau**.

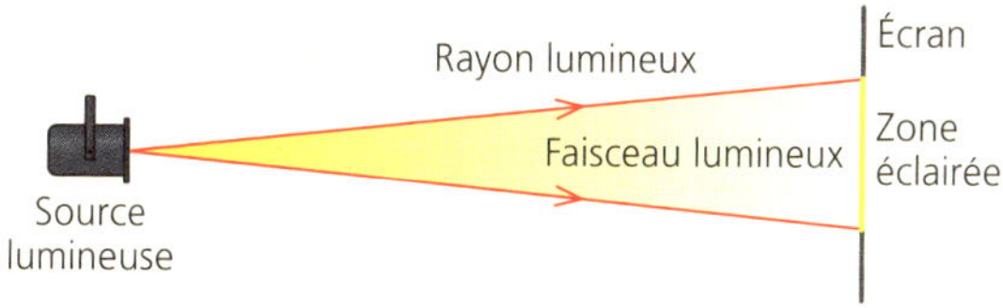

Notes

SUJET TYPE CORRIGÉ

En mer Méditerranée, un bateau est à la recherche d'une épave grâce à un sonar utilisant des signaux sonores de fréquence 44 000 Hz. Après plusieurs recherches infructueuses, le sonar reçoit un signal réfléchi 0,64 seconde après l'émission.

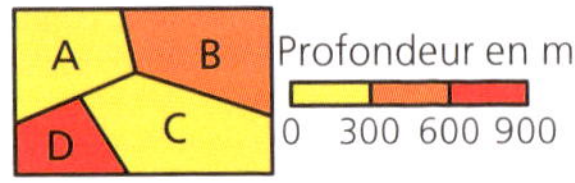

1 Dans quel milieu se propagent les signaux sonores émis par le sonar ? Sont-ils audibles par l'homme ? De quel type de sons s'agit-il ?

Les signaux sonores émis par le sonar se propagent dans l'eau. La fréquence de ces signaux est de 44 000 Hz. Ils ne sont pas audibles par l'homme, car l'oreille humaine est sensible aux sons compris entre 20 Hz et 20 000 Hz. Le sonar émet des ultrasons.

2 Utilise la formule suivante afin de déterminer la zone de recherche de l'épave : $d = \frac{\Delta t}{2} \times v$

Δt : durée entre l'émission et la réception des ultrasons (en seconde).
d : la distance séparant le bateau de l'obstacle (en mètre).
v : vitesse des ultrasons dans l'eau.

On utilise la formule avec $\Delta t = 0{,}64$ s et $v = 1\,500$ m/s.
$d = (0{,}64 / 2) \times 1\,500$, soit $d = 480$ mètres.
L'épave repose à une profondeur de 480 mètres. La zone B correspond à une profondeur comprise entre 300 et 600 mètres. L'épave se trouve donc dans la zone B.

3 De nuit, pour revenir au port, le bateau se guide grâce à la lumière du phare. Décris la nature de cette source lumineuse, puis explique pourquoi la lumière du phare peut guider le bateau.

La lampe contenue dans le phare produit sa propre lumière, c'est une source primaire de lumière. La lumière issue du phare se propageant en ligne droite dans l'air, du phare vers le bateau, elle permet au bateau de se diriger en évitant les récifs.

4 Modélise le faisceau lumineux produit par le phare.

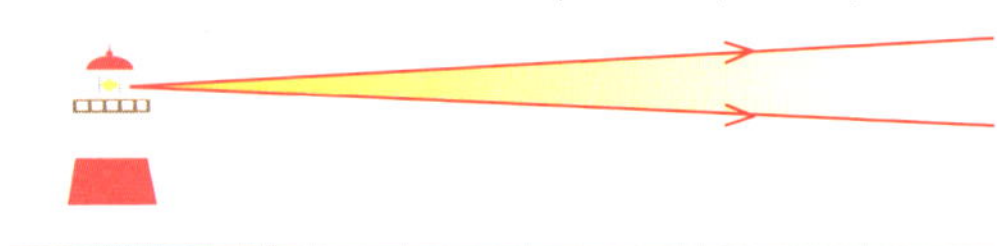

Matériaux et objets techniques

Notes

LE COURS

Les familles de matériaux

Un matériau est une matière (naturelle ou artificielle) que l'homme utilise pour fabriquer des objets. Il existe plusieurs familles de matériaux :

- Les **métaux** : fer, cuivre, plomb, aluminium, acier, or…
- Les **minéraux** : verre, roches, quartz, céramiques…
- Les **matières organiques** d'origine végétale (bois, liège, papier, carton, coton…) et d'origine animale (cuir, laine…).
- Les **plastiques** : polystyrène, PVC, nylon…
- Les **composites** : alliages, fibre de carbone…

Propriétés des matériaux

Le choix des matériaux est important dans la fabrication d'un objet technique. Un matériau se caractérise par différentes **propriétés** comme : sa masse volumique, sa résistance à la corrosion, sa dureté, son élasticité, sa conductibilité électrique (passage du courant électrique), sa conductibilité thermique (passage de la chaleur)…

Fonction d'usage, fonction d'estime d'un objet

- Un objet créé par l'homme répond à un besoin : c'est sa **fonction d'usage**.
- La **fonction d'estime** d'un objet est l'ensemble des caractéristiques de l'objet (prix, couleur, forme, esthétisme…) qui dépendent du goût de l'utilisateur.

Ex. : Ces casques permettent de protéger le motard en cas de chute : c'est leur fonction d'usage. La couleur du casque est la fonction d'estime du casque.

Fonction technique d'un objet

La **fonction technique** correspond à l'ensemble des moyens mis en œuvre pour assurer la fonction d'usage de l'objet (propulsion, guidage, freinage…).

Notes

SUJET TYPE CORRIGÉ

La scelle d'un scooter thermique est en PVC, le moteur est en aluminium et les phares en verre.
Masse volumique du fer : 7,9 g/cm^3
Masse volumique de l'aluminium : 2,7 g/cm^3

1 **a)** Identifie les familles correspondant à ces matériaux ;
b) Détermine la fonction d'usage, la fonction d'estime et la fonction technique de ce scooter.

a) Le PVC fait partie de la famille des plastiques. L'aluminium fait partie de la famille des métaux. Le verre fait partie de la famille des minéraux.
b) Pour déterminer la fonction d'usage, on se pose la question : à quoi sert l'objet ? Le scooter sert à déplacer des personnes : c'est sa fonction d'usage.
Pour déterminer la fonction d'estime, on se pose la question : l'objet me plaît-il ? Pourquoi ? Ici la couleur du scooter, son design, son prix peuvent être des fonctions d'estime.
Pour déterminer la fonction technique, on se pose la question : Quelles actions doit remplir l'objet ? Le scooter doit pouvoir être mis en mouvement grâce à un moteur thermique, se diriger, freiner.

2 Le moteur du scooter est en aluminium et pas en fer. Propose une justification à ce choix de matériau.

La masse volumique de l'aluminium est plus faible que celle du fer. Le moteur du scooter sera donc plus léger si on utilise de l'aluminium pour le fabriquer.

3 Quelle(s) fonction(s) ont en commun ces trois objets techniques ?

50 euros

10 000 euros

plusieurs millions d'euros

Les trois objets techniques permettent de se déplacer, ils ont donc la même fonction d'usage. Ils n'ont pas le même design ni le même prix, ils n'ont donc pas la même fonction d'estime. Les trois objets ne fonctionnent pas de la même manière, ils n'ont donc pas la même fonction technique.

Algorithme et organigramme

LE COURS

• Un **système technique** et un **automatisme** peuvent être décrit par un **algorithme** (description des tâches à effectuer). Cet algorithme peut être représenté graphiquement par un organigramme.

• L'**organigramme** est un mode de représentation graphique permettant de décrire les liaisons entre les différentes opérations devant être effectuées par l'automatisme. Il se compose de différentes cases possédant une fonction précise :

Début	Case qui indique le début du fonctionnement
Action	Case qui décrit une action à effectuer
Mesure	Case qui décrit une mesure à effectuer
Question — OUI → / NON ↓	Case test dans laquelle on indique une question. La question amène deux possibilités de réponses : OUI ou NON. Selon la réponse obtenue, on suit la branche « oui » ou « non ».
Fin	Case qui indique la fin éventuelle du fonctionnement

Notes

Notes

SUJET TYPE CORRIGÉ

Un thermomètre numérique peut être programmé pour effectuer des mesures de température et alerter l'utilisateur en cas de température excessive. Construis l'organigramme correspondant à l'algorithme suivant :

Description de l'algorithme du thermomètre

Début
Saisie température maximale Tmax
Mesure de la température T
$T < T_{max}$?
  Oui : Mesure de la température
  Non : Déclenchement de l'alarme
    Désactivation de l'alarme
      Oui : Éteindre l'alarme
        Saisie température T_{max}
      Non : Alarme sonore désactivée ?

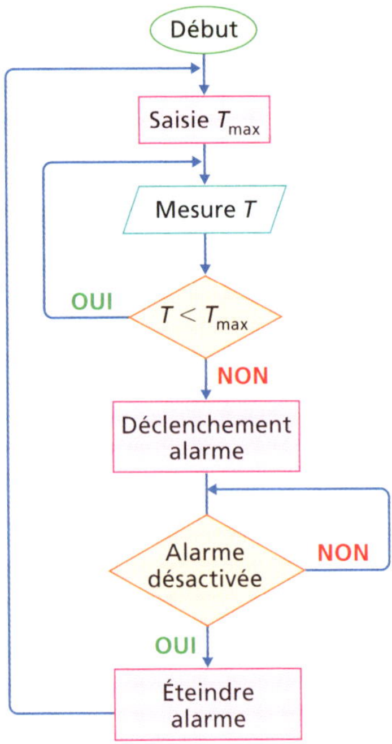

Outils de représentation de données

LE COURS

La feuille de calcul

• Le **tableur** est un **logiciel** qui permet de saisir des données, de réaliser des calculs et des graphiques. La feuille de calcul est un tableau composé de cellules rangées en lignes et en colonnes. Les lignes sont repérées par des nombres et les colonnes par des lettres.

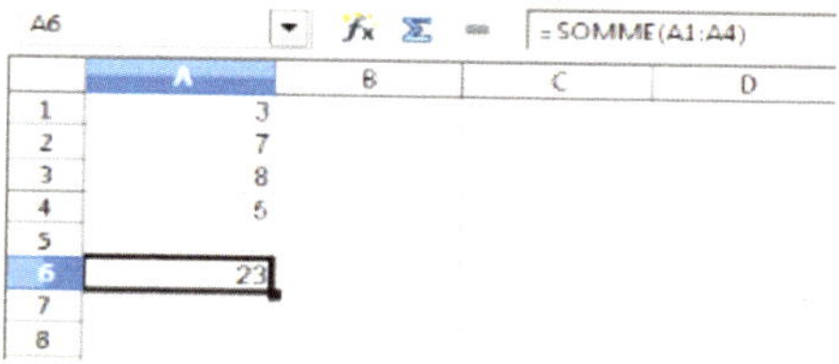

• Une **cellule** est l'intersection entre une ligne et une colonne. Sa référence est composée de la lettre de la colonne et du numéro de la ligne. Ici, c'est la cellule A6 qui est sélectionnée.

Écrire une formule

• Pour effectuer un calcul automatique, il faut saisir une **formule** dans une cellule. La formule doit commencer par le signe « = » elle peut contenir des valeurs numériques, des références, des opérateurs mathématiques, des fonctions.

Ex. : Ici, pour effectuer la somme des cellules A1 à A4, et faire apparaître le résultat dans la cellule A6, il faut écrire la formule =SOMME(A1:A4) dans la zone de saisie.

Réaliser un graphique

Pour présenter les données sous la forme d'un graphique (colonne, barre, ligne, secteur…), il faut sélectionner les cellules contenant les données, puis utiliser le menu Diagramme.

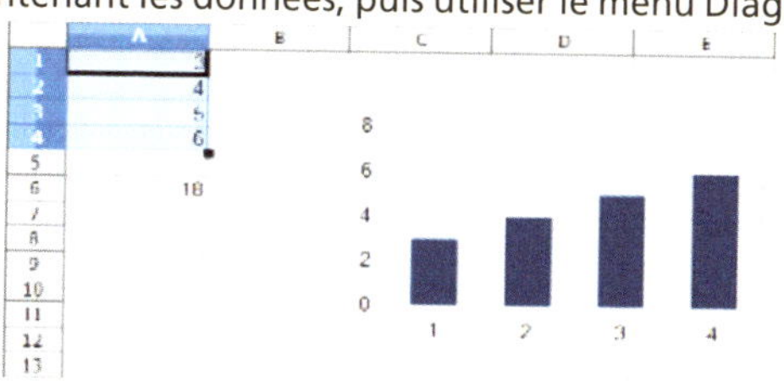

Notes

Notes

SUJET TYPE CORRIGÉ

Les documents ci-dessous décrivent la production d'électricité en France, par forme d'énergie. L'unité d'énergie utilisée et le terawattheure (TWh).

C4 fx =B4*100/B11

	A	B	C
1	forme d'énergie	énergie produite en Twh	pourcentage
2	nucléaire	404,9	74,8
3	hydraulique	63,8	11,8
4	gaz	23,2	4,3
5	charbon	18,1	3,3
6	éolien	14,9	2,8
7	fioul	6,6	1,2
8	autres En R	5,9	1,1
9	Solaire	4	0,7
10			
11	Total	541,4	100

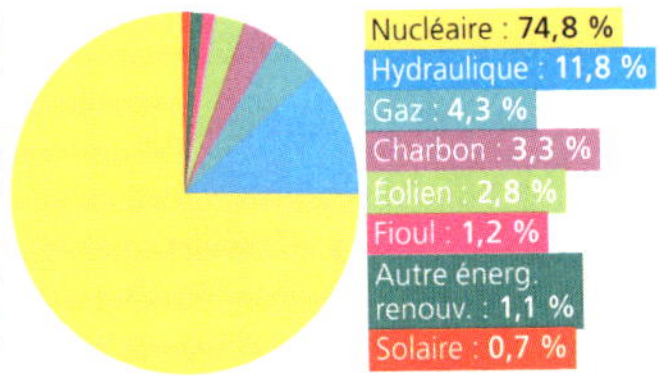

1 Quelle est l'origine principale de l'électricité en France ? Justifie ta réponse.

La cellule B2 indique la plus grande valeur d'énergie (404,9 TWh), ce qui correspond à 74,8 % (cellule C2) de la production totale. En France, l'énergie électrique est donc principalement obtenue grâce à l'énergie nucléaire.

2 Quelle cellule indique le pourcentage d'énergie éolienne ?

La cellule C6 indique le pourcentage d'énergie éolienne.

3 Quelle information donne la cellule B3 ?

La cellule B3 indique la quantité d'énergie produite par l'énergie hydraulique.

4 La cellule B11 est obtenue en effectuant la somme des cellules B2 à B9. Propose une formule correspondant à ce calcul.

Il est possible d'écrire « =B2 +B3 +B4 +B5 +B6 +B7 +B8 +B9 ». On peut aussi utiliser la fonction somme et écrire « =SOMME(B2:B9) ».

5 Quel calcul est effectué dans la cellule C4 ?

La cellule C4 indique « =B4*100/B11 ».
Le calcul effectué est 23,2 × 100 / 541,4.

SVT

Notes

Sommaire

La planète Terre, l'environnement et l'action humaine

Le vivant et son évolution

Le corps humain et la santé

La Terre dans le Système solaire

Fiche 1

SVT

Notes

1 Le Système solaire et ses planètes

■ Notre Système solaire est composé d'une étoile, le Soleil, et de 8 planètes qui gravitent* autour de cette source d'énergie thermique et lumineuse.

■ La composition de ces planètes permet de les classer en deux grandes catégories :

– les planètes telluriques (Mercure, Vénus, Terre et Mars), constituées de roches et de métaux ;

– les planètes gazeuses (Jupiter, Saturne, Uranus, Neptune), constituées de gaz (essentiellement l'hydrogène et l'hélium).

■ D'autres astres* composent notre Système solaire : satellites, comètes, astéroïdes.

2 Les caractéristiques de la Terre

■ La Terre est sphérique et effectue une rotation sur elle-même en 24 heures environ, à l'origine de l'alternance jour/nuit.

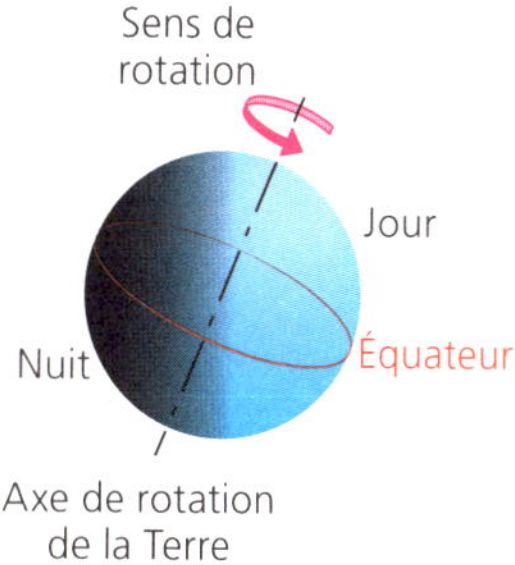

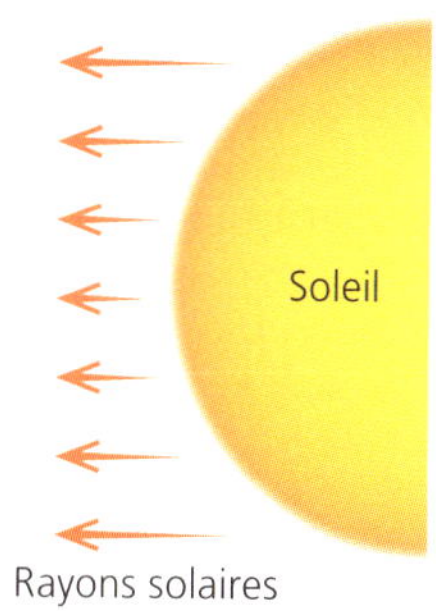

■ La Terre gravite autour du Soleil en une année environ.

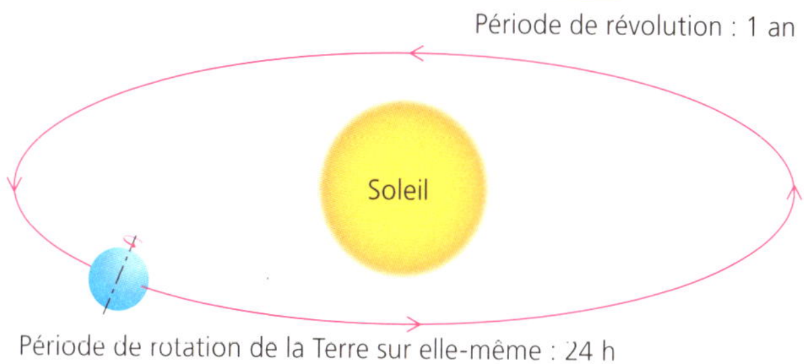

Notes

■ La Terre est la seule planète du système solaire qui réunit toutes les conditions favorables à la vie, notamment la présence d'eau sous ses trois états (liquide, solide et gazeux).

■ L'existence d'eau liquide est permise grâce à la température moyenne de surface de notre planète. La température d'une planète varie en fonction de sa distance au Soleil et de la présence d'une atmosphère.

	Température de surface (en °C)	Distance au Soleil (en millions de km)	Présence d'une atmosphère
Mercure	167	57,9	non
Vénus	464	108,2	oui
Terre	15	149,6	oui
Mars	-65	227,9	oui

Quelques caractéristiques des planètes telluriques de notre système solaire

3 Les ères géologiques

■ Les temps géologiques sont découpés en ères, elles-mêmes découpées en périodes. C'est l'**échelle des temps géologiques**.

■ Ce découpage est basé sur des événements géologiques et biologiques importants, qui ont impacté notre planète depuis sa formation, il y a 4,5 milliards d'années.

Échelles des temps géologiques

Échelle de référence pou[r] situer et dater les événements survenus depuis l[a] formation de la Terre, il y [a] 4,5 milliards d'années.

Teste-toi !

Corrigés p. 20

A. Quelle caractéristique de la planète Vénus permet de la classer parmi les planètes telluriques ?

B. Explique pourquoi la durée du jour sur notre planète est en moyenne de 12 heures à l'équateur.

C. Pourquoi la Terre est-elle la seule planète du Système solaire à posséder de l'eau à l'état liquide ?

D. Cite les éléments qui ont permis aux scientifiques d'établir l'échelle des temps géologiques.

Phénomènes géologiques et tectonique des plaques

Fiche 2

SVT

Notes

1 Les séismes

> **Foyer**
> Zone initiale du séisme, où a lieu la rupture des roches. Les ondes sismiques partent de ce foyer.

■ Les séismes, ou tremblements de terre, peuvent modifier le paysage et faire apparaître des failles qui décalent les éléments du paysage en surface.

■ L'importance des dégâts humains et matériels dépend notamment de l'intensité du séisme.

■ Un séisme a pour origine une rupture des roches en profondeur, au niveau du foyer, et se propage sous forme d'ondes sismiques.

■ L'épicentre correspond à la zone en surface où l'intensité du séisme est maximale. C'est à ce niveau que les dégâts sont les plus importants.

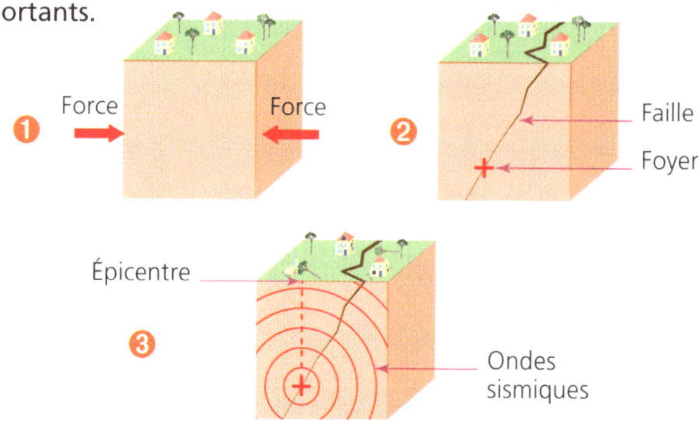

Schéma de chacune des étapes d'un séisme

2 Le volcanisme

■ Le volcanisme effusif est caractérisé par la présence de coulées de lave et l'émission de gaz.

■ Le volcanisme explosif est caractérisé par des explosions, l'émission de cendres et la projection de blocs rocheux en grande quantité.

■ Les matériaux projetés lors d'une éruption volcanique peuvent, en s'accumulant, former l'édifice volcanique.

■ La lave émise provient d'un magma* stocké dans le réservoir magmatique.

■ L'éruption volcanique est due à une accumulation de pression qui pousse le magma vers la surface.

Notes

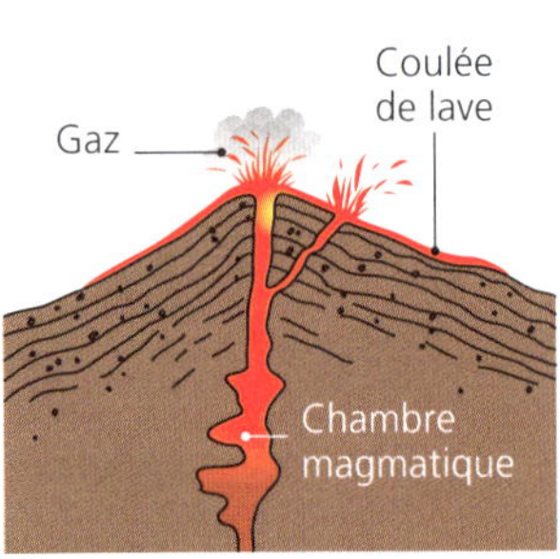

Volcanisme effusif

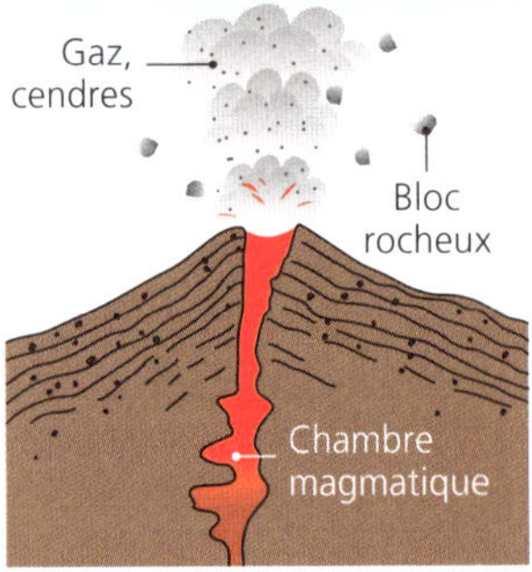

Volcanisme explosif

3 La tectonique des plaques

■ La répartition des séismes et du volcanisme permet de mettre en évidence des zones géologiquement calmes : les **plaques lithosphériques**.

■ Les plaques lithosphériques rigides sont en mouvement sur l'asthénosphère moins rigide : c'est la tectonique des plaques.

■ Les frontières de ses plaques sont soumises à trois types de mouvements.

Plaques lithosphériques

La lithosphère est la partie rigide en surface de la Terre, composée de la croûte continentale, la croûte océanique, et une partie du manteau supérieur. Elle est divisée en plaques tectoniques.

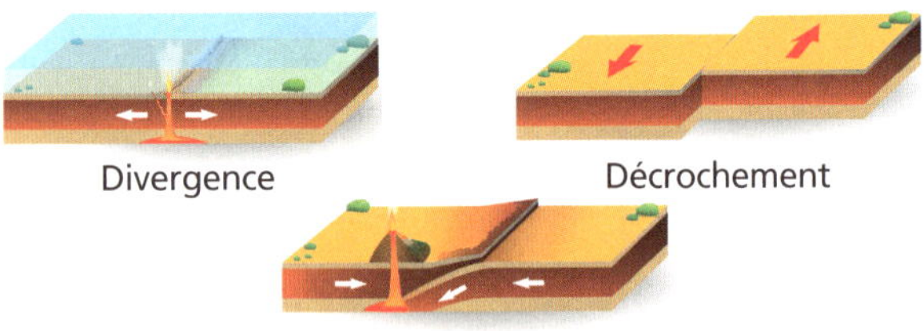

Les mouvements des plaques lithosphériques

Teste-toi !

Corrigés p. 201

A. Nomme la zone en surface au niveau de laquelle l'intensité du séisme est maximale.

B. Pourquoi un séisme est-il ressenti sur plusieurs kilomètres de distance ?

C. Précise quel type de volcanisme est caractérisé par la présence de coulées de lave.

D. Explique comment se construit un édifice volcanique.

E. Cite les trois types de mouvements auxquels sont soumises les plaques lithosphériques.

Phénomènes météorologiques et climatologiques

Fiche 3

SVT

Notes

1 Météo et climat

■ La météo et le climat sont deux choses différentes :

– La météo désigne le temps qu'il fait en ce moment ou dans les jours qui viennent.

– Le climat désigne les valeurs moyennes du temps sur des semaines et des années.

Climat

Ensemble des conditions physiques et météorologiques (température, humidité, pression, vent…) qui caractérisent un lieu donné.

■ Il existe trois grandes zones climatiques en fonction de la température et de la pluviométrie* :

– Zones froides, où les températures sont très froides durant toute l'année.

– Zones tempérées, où les quatre saisons sont marquées.

– Zones chaudes, où les températures sont élevées et où il y a alternance d'une saison sèche et d'une saison humide autour des tropiques.

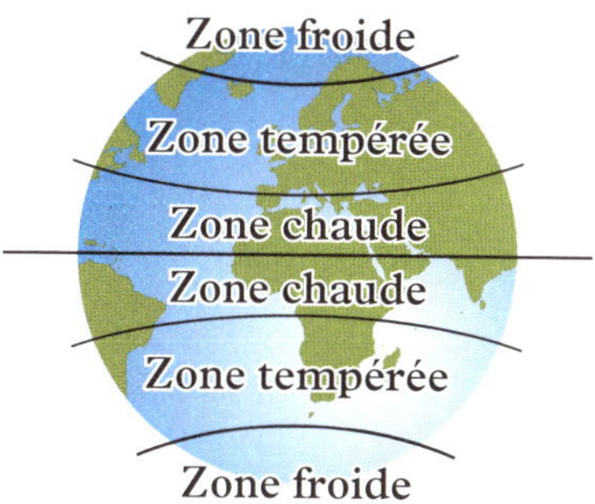

Les zones climatiques de la Terre

2 L'origine des climats

A. Le rôle du Soleil

■ Les climats ont pour origine une inégale répartition de l'énergie solaire à la surface du globe terrestre.

■ L'énergie reçue est plus importante à l'équateur et décroît vers les pôles.

■ La dynamique des masses d'eau et des masses d'air permet de répartir cette énergie de l'équateur vers les pôles.

Notes

B. La dynamique des masses d'air et des masses d'eau

- Des différences de température et de pression mettent en mouvement les masses d'air et sont à l'origine du vent.
- Les **courants océaniques** de surface sont couplés aux mouvements des masses d'air : le vent, en soufflant en surface des océans et des mers, les met en mouvement.
- Des différences de température et de salinité* mettent en mouvement les masses d'eau profondes et sont à l'origine des courants océaniques profonds.

Courant océanique
Mouvement de l'eau des océans caractérisé par un sens et une direction. On distingue les courants océaniques de surface (*Ex. : le Gulf Stream*) et les courants océaniques profonds.

3 L'évolution du climat

- Depuis la formation de la Terre, il y a 4,5 milliards d'années, le climat a changé à plusieurs reprises : il y a eu des phases de réchauffement et des phases de glaciation.
- Actuellement, la planète se réchauffe très rapidement. L'homme est une des causes majeures de cette accélération.
- L'industrialisation et l'utilisation des ressources fossiles **(voir fiche 5)** sont à l'origine de la libération de gaz à effet de serre dans l'atmosphère et d'une augmentation de la température de surface de notre planète.

Teste-toi !

Corrigés p. 2(

A. Quelle est la différence entre météo et climat ?

B. Précise comment sont réparties les zones climatiques de part et d'autre de l'équateur.

C. De quelle manière le Soleil est-il à l'origine des climats ?

D. Explique comment les masses d'eau, en surface et en profondeur, se mettent en mouvement.

E. Quelle est l'influence de l'homme sur l'évolution du climat ?

Risques naturels et mesures de prévention

Fiche 4

SVT

1 La notion de risque

■ Un aléa est un phénomène naturel potentiellement dangereux. *Ex. : séisme, éruption volcanique, cyclone, tornade.*

■ La vulnérabilité d'une zone dépend principalement de la présence humaine, de la densité et de la résistance des bâtiments, et de l'activité économique de cette zone.

> **Risque**
> Un risque est le croisement entre un aléa et la vulnérabilité d'une zone.

■ Un **risque** naturel dépend de ces deux paramètres.

(Aléa) × (Vulnérabilité) = (Risque)

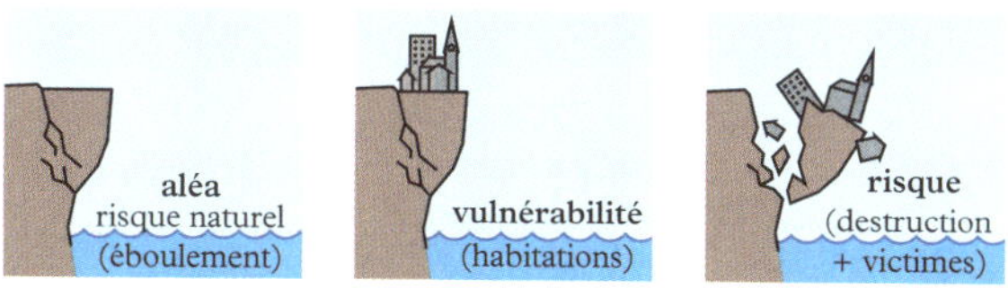

Notes

2 Risque sismique et prévention

■ Il est impossible de prévoir un séisme, mais des cartes d'aléas sismiques existent. Elles sont construites à partir des connaissances acquises au niveau des zones sismiquement actives de la planète.

■ Les zones à risque sismique sont déterminées en superposant les cartes d'aléas sismiques et celles de densité des populations.

■ Dans ces zones à risques, des moyens existent pour limiter les risques sismiques :

- limiter la population dans ses zones ;
- imposer des normes de construction parasismique* pour les nouveaux bâtiments ;
- préparer la population afin qu'elle adopte les bons gestes lors d'un séisme.

3 Risque volcanique et prévision

■ La prévision d'une éruption volcanique se base essentiellement sur la surveillance des volcans et sur l'étude des données acquises au cours d'anciennes éruptions.

■ Il est possible d'anticiper, à court terme, le moment et le type d'éruption **(voir fiche 2)**.

Notes

■ La préparation des populations quant aux conduites à tenir en cas d'éruption est importante.

■ Des plans d'alerte, de secours et d'évacuation sont mis en place par les pouvoirs publics.

4 Risque climatique et météorologique

■ Certains aléas climatiques et météorologiques menacent la France : sécheresses, inondations, canicule… Des mesures d'information visent à en limiter les impacts sur la population.

■ À l'échelle mondiale, le risque climatique majeur actuel est le réchauffement climatique global de la planète **(voir fiche 3)**.

■ Le réchauffement climatique entraîne, entre autres, la montée du niveau de la mer et une augmentation de la fréquence d'événements climatiques dangereux (tornades, tempêtes, sécheresses…).

Teste-toi !

Corrigés p. 20

A. Explique les relations existant entre aléa, vulnérabilité et risque.

B. Comment limiter les dégâts d'un séisme dans une zone à risque ?

C. Précise comment une éruption volcanique peut être anticipée.

D. Cite trois conseils à suivre en cas de canicule.

Exploitation des ressources naturelles

Fiche 5

SVT

1 Exploitation des ressources en eau

A. Les ressources en eau de la planète

■ Sur Terre, on trouve 97 % d'eau salée, 2 % d'eau bloquée sous forme de glace et seulement 1 % d'eau douce liquide disponible.

■ L'eau naturelle peut être prélevée dans les rivières, les lacs, au niveau des sources et des nappes souterraines, telles que les nappes phréatiques.

Nappes phréatiques
Eau présente, à faible profondeur, dans les fissures de roches souterraines.

B. Utilisation et gestion de l'eau par l'Homme

Notes

■ L'eau est utilisée par l'homme :

- pour produire de l'énergie (énergie nucléaire ou hydroélectricité) ;
- au quotidien dans les foyers (boisson, cuisine, hygiène, sanitaires…) ;
- dans l'agriculture (irrigation des cultures et élevages) ;
- dans l'industrie.

■ Les eaux naturelles deviennent des eaux potables* après traitement dans les usines de production d'eau potable.

■ Le stockage de l'eau se fait dans des châteaux d'eau, et la distribution par des réseaux de canalisation souterrains.

■ Les stations d'épuration permettent de traiter les eaux usées (60 % d'origine industrielle et 40 % d'origine ménagère) pour qu'elles ne soient pas sources de pollution. Deux étapes sont nécessaires au traitement :

- un traitement physique pour enlever les éléments en suspension dans l'eau : dégrillage, dégraissage et décantation ;
- un traitement biologique réalisé par des micro-organismes*.

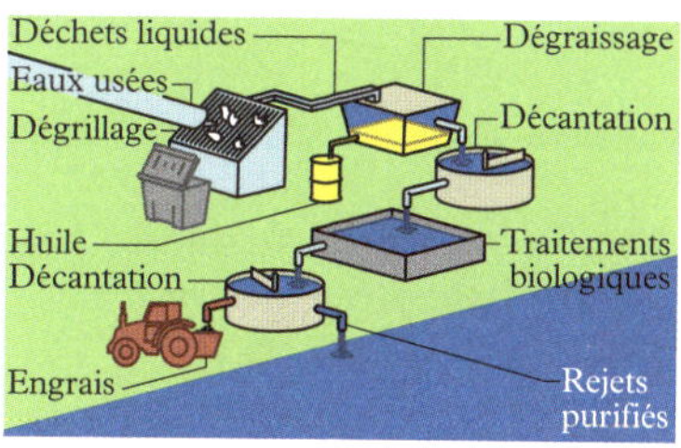

Le fonctionnement d'une station d'épuration

Notes

2 Exploitation des ressources fossiles

A. Les ressources fossiles de la planète

■ Les ressources fossiles – pétrole, charbon et gaz – se sont formées il y a plusieurs millions d'années à partir de matière organique morte.

■ Les gisements de gaz et de pétrole se situent essentiellement dans les sous-sols marins et océaniques. Il faut installer des forages pour les puiser.

Ressources fossiles

Appelées aussi combustibles fossiles, ce sont des molécules composées de carbone et d'hydrogène (hydrocarbures) issues de la dégradation lente de matière organique.

B. Utilisation et gestion des ressources fossiles par l'homme

■ Les ressources fossiles sont utilisées par l'homme pour le transport en tant que carburant et pour le chauffage et la production d'électricité en tant que combustible.

■ L'utilisation de ces ressources est source de pollution pour la planète et entraîne la libération de gaz à effet de serre (notamment le dioxyde de carbone) en grande quantité. Ces gaz accélèrent le réchauffement climatique de la planète.

Teste-toi !

Corrigés p. 20

A. Cite les réservoirs de la planète dans lesquels est prélevée l'eau douce liquide disponible.

B. Précise pour chacune des deux ressources, les utilisations qu'en fait l'Homme.

C. À quoi servent les stations d'épuration ?

D. À partir de quoi se forme le pétrole ?

E. Explique le rôle de l'homme dans le réchauffement climatique de la planète.

Écosystème et activités humaines

Fiche 6

SVT

1 Un écosystème en fonctionnement

■ Un écosystème est l'ensemble d'un milieu physique (biotope), des organismes qui vivent dans ce milieu (biocénose) et des interactions au sein de ce milieu entre les organismes eux-mêmes, et entre les organismes et leur milieu.

■ Un écosystème est un ensemble stable : les organismes s'adaptent constamment aux conditions du milieu de vie.

Réseau alimentaire

Ensemble de plusieurs chaînes alimentaires reliées entre elles. On y distingue les producteurs primaires, secondaires et les relations alimentaires entre les organismes.

■ Il y a un flux de matière (minérale et organique) et d'énergie au sein des écosystèmes, qui se traduit entre autres par l'existence de réseaux alimentaires entre les organismes vivants au sein de l'écosystème.

Notes

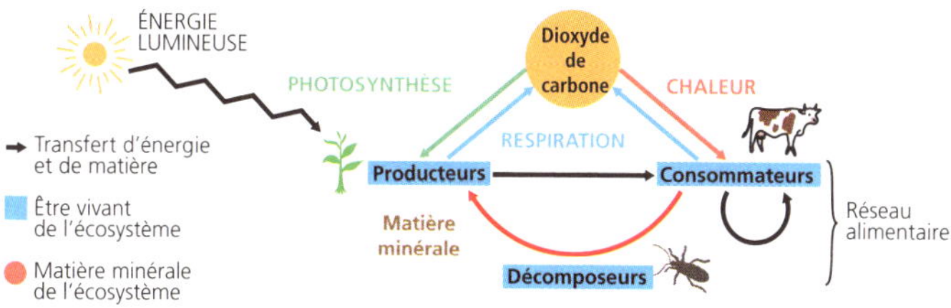

Le fonctionnement d'un écosystème

2 Activités humaines et écosystèmes

A. À l'échelle locale

■ La stabilité d'un écosystème peut être perturbée localement par l'action de l'Homme de trois façons principales :

- l'épuisement des ressources ;
- la pollution des eaux, de l'air et des sols ;
- la destruction des habitats.

■ En aménageant son environnement, l'homme modifie les habitats et peut entraîner la diminution de la biodiversité d'un écosystème.

Biodiversité

Nombre et diversité d'espèces, animales et végétales, qui peuplent un milieu.

Notes

B. À l'échelle globale

■ L'homme, en puisant et en utilisant massivement les combustibles fossiles, a amplifié et accéléré le réchauffement climatique, lequel a un impact fort sur la stabilité des écosystèmes.

■ La biocénose est adaptée au climat du biotope et peut supporter de petites variations de température. Le changement climatique est ici trop brusque pour que les espèces s'adaptent : la biodiversité peut diminuer, voire disparaître.

3 Préservation et restauration des écosystèmes

■ Les scientifiques s'inquiètent de la disparition accélérée de plusieurs espèces et craignent une sixième crise biologique*.

■ Afin de limiter son impact sur les écosystèmes, l'homme réfléchit à des solutions pour préserver ou restaurer son environnement, tout en maintenant ses activités.

Teste-toi !

Corrigés p. 20

A. Explique ce qu'est un écosystème.

B. Pourquoi dit-on qu'un écosystème est un ensemble stable ?

C. Quels types de matière circulent au sein d'un écosystème ?

D. Cite un exemple d'impact, à l'échelle locale, de l'activité humaine sur la biodiversité des écosystèmes.

E. Cite un exemple d'impact, à l'échelle globale, de l'activité humaine sur la biodiversité des écosystèmes.

Nutrition des animaux

Fiche 7

SVT

1 Systèmes digestifs et régimes alimentaires

■ Selon la nature des aliments qu'ils consomment, on distingue les animaux **zoophages***, les animaux **phytophages***.

■ Les **systèmes digestifs** de ces animaux sont différents et adaptés à leur régime alimentaire*.

■ Au sein des systèmes digestifs, des micro-organismes symbiotiques* peuvent être indispensables à la digestion. Ils fournissent des **enzymes** capables de transformer certaines molécules que l'animal n'aurait pas été en mesure de digérer.

> **Enzymes**
> Molécules assurant la digestion chimique des macromolécules alimentaires en molécules simples.

Notes

2 Approvisionnement en dioxygène

■ La **respiration** consiste à **absorber du dioxygène** et à **rejeter du dioxyde de carbone**.

■ Les **organes respiratoires** des animaux dépendent de leur milieu de vie et de leur milieu de respiration. Il s'agit :

– des **branchies** sous l'opercule des poissons qui respirent dans l'eau ;

– des **trachées** dans l'abdomen des insectes qui respirent dans l'air ;

– des **poumons** dans le thorax des humains qui respirent dans l'air.

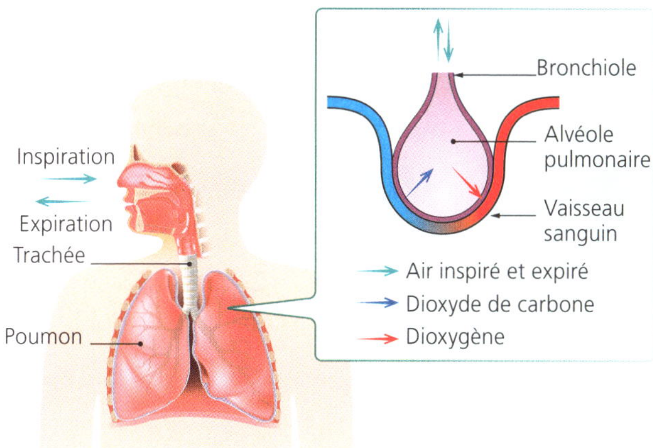

Schéma de l'appareil respiratoire humain

Notes

3 Élimination des déchets

■ Le fonctionnement des cellules entraîne la fabrication de déchets libérés dans le sang et que l'organisme doit éliminer.

■ Chez l'homme, le dioxyde de carbone est rejeté dans l'air expiré et les autres déchets sont rejetés grâce au rein.

■ Les reins vont nettoyer le sang des déchets (urée) et les éliminer dans l'urine. La vessie permet de stocker cette urine.

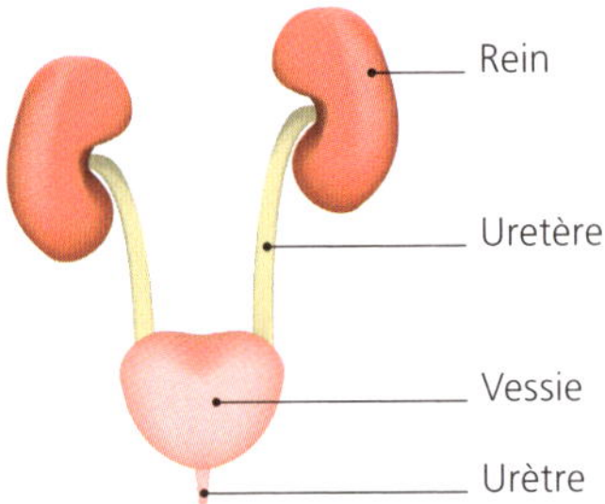

Schéma de l'organisation du système urinaire humain

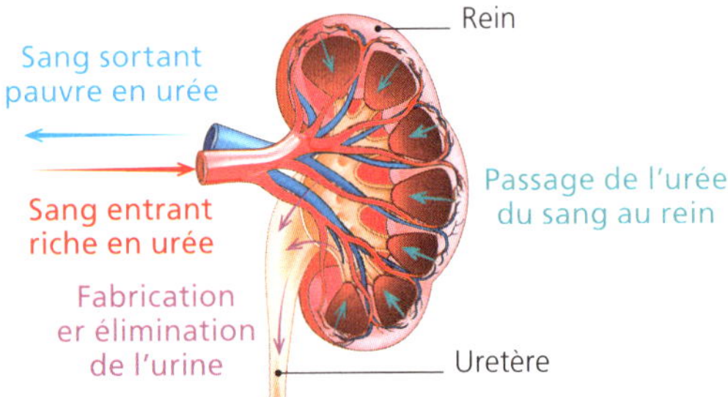

Schéma fonctionnel simplifié du rein humain

Teste-toi !

Corrigés p. 2

A. Explique le rôle important joué par les micro-organismes symbiotiques vivant dans les systèmes digestifs des animaux.

B. Qu'est-ce que la respiration ?

C. Qu'est-ce que l'inspiration et l'expiration ?

D. Précise les échanges gazeux existant au niveau d'une alvéole pulmonaire.

E. Décris le trajet de l'urine, de sa fabrication à son élimination de l'organisme.

Nutrition des végétaux chlorophylliens

Fiche 8

SVT

1 Les besoins d'une plante chlorophyllienne

Pour produire la matière organique nécessaire à sa croissance et à son fonctionnement, une plante réalise la **photosynthèse** en présence de lumière au niveau de ses cellules chlorophylliennes.

> **Photosynthèse**
> Production de matière organique au niveau des cellules chlorophylliennes à partir de matière minérale et en présence de lumière.

Eau (H_2O) + Dioxyde de carbone (CO_2) —Lumière→ Molécules organiques + Dioxygène (O_2)

Équation simplifiée de la photosynthèse

Notes

2 Les prélèvements de matière minérale

A. Au niveau des feuilles

- Des échanges gazeux entre la plante et l'air sont permis par les stomates, orifices situés au niveau de l'épiderme* des feuilles.
- Dans l'obscurité ont lieu les échanges gazeux respiratoires : absorption de dioxygène (O_2) et rejet de dioxyde de carbone (CO_2).
- À la lumière ont lieu les échanges gazeux liés à la photosynthèse : absorption de CO_2 et rejet de O_2.

B. Au niveau des racines

- L'eau et les sels minéraux sont prélevés par les poils absorbants au niveau des racines.
- La nutrition minérale peut être favorisée par l'association entre des bactéries du sol et le système racinaire de certaines plantes.

Cette association, bénéfique pour les deux partenaires, est appelée symbiose*.

3 La production et le stockage de matière organique

- La **photosynthèse** nécessite de la chlorophylle* et ne se fait donc que dans les parties vertes de la plante appelées organes de synthèse.
- Un stockage de la matière organique est possible dans les organes de réserve : graines, fruits, tubercule*…

Notes

4 Le transport au sein de la plante

A. Flux d'éléments nutritifs

■ La sève brute contient l'eau et les sels minéraux prélevés au niveau des racines.

■ Elle circule uniquement des racines aux feuilles, où elle est utilisée pour fabriquer la matière organique.

B. Flux de matière

■ La sève élaborée contient l'eau et les molécules organiques synthétisées grâce à la photosynthèse.

■ Elle circule principalement des feuilles vers le bas de la plante mais peut cependant aller dans toutes les parties du végétal pour assurer la croissance de l'ensemble des organes.

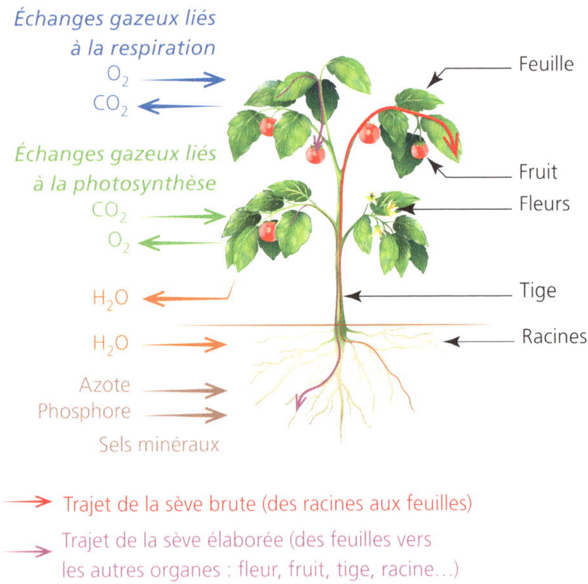

Nutrition d'une plante chlorophyllienne

Teste-toi !

Corrigés p. 2

A. Donne le nom et la formule des matières minérales nécessaires à la photosynthèse.

B. De quelle(s) manière(s) ces matières minérales sont-elles absorbées par la plante ?

C. Par quel processus la matière organique est-elle obtenue ?

D. Pourquoi une plante perdant ses feuilles risque-t-elle de dépérir ?

Reproduction sexuée et asexuée

Fiche 9

SVT

Notes

1 La reproduction asexuée

■ La reproduction asexuée permet d'obtenir un nouvel individu à partir d'un seul parent.

■ Chez les animaux unicellulaires*, elle prend la forme d'une division cellulaire classique. Pour les autres, on peut citer le bourgeonnement ou la régénération.

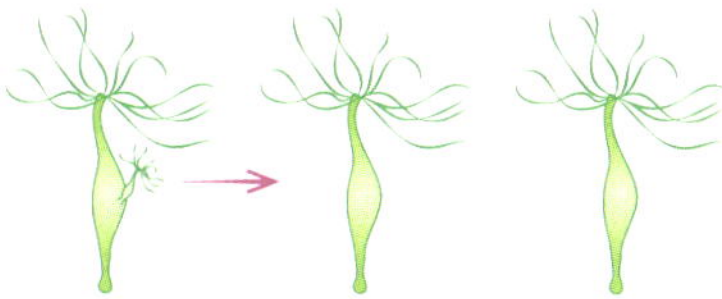

Reproduction de l'hydre d'eau douce par bourgeonnement

■ Chez les végétaux, elle nécessite généralement la formation d'organes particuliers : stolons, rhizomes…

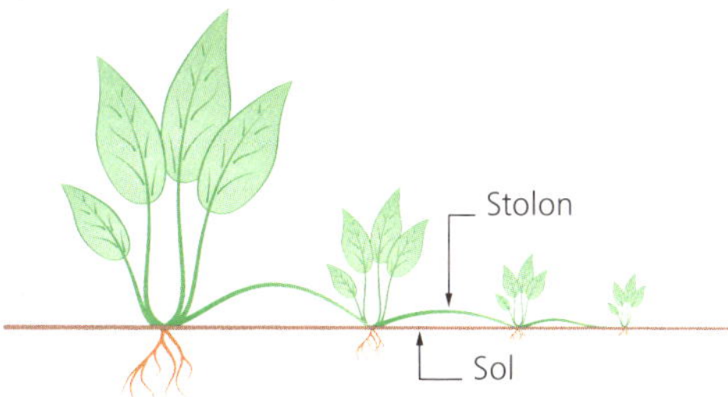

Reproduction de la Sagittaria par stolon

2 La reproduction sexuée

■ Ce type de reproduction nécessite une fécondation.

■ Il y a deux types de fécondation chez les animaux :

– la fécondation externe lorsqu'elle a lieu dans le milieu de vie ;

– la fécondation interne lorsqu'elle a lieu dans l'organisme femelle. Elle nécessite un accouplement du mâle et de la femelle.

Fécondation

Rencontre entre un gamète mâle et un gamète femelle aboutissant à la formation d'une cellule-œuf.

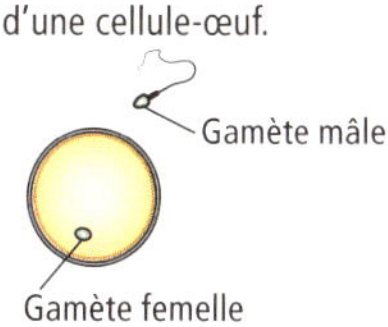

Notes

■ Chez les végétaux, la fécondation a lieu dans le pistil*. Un grain de pollen se dépose au sommet du pistil et libère le gamète mâle, qui progresse dans un tube pollinique jusqu'au gamète femelle. La reproduction est donc interne.

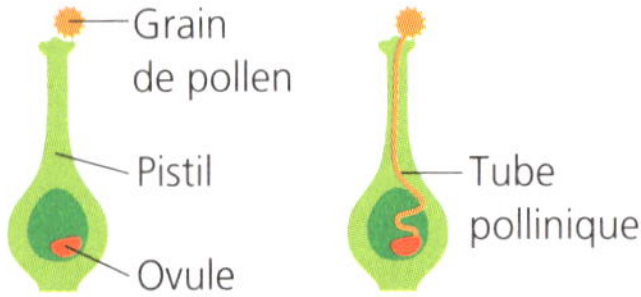

Les étapes de la fécondation végétale

3 Reproduction et patrimoine génétique

■ La reproduction asexuée permet d'obtenir des individus génétiquement identiques entre eux et à leur seul parent.

■ La reproduction sexuée permet au contraire d'introduire une diversité génétique au sein de la population à deux niveaux : la formation des gamètes et la fécondation (**voir fiche 11**).

4 Reproduction et conditions du milieu

■ Certaines conditions du milieu de vie, telles que la disponibilité des ressources nutritives, peuvent avoir une influence sur la reproduction des individus, animaux ou végétaux.

■ Plusieurs stratégies permettent aux animaux d'assurer la survie de l'espèce :

– les ovipares* aquatiques pondent beaucoup d'œufs pour compenser les éventuelles pertes ;

– les ovipares terrestres pondent peu d'œufs, mais la coquille solide protège l'embryon ;

– les vivipares* terrestres ont peu de petits, mais les adultes assurent leur protection.

■ La reproduction asexuée permet notamment aux végétaux de coloniser et d'envahir très rapidement un milieu.

Teste-toi !

Corrigés p. 20…

A. Qu'est-ce qu'un stolon ?

B. Précise à quel type de reproduction correspond l'exemple suivant : *Les chats s'accouplent, puis la femelle porte les chatons pendant environ deux mois.*

C. Explique pourquoi la fécondation végétale est une fécondation interne.

D. Justifie le fait que la division bactérienne, qui permet d'obtenir deux bactéries strictement identiques, est un exemple de reproduction asexuée.

E. Comment une lionne, animal vivipare terrestre, assure-t-elle le maintien de son espèce dans le milieu ?

Parenté entre êtres vivants

1 La classification du vivant

■ Pour classer les organismes, il faut définir les **attributs** qu'ils possèdent en commun pour construire un tableau d'attributs.

Attribut
Caractère visible d'un être vivant (squelette, poils…).

	Insecte	Vache	Homme	Araignée
Bouche	Présent	Présent	Présent	Présent
Poils		Présent	Présent	
8 pattes				Présent
6 pattes	Présent			
Squelette externe	Présent			Présent
Squelette interne		Présent	Présent	

Tableau d'attributs

■ La classification permet de regrouper les êtres vivants en groupes emboîtés les uns dans les autres.

■ Les êtres vivants qui partagent un ou plusieurs attributs sont réunis dans un même groupe.

■ Un organisme possède tous les attributs correspondants aux boîtes dans lesquelles il se trouve.

■ Plus les espèces partagent d'attributs, plus elles sont proches.

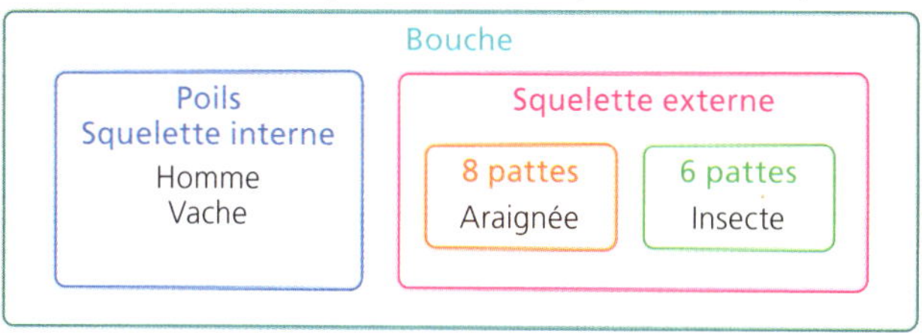

Classification en groupes emboîtés

■ À partir de ces groupes emboîtés, un arbre de parenté, ou arbre évolutif, peut être construit.

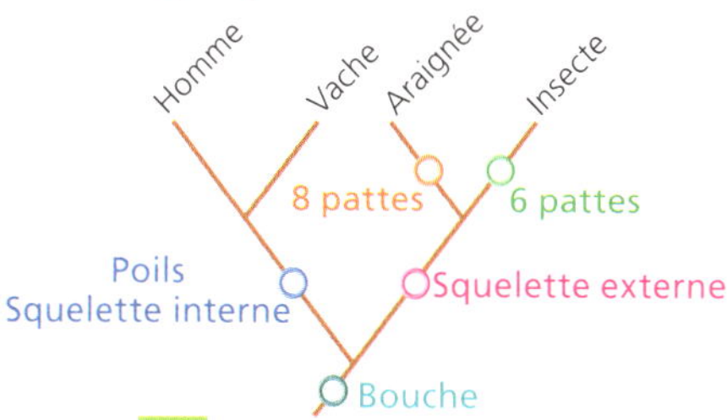

Arbre de parenté

Notes

Notes

2 Le groupe des tétrapodes

■ Les tétrapodes forment un groupe d'animaux vertébrés caractérisés par la présence de deux paires de pattes locomotrices*.

■ La comparaison du squelette du membre antérieur de plusieurs vertébrés montre qu'ils sont tous constitués des mêmes os aux mêmes emplacements. Si la comparaison est faite avec un tétrapode qui n'existe plus actuellement, cette organisation reste, tout de même, visible.

■ Ces ressemblances permettent d'établir une parenté entre les tétrapodes.

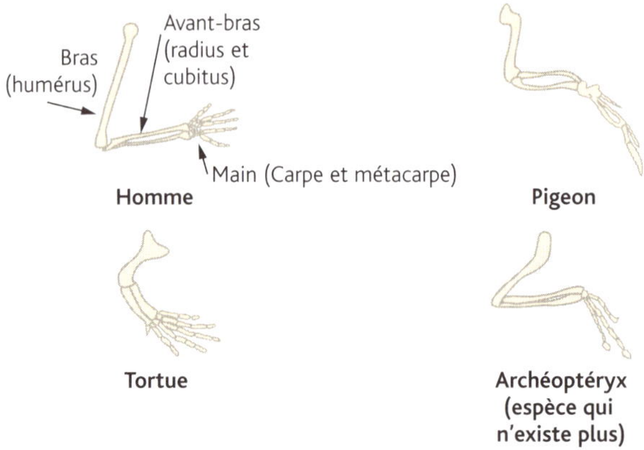

Croquis des membres antérieurs de vertébrés actuels et fossiles

3 Points communs aux êtres vivants

■ Tous les êtres vivants sont constitués de cellules, et dans chacune de ces cellules, l'ADN porte les informations génétiques **(voir fiche 11)**.

■ Ces éléments appuient l'hypothèse d'une origine commune à l'ensemble des êtres vivants.

Teste-toi !

Corrigés p. 20

A. Donne la définition d'un « attribut ».

B. À quoi correspond une « boîte » dans la « classification en groupes emboîtés » ?

C. Un individu A et un individu B possèdent deux attributs en commun. Le même individu A et un individu C possèdent 3 attributs en commun. Justifie que l'individu A est plus proche parent de l'individu C que de B.

D. Quels arguments appuient l'hypothèse d'une origine commune à l'ensemble des êtres vivants ?

Diversité génétique des êtres vivants

Fiche 11

SVT

Notes

1 Les informations héréditaires

A. Caractères spécifiques et individuels

■ Les caractères d'un individu peuvent être classés en caractères spécifiques, liés à l'espèce, et caractères individuels, propres à l'individu.

■ Les caractères spécifiques et une majorité des caractères individuels sont héréditaires*. Les autres dépendent de l'environnement et du mode de vie.

B. Maintien des informations héréditaires

■ Les chromosomes, localisés dans le noyau des cellules, sont principalement constitués d'ADN. Ils sont visibles lorsque l'ADN est compacté.

■ Le nombre de chromosomes est fixe au sein d'une espèce.

Ex. : L'espèce humaine en possède 23 paires, soit 46 chromosomes.

Chromosomes simples, chromosomes doubles

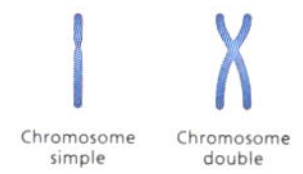

■ Le passage de **chromosomes simples** à **chromosomes doubles** lors de la préparation à la division cellulaire permet de maintenir le nombre de chromosomes de l'espèce au cours de la division.

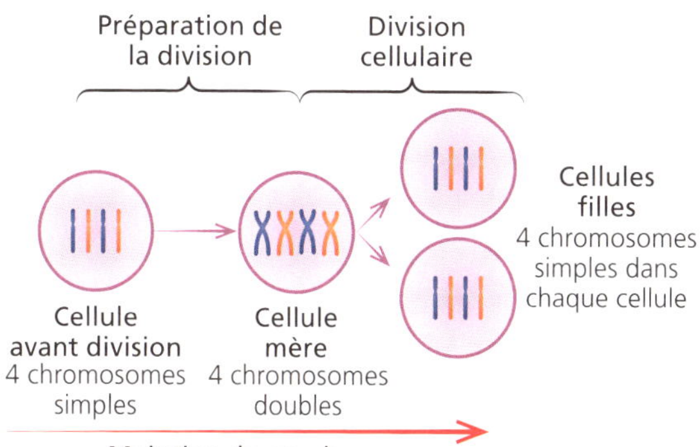

Schéma illustrant les chromosomes au cours de la division cellulaire

Notes

2 Diversité des génotypes au sein d'une espèce

■ Les chromosomes portent les **gènes**. Ils sont localisés au même endroit sur les deux chromosomes d'une même paire et sont identiques pour tous les individus d'une même espèce.

> **Gène**
> Portion d'ADN qui contient l'information déterminant un caractère héréditaire de l'individu.

■ La diversité génétique au sein d'une espèce s'explique par l'existence de différentes versions de ces mêmes gènes : les allèles. Chaque individu a une combinaison allélique unique.

■ Le génotype d'un individu (l'ensemble de ses associations alléliques) détermine son phénotype (l'ensemble de ses caractères).

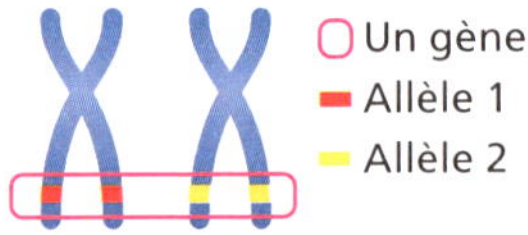

Une paire de chromosomes

3 Reproduction sexuée, source de diversité génétique

■ La formation des gamètes implique une séparation des chromosomes pour ne garder qu'un chromosome de chaque paire. Cette répartition est aléatoire et permet la formation de gamètes génétiquement uniques.

■ La fécondation permet de retrouver le nombre de chromosomes de l'espèce en associant ceux des gamètes mâle et femelle. Cette association de chromosomes aux allèles différents est due au hasard du choix des gamètes : la cellule-œuf est donc génétiquement unique.

Teste-toi !

Corrigés p. 2

A. Un caractère spécifique à l'espèce humaine est-il héréditaire ?

B. Combien de chromosomes possède une cellule musculaire humaine ?

C. Précise comment une cellule se prépare à la division cellulaire.

D. Explique l'existence d'une diversité génétique entre les individus d'une même espèce.

E. Quels sont les deux mécanismes de la reproduction sexuée permettant l'émergence d'une diversité génétique ?

Évolution des êtres vivants

Fiche 12

SVT

1 Évolution de la vie

■ Depuis l'apparition de la vie sur Terre, il y a environ 3,8 milliards d'années, la biodiversité animale et végétale est en constante évolution.

■ Lorsque deux espèces partagent les mêmes innovations évolutives, elles présentent une parenté et dérivent d'un même ancêtre commun.

Innovation évolutive
Caractère nouveau apparu au sein d'une espèce au cours de l'évolution et transmise aux descendants.

2 Les mécanismes de l'évolution

A. Les innovations génétiques

■ Les mutations, en modifiant l'ADN d'un gène, sont à l'origine de la création de nouveaux allèles chez un individu.

■ Suite à une mutation, le génotype et parfois le phénotype sont modifiés. L'individu porteur de la mutation peut acquérir une innovation évolutive.

Génotype / Phénotype
Le **génotype** d'un individu est l'ensemble de ses associations alléliques.

Le **phénotype** d'un individu est l'ensemble de ses caractères.

Notes

B. La sélection naturelle

■ Si les nouveaux allèles issus de la mutation apportent un bénéfice à l'individu porteur, sa survie peut être favorisée. Il se reproduira davantage que les autres.

■ Si l'individu porteur de ces allèles se reproduit davantage, la fréquence de cet allèle va augmenter au sein de la population.

■ Inversement, la fréquence des allèles n'apportant aucun bénéfice ou étant désavantageux pour l'individu va diminuer dans la population, car sa reproduction ne sera pas favorisée par rapport aux autres.

C. Influence du milieu et hasard

La fréquence d'un allèle au sein de la population dépend également :

- des allèles sélectionnés au hasard lors de la reproduction sexuée (**voir fiche 11**) ;
- des contraintes du milieu.

3 L'espèce humaine

Notes

■ L'espèce Homo sapiens fait partie des grands singes, faisant eux-mêmes partis de l'ordre des primates.

■ L'espèce humaine partage des caractères communs avec d'autres êtres vivants et résulte, comme les autres espèces, d'innovations évolutives successives.

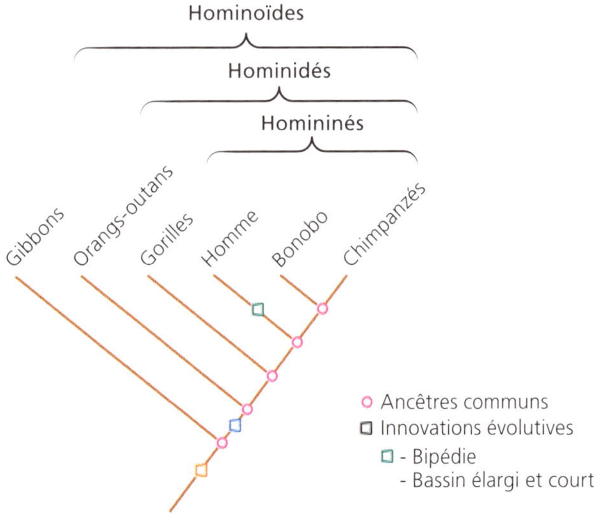

Arbre de parenté des grands singes

Teste-toi !

Corrigés p. 2

A. Qu'est ce qu'une mutation ?

B. Comment est susceptible de varier la fréquence d'un allèle déterminant un caractère favorisant la survie d'un individu ?

C. Cite deux grands mécanismes qui modifient les fréquences alléliques au sein d'une population.

D. Cite deux innovations évolutives que possède l'homme.

Système nerveux

Fiche 13

SVT

Notes

1 Réalisation d'un mouvement

■ Les muscles sont les organes effecteurs du mouvement : pour réaliser un mouvement, il y a contraction d'au moins un muscle.

■ Au cours de la contraction musculaire, la force exercée tire sur les tendons et fait jouer une articulation, ce qui conduit à un mouvement.

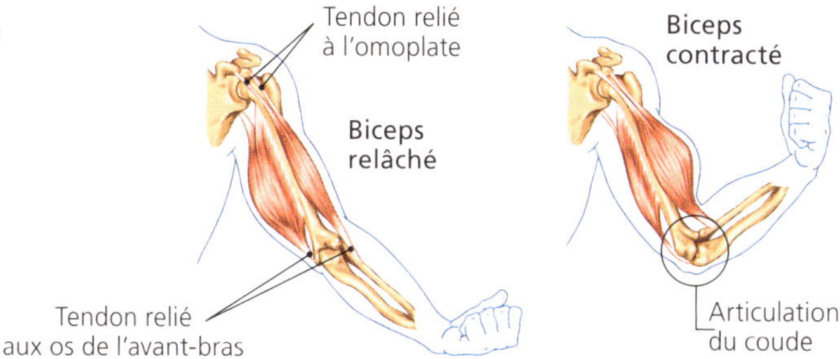

Schéma de la flexion de l'avant-bras

2 Message nerveux et centres nerveux

■ Un message nerveux est un signal chimique ou électrique déclenché par un stimulus* extérieur reçu par un organe récepteur. Il circule dans l'organisme en sens unique *via* les nerfs et permet à l'organisme de répondre de façon adaptée.

■ Les centres nerveux (moelle épinière* et cerveau) reçoivent les messages nerveux sensoriels, les analysent et les transforment en messages nerveux moteurs avant de les envoyer aux organes effecteurs.

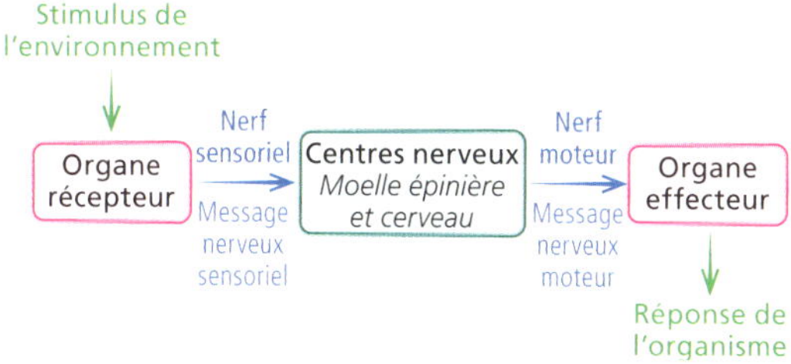

Les étapes de la transmission nerveuse

Notes

3 Cellules nerveuses

■ Les nerfs sont constitués de fibres nerveuses ou **neurones** ayant une structure cellulaire spécialisée adaptée à leur fonction de transmission de messages.

■ Les centres nerveux forment un réseau dense de neurones qui communiquent entre eux, permettant l'analyse et la transmission rapide des messages.

Neurones

Les neurones sont, comme toutes cellules, composés d'une membrane, d'un cytoplasme et d'un noyau.

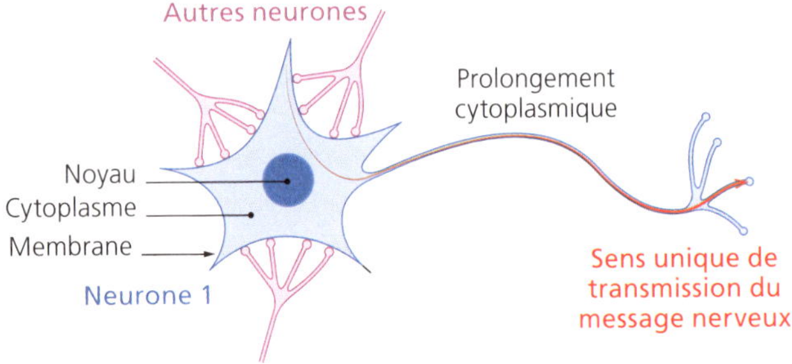

Schéma d'un neurone

■ La fatigue, la consommation d'alcool ou de drogue peuvent perturber le fonctionnement du système nerveux à différents niveaux : perception de l'environnement, analyse et transmission des messages nerveux, commande du mouvement.

Ex. : Fatigue, drogue et alcool diminuent la vigilance du conducteur en augmentant son temps de réaction et donc les risques d'accidents.

Teste-toi !

Corrigés p. 2(

A. Quelles sont les étapes de la transmission d'un message nerveux, des organes récepteurs aux organes effecteurs ?

B. Comment la contraction d'un muscle permet-elle la réalisation d'un mouvement ?

C. Explique l'intérêt de l'organisation en réseau des neurones dans les centres nerveux.

D. Pourquoi l'association « consommation d'alcool + conduite d'un véhicule » est-elle dangereuse ?

Système cardiovasculaire et transport au sein de l'organisme

Fiche 14

Notes

1 Les besoins des organes et des cellules

A. De l'organisme à la cellule

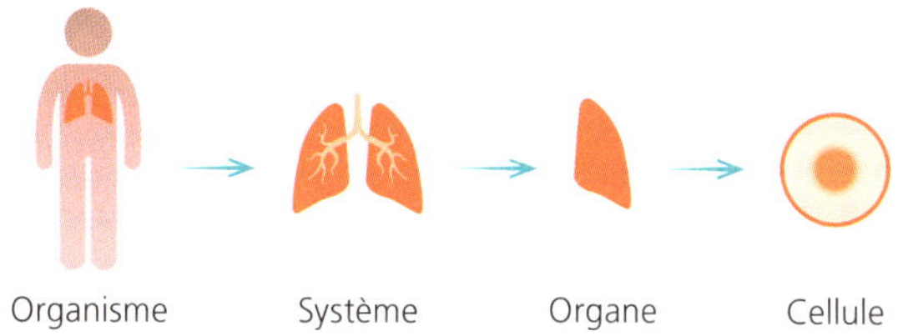

B. Au niveau des organes

- Les organes ont besoin, en continu, de nutriments provenant de la digestion au niveau de l'intestin grêle **(voir fiche 15)** et de dioxygène provenant de la respiration au niveau du système pulmonaire.
- Lors d'un effort, ces besoins augmentent proportionnellement à l'intensité de l'exercice.

C. Au niveau des cellules

- Nutriments et dioxygène sont utilisés par les cellules pour fabriquer de l'énergie au cours d'une réaction chimique :

Nutriments + $O_2 \rightarrow CO_2$ + (chaleur et énergie)

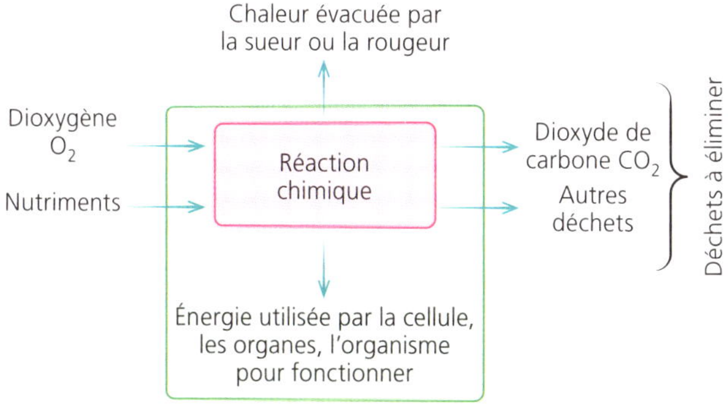

Schéma de la réaction chimique permettant la fabrication d'énergie

Notes

2 La circulation sanguine

■ La circulation sanguine assure les échanges au niveau des organes de façon continue : elle transporte dioxygène, nutriments et déchets de leur lieu d'arrivée ou de synthèse dans l'organisme à leur lieu d'utilisation ou d'élimination.

Fonctionnement rythmique du cœur

Le cœur réalise en moyenne 68 battements par minute. C'est la fréquence cardiaque.

■ Le cœur, organe central de cette circulation, est un muscle creux présent dans la cage thoracique. Son **fonctionnement rythmique** propulse le sang dans les vaisseaux sanguins partant du cœur.

■ Il existe trois types de vaisseaux sanguins :

– les artères qui amènent le sang du cœur vers les organes ;
– les veines qui amènent le sang des organes vers le cœur ;
– les capillaires au sein des organes.

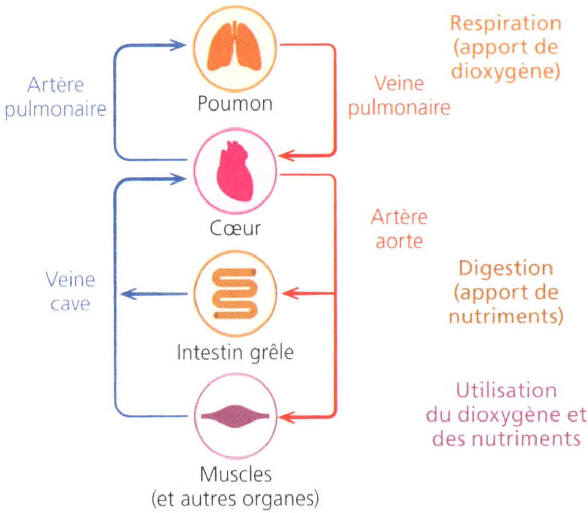

Schéma de la circulation sanguine

Teste-toi !

Corrigés p. 20

A. Réécris la réaction chimique permettant à la cellule de fabriquer de l'énergie.

B. Comment la structure du cœur (muscle creux) lui permet-elle d'assurer sa fonction ?

C. Décris le trajet qu'effectue le dioxygène de son lieu d'arrivée dans l'organisme jusqu'à son lieu d'utilisation.

Alimentation et digestion

Fiche 15

SVT

Notes

1 Les besoins alimentaires

■ Chaque individu a des besoins alimentaires qui dépendent de son sexe, son âge, sa taille, son poids mais aussi de son mode de vie et de son activité physique.

■ Pour être en bonne santé, l'homme doit avoir un bon équilibre alimentaire, c'est-à-dire une alimentation qui équilibre les besoins et les dépenses énergétiques.

2 Les molécules organiques

■ Les aliments que nous consommons sont formés de différentes molécules organiques. Ces molécules sont des molécules énergétiques pour l'organisme, c'est-à-dire qu'elles lui apportent de l'énergie calculée en kilojoules (kJ) ou kilocalories (kcal).

■ Les molécules organiques peuvent être classées en trois grandes catégories : lipides, glucides et protides.

■ Les vitamines et minéraux contribuent également à l'équilibre alimentaire. Ils n'apportent pas d'énergie à l'organisme, mais sont essentiels à son bon fonctionnement.

■ Des réactifs permettent de mettre en évidence les molécules organiques présentes dans les aliments.

Ex. : L'eau iodée jaune bleuit en présence de sucres lents.

3 Le système digestif et les types de digestion

■ La digestion est la transformation mécanique et chimique des aliments en nutriments*. Elle est réalisée par le système digestif.

■ Le système digestif comprend un tube digestif (dans lequel passent les aliments) et des glandes digestives annexes, indispensables à la digestion.

– La digestion mécanique est assurée par les dents (mastication*) et l'estomac (brassage), et permet d'écraser les aliments.

– La digestion chimique est assurée par les enzymes digestives présentes dans les sucs digestifs : la salive fabriquée par les glandes salivaires, les sucs gastriques au niveau de l'estomac, les sucs intestinaux et les sucs pancréatiques.

Enzymes digestives

Elles « découpent » les grosses molécules qui constituent les aliments pour réduire leur taille et donner des petites molécules solubles appelées nutriments.

Notes

4 L'absorption intestinale et le rejet des déchets

■ Les nutriments passent dans le sang au niveau de l'intestin grêle, c'est ce qu'on appelle l'absorption intestinale.

■ Les plis intestinaux et leurs villosités permettent d'augmenter la surface totale de l'intestin grêle. Cette structure, ainsi que la richesse en vaisseaux sanguins de la paroi intestinale, lui permet d'assurer au mieux son rôle de surface d'échange*.

■ Tout ce qui n'est pas digéré est éliminé de l'organisme par l'anus sous forme d'excréments.

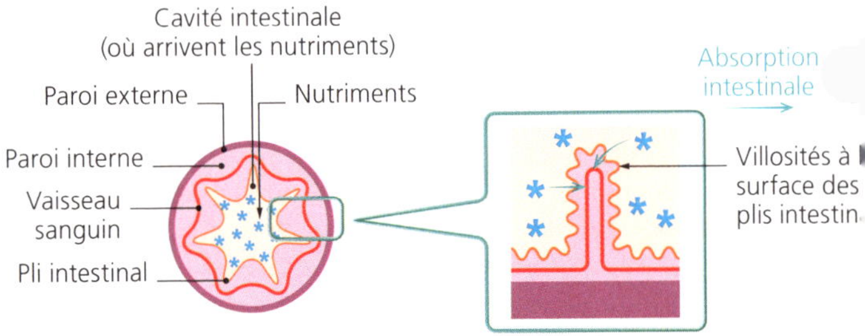

Schéma d'une coupe transversale d'intestin grêle

Schéma d'un pli intestinal

5 Le microbiote

Le microbiote est l'ensemble des micro-organismes* présents dans le tube digestif. Il protège l'organisme contre l'implantation d'espèces pathogènes* et participe au bon fonctionnement de notre organisme.

Teste-toi !

Corrigés p. 2

A. Cite les trois grandes catégories de molécules organiques.

B. Comment équilibrer son alimentation ?

C. Explique la différence entre le système digestif et le tube digestif.

D. Quelles fonctions assurent les enzymes digestives dans la digestion ?

E. Quel est le rôle des plis intestinaux et des villosités ?

Monde microbien et réactions immunitaires

Fiche 16

SVT

1 Le monde microbien

■ L'Homme est sans cesse confronté à des micro-organismes*, variés et nombreux. Ils sont présents dans l'environnement (air, surface des objets…), dans l'organisme humain ou sur la peau.

■ Ils peuvent être inoffensifs, pathogènes* ou bénéfiques **(voir fiche 17)**.

2 Réaction rapide et non spécifique de défense

■ La phagocytose, réaction en trois étapes permettant la plupart du temps de stopper l'infection, est réalisée par les **phagocytes**.

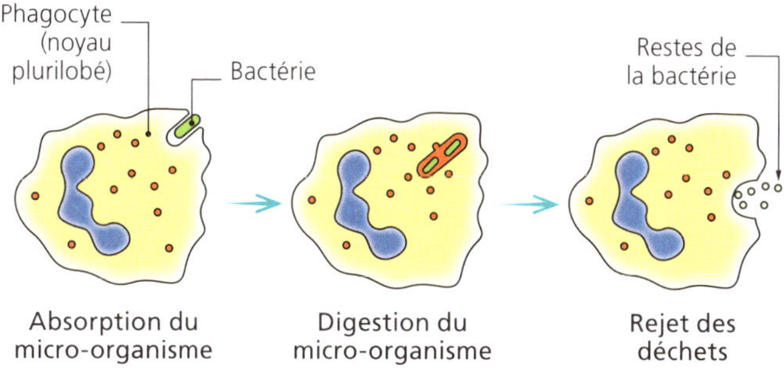

Schéma illustrant les étapes de la phagocytose

3 Les réactions lentes et spécifiques de défense

■ Les réactions lentes, réalisées par les **lymphocytes**, sont dites spécifiques*, car elles nécessitent la reconnaissance de l'antigène* : molécule reconnue comme étrangère par l'organisme et présente au niveau des micro-organismes.

■ Ces réactions lentes comprennent trois étapes :

- reconnaissance de l'antigène par le lymphocyte ;
- multiplication du lymphocyte ;
- attaque et destruction des bactéries ou du virus.

Phagocytes et lymphocytes

Leucocytes (globules blancs) présents dans le sang et intervenant dans les réponses immunitaires.

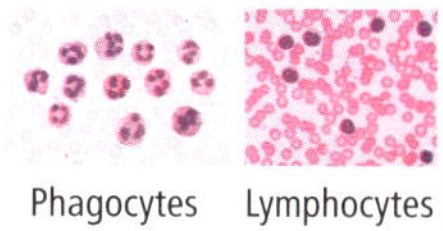

Notes

Notes

4 Action des lymphocytes

A. Action des lymphocytes B

■ Les lymphocytes B sécrètent dans le sang des anticorps* spécifiques de l'antigène reconnu.

■ Les anticorps se fixent sur les antigènes et forment un complexe antigène/anticorps* qui neutralise le micro-organisme et facilite sa destruction par phagocytose.

B. Action des lymphocytes T

■ Les lymphocytes T, ou lymphocytes tueurs, détruisent les cellules infectées par un virus par simple contact.

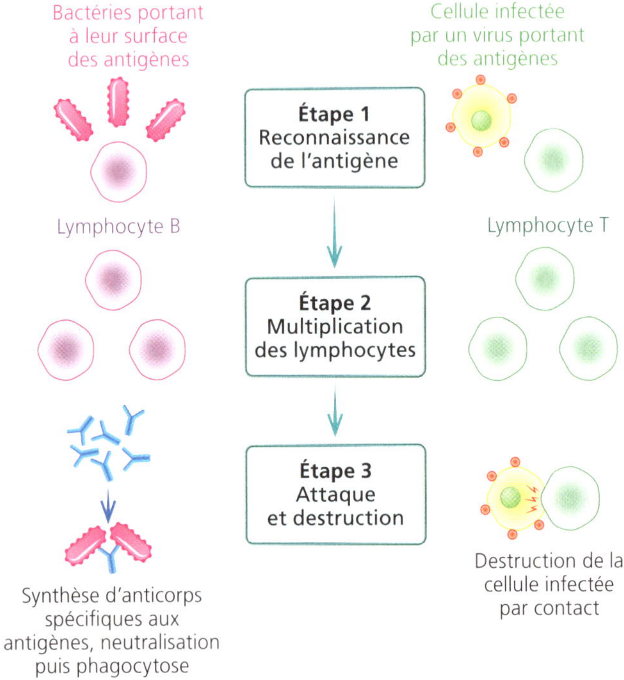

Teste-toi !

Corrigés p. 2

A. Précise les trois étapes de la réaction non spécifique de défense de l'organisme.

B. Qu'est-ce qu'un lymphocyte et quel est son rôle ?

C. Pourquoi les anticorps sont dits spécifiques à l'antigène ?

D. Explique comment l'organisme se défend face à une infection virale.

Politiques de prévention et de lutte contre la contamination et/ou l'infection

Fiche 17

SVT

Notes

1 Les mesures d'hygiène contre la contamination (asepsie)

■ Afin d'éviter la contamination, des gestes simples existent :

– se laver les mains régulièrement avec du savon ou utiliser une solution hydroalcoolique ;

– se couvrir le nez et la bouche en cas d'éternuement ou de toux ;

– utiliser des mouchoirs à usage unique.

Contamination

Entrée de micro-organismes pathogènes dans le corps suite à l'ouverture des barrières naturelles (peau et muqueuses).

■ L'utilisation de préservatifs (masculins ou féminins) lors de rapports sexuels est le seul moyen de se protéger des infections sexuellement transmissibles telles que le sida.

2 Antiseptiques et antibiotiques contre l'infection (antisepsie)

A. Antiseptiques

Les produits antiseptiques permettent d'éliminer bactéries et virus au niveau d'une plaie cutanée* externe et les empêchent donc de se propager et d'infecter l'organisme.

Infection

Multiplication des micro-organismes pathogènes dans le corps. L'**infection bactérienne** a lieu dans les liquides de l'organisme et l'**infection virale** dans les cellules humaines.

B. Antibiotiques

■ Les antibiotiques permettent d'éliminer les bactéries présentes dans l'organisme et donc de lutter contre l'infection. Ils sont inefficaces contre les infections virales.

■ La réalisation d'antibiogramme permet de déterminer l'antibiotique le plus efficace pour une souche bactérienne* donnée.

Des pastilles imbibées d'antibiotiques sont placées sur une colonie bactérienne. Une plage de lyse se forme dans la colonie suite à la mort des bactéries.

■ Une mauvaise utilisation des antibiotiques entraîne le

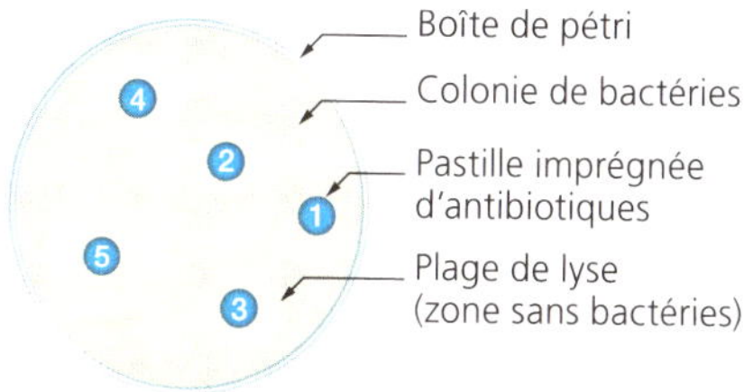

Schéma d'un antibiogramme

Notes

développement de formes de résistance par sélection de populations bactériennes résistantes.

3 Vaccination et santé publique

- La vaccination est le moyen de prévention le plus efficace aujourd'hui pour lutter contre certaines maladies infectieuses (tétanos, rougeole...).
- La vaccination individuelle permet de protéger la population mondiale en évitant les épidémies*. Des campagnes d'information existent et certains vaccins sont obligatoires.
- Le principe de la vaccination repose sur la mémoire immunitaire : à chaque infection, l'organisme conserve des cellules mémoires capables de répondre plus vite et plus efficacement lors d'un second contact avec le même antigène.
- Elle assure une protection préventive*, durable et spécifique contre un pathogène* donné.

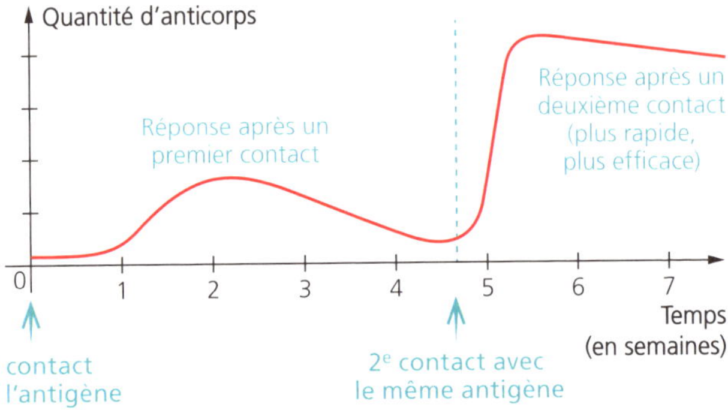

Teste-toi !

Corrigés p. 20

A. Cite quatre pratiques permettant de limiter les risques de contamination.

B. Comment limiter l'infection au niveau d'une plaie suite à une coupure ?

C. Explique le principe d'un antibiogramme.

D. Pourquoi la vaccination est-elle qualifiée de protection préventive ?

Sexualité et reproduction

Fiche 18

SVT

Notes

1 Puberté et organes reproducteurs

■ À la puberté, le fonctionnement des organes reproducteurs masculins et féminins se déclenche et entraîne l'apparition des caractères sexuels secondaires*.

■ Chez l'homme, le fonctionnement des testicules est continu : ils produisent des spermatozoïdes (gamètes mâles) en grande quantité de la puberté à la mort.

■ Chez la femme, le fonctionnement des ovaires est cyclique : ils libèrent un ovule (gamète femelle) tous les 28 jours en moyenne. C'est l'ovulation*.

■ Des hormones cérébrales* contrôlent le fonctionnement des organes reproducteurs.

Hormone
Substance fabriquée par un organe et qui va agir à distance sur un autre, appelé organe cible. Les hormones circulent dans le sang.

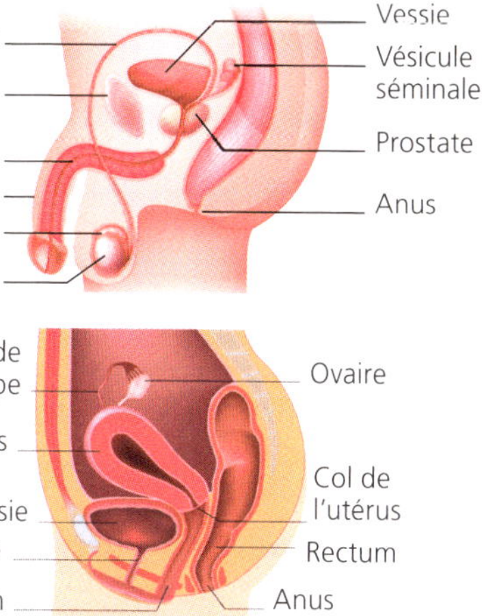

Schéma des appareils reproducteurs féminin et masculin

2 Fécondation et grossesse

A. Fécondation humaine

■ La fécondation, interne chez l'espèce humaine, se déroule dans l'une des trompes de l'appareil reproducteur féminin et nécessite un rapport sexuel.

Notes

■ Sur les 50 à 100 millions de spermatozoïdes par millilitre de sperme libérés au fond du vagin lors du rapport sexuel, un seul fécondera l'ovule au cours de la période d'ovulation.

■ Cette fécondation permettra la formation d'une cellule-œuf.

B. Déroulement d'une grossesse

■ La cellule-œuf, par divisions successives, devient un embryon qui s'implante dans la muqueuse utérine pour s'y développer pendant neuf mois.

■ Pendant la grossesse, des échanges placentaires entre la mère et le fœtus ont lieu et assurent la nutrition du fœtus.

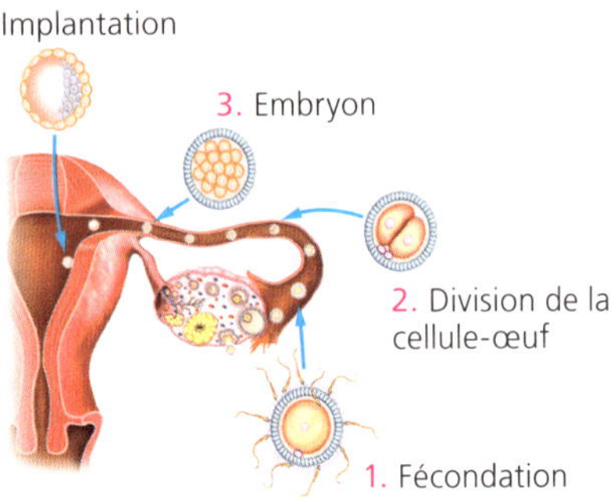

De la fécondation à l'implantation de l'embryon

3 Comportements responsables et sexualité

■ Toute relation sexuelle doit être accompagnée de comportements responsables pour éviter une grossesse non désirée ou la transmission d'une IST (infection sexuellement transmissible) entre les partenaires.

■ Plusieurs méthodes de contraception* existent, hormonales (*Ex. : pilule contraceptive*) ou mécaniques (*Ex. : préservatif*).

■ L'utilisation de préservatifs lors de rapports sexuels reste l'une des solutions les plus efficaces pour se protéger des IST **(voir fiche 17)**.

Teste-toi !

Corrigés p. 20

A. Comment une hormone cérébrale peut-elle agir sur le fonctionnement des ovaires situés autre part dans l'organisme ?

B. Quel trajet effectue un spermatozoïde, de sa libération au moment du rapport sexuel, jusqu'au lieu de l'ovulation ?

C. Cite le moyen de plus efficace pour se protéger des IST au cours d'un rapport sexuel.

CORRIGÉS DES *TESTE-TOI !*

Fiche 1. **A.** Vénus est une planète tellurique car elle est constituée de roches et de métaux. – **B.** La rotation de la Terre sur elle-même s'effectue en 24 heures, une moitié du globe reçoit donc les rayons lumineux pendant 12 heures (jour), puis n'en reçoit plus pendant 12 heures également (nuit). – **C.** La Terre est l'unique planète du Système solaire à posséder de l'eau à l'état liquide car elle est la seule dont la température de surface le permet. Mercure et Vénus ont une température de surface supérieure à 100 °C, et Mars, inférieure à 0 °C. – **D.** L'échelle des temps géologiques a été établie à partir d'événements géologiques et biologiques importants et ayant eu un impact sur notre planète depuis sa formation, il y a 4,5 milliards d'années. Fiche 2. **A.** L'intensité du séisme est maximale au niveau de l'épicentre. – **B.** Un séisme est ressenti sur plusieurs kilomètres de distance car il se propage dans le sol et en surface sous la forme d'ondes sismiques. – **C.** La présence de coulées de lave caractérise le volcanisme effusif. – **D.** Les matériaux projetés lors de l'éruption volcanique peuvent, en s'accumulant, former l'édifice volcanique. – **E.** Les trois types de mouvements auxquels sont soumises les plaques lithosphériques sont : convergence, divergence et décrochement. Fiche 3. **A.** La météo désigne le temps qu'il fait en ce moment ou dans les jours qui viennent, tandis que le climat désigne les valeurs moyennes du temps sur des semaines et des années. – **B.** Les zones climatiques se répartissent en bandes longitudinales de part et d'autre de l'équateur. – **C.** L'énergie solaire qui arrive en surface du globe est inégalement repartie, c'est la cause des climats. – **D.** Les masses d'eau de surface sont mises en mouvement par le vent et les masses d'eau profondes par des différences de température et de salinité. – **E.** L'homme accélère le réchauffement climatique. Fiche 4. **A.** Un risque est le croisement entre un aléa et la vulnérabilité d'une zone. – **B.** Pour réduire les risques sismiques dans une zone, il est possible de : limiter le nombre de la population dans ses zones, imposer des normes de construction parasismique pour les nouveaux bâtiments et préparer la population afin qu'elle adopte les bons gestes lors d'un séisme. – **C.** La prévision d'une éruption volcanique se base essentiellement sur la surveillance des volcans et sur l'étude des données acquises au cours d'anciennes éruptions. – **D.** Les conseils en cas de canicule sont, entre autres : mouiller son corps et se ventiler, boire régulièrement de l'eau et maintenir sa maison au frais. Fiche 5. **A.** L'eau douce liquide disponible peut être prélevée dans les rivières, les lacs, au niveau des sources et des nappes souterraines. – **B.** L'eau est utilisée par l'homme dans les secteurs de l'énergie, de l'agriculture et de l'industrie, ainsi que dans les foyers. Les ressources fossiles sont utilisées par l'homme en tant que carburant et en tant que combustible. – **C.** Les stations d'épuration permettent de traiter les eaux usées pour qu'elles ne soient pas source de pollution. – **D.** Le pétrole se forme à partir de matière organique morte. – **E.** L'homme, en utilisant les ressources fossiles, libère des gaz à effet de serre et accélère le réchauffement climatique de la planète. Fiche 6. **A.** Un écosystème est l'ensemble d'un biotope, d'une biocénose et des interactions entre les organismes eux-mêmes et entre les organismes et leur milieu. – **B.** Un écosystème est un ensemble stable car les organismes s'adaptent constamment aux conditions du milieu. – **C.** Les types de matières minérale et organique circulent au sein de l'écosystème. – **D.** La pollution des eaux par exemple. – **E.** Le réchauffement climatique par exemple causé par l'utilisation massive des combustibles fossiles. Fiche 7. **A.** Les micro-organismes symbiotiques vivant dans les systèmes digestifs des animaux fournissent des enzymes capables de transformer certaines molécules que l'animal n'aurait pas été en mesure de digérer. – **B.** La respiration consiste en l'absorption de dioxygène et le rejet de dioxyde de carbone. – **C.** Inspiration : entrée d'air dans les poumons. Expiration : sortie d'air des poumons. – **D.** Au niveau d'une alvéole pulmonaire, le dioxygène

Notes

Notes

passe de l'air inspiré au sang et le dioxyde de carbone passe du sang à l'air expiré. **E.** L'urine est fabriquée dans le rein, puis passe dans les uretères, est stockée dans la vessie et est éliminée par l'urètre. Fiche 8. **A.** Les matières minérales nécessaires à la photosynthèse sont : l'eau (H_2O), le dioxyde de carbone (CO_2) et les sels minéraux. – **B.** Le dioxyde de carbone entre par les stomates présents sur l'épiderme des feuilles vertes, et l'eau et les sels minéraux sont absorbés par les poils absorbants des racines. – **C.** La matière organique est synthétisée grâce à la photosynthèse en présence de lumière. – **D.** Car elle ne peut plus réaliser la photosynthèse qui assure son fonctionnement et sa croissance. Fiche 9. **A.** Un stolon est un organe que crée un végétal et qui lui permet de se reproduire de façon asexuée. – **B.** C'est un exemple de reproduction sexuée à fécondation interne, car il y a un accouplement de deux individus (reproduction sexuée) et la fécondation a lieu dans l'appareil reproducteur de la femelle (fécondation interne). – **C.** La fécondation végétale est interne, car elle a lieu dans le pistil. – **D.** C'est une reproduction asexuée car aucune diversité génétique n'apparaît lors de la reproduction : les individus obtenus sont strictement identiques. **E.** Une lionne assure le maintien de son espèce dans le milieu en protégeant ses petits des prédateurs pour les maintenir en vie. Fiche 10. **A.** Un attribut est un caractère visible d'un être vivant. – **B.** Chaque boîte correspond à un attribut. – **C.** A est plus proche de C que de B, car A et C possèdent davantage d'attributs en commun entre eux qu'avec B. – **D.** Les arguments qui appuient l'origine commune des êtres vivants sont que tous les êtres vivants sont constitués de cellules et que, dans chacune de ces cellules, c'est l'ADN qui porte les informations génétiques. Fiche 11. **A.** Oui, un caractère spécifique est obligatoirement héréditaire. – **B.** Elle possède 46 chromosomes. – **C.** Une cellule se prépare à la division cellulaire en doublant ses chromosomes. – **D.** La diversité génétique entre les individus d'une même espèce s'explique par l'existence d'allèles différents pour un même gène : chaque individu a une combinaison allélique unique. – **E.** Les deux mécanismes de la reproduction sexuée permettant l'émergence d'une diversité génétique sont : la formation des gamètes et la fécondation. Fiche 12. **A.** Une mutation est une modification de l'ADN d'un gène permettant la création de nouveaux allèles. – **B.** La fréquence d'un allèle déterminant un caractère favorisant la survie d'un individu va augmenter au sein de la population car l'individu aura plus de chance de se reproduire. – **C.** Deux grands mécanismes qui modifient les fréquences alléliques au sein d'une population sont : la sélection naturelle et le hasard. – **D.** Bipédie et bassin élargi et court. Fiche 13. **A.** Réception d'un stimulus de l'environnement par un organe récepteur / transmission du message nerveux sensitif aux centres nerveux par les nerfs sensitifs / Analyse et création du message nerveux moteur par le cerveau / Transmission du message nerveux moteur aux organes effecteurs par les nerfs moteurs / Réalisation du mouvement – **B.** La force exercée par la contraction musculaire tire sur les tendons et fait jouer une articulation, ce qui conduit à un mouvement. – **C.** L'organisation en réseau dense de neurones dans les centres nerveux permet l'analyse et la transmission rapide des messages. – **D.** La consommation d'alcool diminue la vigilance du conducteur et augmente les risques d'accidents. Fiche 14. **A.** La réaction chimique permettant à la cellule de fabriquer de l'énergie est : Nutriments + $O_2 \rightarrow CO_2$ + (chaleur et énergie). – **B.** Le cœur est un muscle car il doit se contracter pour propulser le sang dans l'organisme et il doit être creux pour que le sang puisse circuler à l'intérieur. – **C.** Le dioxygène arrive dans l'organisme au niveau du système pulmonaire, passe dans le sang et va jusqu'au cœur grâce à la veine pulmonaire puis aux organes via l'artère aorte. Fiche 15. **A.** Glucides, lipides et protides. – **B.** Il faut équilibrer les apports et les dépenses énergétiques. – **C.** Le tube digestif regroupe les organes au sein desquels transitent les aliments et le système digestif est l'ensemble du tube digestif et des glandes digestives annexes (dans lesquelles ne passent pas les aliments). – **D.** Les enzymes digestives assurent la transformation des molécules organiques contenues dans les aliments en nutriments, molécules solubles plus petites qui passeront dans le sang. – **E.** Les plis intestinaux et les villosités permettent d'augmenter la surface totale de l'intestin. Fiche 16. **A.** Absorption du micro-organisme pathogène par un phagocyte / Digestion du micro-organisme / Rejet des déchets. – **B.** Un lymphocyte est un leucocyte permettant de défendre l'organisme de façon spécifique. – **C.** Les anticorps sont spécifiques aux antigènes car ils ne peuvent neutraliser que les micro-organismes ayant été reconnus par le lymphocyte B. – **D.** Un lymphocyte T va reconnaître la cellule infectée par un virus grâce aux antigènes de surface, se multiplier puis détruire cette cellule par contact. Fiche 17. **A.** Se laver les mains régulièrement avec du savon ou utiliser une solution hydroalcoolique / Se couvrir le nez et la bouche en cas d'éternuement ou de toux / Utiliser des mouchoirs à usage unique/ Utiliser des préservatifs (masculins ou féminins) lors de rapports sexuels. – **B.** En appliquant un produit antiseptique au niveau de la plaie. – **C.** Des pastilles imbibées d'antibiotiques sont placées sur une colonie bactérienne. Une plage de lyse se forme dans la colonie suite à la mort des bactéries. La taille de la plage de lyse permet de déterminer l'antibiotique le plus efficace. – **D.** La vaccination permet de mettre en mémoire de façon préventive des cellules capables de défendre l'organisme de façon rapide et efficace en cas de contact avec un antigène donné (le contact n'a pas encore eu lieu). Fiche 18. **A.** Une hormone libérée par le cerveau va circuler dans le sang jusqu'aux ovaires, où elle pourra agir sur son fonctionnement. – **B.** Les spermatozoïdes sont libérés au fond du vagin, puis passent par l'utérus pour atteindre l'une des trompes, où a lieu la fécondation. – **C.** L'utilisation de préservatifs lors de rapports sexuels reste l'une des solutions les plus efficaces pour se protéger des IST.

Notes

Notes

LEXIQUE

Les mots définis dans le lexique sont signalés par un * dans les fiches.

A

Antigène : molécule reconnue comme étrangère par le corps.
Anticorps : molécule de défense synthétisée par les lymphocytes B.
Astre : Corps présent dans le ciel (étoiles, planètes, comètes ...).

C

Caractères sexuels secondaires : différences entre homme et femme apparaissant à la puberté.
Chlorophylle : pigment qui donne la couleur verte aux végétaux verts.
Cérébral : relatif au cerveau.
Complexe antigène/anticorps : association spécifique entre un antigène et un anticorps.
Contraception : moyen permettant d'éviter une grossesse.
Crise biologique : courte période géologique au cours de laquelle, au sein d'une large zone géographique, le nombre d'espèces de plusieurs groupes diminue fortement.
Cutané : relatif à la peau.

E

Épidémie : maladie qui touche une vaste population très rapidement.
Épiderme : partie superficielle d'un végétal.

G

Graviter : tourner autour de.

H

Héréditaire : qui se transmet au cours des générations successives.

L

Locomotrice : permettant le déplacement de l'organisme.

M

Magma : roche en fusion.
Mastication : action d'écraser les aliments avec les dents.
Micro-organismes : organismes dont la taille est de l'ordre du micromètre (10^{-6} mètres).
Moelle épinière : élément du système nerveux situé dans la colonne vertébrale.

N

Nutriments : substances solubles issues de la digestion des aliments.

O

Ovipare : espèce au sein de laquelle les femelles pondent des œufs.
Ovulation : libération d'un ovule par l'ovaire.

P

Parasismique : qui peut résister à des secousses sismiques.
Pathogène : qui peut causer des maladies.
Phytophage : organisme se nourrissant essentiellement d'aliments d'origine végétale.
Pistil : organe reproducteur féminin d'une plante.
Pluviométrie : mesure de la quantité de pluie tombée par unité de temps.
Potable : qui peut être consommé sans risque pour la santé.
Préventif : pour prévenir, pour éviter qu'un événement ne se produise.

R

Régime alimentaire : aliments consommés par un organisme vivant.

S

Salinité : quantité de sel dissous dans l'eau.
Souche bactérienne : colonie de bactéries au sein de laquelle de légères variations apparaissent.
Spécifique : qui est particulier à une seule chose.
Stimulus : élément déclenchant une réaction.
Surface d'échange : organe au niveau duquel s'effectuent des échanges, notamment gazeux.
Symbiose : interaction durable entre des individus d'espèces différentes.
Symbiotique : qui opère une symbiose avec un organisme.

T

Tubercule : organe végétal de réserve.

U

Unicellulaire : constitué d'une seule cellule.

V

Vivipare : espèce au sein de laquelle les femelles portent leurs petits au début de leur développement.

Z

Zoophage : organisme ne se nourrissant que d'aliments d'origine animale.

Français

Sommaire

Méthodes

Grammaire

Conjugaison

Français

Notes

Notes

Orthographe

Outils d'analyse

Bien se préparer à l'épreuve tout au long de l'année

Fiche 1

Français

L'épreuve du brevet se prépare tout au long de l'année de 3e et suppose de bien s'organiser durant les révisions et le jour de l'examen.

1 Tout au long de l'année

A. Les connaissances à acquérir

Le brevet évaluera la maîtrise des connaissances relatives aux programmes du collège. Il s'agit donc de maîtriser :
– les notions relatives aux types de textes, aux genres et aux registres (tonalités) ;
– les outils grammaticaux et les principaux procédés de style.

Méthode : Apprenez bien le cours de votre professeur ; utilisez vos manuels en complément et étudiez les **fiches 10 à 45**.

Notes

B. Les méthodes

Le brevet évaluera aussi votre savoir-faire. On attend du candidat :
– qu'il sache comprendre un corpus ;
– qu'il sache rédiger une réponse à une question et défendre un point de vue ;
– qu'il maîtrise convenablement l'orthographe courante ;
– qu'il soit capable de produire un texte en respectant des consignes précises.

> **Le corpus**
> Il peut s'agir d'un texte et/ou d'une image.

Méthode : Pratiquez régulièrement les exercices du brevet (questions, réécriture, rédaction) ; travaillez avec des annales corrigées, étudiez les **fiches 1 à 9**, relisez régulièrement les corrections de votre professeur. Lire des livres qui vous plaisent améliorera votre culture, votre capacité de réflexion et votre maîtrise de la langue.

2 Les révisions qui précèdent l'examen

A. Les conseils du professeur

Durant les jours qui précèdent l'épreuve, revoyez vos cours de français en pensant à relire avec attention les corrections de devoirs et les appréciations que le professeur a écrites sur vos copies. Cela vous permettra de repérer vos erreurs et défauts habituels afin de ne pas les reproduire le jour de l'examen.

Notes

B. Les fiches

Les fiches rassemblent de manière synthétique et précise les connaissances et les méthodes à acquérir. En vous aidant du sommaire et des « Teste-toi », commencez par les fiches relatives à des notions que vous maîtrisez moins.

3 Le jour de l'examen

A. Les questions sur le corpus

– Lisez attentivement le corpus en entier. Demandez-vous quel est le thème commun aux documents.
– Relisez le texte littéraire. Quel est le contenu ? Quel est, pour le récit, le narrateur ? Quelles sont les intentions de l'auteur ?
– Rédigez correctement les réponses.
– Relisez-vous avec attention.

B. L'exercice de réécriture

– Lisez attentivement la consigne et le texte à modifier en repérant les difficultés.
– Rédigez la réponse.
– Relisez-vous attentivement en vous posant des questions.

C. La dictée

– Écoutez attentivement la première lecture du texte.
– Écrivez en restant bien concentré(e).
– Relisez-vous soigneusement.

D. La rédaction

– Choisissez le sujet qui vous semble le plus accessible.
– Lisez avec attention la consigne.
– Préparez le plan de votre devoir au brouillon avant de rédiger soigneusement.
– Relisez-vous avec attention.

Teste-toi !

Corrigés p. 2

A. Dans quels domaines s'inscrivent les connaissances à maîtriser ?

B. Pourquoi est-ce utile de relire les appréciations écrites sur les copies ?

C. Que doit-on relire le jour du brevet ?

Répondre à une question sur un texte ou une image

Fiche 2

Français

Notes

La première partie de l'épreuve, notée sur 15 points, consiste en un corpus accompagné de questions. Pour réussir cette partie, il est nécessaire de lire le texte littéraire avec attention, de maîtriser les notions auxquelles il est fait appel et de soigner la rédaction des réponses.

1 La lecture du texte

A. La démarche à suivre

Il est essentiel de ne pas vous précipiter sur votre stylo et de tenter de répondre au plus vite à la première question. Avant de rédiger les réponses, vous devez lire le texte littéraire avec attention, plusieurs fois si nécessaire.
Examinez aussi l'image qui fait partie du corpus.

B. Les questions à se poser

- Quelle place le texte littéraire occupe-t-il dans le corpus ?
- Qui est l'auteur ? Pourquoi écrit-il ce texte ? À quelle époque ?
- Qu'éprouve le lecteur en lisant le texte ?
- Quels sont les personnages ? Quelles relations entretiennent-ils ?
- Quel est le thème du texte ?
- Quelle est la progression (le plan, les étapes) du texte ?
- Que représente l'image ? Quel est le lien avec le texte littéraire ?

2 Les questions

A. La lecture des questions

- Lisez l'ensemble des questions en repérant celles qui supposent un développement argumenté : il faudra y consacrer plus de temps.
- Lisez avec beaucoup d'attention chaque question en vous demandant ce qui est attendu.

Ex. : « Relevez les adjectifs dans le premier paragraphe et précisez leur rôle. » : cette question est double, elle demande un relevé et une interprétation.

Conseil
Certaines questions contiennent parfois plusieurs attentes et il ne faut pas en oublier.

Notes

■ Lorsqu'il s'agit d'un QCM, lisez avec attention chaque réponse proposée et procédez par élimination.

Conseil
Il peut être utile de souligner dans le texte les éléments de réponse avant de les recopier.

B. La rédaction de la réponse

■ Vous pouvez utiliser un brouillon mais vous n'aurez pas le temps de recopier l'intégralité des réponses ; il est donc nécessaire de rédiger directement sur la copie.

■ La première phrase de la réponse reprend les termes de la question. Tout se passe comme si quelqu'un pouvait comprendre votre réponse sans connaître la question posée.

Ex. : la réponse à la première partie de la question posée ci-dessus commence par : « Je relève les adjectifs qualificatifs dans le premier paragraphe. »

■ Dès que vous citez un mot ou une expression du texte (dans un relevé ou comme justification), il faut penser à le mettre entre guillemets.

■ Certaines questions demandent une réponse développée et justifiée. Justifier, cela veut dire expliquer ce qui, dans le texte, permet de répondre de telle ou telle manière à la question. Vous serez amené(e) à citer le texte en mettant les expressions entre guillemets. Il faut éviter de citer de longs passages et préférer un relevé des expressions significatives.

■ Les réponses longues doivent comprendre plusieurs paragraphes.

C. La présentation

La présentation est importante. La copie doit être aérée et soignée : on saute au moins une ligne entre chaque réponse, on note le numéro de la question, on respecte la convention d'écriture qui consiste à souligner les titres des œuvres. L'écriture est lisible et régulière. Il est préférable d'écrire au stylo-plume et d'éviter les encres fantaisie.

Si la copie d'examen est à petits carreaux, écrivez une ligne sur deux.

Teste-toi !

Corrigés p. 2

A. Disposez-vous d'un dictionnaire pour élucider le sens de certains mots du texte ?

B. Pourquoi faut-il repérer les questions qui demandent une réponse argumentée ?

C. En quoi consiste la première phrase de chaque réponse ?

Étudier la présence du locuteur dans un texte

Fiche 3

Français

Notes

Dans un texte, le locuteur (celui qui parle ou écrit) peut être l'auteur, le narrateur ou un personnage qui s'adresse à un autre personnage de l'histoire.

1 Les indices de la présence du locuteur dans un texte

A. Les indices personnels

On appelle indices personnels du locuteur les mots qui renvoient à la première personne :

– Pronoms personnels : *je, nous* (= je + d'autres), *me, moi.*
– Pronoms possessifs : *le mien, les miens, la mienne, les miennes, le nôtre…*
– Déterminants possessifs : *mon, ma, mes, notre, nos.*

B. Les indices de l'opinion du locuteur

Certains mots, expressions, modes verbaux expriment l'opinion du locuteur sans que la première personne soit présente :

- Les modalisateurs : *peut-être, sans doute, sûrement.*
- Certains verbes comme *devoir* ou *pouvoir* :

Les modalisateurs
Ils viennent nuancer le degré de certitude de ce qui est dit.

Ex. : « Il a *dû* manquer son train ; il *se peut* qu'il soit en retard. »

- Le conditionnel :

Ex. : « un traité de paix *aurait été signé* ».

- Un vocabulaire mélioratif (qui donne une vision positive de ce qui est présenté) ou péjoratif (qui en donne une vision négative).

Ex. : « ses cheveux d'or » (mélioratif),
« ses cheveux gras » (péjoratif).

C. Les indices des sentiments du locuteur

Certains mots ou types de phrases expriment les sentiments éprouvés par le locuteur.
Le vocabulaire affectif : c'est le lexique des sentiments, des sensations, des émotions. Parfois, le choix de certains adjectifs vient exprimer l'affection du locuteur.

Ex. : dans le célèbre poème de Joachim du Bellay, « Heureux qui comme Ulysse », les expressions « mon petit village », « ma pauvre maison », « mon petit Liré » expriment l'affection du poète pour son pays natal.

Notes

■ La phrase exclamative : elle exprime un sentiment, une émotion ou une sensation.

Ex. : le premier quatrain du sonnet de du Bellay exprime la nostalgie du poète :

« Heureux qui, comme Ulysse, a fait un beau voyage,
Ou comme cestuy-là qui conquit la toison,
Et puis est retourné, plein d'usage et raison,
Vivre entre ses parents le reste de son âge ! »

■ L'interrogation rhétorique : certaines interrogations n'attendent pas de réponse ; elles expriment simplement la tristesse, la colère, l'indignation du locuteur.

Ex. : le deuxième quatrain du sonnet de du Bellay :

« Quand reverrai-je, hélas, de mon petit village
Fumer la cheminée, et en quelle saison,
Reverrai-je le clos de la pauvre maison,
Qui m'est une province, et beaucoup davantage ? »

2 Auteur, narrateur, personnage

A. Définitions

■ L'auteur est la personne réelle qui a écrit le texte.

■ Le narrateur est celui qui raconte ; il peut être inventé par l'auteur dans le cas du roman (fiction) à la première personne ou du roman épistolaire (par lettres).

■ Le personnage est un acteur de l'histoire.

B. L'autobiographie

Le récit autobiographique est un récit vrai. Le « je » désigne tantôt le personnage, tantôt l'auteur/narrateur.

Remarque
Dans l'autobiographie, auteur et narrateur ne sont qu'une seule et même personne.

Teste-toi !

Corrigés p. 29

A. « Il viendra peut-être. » : comment appelle-t-on l'adverbe *peut-être* ?
B. Qu'est-ce qu'un terme mélioratif ?
C. Qu'est-ce qu'un terme affectif ?
D. Qu'est-ce qu'une interrogation rhétorique ?
E. Dans quel genre littéraire auteur et narrateur se confondent-ils ?

Traiter un sujet de rédaction

Fiche 4

Français

1 La lecture du sujet

A. Le sujet de rédaction au brevet

■ Dans la seconde partie de l'épreuve, on vous propose deux sujets de rédaction au choix. Le premier fait davantage appel à votre imagination, le second est un sujet de réflexion.

■ Qu'il s'agisse d'imaginer ou plutôt de réfléchir, on attend de votre devoir qu'il soit soigneusement rédigé et qu'il évite le langage familier. Peut-être devrez-vous composer une lettre, un récit, une page d'un journal intime, un dialogue… Toutes ces formes doivent être maîtrisées et vous pouvez être amené à les combiner.

Conseil
Vous devez choisir le sujet qui vous semble le plus accessible après avoir vérifié que vous avez bien cerné ses différentes attentes.

Notes

B. La démarche

La toute première chose à faire est de lire très attentivement le sujet et de s'interroger :
– Quelle est la question posée ? Qu'attend-on de moi ?
– Quel est le lien entre le texte d'étude et le sujet ?
– Quel est le thème du sujet ? Quelles sont ses limites ?
– Quelle est la situation d'énonciation (locuteur, destinataire, contexte spatio-temporel) imposée par le sujet ?
– S'il s'agit d'un récit, quels sont la personne (première ou troisième) et le temps (présent ou passé) attendus ?
– S'il s'agit d'écrire la suite du texte, quels sont les éléments importants et secondaires que je vais réutiliser ? Quel point de vue dois-je adopter ?
– Dois-je prendre position dans mon devoir, adopter un point de vue particulier ?
– S'il s'agit d'un sujet de réflexion (argumentation), quel est le problème soulevé ? En quoi est-ce un vrai problème ? Quelle thèse dois-je défendre ? Quels arguments vais-je proposer ? Quels exemples ?

Notes

2 Le travail au brouillon

A. La recherche des idées

■ Avant de se jeter dans une rédaction élaborée ou dans la confection du plan, notez les idées qui vous viennent à la lecture du sujet : des arguments, des exemples, des pistes pour la construction du récit, le dénouement possible.

■ Lorsque l'on commence à construire une histoire, il est important de savoir comment elle va se terminer ; cela permet de faire converger les détails vers le dénouement et d'éviter ainsi une fin maladroite ou bâclée.

B. La construction du devoir

Pour le sujet de réflexion notamment, il est indispensable d'organiser les idées et de fixer clairement la progression du devoir avant de commencer la rédaction. En utilisant des numéros ou des lettres, on bâtit un plan rigoureux et précis. Ne vous contentez pas de noter de vagues pistes ! Détaillez, en style télégraphique, votre plan ; la rédaction s'en trouve ensuite facilitée.
Lorsque vous avez achevé votre plan, vérifiez qu'il répond bien à la question posée par le sujet.
Les trois étapes attendues dans un devoir sont :
– l'introduction qui présente les données du sujet et pose le problème ;
– le développement qui traite le sujet : il comprend plusieurs paragraphes ;
– la conclusion qui répond à la question posée.

Conseil
Il faut sauter au moins deu[x] lignes entre l'introductio[n] et le développement ains[i] qu'entre le développemen[t] et la conclusion.

Teste-toi !

Corrigés p. 29

A. Est-il exact que l'on peut vous demander de combiner narration et dialogue ?

B. Quelles sont les trois grandes étapes du devoir ?

Rédiger correctement

Fiche 5

Français

Après avoir recherché les idées, construit de manière rigoureuse et détaillée le plan du devoir ou de la réponse argumentée à une question, il faut se lancer dans la rédaction proprement dite.

1 La rédaction

A. Brouillon ou propre ?

Vous n'aurez pas le temps de tout écrire au brouillon ; vous pouvez en revanche choisir de rédiger au brouillon l'introduction et la conclusion du devoir.

B. Rédiger des phrases correctes

- Privilégiez des phrases courtes comprenant chacune un verbe, son sujet et son complément ; si vous ne maîtrisez pas bien la rédaction, évitez des phrases longues, les subordonnées, notamment les relatives commençant par *dont*.

> **Conseil**
> Veillez soigneusement à la ponctuation et aux majuscules.

Notes

- Utilisez les connecteurs logiques qui conviennent : *ensuite, de plus, par ailleurs* (pour une nouvelle étape) ; *enfin* (pour la dernière étape) ; *ainsi, en conclusion* (pour conclure).
- Utilisez le niveau de langue courant en évitant le niveau familier même si le sujet de rédaction demande un dialogue.

C. Améliorer le vocabulaire

- Évitez les répétitions.
- Efforcez-vous de choisir le mot précis et expressif en éliminant les verbes au sens trop large comme *faire* ou *dire*.

D. Soigner l'orthographe

- Pour l'orthographe d'usage, n'hésitez pas à consulter le dictionnaire qui est autorisé durant l'épreuve de rédaction.
- Ne négligez pas les accents.
- Veillez aux accords de base (**fiche 34**), aux homophones (**fiche 31**), aux verbes (**fiches 32 et 33**), aux participes passés (**fiche 35**).

E. Respecter les conventions d'écriture

- Il faut décaler de deux centimètres par rapport à la marge chaque début de paragraphe (alinéa).

Notes

- Les citations doivent être placées entre guillemets.
- Les titres des livres ou des films doivent être soulignés.

2 La relecture

A. Son importance

Vous devez garder dix minutes à la fin de chacune des deux épreuves pour effectuer une relecture fructueuse.

B. Méthode

Une relecture n'est efficace que si elle se fixe des objectifs précis. On pourra ainsi relire sa copie plusieurs fois en visant à chaque fois des buts différents :
– la correction des phrases : majuscule, point, syntaxe ;
– les verbes : conjugaison et accords ;
– l'orthographe : les accents et les homophones grammaticaux ;
– l'orthographe : les accords.

3 La présentation

La copie doit être lisible, soigneusement écrite et présentée.

Les ratures ne sont pas interdites, mais elles doivent être effectuées convenablement.

N'employez pas d'encres fantaisie ou trop pâles ; évitez aussi d'écrire trop petit ou trop gros.

Conseil
Prévoir des stylos en bo[n] état et de quoi effacer o[u] barrer proprement.

N'hésitez pas à aérer votre devoir en sautant des lignes entre l'introduction et le développement et en marquant nettement les alinéas.

Teste-toi !

Corrigés p. 2

A. Doit-on rédiger d'abord le devoir au brouillon ?

B. Corrigez : « Il entra. Et referma la porte derrière lui. »

C. Quelle est la méthode de relecture efficace ?

Rédiger un dialogue

Fiche 6

Français

1 La ponctuation du dialogue

Pour ponctuer le discours direct, on peut recourir aux guillemets ou aux tirets.

Plusieurs combinaisons sont possibles. Le plus simple est de recourir aux tirets pour un échange de plusieurs répliques et d'utiliser les guillemets pour une réplique isolée au sein d'un récit.

Conseil

Les points d'exclamation et d'interrogation sont fréquents dans le dialogue : veillez à ne pas les oublier.

2 L'introduction de la réplique

Notes

Plusieurs procédés permettent d'insérer une réplique dans un récit.

A. La proposition introductrice

Elle est placée avant la réplique et se termine par les deux-points. Elle précise le locuteur et contient le plus souvent un verbe de parole :

Ex. : Et je lançai :
– Ça c'est la caisse. Le mouton que tu veux est dedans.

Saint-Exupéry, *Le Petit Prince*, éditions Gallimard.

La proposition peut aussi ne pas contenir de verbe de parole.

Ex. : Il pencha la tête vers le dessin :
– Pas si petit que ça… […]

Saint-Exupéry, *Le Petit Prince*, éditions Gallimard.

B. La proposition incise

La proposition incise vient se placer au milieu (entre virgules) ou à la fin de la réplique.

Elle comprend au minimum un verbe de parole et son sujet inversé.

Ex. : – Sire, lui dit-il…, je vous demande pardon de vous interroger…

Saint-Exupéry, *Le Petit Prince*, éditions Gallimard.

Notes

C. L'absence d'introduction

Parfois, il n'est pas nécessaire d'introduire la réplique ; le contexte doit être suffisamment clair pour que le lecteur puisse savoir sans hésiter qui parle.

Cette absence d'introduction, quand elle n'est pas source de confusion, allège le dialogue et le rend plus dynamique.

3 La diversité des procédés

A. Alterner les types de discours et les moyens pour rapporter les paroles

■ Pensez à alterner le récit et le dialogue ; un long dialogue sans aucune phrase de récit serait monotone.

■ Utilisez par moment le discours indirect ou le discours narrativisé* pour résumer une réponse.

B. Varier les procédés dans le discours direct

■ Ajoutez des indications concernant le ton de la réplique ou les gestes du personnage.

Ex. : « en se retournant, d'un air désinvolte », etc.

■ Variez la manière d'introduire les répliques : pas d'introduction, une proposition introductrice, une proposition incise au milieu de la réplique, une proposition incise à la fin de la parole.

■ Variez la longueur des répliques : on peut alterner des échanges de répliques brèves et de répliques plus longues.

■ Variez les verbes introducteurs : « dire » peut toujours être remplacé par un verbe plus expressif.

Ex. : suggérer, riposter, répliquer, hurler, murmurer, annoncer, rétorquer, proposer, reprendre, etc.

Teste-toi !

Corrigés p. 2

A. Quels sont les signes de ponctuation qui signalent les paroles dans un dialogue ?

B. Qu'est-ce qu'une proposition incise ?

C. Proposez six verbes introducteurs de réplique.

D. Une réplique doit-elle toujours être introduite ?

E Quels éléments trouve-t-on dans une proposition introductrice ?

Rédiger une lettre ou un article

Fiche 7

Français

Il est fréquent au brevet que les sujets demandent d'insérer un discours argumentatif relatif à un thème donné dans une lettre ou dans un article de presse.

1 La lettre

A. La situation d'énonciation

Le sujet, notamment en marquant le lien avec le texte, vous donne des consignes précises quant à la situation d'énonciation de la lettre à produire. Vous devez identifier clairement :

- Le locuteur, c'est-à-dire l'auteur de la lettre : qui est-il ? son âge ? son caractère ? ses intentions en écrivant la lettre ? quel style va-t-il adopter ?
- Le destinataire, c'est-à-dire la personne à qui s'adresse le locuteur : qui est-il ? son âge ? son caractère ? quels liens entretient-il avec le locuteur ? qu'attend-il de la lettre ?
- Le contexte spatio-temporel : à quelle époque et à quel endroit la lettre est-elle censée s'écrire ? que s'est-il passé qui motive la rédaction de la lettre ?

B. Les différentes sortes de lettres

Vous devez, en fonction du sujet, choisir un certain type de lettre. S'agit-il d'une correspondance privée ou, au contraire, d'une lettre officielle ?

Attention !
Le niveau de langue pourra varier selon le type de lettre mais en aucun cas vous ne devrez recourir au langage familier.

C. Les marques du genre épistolaire

La lettre se reconnaît à certaines marques qui lui sont propres et qui varient selon le type de lettre. Vous penserez notamment à :

- L'adresse : « cher Pierre » dans la lettre privée, « Monsieur le Directeur » ou « Madame, Monsieur » pour la lettre officielle ;
- La formule finale de politesse : « à bientôt, je t'embrasse affectueusement, amicalement » ; « cordialement, je vous prie de croire à l'expression de mes sentiments distingués/respectueux » ;
- La signature : ne signez pas votre copie sauf s'il s'agit d'un nom figurant dans le texte, c'est interdit sur les copies d'examen !

Notes

Notes

D. L'objectif de la lettre

Le sujet vous indique clairement l'intention de la lettre et tout ce que vous allez écrire dans cette lettre doit avoir un lien avec cette visée. Sinon, vous risquez le hors-sujet.

2 L'article de presse

A. La situation d'énonciation

Comme pour la lettre, vous devez déterminer clairement la situation d'énonciation donnée par le sujet comme cadre de l'article.

- Le locuteur : qui est le journaliste ? écrit-il comme témoin ou pour défendre une opinion ?
- Le destinataire : qui est le lecteur du journal ? Il vous faudra tenir compte du type de journal pour choisir le style de l'article. Mais en aucun cas, ce style ne devra être familier.
- Le contexte spatio-temporel : où et quand, dans quelles circonstances, l'article est-il censé paraître ?

B. Le thème et le style

Le sujet vous donne l'objectif de l'article et vous ne devez pas le perdre de vue.

N'oubliez pas que le journaliste cherche à séduire son lecteur. Pensez à un titre original et à des formules fortes et frappantes sans être familières.

Teste-toi !

Corrigés p. 2

A. Que se passe-t-il si on ne centre pas la lettre ou l'article sur le thème donné par le sujet ?

B. Pourquoi ne doit-on pas, au brevet, signer la lettre ou l'article avec son propre nom ?

C. Peut-on recourir au niveau familier si le destinataire de la lettre est un ami ?

Rédiger un texte autobiographique

Fiche 8

Français

1 La première personne

A. Les indices personnels

- Les pronoms personnels sujet (*je, nous*) et complément (*me, moi*), les pronoms possessifs (*le mien, le nôtre*...) et déterminants possessifs (*mon, ma, notre*...) marquent la présence du locuteur dans son texte.

- On peut aussi relever des indices désignant le destinataire : pronoms personnels ou possessifs (*tu, vous, le tien*...), déterminants possessifs (*ton, votre, vos*....), apostrophes.

Exemple-clé
« Ô temps » dans « Ô temps, suspends ton vol » est une apostrophe.

Notes

B. Les temps des verbes

Le présent, le passé composé et le futur simple sont les trois principaux temps employés à la première personne. On peut, bien sûr, rencontrer d'autres temps tels que l'imparfait, le plus-que-parfait ou le présent du conditionnel.

Ex. : Aujourd'hui, je **chante** ; demain je **chanterai** encore ; hier j'**ai joué** de la guitare

C. Auteur, narrateur et personnage

- L'auteur (le locuteur) est l'être bien réel qui a composé dans des circonstances historiques définies son œuvre. Il s'adresse à un lecteur (le destinataire) bien réel lui aussi.

- Le narrateur est celui qui raconte l'histoire, la sienne ou celle d'un personnage. Dans le cas de l'autobiographie, l'auteur et le narrateur sont une seule et même personne. Dans les poèmes, le « je » désigne en général le poète lui-même.

- Le personnage est celui qui agit. Il peut être désigné par une troisième personne mais aussi par une première. Dans ce cas-là, on veille à bien distinguer le narrateur (le « je », âgé, au moment où il écrit) du personnage (le « je » enfant, par exemple).

2 Les formes de l'écriture de soi

A. Le journal intime

L'auteur fait le récit des événements au jour le jour ; il n'a en général par l'intention de publier son journal et il exprime de façon spontanée ce qu'il a ressenti.

Notes

Le journal de voyage rapporte, plus particulièrement, les événements et les paysages au fil d'un voyage.

Conseil

Si vous écrivez une page d'un journal intime, mettez l'accent sur les émotions, sur les sentiments personnels.

B. Le texte lyrique

Il s'agit en général de poésie : le poète touche son lecteur en soignant l'expression poétique de ce qu'il a éprouvé.

C. L'autobiographie

- Cette forme d'écriture de soi suppose une distance, un recul. C'est le récit que l'on fait de sa vie quand on a atteint un certain âge et que le passé permet de mieux comprendre ce que l'on est devenu.
- Si vous rédigez une page autobiographique, vous veillerez à associer récit (ce qui s'est passé), expression des sentiments et analyse (avec du recul) de l'événement.
- Quand le récit est faux, que le narrateur a été imaginé par l'auteur, on parle de récit de forme autobiographique.
- La biographie est le récit de la vie d'une autre personne que soi.

D. Les mémoires

Comme l'autobiographie, les mémoires supposent un certain recul : l'auteur n'écrit pas pour se comprendre lui-même mais pour témoigner d'événements historiques.

Teste-toi !

Corrigés p. 29

A. Quelle différence faites-vous entre l'autobiographie et le journal intime ?

B. Quelle différence faites-vous entre l'autobiographie et les mémoires ?

C. Dans la liste de temps, quels sont ceux qui conviennent pour un récit à la première personne ?
présent – passé simple – passé composé

D. Qu'est-ce qu'un texte lyrique ?

Rédiger un texte argumentatif

Fiche 9

Français

Au brevet, et ensuite au lycée, certains sujets demandent de développer une argumentation.

Celle-ci est souvent insérée dans un récit ou dans un dialogue : plusieurs formes de discours se mêlent (**voir fiche 36**) : un récit qui exprime une morale, un article de journal qui développe une opinion, un dialogue qui oppose deux points de vue. Quoi qu'il en soit, il est indispensable de savoir construire une argumentation avant de l'introduire dans un récit ou dans un dialogue.

1 L'analyse du sujet

Il est essentiel de lire attentivement le sujet donné et de se demander : « Qu'attend-on de moi ? »

Pour bien comprendre un sujet, on peut le reformuler à la première personne. Ainsi, la formule « vous présenterez les arguments de… » devient « je présente les arguments de… ».

Dans le sujet sont nécessairement présents le thème à traiter et la thèse (ou son antithèse) à développer.

On veillera à les déterminer clairement. Sur le brouillon on prendra la peine de rédiger la thèse sous la forme d'une phrase complète (avec un verbe conjugué) plutôt que comme une sorte de vague titre.

Conseil

En étant précis et attentif dans l'analyse du sujet, on évite de nombreuses erreurs graves dont le hors-sujet.

Notes

2 La recherche des arguments et des exemples

Au brouillon, avant toute rédaction, il faut rechercher les arguments en faveur de la thèse à développer et pour chaque argument proposer un ou deux exemples précis.

On peut aussi commencer par noter des exemples puis dégager à partir de là les arguments.

3 L'organisation de l'argumentation

Après avoir trouvé les arguments, il faut les classer.

- Le principe du moins important au plus important préside à l'organisation de l'argumentation. On présente toujours en premier lieu l'argument le plus léger, pour finir par celui qui est le plus convaincant.

Notes

■ Le second principe est que chaque argument doit être accompagné d'un ou de plusieurs exemples. Le groupe argument-exemple(s) formera un paragraphe au moment de la rédaction.

4 La rédaction de l'argumentation

Après avoir construit le plan du devoir, on peut passer à la rédaction proprement dite, en prenant certaines précautions.

■ Le devoir doit être composé de plusieurs paragraphes. Chaque argument accompagné de son exemple constitue un paragraphe. Pour détacher les paragraphes successifs, on va à la ligne et on marque l'alinéa en décalant de deux ou trois centimètres le premier mot. Si les paragraphes sont regroupés dans deux ou trois parties, on saute une ligne après chaque partie.

■ Les arguments doivent être expliqués clairement et les exemples développés.

■ Attention aux connecteurs logiques : on veillera à exprimer convenablement les liens de cause ou de conséquence.

Conseil
Les exemples choisis dans les lectures personnelles ou dans des films sont toujours appréciés.

■ Comme pour tout devoir, la correction des phrases, la ponctuation, l'orthographe et l'écriture ne doivent pas être négligées.

■ L'argumentation proprement dite est précédée d'une introduction qui présente le problème et elle est suivie d'une conclusion qui dresse le bilan de ce qui a été montré en soulignant ce qui est important.

Teste-toi !

Corrigés p. 25

A. Pour classer les arguments, doit-on aller du moins important au plus important ou du plus important au moins important ?

B. Dans un texte argumentatif, de quoi est constitué un paragraphe ?

C. Quel est le rôle des connecteurs logiques dans une argumentation ?

D. Proposez trois connecteurs logiques pouvant introduire une cause.

Classes grammaticales et fonctions

Fiche 10

Français

1 Classe grammaticale et fonction d'un mot ou d'un groupe de mots

A. Classe grammaticale

On regroupe dans les dix classes grammaticales (nature) les mots qui ont les mêmes caractéristiques. La classe grammaticale d'un mot (nom, adjectif, verbe, adverbe...) ne varie pas d'une phrase à l'autre.

Conseil

On peut trouver la classe grammaticale d'un mot dans le dictionnaire éventuellement accompagnée du genre de ce mot (masculin ou féminin).

B. Fonction

La fonction d'un mot (ou d'un groupe de mots) indique son rôle dans la phrase.

Sa fonction varie d'une phrase à l'autre et se définit par rapport à un autre mot ou à la phrase. Ainsi, dire d'un mot qu'il est seulement « sujet » ou « complément » n'a aucune signification. Il est indispensable de préciser à quel mot se rattache cette fonction : il est sujet ou complément du verbe X, complément du nom ou de l'adjectif Y, complément de la phrase.

Notes

2 Les dix classes grammaticales des mots

A. Les mots invariables

- Les adverbes

Ils précisent le sens d'un verbe ou d'un adjectif : *très, jamais, ici, vraiment, rapidement*, etc.

- Les prépositions

Elles introduisent un groupe de mots : *à, dans, par, pour, en, vers, avec, de, sans, sous, chez, sur*, etc.

- Les conjonctions de coordination

Elles relient deux mots ou deux groupes de nature identique : *mais, ou, et, donc, or, ni, car.*

- Les conjonctions de subordination

Elles introduisent une proposition subordonnée conjonctive (**voir fiche 23**) : *que, quand, lorsque*, etc.

- Les interjections

Elles expriment une sensation ou un sentiment : « Ah ! Hélas ! », etc.

Notes

B. Les mots variables

- Les noms (les noms communs et les noms propres).
- Les adjectifs (**voir fiche 12**).
- Les déterminants (**voir fiche 13**).
- Les pronoms (**voir fiche 14**).
- Les verbes (**voir fiche 15**).

Attention !
Tous les mots ne peuvent pas avoir toutes les fonctions possibles.

3 Trouver la fonction d'un mot

A. La fonction dépend de la classe grammaticale du mot

Pour trouver la fonction d'un mot, il est indispensable, au préalable, d'identifier sa classe grammaticale.

- Si c'est un nom, un groupe nominal ou un pronom, sa fonction peut être : sujet, complément d'objet direct, complément d'objet indirect, complément d'objet second, complément d'agent, complément circonstanciel, complément du nom, apposé au nom, attribut du sujet ou du COD, complément de l'adjectif.

- Si c'est un adjectif, sa fonction peut être : épithète du nom, apposé du nom, attribut du sujet ou du COD.

B. La fonction est rattachée à un mot

Afin de trouver la fonction d'un mot (ou d'un groupe de mots), on doit se demander : « À quel mot se rattache l'expression que je dois analyser ? Peut-elle être supprimée ? Peut-elle être déplacée ? »

- Si cette expression se rattache à un verbe, sa fonction peut être : sujet, COD, COI (ne peuvent être supprimés), COS, complément d'agent.

- Si le mot se rattache à un nom, sa fonction peut être : complément du nom, apposé au nom, épithète du nom, attribut du sujet ou du COD.

- Si le mot se rattache à un adjectif, sa fonction est : complément de l'adjectif…

- Si le groupe de mots précise la phrase, sa fonction est : complément circonstanciel.

Teste-toi !

Corrigés p. 29

A. Énumérez les cinq catégories de mots variables.

B. Citez trois fonctions parmi celles rattachées à un verbe.

C. Quelle est la classe grammaticale de « car » ?

D. Quelle est la classe grammaticale de « parce que » ?

Le nom et le groupe nominal

Fiche 11

Français

Le groupe nominal minimal comprend le nom et son déterminant. Le groupe nominal enrichi comprend le nom et son déterminant ainsi que des expansions du nom qui peuvent être supprimées.

1 Les différentes expansions du nom

A. L'adjectif

Il précise le sens du nom ou l'enrichit d'informations supplémentaires (**voir fiche 12**).

Ex. : « Ma nouvelle maison est la troisième à droite. »

B. Le complément du nom

Le plus souvent relié au nom auquel il se rapporte par une préposition, le complément du nom apporte des renseignements supplémentaires (**voir fiche 19**).

Ex. : « Ma nouvelle maison, en aluminium, est la troisième à droite. »

Lorsque le groupe nominal est introduit par une préposition, on parle de groupe nominal prépositionnel.

C. La subordonnée relative

La proposition subordonnée relative apporte des précisions au sujet de l'antécédent du pronom relatif (**voir fiche 22**).

Ex. : « Véritable palace, ma nouvelle maison en aluminium, que j'ai construite de mes propres mains, est la troisième à droite. »

2 Le rôle des expansions du nom

A. Le groupe nominal enrichi

Qu'il s'agisse d'un nom en situation de complément du nom, d'un adjectif ou d'une subordonnée relative, tout élément du groupe nominal contribue à préciser ou à compléter le sens du nom-noyau.

B. La place des expansions du nom dans le discours descriptif

En étudiant les différents champs lexicaux présents dans les expansions du nom, on peut cerner plus précisément les intentions de l'auteur dans un passage donné.

Notes

Notes

Si les expansions sont mélioratives, c'est que l'auteur a une vision positive de ce qu'il décrit. Si les expansions sont péjoratives, le regard posé est négatif ou dépréciatif.

Remarque
L'abondance des expansions du nom est souvent le signe d'un passage descriptif.

C. Exercices de réécriture au brevet

Au brevet, certaines questions consistent en des exercices de réécriture : il s'agit de remplacer, sans modifier le sens, une subordonnée relative par un adjectif ou bien un adjectif par un complément du nom.

Ex. : « un enfant qui a de l'énergie » → « un enfant énergique ».
« un voyage du président » → « un voyage présidentiel ».

D. Rédaction au brevet

Pour développer un récit, une description ou une opinion, il faut recourir aux expansions du nom, choisir l'adjectif juste, ajouter une information grâce au complément du nom ou à la subordonnée relative.

Ex. : – le récit
– le récit autobiographique
– le récit autobiographique d'un souvenir d'enfance

Teste-toi !

Corrigés p. 29[illegible]

A. Quelles sont les différentes expansions du nom ?

B. Quel est l'effet produit par une abondance d'expansions du nom dans un passage ?

C. « Une revue hebdomadaire. » Substituez à l'adjectif une subordonnée relative de même sens.

D. « Un comportement d'enfant. » Substituez au complément du nom un adjectif de même sens.

L'adjectif

Fiche 12

Français

L'adjectif précise le sens du nom avec lequel il s'accorde en genre et en nombre.

C'est une des expansions du nom **(voir fiche 11)**.

1 Les adjectifs de relation et les adjectifs de description

A. Les adjectifs de relation

Ils ajoutent une caractéristique spécifique au nom qu'ils complètent. On peut les remplacer par un complément du nom **(voir fiche 19)**.

> **Attention !**
> Il est impossible de glisser un adverbe entre le nom et son adjectif de relation.

Ex. : « C'est la rentrée scolaire. » → « C'est la rentrée des écoles » ; on ne peut pas dire « la rentrée très scolaire ».

B. Les adjectifs de description

Ils présentent une qualité qui vient s'ajouter au nom. Un adverbe peut porter sur l'adjectif descriptif.

Ex. : « C'est une petite maison. » → « C'est une très petite maison. »

2 Les trois fonctions de l'adjectif

Pour trouver la fonction d'un adjectif, il faut d'abord identifier le nom ou le pronom que précise cet adjectif.

A. L'épithète du nom

L'adjectif est placé à côté (avant ou après) du nom avec lequel il s'accorde ; il n'est pas séparé de ce nom par un verbe ou une virgule (sauf en cas d'énumération).

Ex. : « Je cherche de grosses pommes, brillantes, juteuses et sucrées. » Les trois adjectifs, ainsi que le participe passé employé comme adjectif (« sucrées »), sont épithètes du nom « pommes ».

B. L'apposé au nom

L'adjectif est détaché, par une virgule, du nom ou du pronom auquel il se rapporte.

Ex. : « Satisfaite de sa performance, elle se repose au bord de la piscine. » « Satisfaite » est apposé au pronom « elle ».

Notes

Notes

C. L'attribut du sujet ou du COD

L'adjectif se rapporte au sujet (attribut du sujet) ou au COD (attribut du COD) par l'intermédiaire d'un verbe (**voir fiche 17**).

Ex. : « Ils semblent contents. »
L'adjectif « contents » est attribut du sujet « Ils ».
« Nous avons trouvé votre gâteau succulent. »
L'adjectif « succulent » est attribut du COD « gâteau ».

3 Les degrés de signification de l'adjectif

A. Le comparatif

– Comparatif de **supériorité** : « plus… que ».

Ex. : « Il est plus petit que son frère. »

– Comparatif d'**infériorité** : « moins… que ».

Ex. : « Il est moins petit que son frère. »

– Comparatif d'**égalité** : « aussi… que ».

Ex. : « Il est aussi gentil que son frère. »

Dans ces trois exemples, « que son frère » est le complément du comparatif.

B. Le superlatif relatif

– Le superlatif relatif de **supériorité** : « le plus… de ».

Ex. : « Il est le plus jeune de la classe. »

– Le superlatif d'**infériorité** : « le moins… de ».

Ex. : « Il est le moins agité de la classe. »

C. Le superlatif absolu

Il y a une idée d'intensité : « très, parfaitement », etc.

Ex. : « Il est très volontaire. »
L'adjectif « volontaire » est au superlatif absolu.

Teste-toi !

Corrigés p. 299

A. Quelles sont les trois fonctions possibles d'un adjectif ?

B. Peut-on intercaler l'adverbe « très » entre un adjectif de relation et le nom auquel il se rapporte ?

C. Combien de sortes de superlatifs relatifs peut-on rencontrer ?

D. « Votre performance est étonnante. » Quelle est la fonction de « étonnante » ?

Les déterminants

Fiche 13

Français

Notes

Les déterminants sont placés devant le nom qu'ils déterminent. Ils s'accordent avec lui en genre et en nombre.

1 Les différentes catégories de déterminants

A. Les déterminants possessifs

Mon, ton, son, ma, ta, sa, mes, tes, ses, notre, votre, leur, nos, vos, leurs.

Dans un texte (excepté le dialogue), les déterminants possessifs à la première personne marquent la présence de l'auteur ou du narrateur : ce sont des indices de l'énonciation.

B. Les déterminants démonstratifs

Ce, cet, cette, ces.

On peut rencontrer aussi des formes composées.

Ex. : « Ce livre-ci, ce livre-là. »

C. Les déterminants indéfinis

Tout, certain, chaque, plusieurs, etc.

Ex. : « Certains jours, nous recevons plusieurs amis. »

D. Les déterminants numéraux cardinaux

Un, deux, trois, quatre, etc.

Attention : *premier, deuxième, troisième,* etc. sont des adjectifs numéraux ordinaux et ne font pas partie de la catégorie des déterminants. Ils remplissent les mêmes fonctions que les adjectifs.

E. Les déterminants interrogatifs et exclamatifs

Quel, quelle, quels, quelles.

Ex. : « Quelle heure est-il ? Quelle bonne idée ! »

Quelle (1) ↑ adj. interrogatif — Quelle (2) ↑ adj. exclamatif

F. Les articles

On distingue trois sortes d'articles.

- Les articles indéfinis : *un, une, des.*
- Les articles définis : *le, la, les.*

Les articles « le » et « les » peuvent se contracter au contact des prépositions « à » et « de » ; ce sont les articles définis contractés *(au [à + le], aux [à + les], du [de + le], des [de + les]).*

L'élision

Les articles « le » et « la » peuvent s'élider (perdre leur voyelle) devant un mot commençant par une voyelle ou un *h* muet (« l'album, l'homme »).

Notes

■ Les **articles partitifs** : *du, de la, de l'*.

Ex. : « Je voudrais du pain et de la confiture. »
On peut les remplacer par « un peu de ».

■ Veillez à ne pas confondre « des », article indéfini (pluriel de « un » ou « une »), et « des », article défini contracté (« de + les »).

Attention !
Distinguez « du », article défini contracté (« de + le »), et « du », article partitif (« un peu de »).

2 Déterminants et pronoms

Aux catégories des déterminants possessifs, démonstratifs, indéfinis correspondent les catégories des pronoms possessifs, démonstratifs et indéfinis.

Ex. : « C'est son avis ; ce n'est pas le mien. »
son ↑ dét. possessif — le mien ↑ pr. possessif

Pour les distinguer, on se rappellera que les **déterminants sont placés devant le nom** avec lequel ils s'accordent alors que les pronoms remplacent le nom.
On veillera également à bien distinguer les articles définis « le, la, les, l' » placés devant un nom et les pronoms personnels « le, la, les, l' » placés devant un verbe.

Ex. : « Voilà le coucher du soleil, je le contemple. »
le ↑ art. défini — le ↑ pr. personnel

Teste-toi !

Corrigés p. 2

A. Quelles sont les trois grandes catégories d'articles ?

B. « Nous avons coupé du bois. » Quelle est la classe grammaticale de « du » ?

C. « J'ai acheté du pain et des pommes. » Donnez la classe grammaticale de « des ».

D. « Je ne les ai pas vus. » Donnez la classe grammaticale de « les ».

Les pronoms

Fiche 14

Français

Les pronoms peuvent être des substituts. Ils peuvent remplacer :
– un nom (« Pierre viendra, je lui ai téléphoné. ») ;
– un adjectif qualificatif (« Il n'est pas raisonnable ; il le deviendra. ») ;
– une proposition (« Il viendra ; je le sais. »).
Les pronoms peuvent aussi désigner le locuteur (*je, moi*…) ou son destinataire (*tu, toi*…).

1 Les différentes catégories de pronoms

A. Les pronoms possessifs

Le mien, le tien, le sien, le nôtre, le vôtre, le leur, etc.

Comme les déterminants possessifs et les pronoms personnels de la première personne, les pronoms possessifs de la première personne sont, dans un texte, des indices de l'énonciation.

> **Attention !**
> Ne pas confondre les pronoms possessifs et les déterminants possessifs (*mon, ton*, etc.), **voir fiche 13**.

Notes

B. Les pronoms démonstratifs

Ce, celui, celle, ceux, celles.

Des formes composées existent également : *ceci, cela, celui-ci, celle-là, ceux-ci, ceux-là, celles-ci, celles-là.*

C. Les pronoms indéfinis

Tout, chacun, le même, certain, la plupart, plusieurs, quelqu'un…

Certaines formes (*tout, certain, plusieurs*, etc.) sont communes aux déterminants indéfinis et aux pronoms indéfinis : veillez à bien faire la distinction.

Ex. : « Tous (déterminant indéfini) nos amis sont invités ; tous (pronom indéfini) ne viendront pas. »

D. Les pronoms personnels

On distingue plusieurs catégories de pronoms personnels.

- Les pronoms personnels sujets : *je, tu, il, elle, on, nous, vous, ils, elles.*
- Les pronoms personnels compléments : *me, te, se, nous, vous, moi, toi, soi, le, la, les, l', lui, leur* (invariable), *elle, elles, eux.*
- Les pronoms personnels adverbiaux : *en* et *y*.

Notes

E. Les pronoms relatifs

- Les formes simples : *qui, que, quoi, dont, où.*
- Les formes composées : *lequel, laquelle, duquel,* etc.

Ils ont un double rôle : comme pronoms, ils remplacent un nom (ce nom est l'antécédent du pronom relatif) ; comme relatifs, ils relient une proposition subordonnée à la proposition principale dont elle dépend.

La subordonnée introduite par un pronom relatif est une proposition subordonnée relative (**voir fiche 22**).

Ex. : « L'examen que je prépare est le brevet. » « L'examen » est l'**antécédent** du pronom relatif « que ».

F. Les pronoms interrogatifs

- Les formes simples : *qui, que, quoi.*
- Les formes composées : *lequel, laquelle, duquel,* etc.

Pour distinguer pronoms interrogatifs et relatifs, on se rappellera que, la plupart du temps (**voir fiche 22**), le pronom relatif est précédé de son antécédent, ce qui n'est pas le cas du pronom interrogatif.

Ex. : « C'est Marine qui viendra. Je sais qui viendra. »

↑ pr. relatif (qui) ↑ pr. interrogatif (qui)

2 La fonction des pronoms

Malgré son rôle de substitut, la fonction d'un pronom n'est jamais « remplace le nom… ». Il peut prendre toutes les fonctions possibles du nom qu'il remplace (sujet, COD, COI, COS, CC, attribut du sujet, etc.).

Pour trouver cette fonction, il suffit de substituer au pronom le mot ou l'expression qu'il remplace.

Ex. : « Je suis allée à la piscine ; j'en reviens = je reviens de la piscine. » « de la piscine » est un complément de lieu ; « en » est donc également un complément de lieu.

Teste-toi !

Corrigés p. 2

A. Indiquez à quelle catégorie de pronom appartient « celui-ci ».

B. Quels sont les pronoms personnels adverbiaux ?

C. Quelles catégories de pronoms peuvent être des marques de l'énonciation ?

D. « Je me demande qui a téléphoné. » Quelle est la nature de « qui » ?

Le verbe

Fiche 15

Français

Au brevet, les questions portant sur l'analyse d'un verbe sont fréquentes. Il est souvent demandé d'identifier un mode et un temps, puis de commenter la valeur de chacun dans le texte.

Des questions de réécriture font également appel à une bonne connaissance de la conjugaison.

Les **fiches 24 à 29** précisent la conjugaison et la valeur des temps.

1 La classification des verbes

A. Les groupes et les auxiliaires

- Le premier groupe rassemble traditionnellement les verbes en *-er*.
- Pour les autres verbes, on a longtemps distingué ceux comme *finir* (2e groupe : *-ir et -issons*) et les autres infinitifs (3e groupe).
- Les auxiliaires *avoir* et *être* permettent de conjuguer les verbes à un temps composé.

Ces deux verbes peuvent être utilisés avec leur sens fort ou comme auxiliaire.

Ex. : Sens fort : « Nous avons un chien. »

Auxiliaire : « Nous avons acheté un chien. »

Le verbe aller peut aussi, en plus de son sens fort, jouer le rôle d'un auxiliaire.

Ex. : « Nous allons commencer notre spectacle. »

B. Les verbes d'état et les verbes d'action

Les verbes d'état expriment une situation : on les reconnaît à ce qu'ils peuvent être remplacés par le verbe « être ». Un verbe d'état introduit le plus souvent un attribut (**voir fiche 17**).

> **Attention !**
> Un verbe d'état ne peut pas introduire un complément d'objet.

Au contraire, les verbes d'action ne peuvent pas se remplacer par « être ».

C. Les verbes transitifs et les verbes intransitifs

Un verbe transitif admet un complément d'objet alors qu'un verbe intransitif n'en admet pas (**voir fiche 16**).

Notes

Notes

2 Les modes et les temps

A. Les modes

Il existe six modes : deux modes impersonnels (qui ne se conjuguent pas) et quatre modes personnels. Chaque mode comprend plusieurs temps.
Ainsi, lorsque l'on dit imparfait de l'indicatif, « imparfait » est le temps et « indicatif » est le mode.

- Les modes impersonnels sont l'infinitif et le participe.
- Les modes personnels sont l'indicatif, le subjonctif, le conditionnel et l'impératif.

B. La valeur des modes personnels

- L'indicatif est le mode des actions certaines.
- Le subjonctif et le conditionnel expriment des actions dont la réalisation est incertaine (**voir fiches 27 et 28**).

Ex. : « Je souhaite que tu viennes. » L'action de venir dépend d'un souhait.

- L'impératif exprime un ordre, une interdiction ou un conseil.

C. Les temps

Il existe des temps simples tels que le présent ou le futur et des temps composés formés d'un auxiliaire et du participe passé.

3 L'actif, le passif et les constructions pronominale et impersonnelle

- Un verbe transitif peut être à l'actif ou au passif (**voir fiche 29**).
- Un verbe est pronominal lorsque le pronom sujet et le pronom complément sont à la même personne.

Ex. : « Je me lève. »

- Dans la construction impersonnelle, la terminaison du verbe est commandée par un sujet purement grammatical (**voir fiche 16**).

Ex. : « Il pleut des cordes. »

Teste-toi !

Corrigés p. 2

A. Comment peut-on reconnaître un verbe pronominal ?
B. Quels sont les modes personnels ?
C. Quelle est la valeur de l'indicatif ?
D. Comment reconnaît-on un verbe d'état ?
E. Qu'est-ce qu'un verbe intransitif ?

Le sujet et les compléments du verbe

Fiche 16

Français

Le sujet et les compléments du verbe sont des fonctions essentielles qui se rattachent à un verbe.

1 Le sujet du verbe

A. Définition

- Dans la proposition, le sujet est ce dont on parle. Le prédicat (verbe + complément d'objet ou attribut) apporte des précisions à propos du sujet.
- À la voix active, le sujet effectue l'action exprimée par le verbe alors qu'à la voix passive, le sujet subit l'action.

Remarque
Le sujet commande la terminaison du verbe.

Notes

B. La place du sujet

Le plus souvent le sujet est placé avant le verbe. Il est parfois inversé : dans une phrase interrogative, après certains adverbes ou bien pour des raisons de style.

C. La classe grammaticale du sujet

Le sujet peut être un nom, un groupe nominal, un pronom, un verbe à l'infinitif, une proposition subordonnée.

2 La construction impersonnelle

Dans la construction impersonnelle, le pronom qui détermine la terminaison du verbe est vide de sens : c'est un sujet grammatical. Parfois, le verbe est suivi d'un nom ou d'un groupe nominal qui effectue réellement l'action : on dit alors qu'il est le sujet logique.

Ex. : « Il pleut des cordes. »
– « Il » est le sujet grammatical du verbe « pleuvoir » ;
– « des cordes » est son sujet logique (ou sujet réel).

3 Les compléments du verbe

Les compléments du verbe font partie du prédicat.

A. Le complément d'objet direct (COD)

Le COD est construit directement, c'est-à-dire sans l'intermédiaire d'une préposition.

On le reconnaît à ce qu'il répond aux questions « qui ? » ou « quoi ? » posées à partir du verbe.

Notes

Ex. : « Le chien suit son maître. » (« suit qui ? »)
↑
COD du verbe « suivre »

B. Le complément d'objet indirect (COI)

Le COI est construit indirectement, c'est-à-dire avec l'intermédiaire d'une préposition.

On le reconnaît à ce qu'il répond aux questions « à qui ? à quoi ? de qui ? de quoi ? » posées à partir du verbe.

Ex. : « Il obéit à son maître. » (« obéit à qui ? »)
↑
COI du verbe « obéir »

C. Le complément d'objet second (COS)

Certains verbes admettent deux compléments d'objet.

Le plus souvent, il s'agit d'un complément direct et d'un complément indirect. Dans ce cas, le COI s'appelle COS.

Ex. : « Le professeur donne des conseils à ses élèves. »

Le professeur donne ↗ quoi ? des conseils, COD de « donner »
↘ à qui ? à ses élèves, COS de « donner »

D. La classe grammaticale des compléments d'objet

Le complément d'objet peut être un nom, un groupe nominal, un verbe à l'infinitif, une proposition subordonnée.

4 Les verbes transitifs et intransitifs

Un verbe intransitif n'admet aucun complément d'objet.

Un verbe transitif admet un complément d'objet :

– si c'est un COD, on dira que le verbe est transitif direct ;

– si c'est un COI, on dira que le verbe est transitif indirect ;

– s'il admet deux compléments d'objet de constructions différentes, on dira que le verbe est à double transitivité.

Teste-toi !

Corrigés p. 2…

A. Qu'est-ce qu'un sujet inversé ?

B. Qu'est-ce qu'un verbe transitif indirect ?

C. Comment appelle-t-on la construction dans laquelle le pronom « il » ne renvoie à rien ?

D. « Il s'est produit un accident. » Quelle est la fonction de « accident » ?

E. « Je le lui donne. » Quelle est la fonction de « lui » ?

L'attribut du sujet

Fiche 17

Français

Notes

1 L'attribut

A. Définition

■ L'attribut (du sujet ou du COD) fait partie du prédicat et désigne une caractéristique attribuée :
– au sujet (attribut du sujet) ;
– ou au COD (attribut du COD), par l'intermédiaire d'un verbe.

Ex. : « Ces aventures sont invraisemblables. »
→ « invraisemblables » est attribut du sujet « aventures ».
« J'ai trouvé ces aventures invraisemblables. »
→ « invraisemblables » est attribut du COD « aventures ». En effet, « invraisemblables » se rapporte à « aventures » par l'intermédiaire du verbe « trouver » : « J'ai trouvé que ces aventures étaient invraisemblables. »

■ Il faut bien distinguer l'adjectif épithète de l'attribut du COD.

Ex. : « J'ai ramassé des pommes rouges. »
→ « rouges » est épithète du nom « pommes ».
« J'ai trouvé ces pommes acides. »
→ « acides » est attribut du nom « pommes ».

Remarque
L'attribut, sauf cas particulier, s'accorde en genre et en nombre avec le mot auquel il se rapporte.

B. La classe grammaticale de l'attribut

La plupart du temps l'attribut est un adjectif **(voir fiche 12)** ou un groupe nominal.

Mais on peut également rencontrer :

– un pronom

Ex. : « C'est lui ! » « lui » est attribut du sujet « C' ».
Cette tournure est dite « présentative ».

– un verbe à l'infinitif

Ex. : « Souffler n'est pas jouer. » « jouer » est attribut du sujet « Souffler ».

– une proposition subordonnée

Ex. : « L'important est que tu fasses de ton mieux. »
« que tu fasses de ton mieux » est attribut du sujet « L'important ».

– un participe passé

Ex. : « Je suis fatigué(e). » « fatigué(e) » est attribut du sujet « Je ».

Notes

2 Les verbes attributifs

Un verbe attributif est un verbe avec lequel se construit un attribut du sujet (ou du COD).

A. Les différents verbes attributifs

Le verbe *être* et les verbes d'état (*demeurer, sembler, rester, paraître, devenir*, etc.) sont des verbes attributifs.

On peut trouver également : *avoir l'air de, s'appeler, passer pour, naître, vivre (heureux), partir, revenir (enchanté), tomber (malade)*, etc.

Au passif, certains verbes peuvent introduire un attribut du sujet : *être désigné, être élu, être nommé, être considéré comme*, etc.

Attention : un verbe d'état n'introduit pas nécessairement un attribut du sujet.

Ex. : « Il demeure satisfait. »
→ « satisfait » est attribut du sujet « Il ».
« Il demeure à Pékin. »
→ « à Pékin » est un complément de lieu.

B. Méthode pour identifier un verbe attributif

On peut remplacer un verbe attributif par le verbe « être ».

Ex. : « Elle s'appelle Élodie. » → « Elle est Élodie. »
Le verbe « s'appeler » est un verbe attributif.
« Elle appelle son chien. » → « Elle est son chien. »
Cette construction n'a pas de sens ; le verbe « appeler » n'est donc pas un verbe attributif.
« son chien » est COD du verbe « appeler ».

Teste-toi !

Corrigés p. 29

A. Par quel verbe peut-on remplacer un verbe attributif ?
B. Comment appelle-t-on les verbes *demeurer, rester, sembler...* ?
C. L'attribut du sujet s'accorde-t-il avec le sujet ?
D. Avec quel mot s'accorde l'attribut du COD ?
E. « Il a été élu délégué. » Quelle est la fonction de « délégué » ?

Les compléments circonstanciels

Fiche 18

Français

1 Définition

A. Des compléments qui ne sont pas essentiels

Le complément circonstanciel est un complément de phrase. À la différence des fonctions « sujet » ou « complément d'objet » qui sont des fonctions essentielles, le complément circonstanciel peut être supprimé ou déplacé.

> **Remarque**
> Le complément circonstanciel n'appartient pas à la phrase minimale.

B. Des confusions à éviter

- Pour simplifier l'écriture, on peut recourir à l'abréviation « CC ». Cependant, on évitera de multiplier les abréviations car elles conduisent à des confusions.

Ainsi, « CCM » peut désigner le complément circonstanciel de manière, mais aussi celui de moyen. De même, « CCC » peut évoquer la cause, comme la conséquence. Mieux vaut donc se limiter à « CCL » pour le complément circonstanciel de lieu et à « CCT » pour le complément circonstanciel de temps.

- D'autre part, certaines indications de temps, de lieu, de manière... ne sont pas nécessairement des compléments circonstanciels.

Ex. : « J'aime la nuit. » « la nuit » est COD du verbe « aimer ».

Notes

2 Sens et classe grammaticale des compléments circonstanciels

A. Les différents sens des compléments circonstanciels

Le sens d'un complément circonstanciel, c'est l'information qu'il apporte.

- Complément circonstanciel de lieu (CCL).

Ex. : « Elle part aux États-Unis cet été. »

- Complément circonstanciel de temps (CCT).

Ex. : « Elle part aux États-Unis cet été. »

- Complément circonstanciel de manière.

Ex. : « Elle prépare ses bagages avec méthode. »

- Complément circonstanciel de moyen.

Ex. : « Elle part en avion. »

- Complément circonstanciel d'accompagnement.

Ex. : « Il part avec son frère. »

Notes

■ Complément circonstanciel de cause.

Ex. : « Il a agi ainsi par jalousie. »

■ Complément circonstanciel de conséquence.

Ex. : « Il est jaloux si bien qu'il a décidé d'acheter le même blouson. »

Attention : ne pas confondre la cause et la conséquence d'une action.

Attention !
Ne pas confondre complément circonstanciel de moyen et complément circonstanciel de manière. Le 1er est un instrument (une réalité concrète), le 2e renvoie à une réalité abstraite.

■ Complément circonstanciel de but.

Ex. : « Je prépare mes bagages pour être prêt le jour J. »

■ Complément circonstanciel d'opposition.

Ex. : « Bien que le départ ne soit que dans une semaine, je prépare mes bagages. »

■ Complément circonstanciel de condition.

Ex. : « Si je ne veux pas être en retard, je dois mettre mon réveil. »

B. La classe grammaticale des compléments circonstanciels

Les compléments circonstanciels peuvent être :

■ Un nom ou un groupe nominal prépositionnel.

Ex. : « Il se lève tôt par habitude. » (CC de cause)

■ Un pronom.

Ex. : « Je ne vais pas à la piscine, j'en reviens. » (CCL)

■ Un verbe à l'infinitif ou un groupe infinitif.

Ex. : « Ils s'entraînent pour gagner le match. » (CC de but)

■ Un adverbe.

Ex. : « Elle nage régulièrement. » (CC de manière)

■ Un participe présent ou un gérondif.

Ex. : « Il est parti en claquant la porte. » (CC de manière)

■ Une proposition subordonnée.

Ex. : « Il est parti parce qu'il n'était pas d'accord. » (CC de cause)

Teste-toi !

Corrigés p. 29

A. Que veut-on dire quand on affirme que le complément circonstanciel n'est pas une fonction essentielle ?

B. À quoi correspond l'abréviation CCT ?

C. « Il court vite. » Donnez la classe grammaticale et la fonction du mot « vite ».

D. « Il est en prison pour vol. » Quelle est la fonction de « pour vol » ?

Le complément du nom et l'apposition

Fiche 19

Français

Notes

Le complément du nom appartient au groupe nominal alors que l'apposition est une construction détachée.

1 Le complément du nom

A. Définition

Le complément du nom apporte des précisions sur le nom auquel il se rapporte.

Ex. : « C'est un piano à queue. »
« à queue » est complément du nom « piano ».

L'abréviation admise est CdN.

Attention : bien distinguer le CdN et le COI ; le premier se rapporte à un nom alors que le second se rattache à un verbe.

Ex. : « Il nous parle de son exploit. »
↑
COI du verbe « parler »

« Il nous a fait le récit de son exploit. »
↑
CdN « récit »

On se méfiera des questions « de qui ? » ou « de quoi ? ». Si elle s'appuie sur un nom (« récit de quoi ? »), la question introduit un CdN ; si elle s'appuie sur un verbe (« parler de quoi ? »), elle introduit un COI.

B. La construction du complément du nom

Le plus souvent le complément du nom est introduit par une préposition.

Ex. : « Avez-vous des ciseaux à cranter ? »

Dans certaines expressions le complément du nom est juxtaposé au nom auquel il se rapporte.

Ex. : « Je vais vous faire goûter notre couscous maison. »
« maison » est complément du nom « couscous ».

> **Notion-clé**
> Le complément du nom peut être un nom, un groupe nominal, un pronom, un verbe à l'infinitif, un groupe infinitif.

2 L'apposition

A. Définition

Le mot (ou l'expression) apposé au nom désigne la même chose ou la même personne que ce nom.

Notes

Ex. : « Virginie, ma sœur, voudrait venir aussi. »
« ma sœur » est apposé au nom « Virginie ».

On reconnaît une apposition à ce que l'on peut mettre le signe = entre le nom et son apposition.

Dans l'exemple précédent, « Virginie » et « ma sœur » désignent la même personne.

B. La construction de l'apposition

■ Apposition mise entre virgules

Le plus souvent l'apposition est détachée du nom auquel elle se rapporte par une virgule.

Ex. : « Je voudrais que Virginie, ma sœur, vienne aussi. »

■ Apposition juxtaposée

L'apposition peut être juxtaposée au nom qu'elle précise.

Ex. : « Louis XIV est le Roi-Soleil. »
« Soleil » est apposé au nom « Roi ». (Roi = Soleil)

■ Apposition introduite par une préposition

L'apposition peut également être introduite par la préposition « de ».

Ex. : « Je voudrais visiter la ville de Venise. »
« de Venise » est apposé au nom « ville ». (ville = Venise)

C. Confusion à éviter

On évitera de confondre le complément du nom introduit par « de » et l'apposition introduite par cette préposition.

Ex. : « J'ai visité la ville de Venise. » (ville = Venise)
↑
apposé à « ville »

« Je n'ai pas visité tous les palais de Venise. »
(palais ≠ Venise)
↑
CdN « palais »

C'est le plus souvent dans le vocabulaire géographique que cette confusion est possible.

Notion-clé
L'apposition peut être un nom, un groupe nominal, un pronom, un verbe à l'infinitif ou un groupe infinitif. L'adjectif peut aussi être apposé (**voir fiche 12**).

Teste-toi !

Corrigés p. 29

A. Indiquez, dans l'expression « la région de Provence », la fonction du mot « Provence ».

B. Construit-on toujours le complément du nom avec la préposition « de » ?

C. Que désigne un groupe de mots mis en apposition ?

D. « Cet enfant ressemble à son frère. » Quelle est la fonction du nom « frère » ?

Les types de phrases

Fiche 20

Français

Notes

Les phrases peuvent se classer de deux façons :
– selon l'intonation (appelée aussi modalité) ;
– selon le nombre de verbes conjugués contenus dans la phrase.

1 Les types de phrases selon l'intonation

L'intonation est une caractéristique de la phrase orale ; elle se traduit à l'écrit par la ponctuation.
On distingue quatre types de phrases.

A. La phrase déclarative

La phrase déclarative se termine par un point. Elle délivre une information.

Ex. : « J'étudie les types de phrases. »

B. La phrase exclamative

La phrase exclamative se termine toujours par un point d'exclamation. Elle exprime un sentiment (peur, colère, enthousiasme, etc.), une sensation (douleur, chaleur, etc.) ou une émotion.

Ex. : « C'est magnifique ! »

Remarque
Le point d'interrogation peut également se rencontrer à la fin d'une phrase injonctive.

C. La phrase injonctive

La phrase injonctive s'achève par un point ou par un point d'exclamation.
Elle exprime un ordre, une interdiction ou un conseil.

Ex. : « Dépêche-toi ! »

Dans une phrase injonctive, le verbe n'est pas toujours à l'impératif ; les modes infinitif ou subjonctif s'emploient également. Certaines phrases nominales peuvent aussi être impératives.

Ex. : « Ne pas marcher sur la pelouse. » (infinitif)
« Qu'il vienne me voir ! » (subjonctif)
« Défense de courir. » (phrase non verbale)

D. La phrase interrogative

La phrase interrogative exprime une question. Elle se termine par un point d'interrogation. On distingue l'interrogation totale de l'interrogation partielle.

Notes

■ L'interrogation totale porte sur la totalité de la phrase ; elle admet deux réponses possibles : « oui » ou « non ».

Ex. : « Pourras-tu venir samedi ? » (oui, non)

■ L'interrogation partielle porte sur une partie de la phrase ; elle admet une infinité de réponses possibles.

Ex. : « Quand viendras-tu ? » (lundi, dans un mois, etc.)

2 Les types de phrases selon le nombre de verbes conjugués

On appelle verbe conjugué un verbe à l'indicatif, au conditionnel, au subjonctif ou à l'impératif, c'est-à-dire à un mode personnel.

A. La phrase non verbale

La phrase non verbale ne contient aucun verbe conjugué.

Ex. : « Prière de respecter les plantations. »

Attention !
Les verbes à l'infinitif ou les participes passés sans auxiliaire ne sont pas des verbes conjugués.

B. La phrase simple

La phrase simple contient un seul verbe conjugué.

Ex. : « J'ai essayé de te téléphoner hier soir. »

C. La phrase complexe

La phrase complexe contient plusieurs (deux ou plus) verbes conjugués. Elle est donc composée de plusieurs propositions (**voir fiche 21**).

Ex. : « Je voudrais que tu me donnes un conseil. »

Teste-toi !

Corrigés p. 29

A. Qu'est-ce qu'une phrase non verbale ?

B. Qu'exprime une phrase exclamative ?

C. Par quels signes de ponctuation peut s'achever une phrase injonctive ?

D. Dites ce qu'est une interrogation totale.

E. Quel peut être le mode d'un verbe conjugué ?

F. Combien y a-t-il de verbes conjugués dans une phrase simple ?

La phrase complexe

Fiche 21

Français

Notes

1 Définition

- Deux propositions qui ne sont pas liées sont juxtaposées.

Ex. : « [Viens], [nous t'attendions]. » Les deux propositions indépendantes sont juxtaposées.

- Deux propositions reliées par une conjonction de coordination sont coordonnées.

Ex. : « [Viens] [car nous t'attendions]. » Les deux propositions indépendantes sont coordonnées.

- On parle de subordination quand une proposition complète une autre proposition.

Ex. : « [Je voudrais] [(que) tu viennes]. »

↑ prop. subordonnée

2 Les trois grandes catégories de propositions

A. La proposition indépendante

La proposition indépendante se suffit à elle-même ; elle fonctionne comme une phrase simple (**voir fiche 20**).

Ex. : « [Il pleut], [nous ne sortons pas]. »

Remarque

La phrase complexe (**voir fiche 20**) comporte généralement autant de propositions que de verbes conjugués.

B. La proposition subordonnée

La proposition subordonnée dépend d'une proposition principale. Elle est introduite par un mot subordonnant (pronom relatif, conjonction de subordination, pronom ou adverbe interrogatif), **fiches 22 et 23**).

Ex. : Je crois [que tu es content].

↑ prop. sub.

C. La proposition principale

La proposition principale dirige, comme son nom le suggère, une ou plusieurs propositions subordonnées.

Notes

3 Les trois catégories de subordonnées

A. La proposition subordonnée relative

Voir fiche 22.

B. La proposition subordonnée interrogative

Voir fiche 23.

C. La proposition subordonnée conjonctive

Voir fiche 23.

– La subordonnée « complétive » introduite par « que ».
– La subordonnée « circonstancielle ».

4 Repérage des propositions : la méthode

1. Je souligne et je compte les verbes conjugués : il y a autant de propositions que de verbes conjugués.

Ex. : « Viens, je voudrais que tu m'aides. »

2. J'entoure les mots subordonnants : ils sont toujours en tête d'une proposition subordonnée.

Ex. : « Viens, je voudrais (**que**) tu m'aides. »

S'il n'y a aucun mot subordonnant, il n'y aura aucune proposition subordonnée et la phrase ne comportera pas non plus de proposition principale.

3. Je délimite la (ou les) proposition(s) subordonnée(s).

Ex. : « Viens, je voudrais [(**que**) tu m'aides]. »

↑ prop. subordonnée

4. Je délimite la proposition principale qui dirige la proposition subordonnée.

Ex. : « Viens, [je voudrais] [(**que**) tu m'aides].

↑ prop. principale ↑ prop. subordonnée

5. Je délimite les propositions indépendantes.

Ex. : « [Viens], [je voudrais] [(**que**) tu m'aides]. »

↑ prop. indép./ ↑ prop. princip./ ↑ prop. sub.

Teste-toi !

Corrigés p.

A. Comment appelle-t-on deux propositions qui se suivent sans être reliées ?
B. Quelles sont les trois grandes catégories de propositions ?
C. Combien une proposition contient-elle de verbes conjugués ?
D. À quoi reconnaît-on une proposition subordonnée ?

La proposition subordonnée relative

Fiche 22

Français

La proposition subordonnée relative est introduite par un pronom relatif. Elle appartient au groupe nominal : elle est, comme l'adjectif qualificatif ou le complément du nom, une expansion du nom (**voir fiche 11**). Elle peut être supprimée mais pas déplacée.

1 Les pronoms relatifs

A. Le double rôle du pronom relatif

■ Pronom : il remplace un mot ou une expression ; ce mot s'appelle son antécédent.

Ex. : « Molière est un auteur qui jouait ses propres pièces. »
L'antécédent du pronom « qui » est « auteur ».

■ Relatif : il relie la proposition subordonnée relative à son antécédent.

Dans l'exemple précédent, le pronom relatif « qui » relie la subordonnée relative « qui jouait ses propres pièces » à l'antécédent « auteur ».

B. Les différents pronoms relatifs

On distingue deux sortes de pronoms relatifs.

■ Pronoms relatifs simples : « *qui, que, quoi, dont, où* ».

■ Pronoms relatifs composés : « *lequel, duquel, à laquelle, par lesquels* », etc.

2 Les deux sortes de subordonnées relatives

A. La subordonnée relative déterminative

Elle contribue à définir le sens de l'antécédent auquel elle se rapporte.

Ex. : « La dernière pièce [qu'a jouée Molière] est *Le Malade imaginaire*. »

Remarque
La subordonnée relative déterminative n'est pas détachée par une virgule.

B. La subordonnée relative explicative

Elle n'est pas essentielle ; elle apporte simplement une précision supplémentaire concernant l'antécédent ; elle est détachée.

Ex. : « Dans *Le Malade imaginaire*, Argan, [qui est joué par Molière], veut marier sa fille à un médecin. »
Dans cet exemple, on peut supprimer la proposition subordonnée relative et conserver un sens à la phrase.

Notes

Notes

3 La fonction de la subordonnée relative

A. La relative avec antécédent

Dans la plupart des cas, le pronom relatif a un antécédent. La fonction de la subordonnée relative est « complément de l'antécédent… ».

Ex. : « C'est la comédie [que je préfère]. »
La fonction de la subordonnée relative « que je préfère » est : complément de l'antécédent « comédie ».

B. La relative sans antécédent

Quelquefois, le pronom relatif n'a pas d'antécédent. On rencontre cette possibilité dans les tournures de forme proverbiale.

Ex. : « [Qui dort] dîne. » (« Qui est-ce qui dîne ? »)
La fonction de la subordonnée relative « Qui dort » est : sujet du verbe « dîner ».

Dans un texte, ces constructions proverbiales indiquent une volonté de généraliser et signalent souvent, comme dans la fable, une intention didactique.

C. Les confusions à éviter

La fonction de la subordonnée relative dépend toujours d'un mot de la proposition principale ; le plus souvent, elle est « complément de l'antécédent ».
La fonction de l'antécédent dépend aussi d'un mot de la proposition principale, alors que la fonction du pronom se définit par rapport à un mot de la subordonnée.

Attention !
On évitera de confondre fonction de la subordonn relative, la fonction du p nom relatif et la fonction l'antécédent du pronom.

Ex. : « La comédie [que je préfère] est *Le Malade imaginaire*. »
– Fonction de la subordonnée relative « que je préfère » : complément de l'antécédent « comédie ».
– Fonction du pronom « que » : COD du verbe « préférer ».
– Fonction de l'antécédent « comédie » : sujet du verbe « être ».

Teste-toi !

Corrigés p.

A. Quels sont les pronoms relatifs simples ?
B. À quoi se reconnaît le plus souvent une subordonnée relative ?
C. Quelle est, le plus souvent, la fonction d'une subordonnée relative ?

Les propositions subordonnées conjonctive et interrogative

Fiche 23

Français

Notes

1 La proposition subordonnée interrogative

A. Définition

Une phrase interrogative en discours direct devient, en discours indirect, une proposition subordonnée interrogative.
La proposition subordonnée interrogative ne peut pas être supprimée.

> **Attention !**
> La proposition subordonnée interrogative ne s'achève pas par un point d'interrogation.

Ex. : « Je me demande [si elle pourra venir avec nous]. »
Elle est introduite par un pronom interrogatif (*qui, que, quoi, lequel*, etc.) ou par un adverbe interrogatif (*comment, pourquoi, où*, etc.).

B. Confusion à éviter

Pour éviter de confondre les propositions subordonnées interrogatives et relatives, on examinera le mot subordonnant. Dans la plupart des cas (sauf tournure proverbiale : **voir fiche 22**), le pronom relatif a un antécédent alors que le pronom interrogatif n'en a pas.

Ex. : « C'est Marie [qui a téléphoné]. »
→ « qui » a un antécédent (« Marie »), c'est donc un pronom relatif et la subordonnée « qui a téléphoné » est relative.
« Je ne sais pas [qui a téléphoné]. »
→ « qui » n'a pas d'antécédent, ce n'est donc pas un pronom relatif mais un pronom interrogatif ; la subordonnée « qui a téléphoné » est interrogative.

2 La proposition subordonnée conjonctive

A. La subordonnée conjonctive complétive

La subordonnée conjonctive complétive est introduite par la conjonction de subordination « que ». Elle ne peut pas être supprimée.
Attention : une subordonnée introduite par « que » peut être relative, interrogative ou conjonctive.

Ex. : « C'est la chanson [que je préfère]. »
↑ prop. sub. relative

« Je voudrais [que tu me fasses écouter cette chanson]. »
↑ prop. sub. conjonctive complétive

« Je me demande [ce que tu fais]. »
↑ prop. sub. interrogative

Notes

B. La proposition subordonnée conjonctive circonstancielle

Elle est introduite par une conjonction de subordination (sauf par « que ») : *quand, puisque, parce que, si bien que, de telle sorte que*, etc.

Elle peut exprimer des circonstances variées. Elle peut être supprimée et déplacée.

- Subordonnée circonstancielle de temps.

Ex. : « Viens [quand tu en auras envie]. »

- Subordonnée circonstancielle de cause.

Ex. : « [Puisque tu es d'accord], allons-y. »

- Subordonnée circonstancielle de conséquence.

Ex. : « Il est si content [qu'il danse de joie]. »

- Subordonnée circonstancielle de but.

Ex. : « Préviens-le vite, [afin qu'il puisse venir]. »

- Subordonnée circonstancielle de crainte.

Ex. : « Nous partirons tôt [de peur qu'il y ait des embouteillages]. »

- Subordonnée circonstancielle d'opposition.

Ex. : « Il est content de lui, [même s'il a tort]. »

- Subordonnée circonstancielle hypothétique.

Ex. : [Si tu as confiance en toi], tu réussiras.

Selon le verbe de la proposition principale et selon la conjonction de coordination, le verbe de la proposition subordonnée se met au mode indicatif ou au mode subjonctif. Le subjonctif exprime une action dont la réalisation n'est pas certaine.

Attention !
« Malgré que » n'est pas correct, il faut utiliser et écrire « bien que ».

Certaines conjonctions de subordination (*bien que, de peur que, pour que, afin que*, etc.) sont toujours suivies du subjonctif.

Ex. : « Je vous écoute [bien que je ne sois pas d'accord.]. »

↑ subjonctif

Teste-toi !

Corrigés p. .

A. Quels sont les pronoms interrogatifs simples ?

B. Comment peut-on faire, le plus souvent, la différence entre un pronom interrogatif et un pronom relatif ?

C. La subordonnée conjonctive complétive peut-elle être supprimée ?

D. Quelle est la fonction d'une proposition subordonnée conjonctive circonstancielle ?

Le présent et le futur de l'indicatif

Fiche 24

Français

Notes

1 La conjugaison du présent

Le présent de l'indicatif présente de nombreux modèles de conjugaison et quelques difficultés (verbes en *-ier*, *-yer*, *-indre* et *-soudre*).

A. Les verbes en *-er* (1er groupe)

Au présent de l'indicatif, les verbes du premier groupe ont tous les mêmes terminaisons : *je parl**e**, tu parl**es**, il parl**e**, nous parl**ons**, vous parl**ez**, ils parl**ent***.

Parfois, au singulier, le -e final est muet : c'est le cas des verbes en *-ier* et en *-yer*.

– Verbes en *-ier* : *je cri**e**, tu cri**es**, il cri**e***, etc.

– Verbes en *-yer* : le *y* se transforme en *i* devant un *e* muet (*j'essu**ie**, nous essu**y**ons, j'env**oie**, nous envo**y**ons, je pa**ie**, nous pa**y**ons*).

Les verbes en *-ayer* peuvent se conjuguer de deux manières au singulier : *je pa**ie*** ou *je pa**y**e*.

B. Les verbes en *-ir* et *-issons* (2e groupe)

Au présent de l'indicatif, les verbes du deuxième groupe ont tous les mêmes terminaisons : *je fini**s**, tu fini**s**, il fini**t**, nous finiss**ons**, vous finiss**ez**, ils finiss**ent***.

C. Les autres verbes (3e groupe)

On rencontre quatre modèles de conjugaison.

Conjugaisons			
en *-s, -s, -t*	**en *-ds, -ds, -d*(1)**	**en *-x, -x, -t*(2)**	**en *-e, -es, -e***
je crains tu crains il craint, etc.	je prends tu prends il prend, etc.	je veux tu veux il veut, etc.	je cueille tu cueilles il cueille, etc.

(1) Verbes en *-dre* sauf ceux en *-indre* (*-aindre, -eindre, -oindre*) et *-soudre*.

(2) Verbes « pouvoir », « vouloir » et « valoir ».

Ex. : *je couds* (coudre), *je résous* (résoudre), *je tiens* (tenir), *j'éteins* (éteindre), *j'entends* (entendre).

Attention aux verbes « faire » et « dire » : *vous faites, vous dites.*

Notes

2 La conjugaison du futur simple

Si l'on excepte quelques verbes irréguliers (*savoir, faire, venir, envoyer,* etc.), le futur se forme toujours en ajoutant à l'infinitif les terminaisons ***-ai, -as, -a, -ons, -ez, -ont***.

Attention !
Ne pas confondre le fut[...] simple de l'indicatif et le pr[...]sent du conditionnel (**vo[...] fiche 32**).

3 Les valeurs du présent

A. La valeur première du présent

La valeur première du présent est d'exprimer une action qui se produit au moment où l'on parle : c'est le présent de l'énonciation.

B. Les autres valeurs du présent

- Le présent peut également exprimer une action qui se répète. C'est le présent d'habitude.

Ex. : « Chaque matin, je me bouche les oreilles quand mon réveil sonne. »

- Le présent sert aussi à exprimer une action qui vient de se produire ou qui aura lieu très prochainement. Le présent a alors une valeur de passé proche ou de futur imminent.

Ex. : « Il revient dans cinq minutes. »

- Le présent est utilisé pour énoncer une vérité générale.

Ex. : « Le Soleil est une étoile. »

- Pour rendre proche du lecteur une action passée, on peut recourir au présent : c'est le présent de narration.

Ex. : « Le chevalier se dresse sur sa monture. »

- Le présent peut aussi exprimer un ordre.

Ex. : « Tu viens tout de suite ! »

4 Les valeurs du futur simple

La valeur première du futur est d'exprimer une action qui va se produire. Cette action est présentée comme certaine car la certitude est la valeur commune à tous les temps du mode indicatif.

Le futur peut aussi exprimer un ordre.

Ex. : « Tu viendras me voir sans faute à dix heures. »

Teste-toi !

Corrigés p. 3[...]

A. Mettez le verbe « résoudre » au présent de l'indicatif, à la première personne du singulier.

B. Mettez le verbe « appuyer » au futur de l'indicatif, à la première personne du singulier.

C. Qu'est-ce que le présent de l'énonciation ?

D. Quelles sont les valeurs du futur ?

L'imparfait et le passé simple de l'indicatif

Fiche 25

Français

Notes

L'imparfait et le passé simple sont les deux principaux temps utilisés dans le récit écrit au passé.
Pour rédiger correctement un récit, il est important de bien connaître la conjugaison et les valeurs de ces temps.

1 Conjugaison

A. L'imparfait

Quel que soit le groupe auquel appartient le verbe, à l'imparfait, les terminaisons sont toujours les suivantes : ***-ais***, ***-ais***, ***-ait***, ***-ions***, ***-iez***, ***-aient***.
Mais certains verbes présentent quelques particularités.
– Verbes en ***-ier*** : *je criais, tu criais, il criait, nous criions, vous criiez, ils criaient.*
Le *-i* de la terminaison vient s'ajouter au *-i* du radical.
– Verbes en ***-yer*** : *nous essuyions, vous essuyiez.*

B. Le passé simple

■ Les auxiliaires
Avoir : *j'eus, tu eus, il eut, nous eûmes, vous eûtes, ils eurent.*
Être : *je fus, tu fus, il fut, nous fûmes, vous fûtes, ils furent.*

■ Les verbes en *-er*
Ex. : je parlai, tu parlas, il parla, nous parlâmes, vous parlâtes, ils parlèrent.

Les verbes en *-er* (1er groupe + *aller*) suivent tous ce modèle : la voyelle *-a* domine mais il ne faut pas oublier que la 1re personne se termine par *-ai*.

■ Les autres verbes (2e et 3e groupes)
Les verbes qui ne se terminent pas en *-er* ne se conjuguent jamais comme *parler* ; on rencontre trois modèles qui se ressemblent : *-s, -s, -t* au singulier et *-^mes, -^tes, -rent* au pluriel
On remarquera qu'il n'y a jamais d'accent circonflexe à la troisième personne du singulier du passé simple.

Notes

Conjugaisons		
en *-i*	en *-u*	en *-in*[(1)]
je pr**is** nous pr**îmes** tu pr**is** vous pr**îtes** il pr**it** ils pr**irent**	je cr**us** nous cr**ûmes** tu cr**us** vous cr**ûtes** il cr**ut** ils cr**urent**	je v**ins** nous v**înmes** tu v**ins** vous v**întes** il v**int** ils v**inrent**

(1) Verbes *venir, tenir* et leurs composés (*convenir, retenir*, etc.).

2 L'imparfait et le passé simple : deux temps complémentaires

A. Les valeurs de l'imparfait

■ L'imparfait exprime une action passée non limitée dans le temps : on ne sait pas quand l'action a commencé ni quand elle va se terminer.

Ex. : « Il pleuvait. » On ne sait pas depuis combien de temps il pleut ni combien de temps il va pleuvoir encore.

■ L'imparfait peut exprimer aussi une action qui se répète. C'est l'imparfait d'habitude.

Ex. : « Chaque année, il allait au bord de la mer. »

■ L'imparfait est, dans un texte au passé, le temps privilégié de la description.

■ Dans un récit, l'imparfait peut être utilisé pour exprimer des actions qui s'effectuent en arrière-plan d'actions principales rapportées au passé simple.

Ex. : « Je dormais profondément lorsqu'il entra. »
↑ dormais : imparfait — ↑ entra : passé simple

Notion-clé
Le passé simple de l'indicat[...] est le temps principal d[...] récit, il est parfois remplac[...] par le présent de narratio[...] (**voir fiche 24**).

B. Les valeurs du passé simple

■ Au contraire de l'imparfait, le passé simple exprime une action limitée dans le temps. Il convient aux événements et aux actions qui s'enchaînent.

Ex. : « Soudain, il se retourna et aperçut le détective. »

Teste-toi !

Corrigés p. 3

A. Mettez au passé simple le verbe « lacer » à la première personne du singulier.

B. Mettez au passé simple le verbe « venir » à la première personne du pluriel.

C. Mettez à l'imparfait le verbe « parier » à la deuxième personne du pluriel.

D. Quelle est la principale valeur de l'imparfait ?

Les temps composés de l'indicatif

Fiche 26

Français

Notes

1 Conjugaison

A. Formation des temps composés

Dans les différents modes, chaque temps simple sert à former un temps composé. L'auxiliaire (*être* ou *avoir*) se met au temps simple et on ajoute le participe passé.

Ex. : l'imparfait sert à former le plus-que-parfait.

	Imparfait		Plus-que-parfait
Mode indicatif	j'avais	→	j'avais parlé
Mode subjonctif	que j'eusse	→	que j'eusse parlé

B. Confusions à éviter

Le passif se forme avec l'auxiliaire *être* : on évitera donc de confondre actif et passif lorsque l'auxiliaire *être* est employé (**voir fiche 29**).

Ex. : « j'étais allé(e) » : plus-que-parfait à l'actif (mode indicatif).
« j'étais suivi(e) » : imparfait au passif (mode indicatif).

C. Les quatre temps composés de l'indicatif

- Le passé composé : l'auxiliaire est au présent.

Ex. : *j'ai parlé, je suis allé(e).*

- Le plus-que-parfait : l'auxiliaire est à l'imparfait.

Ex. : *j'avais parlé, j'étais allé(e).*

- Le passé antérieur : l'auxiliaire est au passé simple.

Ex. : *j'eus parlé, je fus allé(e).*

- Le futur antérieur : l'auxiliaire est au futur simple.

Ex. : *j'aurai parlé, je serai allé(e).*

2 L'aspect verbal

- Les temps simples expriment un aspect inaccompli alors que les temps composés expriment un aspect accompli.

Ex. : *Je regardais le mur.*
L'action est inaccomplie (inachevée).
J'ai regardé le mur.
L'action est accomplie (achevée).

Notion-clé
L'aspect verbal concerne la façon dont sont envisagées les actions exprimées par le verbe.

Notes

■ Certains verbes permettent d'exprimer d'autres aspects.

– *commencer* : l'action est prise à son début.

Ex. : Je commence à comprendre.

– *finir* : l'action est présentée comme sur le point d'être achevée.

Ex. : Je finis de ranger.

3 Les valeurs des temps composés

La valeur de chaque temps composé se définit par rapport au temps simple correspondant.

A. Le passé composé

Le passé composé exprime une action en lien avec le présent de l'énonciation ; elle est antérieure au présent. C'est pour cette raison que le passé composé, à la différence du passé simple qui est coupé de l'énonciation, est utilisé pour les récits oraux.

Ex. : « Hier je suis allé(e) à la piscine. »

B. Le plus-que-parfait et le passé antérieur

Le plus-que-parfait et le passé antérieur expriment une action antérieure à une autre action passée.

Ex. : « Il avait éteint les lumières quand le téléphone sonna. »

« Quand il eut éteint les lumières, le téléphone sonna. »

C. Le futur antérieur

Le futur antérieur exprime une action antérieure à une action évoquée au futur.

Ex. : « Je te téléphonerai dès que j'aurai fini mes devoirs. »

On évitera de confondre le futur antérieur et le passé du conditionnel (**voir fiche 27**)

Ex. : « J'aurais fini mes devoirs si tu ne m'avais pas téléphoné ! »

Teste-toi !

Corrigés p. 3

A. À quel temps est la forme verbale « il fut entré » ?

B. À quel temps est la forme verbale « il est encouragé » ?

C. À quel temps est la forme verbale « il aura compris » ?

D. Quelle est la valeur du plus-que-parfait ?

Le conditionnel et l'impératif

Fiche 27

Français

1 La conjugaison du conditionnel

A. Le présent du conditionnel

Le présent du conditionnel ressemble beaucoup au futur ; il joue souvent d'ailleurs un rôle de futur dans le passé. Comme le futur simple, le présent du conditionnel se construit à partir de l'infinitif du verbe. On y ajoute les terminaisons : ***-ais, -ais, -ait, -ions, -iez, -aient***.

Ex. : je finirais, tu finirais, il finirait, nous finirions, vous finiriez, ils finiraient.

Comme pour le futur (**voir fiche 24**), veillez à orthographier correctement les verbes en *-ier* et en *-yer*.

Ex. : je parierais, j'essayerais ou j'essaierais.

B. Le passé du conditionnel

Il est formé de l'auxiliaire au présent du conditionnel et du participe passé du verbe.

Ex. : j'aurais décidé, je serais venu(e).

C. Le passé deuxième forme du conditionnel

Le passé deuxième forme est formé de l'auxiliaire à l'imparfait du subjonctif et du participe passé du verbe.

Ex. : j'eusse décidé, je fusse venu(e).

Sa forme est identique à celle du plus-que-parfait du subjonctif ; seules les utilisations diffèrent. Le passé deuxième forme du conditionnel peut toujours être remplacé par un passé première forme.

> **Remarque**
> Le programme considère le « mode conditionnel » mais on rencontre parfois des tableaux de conjugaison qui l'incluent dans l'indicatif.

Ex. : « Si je m'étais entraîné(e) davantage, j'eusse réussi. »
↑ passé 2ᵉ forme du conditionnel

« Si je m'étais entraîné(e) davantage, j'aurais réussi. »
↑ passé du conditionnel

D. Mode ou temps ?

Les grammairiens ne sont pas d'accord : certains considèrent que le conditionnel (présent et passé) fait partie du mode indicatif alors que d'autres en font un mode à part.

Notes

Notes

2 L'emploi du conditionnel

A. Le futur dans le passé (valeur temporelle)

Le présent du conditionnel peut jouer un rôle de futur dans le passé.

Ex. : Récit au présent : « Il pense qu'il réussira. »
↑ présent ind. ↑ futur ind.

Récit au passé : « Il pensait qu'il réussirait. »
↑ imparfait ind. ↑ présent du condit.

B. L'expression d'une action hypothétique (valeur modale)

- Le présent du conditionnel exprime une action qui peut éventuellement se réaliser dans le futur, mais la condition exprimée dans la proposition subordonnée de condition doit pouvoir s'accomplir.

Ex. : « Si tu l'accompagnais, elle viendrait. »

- Le passé (1re ou 2e forme) du conditionnel peut exprimer une action irréelle qui aurait pu se réaliser si la condition posée avait été remplie.

Ex. : « Si j'avais su voler, je serais allé(e) dans les nuages. »

C. Le conditionnel de politesse (valeur modale)

Le conditionnel de politesse est souvent employé pour atténuer une demande.

Ex. : « Je voudrais un renseignement, s'il vous plaît. »

3 L'impératif

Le présent de l'impératif est généralement proche du présent de l'indicatif. L'impératif ne connaît que trois personnes (deuxième du singulier, première et deuxième du pluriel).
Attention : lorsque le verbe se termine en -e, et pour « aller », la deuxième personne du singulier ne prend pas de -s.

Ex. : viens, prends / marche, offre, sache, va.

Notion-clé
L'impératif exprime u[n] ordre, une interdiction ou u[n] conseil.

Teste-toi !

Corrigés p. 3(

A. Que peut exprimer le mode impératif ?

B. « Écoutes bien ! » ou « Écoute bien ! » ? Dites quelle est la forme correcte.

C. Au présent du conditionnel, la forme correcte est-elle : « nous le saurions » ou « nous le savions » ?

D. Quelles sont les valeurs du conditionnel ?

Le subjonctif

Notes

1 La conjugaison du subjonctif

Le subjonctif est un mode essentiellement utilisé dans les propositions subordonnées. C'est pourquoi l'usage est de le conjuguer précédé de la conjonction de subordination « que » (« que je dise »).

A. Le présent du subjonctif

Pour trouver la conjugaison d'un verbe au présent du subjonctif, il suffit bien souvent de faire précéder ce verbe de l'expression « il faut que ».

Ex. : pour conjuguer le verbe « venir », je dis « il faut que je vienne » et j'applique ensuite les règles concernant les terminaisons.

- Avoir : *que j'ai**e**, que tu ai**es**, qu'il ai**t**, que nous ayons, que vous ayez, qu'ils aient.*
- Être : *que je sois, que tu sois, qu'il soit, que nous soyons, que vous soyez, qu'ils soient.*
- Les autres verbes : quel que soit le groupe auquel appartient un verbe, ses terminaisons au présent du subjonctif sont toujours : ***-e**, **-es**, **-e**, **-ions**, **-iez**, **-ent***.

Ex. : que je sache, que tu saches, qu'il sache, etc.

B. L'imparfait du subjonctif

- Avoir : *que j'eusse, que tu eusses, qu'il eût, que nous eussions, que vous eussiez, qu'ils eussent.*
- Être : *que je fusse, que tu fusses, qu'il fût, que nous fussions, que vous fussiez, qu'ils fussent.*
- Les autres verbes : les terminaisons sont formées de la voyelle du passé simple du verbe (*a, i, u, in*) suivies de ***-sse**, **-sses**, **-^t**, **-ssions**, **-ssiez**, **-ssent***.

Ex. : le passé simple de « prendre » est « je pris » ; l'imparfait du subjonctif est « que je prisse, que tu prisses », etc.

C. Les temps composés du subjonctif

- Le passé du subjonctif est formé de l'auxiliaire au présent du subjonctif et du participe passé du verbe.

Ex. : que j'aie parlé, que je sois venu(e).

- Le plus-que-parfait du subjonctif est formé de l'auxiliaire à l'imparfait du subjonctif et du participe passé du verbe.

Ex. : que j'eusse parlé, que je fusse venu(e).

Notes

2 L'emploi du subjonctif

A. Les valeurs du subjonctif

■ Le subjonctif exprime une action incertaine car dépendante de l'action exprimée dans la principale. On le trouve principalement après des verbes de volonté.

Ex. : « Je voudrais que tu me dises la vérité. »
L'action de « dire la vérité » n'est pas certaine car ce n'est pas parce que je le veux qu'elle va effectivement se réaliser.

■ Lorsque l'on rencontre le subjonctif dans une proposition subordonnée relative, c'est que l'action exprimée n'est pas certaine, à la différence d'une action exprimée à l'indicatif.

Ex. : « J'aime les maisons qui ont vue sur la mer. »
La subordonnée relative est à l'indicatif car les maisons dont il est question existent bel et bien.
« Je voudrais une maison qui ait vue sur la mer. »
La relative est au subjonctif car l'action n'est pas certaine.

■ Le subjonctif peut servir à exprimer un ordre, notamment aux personnes qui n'existent pas à l'impératif.

Ex. : « Qu'il vienne me voir immédiatement ! »

Remarque
Aujourd'hui, l'imparfait du subjonctif est peu usité : l'usage tolère qu'on le remplace par un présent du subjonctif.

B. La concordance des temps

■ Lorsque le verbe de la proposition principale est au présent, le verbe de la subordonnée l'est aussi.

Ex. : « J'aimerais beaucoup que tu me rendes ce service. »
↑ J'aimerais : présent du condit.
↑ rendes : présent du subjonctif

■ Lorsque le verbe de la principale est au passé, la règle de la concordance des temps demande que le verbe de la subordonnée le soit aussi.

Ex. : « J'aurais aimé que tu me rendisses ce service. »
↑ J'aurais aimé : passé du condit.
↑ rendisses : imparfait du subjonctif

Teste-toi !

Corrigés p. 3C

A. Mettez le verbe « avoir » au présent du subjonctif, à la troisième personne du singulier.

B. Mettez le verbe « voir » au présent du subjonctif, à la première personne du singulier.

C. Combien de temps le mode subjonctif comprend-il ?

D. Quelle est la valeur du subjonctif dans la phrase : « Qu'elle se dépêche ! » ?

Le passif et le complément d'agent

Fiche 29

Français

Notes

Seuls les verbes transitifs directs, c'est-à-dire ceux qui ont un COD, peuvent se mettre au passif.

1 L'actif et le passif

A. L'actif

À l'actif, le sujet du verbe est actif : c'est lui qui effectue l'action exprimée par le verbe.

Ex. : « Le jardinier ramasse les feuilles. » « Le jardinier » est un sujet actif.

B. Le passif

Au passif, le sujet du verbe est passif : il subit l'action et c'est le complément d'agent qui effectue l'action.

Ex. : « Les feuilles sont ramassées par le jardinier. »
« Les feuilles » sont passives ; c'est « le jardinier » (le complément d'agent) qui est actif.

Lorsque l'on remarque plusieurs constructions passives dans un passage, on en déduit aisément que le personnage-sujet est passif, qu'il est incapable d'agir pour une raison qui reste à déterminer à la lecture du texte.

C. La transformation passive

On appelle transformation passive le passage d'une construction active à une construction passive.
Dans la transformation passive, le sujet à l'actif devient complément d'agent, et le COD devient sujet.

Ex. : Voix active :
« Le jardinier ramasse les feuilles. »
↑ sujet — ↑ verbe au présent — ↑ COD

Voix passive :
« Les feuilles sont ramassées par le jardinier. »
↑ sujet — ↑ verbe au présent — ↑ complément d'agent

Attention !
Dans une phrase passive, ne pas oublier d'accorder le participe passé avec le sujet (**voir fiche 35**).

Notes

2 La conjugaison passive

Au passif, les verbes se conjuguent avec l'auxiliaire *être*. À chaque forme active correspond une forme passive.

Ex. : Présent actif : « je porte ».
Présent passif : « je suis porté ».

A. L'identification du passif

Une construction est passive si on peut lui ajouter « par quelqu'un », c'est-à-dire un complément d'agent.

Ex. : « Elle est allée… par quelqu'un. »
→ C'est impossible : le verbe est à l'actif.
« Elle est récompensée… par quelqu'un. »
→ C'est possible : le verbe est au passif.

B. L'identification d'un temps passif

Pour identifier un temps au passif, il suffit de déterminer le temps de l'auxiliaire *être*.

Ex. : « Il a été félicité. » (passé composé passif)
« Il sera félicité. » (futur passif)

3 Le complément d'agent

Le complément d'agent est introduit par la préposition *par* ou par la préposition *de*.

Ex. : « Il est apprécié par tous ; il est apprécié de tous. »

Parfois le verbe au passif n'est pas suivi d'un complément d'agent car l'auteur de l'action n'est pas nettement identifié. Dans ce cas, lorsque l'on met la phrase à l'actif, le sujet est le pronom personnel indéfini *on*.

Ex. : Passif : « Elle a été récompensée. »
Actif : « On l'a récompensée. »

Teste-toi !

Corrigés p. 30

A. Dites si une construction passive contient toujours un complément d'agent.
B. Quelles sont les prépositions qui peuvent introduire un complément d'agent ?
C. À quel temps est conjugué ce verbe : « il eut été entendu » ?
D. Écrivez la phrase suivante à l'actif : « Ce problème sera résolu. »

L'orthographe

Pour être lu(e) par les autres, il est important de bien savoir orthographier les mots et d'appliquer les règles de grammaire.
On distingue l'orthographe grammaticale de l'orthographe d'usage.

Notion-clé
L'orthographe, comme la ponctuation et la rédaction correcte des phrases, est un élément qui contribue à la bonne lisibilité d'un texte.

1 L'orthographe d'usage : comment progresser

L'orthographe d'usage concerne le vocabulaire. Bien souvent, aucune règle n'explique l'orthographe de tel ou tel mot.
La plupart du temps, un terme s'écrit de telle manière plutôt que de telle autre pour des raisons historiques (l'étymologie d'un mot).

Notes

A. Quelques repères essentiels

- Le c est dur [k] devant *a*, *o* et *u*. Devant ces trois voyelles, il faut ajouter une cédille pour obtenir le son [s].

Ex. : cadeau, il plaça, une leçon, il reçut.

- Le g est dur devant *a*, *o* et *u*. Pour obtenir le son [ʒ] devant ces voyelles, il faut ajouter un *e*. Pour obtenir le son [g] dur devant *e* et *i*, on ajoute un *u*.

Ex. : un gâteau, il mangea, il mange, une mangue.

- Devant *m*, *b* et *p*, le *n* se transforme en *m*.

Ex. : emmener, un embouteillage, une ampoule.

- La plupart des mots commençant par le son [ap] (sauf, notamment, le verbe « apercevoir ») prennent deux *p*.

Ex. : apporter, appartenir.

- Les mots de la même famille présentent souvent des points communs.

Ex. : habit (habiller, déshabiller) ; un rang (ranger) ; un tas (tasser).

Notes

B. Comment progresser

Pour améliorer son orthographe, l'utilisation d'un répertoire est une bonne solution : on note ainsi les mots sur lesquels on a commis des erreurs et on les consulte régulièrement. Lorsque l'on hésite quant à l'orthographe d'un terme, on peut aussi prendre l'habitude de se référer aux mots de la même famille.

Ex. : *hydravion, déshydrater, hydratation*. On retrouve dans ces mots le même radical « hydra » qui signifie « eau ».

2 L'orthographe grammaticale : comment progresser

A. Les sources d'erreur

L'orthographe grammaticale a trait à l'application des règles de grammaire et principalement des règles d'accord : accord du verbe avec son sujet, de l'adjectif avec le nom, etc. (**voir fiches 34 et 35**). La conjugaison des verbes en fait également partie (**voir fiches 33 et 24 à 29**).
Bien souvent, les erreurs reposent sur des confusions : confusion entre les homophones grammaticaux (**voir fiche 31**), confusion entre le passé simple et l'imparfait de l'indicatif ou entre le futur simple et le conditionnel (**voir fiches 32 et 33**).

B. Comment progresser

- Une bonne connaissance des règles de grammaire est nécessaire. Mais cela ne suffit pas : il faut être très vigilant au moment où l'on écrit son texte et surtout lors de sa relecture.
Si l'on a commis des erreurs, on doit prêter attention à la correction afin de revoir ainsi les règles et leur application.

- Une relecture efficace consiste en une véritable chasse active aux fautes. Par exemple, on peut relire une première fois en ne portant son attention que sur les verbes, leur conjugaison et leur accord. Une seconde relecture portera sur les homophones grammaticaux ou sur les adjectifs et déterminants.
En se fixant des objectifs précis, on évite une relecture dispersée et inefficace. De toute manière, les progrès en orthographe passent par une attention constante.

Teste-toi !

Corrigés p. 30

A. Qu'est-ce que l'orthographe grammaticale ?

B. Confondre « ou » et « où » relève-t-il de l'orthographe d'usage ?

C. Trouvez un mot de la famille de « honorer » qui ait la même première lettre.

D. Devant quelles voyelles le « c » peut-il prendre une cédille ?

E. Devant quelles voyelles le « g » peut-il être suivi d'un « u » ?

Les homophones grammaticaux

Fiche 31

Français

1 Méthode

On appelle « homophones grammaticaux » des mots qui se prononcent de la même façon mais qui n'ont pas la même classe grammaticale et qui s'écrivent différemment.

Lorsque l'on relit un texte que l'on vient d'écrire, il est important de consacrer une des relectures à la vérification de l'orthographe de ces différents mots.

Conseil
En connaissant bien les homophones grammaticaux et en étant vigilant, on évite de nombreuses erreurs.

2 Les principaux homophones grammaticaux

- *a* (verbe « avoir » : « avait ») et *à* (préposition).

Ex. : « Il a appris à lire très tôt. »

- *ou* (conjonction de coordination : « ou bien ») et *où* (pronom relatif ou interrogatif).

Ex. : « Où est-il allé ? À la piscine ou à la patinoire ? »

- *et* (conjonction de coordination) et *est* (verbe « être »).

Ex. : « Il est entré et il est ressorti aussitôt. »

- *ni* (conjonction de coordination double : « ni… ni ») et *n'y* (« ne » + « y », toujours devant un verbe).

Ex. : « Il n'y avait ni Julie ni Stéphanie. »

- *si* (condition, intensité) et *s'y* (« se » + « y », toujours devant un verbe).

Ex. : « Si le temps le permet, il s'y préparera. »

- *sans* (préposition, contraire de « avec ») et *s'en* (« se » + « en »).

Ex. : « Il est parti sans ses chaussures ; il ne s'en est pas aperçu tout de suite. »

- *s'en* et *c'en* (pronom démonstratif + pronom personnel).

Ex. : « Il s'en moque. C'en est fait de nos projets. »

- *ces* (déterminant démonstratif, pluriel de « ce ») et *ses* (déterminant possessif, pluriel de *son, sa*).

Ex. : « Je vais offrir ces fleurs à ses parents. »

Notes

Notes

- *mais* (conjonction de coordination à valeur d'opposition), *mes* (déterminant possessif) et *mets, met* (verbe « mettre »).

Ex. : « Je mets du temps pour faire mes exercices, mais les réponses sont justes. »

- *ce* (pronom ou déterminant démonstratif), *se* (pronom personnel, toujours devant un verbe) et *ceux* (pronom démonstratif, pluriel de « celui »). On peut rencontrer *ce* (pronom démonstratif) devant le verbe « être ».

Ex. : « Écoutez ce conseil : ceux qui se seront entraînés réussiront. »
« Ce sera Guillaume votre moniteur. »
« C'est ce qui compte. »

- *c'est* (présentatif ; on peut le mettre au pluriel : « ce sont »), *s'est* (devant un participe passé), *sais* et *sait* (verbe « savoir »).

Ex. : « Tu sais bien que c'est Marie qui s'est la mieux préparée. »
« Elle sait son texte par cœur. »

- *quand* (conjonction de subordination à valeur temporelle), *quant* (« quant à, quant au », etc.) et *qu'en* (« que » + « en »).

Ex. : « Quant à Étienne, je ne sais pas quand il pourra venir ; qu'en pensez-vous ? »

- *on* (pronom personnel), *on n'* (pronom personnel suivi de la négation) et *ont* (verbe « avoir).

Ex. : « On a parlé et on n'a pas vu le temps passer. » « Elles ont gagné. »

- *quel, quelle, quels, quelles* (déterminants interrogatifs ou exclamatifs) et *qu'elle, qu'elles* (« que » + « elle », « que » + « elles » : peut se remplacer par « qu'il(s) »).

Ex. : « Quel dommage qu'elles n'aient pas pu venir ! »
« Quel mauvais temps ! Est-ce qu'elle peut venir ? »
« Quels que soient ses projets, nous l'écouterons. »
« Tes suggestions, quelles qu'elles soient, sont les bienvenues. »

Teste-toi !

Corrigés p. 30

A. Expliquez ce que sont des « homophones ».

B. Parmi les deux termes dans la parenthèse, choisissez la forme correcte : « Je ne pense pas (qu'elle / quelle) pourra nous aider. »

C. Choisissez la forme correcte : « (Quand / Quant) à mes frères, ils ne sont jamais d'accord avec moi. »

D. Choisissez la forme correcte : « (Ceux / Se / Ce) sont eux les meilleurs. »

Les temps à ne pas confondre

Fiche 32

Français

Certaines formes verbales se prononcent de façon identique ou très voisine.
Pour ne pas faire d'erreur, il est nécessaire de bien connaître les difficultés que l'on peut rencontrer et de bien maîtriser la conjugaison des verbes aux temps concernés.

1 L'imparfait et le passé simple de l'indicatif

À la première personne du singulier, pour le premier groupe, le passé simple (*-ai*) et l'imparfait (*-ais*) se ressemblent.
L'imparfait exprime une action non limitée dans le temps alors que le passé simple exprime, lui, une action limitée.
La confusion n'étant possible qu'à la première personne du singulier, on peut saisir la différence en transposant la phrase à la troisième personne du singulier.

Remarque
La confusion n'est possible que pour les verbes en *-er* ; en effet, le passé simple des autres verbes ne se termine jamais par *-ai* (**voir fiche 25**).

Ex. : « Je [jardinais ? / jardinai ?] comme tous les matins, quand je [constatais ? / constatai ?] qu'un inconnu me regardait. »
Pour bien orthographier les deux verbes du premier groupe à la première personne du singulier, je réécris la phrase à la troisième personne du singulier :
« Il jardinait comme tous les matins, quand il constata qu'un inconnu le regardait. »
Le premier verbe est donc à l'imparfait et le second au passé simple.
→ « Je jardinais comme tous les matins, quand je constatai qu'un inconnu me regardait. »

2 Le futur simple et le présent du conditionnel

À la première personne du singulier, pour tous les verbes, les formes du futur simple (*-rai*) et du présent du conditionnel (*-rais*) sont très proches.
Le futur exprime une action certaine alors que le présent du conditionnel exprime une action hypothétique ou un futur dans le passé.
Pour s'assurer de la forme à employer, il suffit, comme pour l'imparfait et le passé simple, de réécrire la phrase à la troisième personne du singulier.

Notes

Notes

Ex. : « Si tu veux, je [viendrai ? / viendrais ?] demain à 9 heures. »
→ « Si tu veux, il viendra demain à 9 heures. »
Le verbe est au futur.
→ « Si tu veux, je viendrai demain à 9 heures. »

À la différence de la confusion possible entre imparfait et passé simple qui, elle, ne concerne que le premier groupe, la ressemblance entre futur simple et présent du conditionnel existe pour tous les verbes.

3 Le présent de l'indicatif et le présent du subjonctif

Certains verbes (« croire, voir », etc.) ont au présent du subjonctif et au présent de l'indicatif des formes qui sont homophones.
Pour entendre la différence, le verbe qui occasionne une hésitation doit être remplacé par les verbes « pouvoir », « venir ».

Ex. : **1.** « Je voudrais que tu [vois ? / voies ?] mon spectacle. »
→ « Je voudrais que tu puisses, que tu viennes… »
Le verbe est au présent du subjonctif.
→ « Je voudrais que tu voies mon spectacle. »

2. « Je sais que tu [vois ? / voies ?] très bien. »
→ « Je sais que tu peux, que tu viens… »
Le verbe est au présent de l'indicatif.
→ « Je sais que tu vois très bien. »

Teste-toi !

Corrigés p. 30

A. Parmi les mots proposés dans la parenthèse, choisissez la forme correcte : « L'an dernier je (jouais / jouai) tous les soirs. »

B. Choisissez la forme correcte : « Si j'avais été averti plus tôt, je (serais / serai) venu. »

C. Choisissez la forme correcte : « Je me demande si je (vois / voie) bien. »

D. Choisissez la forme correcte : « J'aimerais bien qu'il (croit / croie) en ses chances de réussite. »

Les terminaisons verbales à ne pas confondre

Fiche 33

Français

L'exercice de réécriture, la dictée, mais aussi la rédaction, vous amènent, à un moment ou à un autre, à écrire des formes verbales terminées par le son [i] (qu'on trouve dans *pris*, par exemple) ou le son [y] (qu'on trouve dans *tenu*, par exemple). Il est donc essentiel de bien les identifier et de bien comprendre les sources d'erreur pour éviter de se tromper.

1 Le son [e] à la fin d'un verbe

Trois possibilités existent : l'imparfait (*ais*, *ait*, *aient*), le participe passé (*é*, *és*, *ée*, *ées*) et l'infinitif (*er*).

A. L'imparfait de l'indicatif

Des trois formes verbales évoquées, c'est la seule qui est conjuguée. Pour la repérer, il faut la mettre au futur.

> **Attention !**
> Quand le sujet est « vous », le verbe se termine par *-ez*.

Notes

Ex. : « Il parlait » → « Il parlera » ; je peux mettre la forme au futur ; elle est donc à l'imparfait.

« Il a parlé » → « Il a ~~parlera~~ » ; je ne peux pas mettre la forme au futur ; elle n'est donc pas à l'imparfait.

B. Le participe passé et l'infinitif

Pour savoir si un verbe du premier groupe est au participe passé (*é*) ou à l'infinitif, il faut le remplacer par un verbe du troisième groupe comme *prendre* ou *mordre*.

Ex. : « Il va parler » → « Il va mordre/prendre » ; je peux remplacer, le verbe se termine donc par *-er*.

« Il a parlé » → « Il a ~~mordre/prendre~~ » ; je ne peux pas remplacer, le verbe ne se termine pas en *-er*.

2 Le son [i] ou [y] au présent de l'indicatif

Au singulier, les verbes du premier groupe se terminent par un *e* (ou *es*) parfois muet au présent de l'indicatif alors que les autres verbes se terminent par un *s* ou un *t*.

A. Les verbes en *-er* (1er groupe)

– Première et troisième personne : *Je/il crie*, *je m'ennuie*, *je/il pollue*…

– Deuxième personne : *Tu renies*, *tu appuies*…

Notes

B. Les autres verbes (2e et 3e groupes)

– Première et deuxième personne : *Je/tu finis, je/tu conclus.*
– Troisième personne : *Il finit, il conclut.*

3 Les sons [i] ou [y] au passé simple et au participe passé

A. Pour éviter de confondre passé simple et participe passé

Pour éviter les erreurs, il est d'abord essentiel de bien différencier le passé simple, qui est conjugué, du participe passé qui ne l'est pas. Pour cela, on le remplace par un futur.

Ex. : « Il prit son temps » → « Il prendra son temps » ; je peux remplacer par un futur, le verbe est conjugué (passé simple).
« Il a pris son temps » → « Il a ~~prendra~~ son temps » ; je ne peux pas remplacer par un futur, le verbe n'est donc pas conjugué (participe passé).

B. Le passé simple

Les terminaisons du passé simple pour les verbes des deuxième et troisième groupes sont au singulier : *-s, -s, -t*.

Ex. : Prendre : je pris, tu pris, il prit.
Courir : je courus, tu courus, il courut.

C. Le participe passé

Le participe passé suit les règles qui concernent les adjectifs qualificatifs et non celles qui fixent la terminaison des verbes conjugués.
– Au masculin singulier (sans accord), pour connaître la dernière lettre d'un participe passé, on le met au féminin.

Ex. : « écrite » → « écrit » ; « promise » → « promis » ; « partie » → « parti ».

Remarque
Le participe passé s'accorde en genre (masculin ou féminin) et en nombre (singulier ou pluriel) avec le mot auquel il se rapporte en suivant des règles qui sont expliquées **(voir fiche 35)**.

Teste-toi !

Corrigés p. 30

A. Comment doivent s'écrire les verbes mis à l'infinitif entre parenthèses : « Il s'est (décider) à (travailler). » ?

B. Quelle est la forme juste ?
« Tu as (écrit/écris) une lettre. »
« Tu (écrit/écris) une lettre. »

C. Comment doit s'écrire au passé simple le verbe à l'infinitif entre parenthèses : « Elle (entendre) un bruit. » ?

L'accord du verbe, l'accord de l'adjectif

Fiche 34

Français

Les accords sont le signe orthographique du lien qui existe entre le verbe et son sujet ou entre le nom et certains constituants du groupe nominal.

1 L'accord du verbe avec son sujet

Le verbe s'accorde en genre (masculin / féminin), en nombre (singulier / pluriel) et en personne avec son sujet. Lorsque l'on écrit ou au moment de la relecture, il est donc important de vérifier le genre, le nombre et la personne du sujet.

Attention
au sujet inversé ou éloigné du verbe !

Notes

A. Le genre

- Le masculin l'emporte sur le féminin.

Ex. : « Brigitte, Virginie, Sandrine et Martial sont arrivés. »

- Parfois, c'est la terminaison du participe passé qui permet, dans une phrase, de déterminer le genre du sujet.

Ex. : « Claude est déjà repartie. »
« Claude » est un personnage féminin.

- Le pronom personnel indéfini « on » est masculin.

B. Le nombre

Certains pronoms ou certaines expressions sont toujours au singulier.

Ex. : « on, chacun, tout le monde, une foule de », etc.
L'expression « la plupart » demande un verbe au pluriel.

C. La personne

Si un pronom de la première ou de la deuxième personne du singulier figure dans un sujet, le verbe se met à la première ou à la deuxième personne du pluriel.

Ex. : « Charlotte et toi devriez aller le voir. »
↑
2e pers. du pluriel

« Charlotte et moi devrions parler. »
↑
1re pers. du pluriel

Notes

2 L'accord de l'adjectif

A. Règle générale

L'adjectif s'accorde en genre et en nombre avec le nom auquel il se rapporte.
Parfois, l'adjectif est placé plus loin (l'attribut du sujet, par exemple) et trouver le nom auquel il se rapporte demande d'étudier plus longuement la phrase.

Ex. : « Je vous recommande ce canard aux petits abricots, excellent. »
L'adjectif « petits » se rapporte aux « abricots » alors que « excellent » est une précision concernant le plat dans sa globalité ; il s'accorde donc avec « canard ».

B. Les adjectifs de couleur

■ En règle générale, les adjectifs de couleur s'accordent en genre et en nombre avec le nom auquel ils se rapportent.

Ex. : « des haricots verts ».

■ Cependant les adjectifs qui sont à l'origine des noms parce qu'ils font référence à des objets (un végétal, en particulier) restent invariables.

Ex. : des chaussures orange, marron, prune, citron, brique, géranium, moutarde, rouille, etc.

Les adjectifs *écarlate, fauve, incarnat, mauve, rose, pourpre* font exception à cette règle et s'accordent.

Ex. : des chaussures mauves, roses, pourpres, etc.

■ Les adjectifs composés sont invariables.

Ex. : des chaussures bleu marine, bleu azur, jaune citron, vert bouteille, vert amande, etc.

Rappel
Les adverbes sont invariable[s]

Remarque : Pour distinguer adjectifs et adverbes, on se rappellera que les adjectifs se rapportent à un nom alors que les adverbes portent sur un verbe ou un adjectif.

Ex. : « Ces pierres sont creuses. »
→ « creuses » est un adjectif qui s'accorde avec « pierres ».
« Ces pierres sonnent creux. »
→ « creux » est un adverbe invariable qui porte sur le verbe « sonner ».

Teste-toi !

Corrigés p. 3

A. Mettez au pluriel le groupe nominal : « une fleur rose ».

B. Corrigez l'erreur : « C'est un bouquet de fleurs oranges. »

C. Accordez le mot entre parenthèses : « Dominique et Christophe sont (satisfait). »

D. La phrase suivante est-elle convenablement orthographiée ? « Tout le monde est enchantés du spectacle. »

L'accord du participe passé

Fiche 35

Français

Comme adjectifs ou comme éléments de verbes conjugués, les participes passés se rencontrent fréquemment.

- Il faut tout d'abord savoir orthographier le participe passé en dehors du problème de l'accord. Il faut également pouvoir repérer un participe passé sans le confondre avec une autre forme (infinitif en *-er* ou passé simple en *-is/-it*) : **voir fiche 33**.

- Lorsque l'on sait reconnaître un participe passé et l'écrire au masculin singulier sans le confondre avec une forme conjuguée, il faut ensuite identifier la construction dans laquelle il figure afin de pouvoir appliquer les règles d'accord.

Notion-clé

Le participe passé peut se construire avec l'auxiliaire « avoir », avec l'auxiliaire « être », sans auxiliaire, dans une tournure pronominale.

Notes

1 Le participe passé au masculin singulier

A. Les verbes en *-er* (1er groupe)

Il ne faut pas confondre le participe passé d'un verbe du premier groupe avec son infinitif.

Pour éviter la confusion, on remplace la forme verbale par un verbe du troisième groupe (*prendre, faire, distraire, écrire*, etc.).

Ex. : « Elle est [allée / aller] se [promenée / promener]. »

→ « Elle est prendre… » : impossible.

→ « Elle est allée se prendre… » : possible.

→ « Elle est allée se promener. »

B. Les verbes en *-ir* et *-issons* (2e groupe)

Au masculin singulier, le participe passé d'un verbe du deuxième groupe est toujours en *-i*.

Ex. : « finir → fin**i** » ; « grandir → grand**i** ».

C. Les autres verbes (3e groupe)

Pour connaître la lettre finale d'un participe passé au masculin singulier, il faut le mettre au féminin.

Ex. : « écrite → écri**t** » ; « permise → permi**s** » ; « partie → part**i** » ; « conclue → concl**u** ».

Notes

2 L'accord du participe passé

A. Le participe passé employé sans auxiliaire

Le participe passé employé sans auxiliaire fonctionne comme un adjectif qualificatif et s'accorde en genre et en nombre avec le nom auquel il se rapporte.

Ex. : « Elle part, bien décidée à revenir. »

B. Le participe passé employé avec l'auxiliaire « être »

Le participe passé employé avec l'auxiliaire « être » s'accorde en genre et en nombre avec le sujet.

Ex. : « Elle est partie à contrecœur. »

C. Le participe passé employé avec l'auxiliaire « avoir »

Le participe passé employé avec l'auxiliaire « avoir » ne s'accorde jamais avec le sujet ; il s'accorde avec le COD si celui-ci est placé avant le verbe.

Ex. : « Hier, elle a remporté la victoire. »

« La victoire qu'elle a remportée hier lui a redonné confiance. » : accord du participe avec le COD.

D. Le participe passé d'un verbe pronominal

- Si le verbe n'a pas de COD, le participe passé s'accorde avec le sujet.

Ex. : « Elle s'est lavé**e**. »

- Si le verbe est suivi de son COD, le participe passé ne s'accorde pas.

Ex. : « Elle s'est lavé les mains. »

- Si le verbe est précédé de son COD, le participe passé s'accorde avec ce COD.

Ex. : « Ses mains ? Elle se les est lavé**es**.

Teste-toi !

Corrigés p. 5(

A. Dans quelle condition le participe passé employé avec l'auxiliaire « avoir » s'accorde-t-il avec le COD ?

B. « Elle s'est blessé le pied. » Cette phrase est-elle correctement orthographiée ?

C. « Je n'ai pas encore lu les romans qu'elle a écrit. » Corrigez l'erreur commise dans cette phrase.

D. Donnez, au masculin singulier, les participes passés des verbes : « promettre, entreprendre, conclure, prédire ».

Les types de textes

Fiche 36

Français

Notes

1 Les types de textes

On distingue plusieurs types de textes (ou discours selon l'intention de l'auteur).

A. Le discours narratif

Que l'histoire racontée soit réelle ou fictive, il s'agit d'une narration, d'un récit.

B. Le discours descriptif

Le locuteur décrit un paysage, un objet, une personne : il s'agit d'une description.

C. Le discours explicatif

Le locuteur explique un phénomène, une situation, un fonctionnement afin de le faire comprendre à son destinataire.

D. Le discours argumentatif

Le locuteur cherche à transmettre son opinion à son destinataire : il développe une argumentation.

2 Les genres

Les genres sont des catégories littéraires ; c'est le regroupement d'œuvres littéraires qui présentent des caractéristiques communes.

A. Les genres narratifs

- Si le récit est véridique, ce peut être un texte historique, un compte rendu journalistique ou une autobiographie fidèle.
- S'il est de fiction, ce sera un roman, une nouvelle (court récit de fiction), un conte (court récit à visée didactique), une fable (court récit en vers à visée didactique).

B. Le théâtre et ses sous-genres

Le théâtre est destiné à être représenté sur une scène. Les sous-genres théâtraux varient en fonction des époques.

- La comédie met en scène des bourgeois, elle fait rire et critique la société.

Exemple-clé
Molière est, au XVIIe siècle, l'auteur de comédies le plus connu.

- La tragédie dans l'Antiquité, au XVIIe siècle (Corneille, Racine) et au XXe siècle met en scène des personnages prisonniers de leur destin.

Notes

- Le drame (au XIXe siècle) mélange le tragique et le comique ; c'est un genre qui refuse la séparation du rire et des larmes prônée par les auteurs du XVIIe siècle.
- Le théâtre de l'absurde (au XXe siècle).

C. La poésie

La poésie peut obéir à des règles ou au contraire s'en affranchir et être libre (**voir fiche 40**).

3 Les registres

Le registre caractérise l'effet produit sur le destinataire (lecteur ou spectateur). On distingue ainsi différents registres :

A. Les registres comique et satirique

L'auteur cherche à faire rire son lecteur ou son spectateur. Lorsque le locuteur utilise le rire afin de critiquer une situation, on parle de registre satirique.

B. Les registres tragique et pathétique

Le locuteur cherche à toucher la sensibilité de son lecteur en lui faisant éprouver de la pitié pour les personnages (registre pathétique) ou en lui présentant une situation sans issue (registre tragique).

C. Le registre lyrique

Le locuteur exprime ses sentiments (souvent l'amour ou la tristesse) et cherche à les faire partager à son destinataire.

> **Exemple-clé**
> Les poètes ont souven recours au registre lyrique.

D. Le registre fantastique

L'auteur introduit dans un univers réel des éléments inquiétants ou surnaturels pour faire peur à son lecteur.

E. Le registre épique

Le locuteur cherche à faire admirer au lecteur les exploits d'un héros (Ulysse ou Achille, par exemple) et les valeurs d'un peuple.

Teste-toi !

Corrigés p. 3

A. Quels sont les quatre types de discours ?

B. Citez deux genres théâtraux importants au XVIIe siècle.

C. Citez deux auteurs de tragédies au XVIIe siècle.

D. Le mot « drame » est-il un synonyme de « tragédie » ?

E. Qu'est-ce qui caractérise le registre lyrique ?

Le récit

Fiche 37

Français

Notes

1 La composition du récit

A. Les paragraphes

Le récit est organisé en paragraphes qui correspondent à une étape de l'histoire.

Un récit, un texte narratif, raconte un événement réel ou imaginaire. Il se caractérise par l'écoulement d'une durée.

B. Le schéma narratif

Les récits simples (fables ou contes) s'organisent selon un schéma en cinq étapes.

- La situation initiale

Au début du récit, la situation apparaît stable.

- L'élément perturbateur ou déclencheur

Un événement rompt l'équilibre et déclenche les péripéties.

- Les péripéties

Les événements et rebondissements s'enchaînent.

- L'élément de résolution

Un événement apporte une solution au problème de l'histoire.

- La situation finale

La situation est à nouveau stable.

2 Le traitement du temps

Les indicateurs temporels jalonnent le récit et, en les repérant, on peut comprendre comment l'auteur a choisi de traiter le temps.

A. La progression chronologique

Le plus souvent, le récit raconte les événements dans l'ordre dans lequel ils se sont produits : c'est la progression chronologique.

Mots-clés

Les principaux indicateurs temporels sont : « puis, ensuite, alors, enfin », etc.

B. L'ellipse

Des sauts dans le temps peuvent être effectués pour ne conserver dans le récit que des événements majeurs ou significatifs. Ce procédé s'appelle l'ellipse temporelle.

On rencontre alors des indices temporels tels que *plus tard, un mois s'écoula, deux ans après.*

Notes

C. Le retour en arrière

Parfois, pour expliquer les faits, l'auteur effectue un retour en arrière pour raconter des événements plus anciens.

D. L'anticipation

Le procédé inverse du retour en arrière est l'anticipation : l'auteur raconte des événements qui se produiront plus tard.

3 La rédaction d'un récit

A. Le choix de la personne

- Le récit peut être mené à la première personne (« je »). On pourra relever des indices de l'énonciation : pronoms personnels, possessifs, déterminants possessifs, etc. Si le récit est vrai, on parlera de « récit autobiographique ». S'il est fictif, on dira qu'il est de « forme autobiographique » et on distinguera le narrateur de l'auteur.
- Le récit peut se faire à la troisième personne (« il »). Mais parfois l'auteur intervient pour donner son avis.
- Lorsqu'il s'agit d'un sujet de rédaction, il est important d'examiner attentivement la consigne afin de déterminer ce qui est attendu. Le choix de la personne est définitif pour tout le passage à rédiger (sauf technique particulière des récits emboîtés les uns dans les autres).

B. Le choix du temps

Le récit peut être fait au présent ou au passé.

- Le présent de narration (**voir fiche 24**) sert à rendre plus proches du lecteur et donc plus vivants les événements racontés.

Au passé, on a recours principalement à deux temps : le passé simple et l'imparfait (**voir fiche 25**).

- Le passé composé est davantage réservé au récit oral.

Exemple-clé

On utilise le passé composé lorsque, dans un dialogue, un personnage est amené à raconter un événement.

Teste-toi !

Corrigés p. 30

A. Qu'appelle-t-on un retour en arrière ?

B. Qu'appelle-t-on une « ellipse temporelle » ?

C. Quel est l'effet produit par le présent de narration ?

D. Qu'est-ce qu'un récit autobiographique ?

E. L'affirmation suivante est-elle exacte ? « L'auteur n'intervient pas dans un récit à la troisième personne. »

La description

1 Définition

A. La description : un arrêt sur image

Alors que le récit présente une situation qui évolue dans le temps (**voir fiche 37**), le texte descriptif fixe un paysage, un objet, une personne à un instant donné pour en présenter toutes les caractéristiques. Le temps semble ne plus s'écouler.

B. Du portrait à la caricature

Lorsqu'il s'agit de la description d'une personne, on parle de portrait.
Si ce portrait amplifie les traits du personnage, pour mieux les faire ressortir et pour produire un effet comique, c'est une caricature.

2 La technique de la description

Pour étudier une description ou pour en rédiger une, il est nécessaire de connaître les techniques propres à ce genre.

A. Le temps de la description

Si la description vient s'insérer dans un récit au passé, elle est rédigée à l'imparfait. Ainsi, quand on constate que le temps dominant d'un passage est l'imparfait, on peut bien souvent en conclure que ce passage est descriptif.
On peut cependant rencontrer des descriptions au présent.

> **Remarque**
> L'étude d'une description amène souvent à l'emploi de termes appartenant au vocabulaire de la peinture ou du dessin.

B. La progression de la description

La présentation des différentes caractéristiques du paysage ou de la personne décrits suit, en général, un ordre logique.
Le repérage des indicateurs spatiaux permet de déterminer la progression de la description.

- Pour un paysage, on peut procéder de haut en bas, de gauche à droite, du premier plan à l'arrière-plan ; on peut également organiser la description à partir du « point de vue » d'un personnage.
- Pour un personnage, on distingue souvent le portait physique, qui présente son apparence, et le portrait moral qui expose l'intériorité du personnage. Le portrait physique est organisé d'une manière logique : d'une vision d'ensemble (silhouette, expression, etc.) aux détails significatifs, du haut en bas, etc.

Notes

C. Le point de vue

■ La description peut donner l'impression de s'écrire toute seule : le narrateur a une vision globale de la scène ; comme s'il était devin, il peut pénétrer jusqu'à l'intérieur de ses personnages et en sait plus qu'eux. C'est le point de vue omniscient ou la focalisation zéro.

■ La description peut aussi être rédigée du point de vue d'un personnage qui est spectateur ; extérieur à la scène, le personnage la regarde et le lecteur voit le paysage, l'objet ou un autre personnage à travers ses yeux. C'est le point de vue externe.

■ Si elle s'effectue du point de vue d'un personnage qui est acteur dans la scène, on parle de point de vue interne.

D. Le vocabulaire

L'étude des champs lexicaux permet de percevoir les différents thèmes abordés lors de la description.
Lorsque l'on rédige une description, il faut veiller à utiliser un vocabulaire précis.

Conseil
On pourra recourir à différentes expansions du nom (**voir fiche 11**) pour préciser davantage une description (adjectifs, compléments du nom, subordonnées relatives).

E. L'intention de l'auteur et la fonction de la description

L'étude des champs lexicaux (le vocabulaire est-il mélioratif ou péjoratif ?) révèle l'intention de l'auteur : la description vise à critiquer ou à valoriser le personnage, etc.
De même, lorsque l'on rédige une description, il est préférable de déterminer auparavant l'impression que l'on souhaite donner : « mon paysage sera fantastique, accueillant, hostile, féerique, futuriste », etc.

Teste-toi !

Corrigés p. 30[…]

A. Quel est, au passé, le temps privilégié de la description ?

B. Qu'est-ce qu'une description en focalisation interne ?

C. Comment appelle-t-on un portrait qui amplifie les traits de la personne décrite ?

D. Quelles sont les deux étapes traditionnelles d'un portrait ?

Le théâtre

Fiche 39

Français

Notes

Le théâtre est un genre littéraire dont la particularité, à la différence du roman, est qu'il n'est pas destiné à être lu. Sa finalité est un spectacle et non un texte.

C'est pourquoi, lorsqu'on lit ou étudie un texte de théâtre, il faut sans cesse penser au spectacle qui doit en être l'aboutissement.

1 Le théâtre comme spectacle

A. Les personnes impliquées

Si un roman suppose un auteur, un éditeur, des libraires et des lecteurs, le théâtre implique d'autres personnes : un auteur, un metteur en scène, un directeur de théâtre, des acteurs, des techniciens, des spectateurs.

Le roman est fait pour être lu, silencieusement, par une personne à la fois. En revanche, une pièce de théâtre est destinée à être jouée devant un grand nombre de spectateurs et chaque représentation est différente de la précédente.

B. Le théâtre : un spectacle destiné à toucher nos sens

La pièce de théâtre représentée nous touche de différentes manières.

- Notre oreille est touchée : les paroles des personnages, les bruits, les cris, la musique, etc.
- Notre vue est également sollicitée : les costumes, les décors, les gestes, les mimiques des acteurs, etc.

Ainsi, le texte n'a pas toujours la place essentielle dans une pièce de théâtre et le jeu des acteurs est tout aussi important. Molière l'avait bien compris, lui qui était à la fois auteur, metteur en scène et acteur.

C. Quelques exemples qui illustrent la priorité accordée au spectacle

- Sans aller chercher du côté de l'opéra, certaines pièces, comme *Le Bourgeois gentilhomme*, témoignent de l'association de la littérature et de la musique. Molière et Lully se sont associés pour le plaisir total des spectateurs.

Notes

■ Dans la *commedia dell'arte*, le texte se réduit à un canevas, le scénario, c'est-à-dire l'esquisse de l'intrigue ; les acteurs improvisent sur scène et se livrent à de nombreuses acrobaties.

Exemple-clé
Arlequin est un valet dans le théâtre italien de la *commedia dell'arte* pour lequel le texte n'est pas l'élément essentiel.

2 Le théâtre comme texte

A. La composition d'une pièce de théâtre

Traditionnellement, une pièce de théâtre est partagée en actes et en scènes.

■ À l'origine, le changement d'acte correspondait au renouvellement des chandelles. Chaque acte constitue une unité d'action. Ainsi le premier acte est l'acte d'exposition car l'auteur expose la situation initiale et présente les personnages. Le dernier acte est celui du dénouement.

■ Le changement de scène correspond à l'entrée ou à la sortie d'un personnage. La longueur des scènes varie ; certaines petites scènes ne servent que de transition entre deux scènes essentielles.

B. Le texte

On pourrait dire qu'il existe deux sortes de textes dans une pièce de théâtre : les répliques et les didascalies.

■ Les didascalies, appelées aussi indications scéniques, donnent des renseignements sur le décor, le déplacement des acteurs, le ton des répliques. Elles facilitent la mise en scène de la pièce.

■ Les répliques sont les paroles des personnages.
Lorsque la réplique est longue, on parle de tirade.
Lorsque l'acteur est seul sur scène, la réplique qu'il prononce est un monologue.
Une réplique prononcée à part, sans que l'interlocuteur l'entende, est un aparté.

Teste-toi !

Corrigés p. 3…

A. Donnez une expression synonyme de « didascalie ».

B. À quoi correspond la division en scènes ?

C. Comment appelle-t-on une longue réplique ?

D. Qu'est-ce qu'un aparté ?

E. Quelle est la finalité d'un texte de théâtre ?

La poésie

Fiche 40

Français

Notes

1 La poésie de forme traditionnelle

A. Le décompte des syllabes

■ À la fin des mots, on compte le -e final si le mot suivant commence par une consonne ; on ne le compte pas si le mot suivant débute par une voyelle car on effectue la liaison.

Ex. : *« U-ne-Gre-noui-lle-vi-tun-Bœuf. »*
1 2 3 4 5 6 7 8

« Tout-pe-tit-prin-cea-des-am-ba-ssa-deurs. »
1 2 3 4 5 6 7 8 9 10

La Fontaine.

■ Parfois, certains mots sont mis en valeur par un procédé qui les allonge : la diérèse, qui consiste à prononcer en deux syllabes un son qui habituellement ne l'est qu'en une.

Ex. : *« En-vi-eu-se-s'é-tend-et-s'en-fleet-se-tra-vaille. »*
1 2 3 4 5 6 7 8 9 10 11 12

L'adjectif « envieuse » est mis en relief grâce à la diérèse.

B. Les trois types de vers pairs les plus courants

Les vers français sont le plus souvent des vers pairs, c'est-à-dire des vers dont le nombre de syllabes est pair.

– Un vers de huit syllabes est un octosyllabe.
– Un vers de dix syllabes est un décasyllabe.
– Un vers de douze syllabes est un alexandrin.

> **Exemple-clé**
> Verlaine est un poète du XIXe siècle qui a tenté d'utiliser des vers impairs.

L'alexandrin classique est partagé en deux parties de six syllabes appelées hémistiches ; la pause centrale est la césure.

Ex. : *« Le monde est plein de gens / qui ne sont pas plus sages. »*
↑ ↑ ↑
le premier hémistiche / la césure / le second hémistiche — La Fontaine.

C. La richesse de la rime

La rime est plus ou moins riche selon la longueur de la sonorité qui se répète d'un vers à l'autre. La rime est pauvre lorsqu'elle est simplement constituée d'une voyelle.

D. La disposition des rimes

■ Lorsque les rimes se suivent (***a-a-b-b***), on parle de rimes suivies ou plates.

Notes

Ex. : « Hé bonjour, Monsieur du Corbeau ! (a)
Que vous êtes joli ! Que vous me semblez beau ! » (a)

La Fontaine, « Le Corbeau et le Renard ».

■ Lorsque le premier vers rime avec le troisième et le deuxième avec le quatrième (***a-b-a-b***), on parle de rimes croisées.

■ Lorsque le premier vers rime avec le quatrième et le deuxième avec le troisième (***a-b-b-a***), on parle de rimes embrassées.

Ex. : « Le monde est plein de gens qui ne sont pas plus sages : (a)
Tout bourgeois veut bâtir comme les grands seigneurs ; (b)
Tout petit prince a des ambassadeurs ; (b)
Tout marquis veut avoir des pages. » (a)

La Fontaine, « La Grenouille qui veut se faire aussi grosse que le Bœuf ».

2 Le renouvellement de la poésie

Dans la seconde moitié du XIXe siècle, les poètes rejettent les règles traditionnelles.

A. Le poème en prose

Sans marquer le retour à la ligne pour indiquer un nouveau vers, le poème en prose invente ses propres règles et ses propres harmonies pour toucher son lecteur.

B. Le poème en vers libre

Le poème garde la forme du vers mais la longueur de ces vers est variable et les rimes sont souvent absentes. La ponctuation disparaît parfois, signe de liberté.

C. La chanson

La poésie et la musique sont associées depuis l'Antiquité et le poème, parce qu'il accorde une grande importance aux rythmes et aux sonorités, est très proche de la chanson. Au XXIe siècle, la chanson touche un large public.

Exemple-clé
L'image d'Orphée et sa ly[re] montre l'association de [la] poésie et la musique pen[-]dant l'Antiquité.

Teste-toi !

Corrigés p. 3(

A. Comment appelle-t-on la pause centrale qui sépare l'alexandrin en deux parties égales ?

B. Qu'est-ce qu'un poème en vers libre ?

C. Indiquez les trois procédés de disposition des rimes employés le plus couramment dans la poésie française.

D. Précisez ce qu'est un vers impair.

L'argumentation

Fiche 41

Français

1 Définition

A. La visée du texte argumentatif

Un texte argumentatif est un texte qui défend un point de vue. Il s'agit pour l'auteur d'emporter par différents moyens (arguments ou procédés) l'adhésion de son destinataire.

Remarque
À la différence du texte explicatif, le texte argumentatif entre souvent dans un débat.

B. Les formes littéraires de l'argumentation

L'argumentation peut prendre des formes littéraires variées. L'auteur peut utiliser la forme de l'essai (texte théorique) mais il peut aussi recourir aux différents genres de la fiction (argumentation indirecte).

Dans *Les Femmes savantes* de Molière, certaines répliques sont de véritables argumentations. C'est ainsi que Chrysale soutient son point de vue concernant l'éducation des femmes :

« Chrysale :
Il n'est pas bien honnête, et pour beaucoup de causes,
Qu'une femme étudie et sache tant de choses.
Former aux bonnes mœurs l'esprit de ses enfants,
Faire aller son ménage, avoir l'œil sur ses gens,
Et régler la dépense avec économie,
Doit être son étude et sa philosophie. »

Molière, *Les Femmes savantes*, acte II, scène 7, 1672.

2 Le contexte de l'argumentation

A. L'énonciation

Il est important de déterminer à qui appartient le point de vue présenté et à qui est destinée l'argumentation. Est-ce la position de l'auteur ou simplement celle d'un personnage ? S'agit-il de convaincre le lecteur ou un interlocuteur dans un dialogue ?
Pour cela on précise la situation d'énonciation : locuteur, destinataire, lieu et temps de l'énonciation.

B. Le contexte historique

Certains points de vue sont liés à la façon de penser propre à une époque. C'est le cas, par exemple, du discours de Chrysale cité plus haut. Le texte argumentatif doit être replacé dans le contexte historique et social de son écriture.

Notes

Notes

3 La technique de l'argumentation

A. Convaincre et persuader

■ Convaincre le lecteur, c'est emporter son adhésion grâce à des arguments et un raisonnement ; il s'agit de faire appel à son intelligence.

■ Persuader le lecteur, c'est faire appel à sa sensibilité grâce à des procédés de style.

Notion-clé
Dans l'argumentation, le[s] auteurs jouent sur la raiso[n] et le langage pour trans[-]mettre leurs idées.

B. Le thème

Un texte argumentatif traite d'un thème (la médecine, la science, le travail, l'école, etc.).

Ex. : Dans l'extrait des *Femmes savantes*, donné plus haut, le thème traité est celui de la condition des femmes.

C. La thèse

La thèse est le point de vue soutenu dans le texte argumentatif.

Ex. : La thèse de Chrysale est que les femmes doivent se contenter d'une fonction maternelle et domestique.

Dans un dialogue, plusieurs thèses peuvent s'opposer : on parle alors de la thèse et de l'antithèse.

D. Les arguments

Pour convaincre un interlocuteur ou un lecteur de la justesse de sa thèse, le locuteur (ou tout simplement l'auteur) s'appuie sur plusieurs arguments. Les arguments sont des idées qui viennent soutenir la thèse développée.

E. Les exemples

Pour que les arguments soient plus clairs et plus convaincants, l'auteur a recours à des exemples.

Les exemples ne sont pas des arguments ; ils viennent les illustrer.

Ex. : Thème : la ville.
Thèse : Il est préférable de vivre en ville plutôt qu'à la campagne.
Argument : En ville, tout est plus accessible.
Exemple à l'appui : Les établissements scolaires et les bibliothèques sont regroupés en ville.

Teste-toi !

Corrigés p. 3[…]

A. Qu'est-ce qu'un texte argumentatif ?

B. Peut-on soutenir plusieurs thèses différentes à propos d'un thème ?

C. Dans une argumentation, quel rôle jouent les exemples ?

Le vocabulaire

Fiche 42

Français

Notes

1 La composition d'un mot

A. Les différentes parties du mot

■ Le radical d'un mot est le mot simple contenu dans ce terme.

Ex. : « inaccessibilité ».

■ Le préfixe est l'élément qui se place devant le radical pour en modifier le sens. Un préfixe qui inverse le sens du radical est un préfixe privatif ou négatif (*in-*, *anti-*, etc.).

Ex. : « inaccessibilité ».

■ Le suffixe est placé à la fin du mot.

Ex. : « inaccessibilité ».

B. Les familles de mots

■ Les mots qui ont le même radical appartiennent à la même famille.

Ex. : *accès, accessible, inaccessibilité, accéder* sont des mots de la même famille.

■ Un mot qui est formé à partir d'un autre mot est un dérivé.

Ex. : « accessible » est un dérivé de « accès ».

2 Le sens d'un mot

A. Le rapprochement de deux mots

■ Deux synonymes sont deux mots de sens voisin.

Ex. : « voisin » et « proche » sont deux synonymes.

■ Deux antonymes sont deux mots de sens contraire.

Ex. : « voisin » et « lointain » sont deux antonymes.

■ Deux homonymes sont deux mots qui se prononcent de la même façon mais qui n'ont pas le même sens.

Ex. : « vers » et « vert » sont deux homonymes.

> **Notion-clé**
> Le terme concret renvoie à une réalité que l'on peut voir, toucher, etc.
> Le terme abstrait renvoie à une réalité qu'on ne peut ni voir, ni sentir, ni toucher, etc.

B. La classification des mots selon leur sens

■ On distingue les mots concrets des mots abstraits.

Ex. : *livre, crayon, gomme* sont des termes concrets ; *lecture, littérature, pensée, logique, blancheur* sont des termes abstraits.

On peut aussi classer les mots selon qu'ils désignent un être animé ou inanimé.

Notes

C. L'ensemble des significations d'un même mot

Un mot peut avoir plusieurs sens ; l'ensemble de ces significations constitue son champ sémantique.
On peut utiliser un mot dans son sens premier (son sens propre), mais aussi dans un sens dérivé : c'est le sens figuré.

> **Attention !**
> On évitera de confondre le champ sémantique d'un mot avec le champ lexical d'une notion.

Ex. : Sens propre :
« Armstrong a fait le premier pas sur la Lune. »
Sens figuré :
« Lorsqu'on s'est disputés, il n'est pas facile de faire le premier pas vers la réconciliation. »

3 Les champs lexicaux

A. Le champ lexical d'une notion

Un champ lexical est un ensemble de termes qui se rapportent à la même notion.

Ex. : jardin, pelouse, ratisser, brouette, jardinier.
Ces mots appartiennent au champ lexical du « jardin ».

B. Le vocabulaire appréciatif (péjoratif ou mélioratif)

En choisissant tel mot plutôt que tel autre, l'auteur exprime souvent son opinion. C'est notamment le cas du choix des adjectifs qualificatifs
– Sont-ils péjoratifs ? Le texte est alors une critique de l'idée sous-jacente à ce champ.
– Sont-ils au contraire mélioratifs ? L'auteur met en valeur les qualités de la notion.

C. Le vocabulaire affectif

L'auteur peut employer des termes destinés à faire partager sa colère, son affection ou sa pitié au lecteur.

Ex. : Joachim du Bellay, pour exprimer son attachement à son pays natal, évoque son « petit village » et sa « pauvre maison » dans son poème « Heureux qui comme Ulysse… »

Teste-toi !

Corrigés p. 3(

A. Comment appelle-t-on l'ensemble des significations d'un mot ?
B. Donnez une définition du « champ lexical ».
C. Quelles sont les trois parties possibles d'un mot ?
D. Comment appelle-t-on un groupe de mots ayant le même radical ?

Les procédés de style : le lexique

Fiche 43

Français

Notes

Pour exprimer sa pensée, ses sensations ou ses sentiments, on peut jouer avec le lexique et la syntaxe : c'est ce que l'on appelle le « style ». Chaque auteur a son style, c'est-à-dire sa manière propre d'écrire, d'utiliser le dictionnaire et la grammaire ; il emploie des procédés de style appelés aussi procédés de rhétorique ou figures de rhétorique.

1 Les principales figures d'analogie

L'auteur rapproche la réalité qu'il veut exprimer d'une autre réalité.

A. La personnification

La personnification attribue à des animaux ou à des êtres inanimés des caractéristiques humaines.
Lorsque c'est une idée (la beauté, la bonté...) qui est personnifiée, on parle d'allégorie.

Exemple-clé
La Fontaine, dans « Le Chêne et le Roseau », personnifie la nature.

B. La comparaison et la métaphore

Ces deux procédés comparent une réalité à exprimer (le comparé) à une autre réalité plus claire pour le lecteur (le comparant).
La comparaison recourt à un outil comparatif (*comme, pareil à*, etc.).
La métaphore permet de comparer sans employer d'outil de comparaison.

Ex. : « un océan de blé ».
Le champ de blé est comparé à l'océan ; il n'y a pas d'outil de comparaison : c'est donc une métaphore.

Lorsque la métaphore porte sur plusieurs termes dans une même phrase ou dans un même paragraphe, on parle de métaphore filée.

2 Les procédés d'exagération

Ces procédés soulignent une réalité en la grossissant ; on les appelle aussi « procédés d'amplification ».

A. La répétition

Répéter plusieurs fois un mot ou une expression attire nécessairement l'attention du lecteur.

Notes

Lorsque le mot répété est en tête de phrase (ou en tête de vers, pour un poème), on parle d'anaphore.

Ex. : « Rome, l'unique objet de mon ressentiment !
Rome, à qui vient ton bras d'immoler mon amant !
Rome qui t'a vu naître et que ton cœur adore ! »

Corneille, *Horace*, acte IV, scène 5, 1640.

Ces vers sont marqués par l'anaphore du mot « Rome ».

B. L'hyperbole

En employant des superlatifs (**voir fiche 12**) ou des termes forts, en utilisant des énumérations, on peut exagérer une situation ou une description afin d'impressionner le lecteur : ce peut être un procédé à effet dramatique ou à visée comique comme dans la caricature.

Ex. : « un pic, un roc, une péninsule », pour désigner le nez de Cyrano de Bergerac, le héros de la pièce d'Edmond Rostand.
Dans cette expression, l'hyperbole repose sur une accumulation de métaphores.

3 Les procédés d'atténuation

A. La litote

Ce procédé consiste à exprimer une réalité violente en l'atténuant par une tournure négative. Le lecteur comprend que la réalité dépasse ce qui est dit.

Ex. : « Va, je ne te hais point. »
Dans ce célèbre vers extrait du *Cid* de Corneille, Chimène avoue ainsi son amour pour Rodrigue.

B. L'euphémisme

En choisissant un terme plus faible, on peut exprimer une réalité en l'atténuant, pour la rendre plus acceptable.

Exemple-clé
« Il nous a quittés » pou dire « Il est mort » est u euphémisme.

Teste-toi !

Corrigés p. 30

A. Expliquez ce qu'est une métaphore.

B. Lorsqu'elle se poursuit sur plusieurs termes, quel nom est donné à la métaphore ?

C. Quel est le procédé souvent utilisé dans la caricature ?

D. L'« Océan blême » : dans cette expression, quel est le procédé de style utilisé par le poète Jules Laforgue ?

Les procédés de style : la syntaxe

Fiche 44

Français

En utilisant la syntaxe, c'est-à-dire la construction des phrases, on peut aussi exprimer ou souligner sa pensée.
Par exemple, une accumulation de phrases courtes et simples (un seul verbe conjugué) peut donner l'impression d'un style neutre ou bien d'un style enfantin, alors qu'une longue phrase liant principales et subordonnées donnera au contraire une impression de complexité.
De nombreux procédés de style reposent sur une utilisation de la syntaxe.

Notes

1 Les procédés de parallélisme

A. Le parallélisme

Lorsque deux constructions se répètent dans deux phrases ou dans deux propositions, on parle de parallélisme.

Ex. : *« Je ne veux point fouiller au sein de la nature,*
Je ne veux point chercher l'esprit de l'univers. »

Joachim du Bellay, *Les Regrets* (1558).

Ces deux vers sont composés de la même façon.
Les deux propositions indépendantes sont parallèles :
- verbe « vouloir » à la première personne du singulier du présent ;
- double négation ;
- infinitif complément d'objet accompagné de son propre complément *(au sein de la nature, l'esprit de l'univers)*.

B. Le chiasme

Dans cette figure, quatre éléments sont en jeu : on peut associer le premier et le quatrième de ces éléments tandis que le deuxième et le troisième sont proches.

Ex. : *« Et l'on voit de la flamme aux yeux des jeunes gens*
Mais dans l'œil du vieillard on voit de la lumière. »

Victor Hugo, *La Légende des siècles* (1859).

Le chiasme contribue à souligner, dans ces deux vers, l'opposition entre les « *jeunes gens* » et le « *vieillard* ».

Le chiasme
C'est une figure fondée sur la symétrie des termes.

Notes

2 Les figures d'opposition

Certains procédés de style (le chiasme, par exemple, dans les deux vers de Victor Hugo qui précèdent) rendent plus sensible au lecteur une opposition.

A. L'antithèse

Il y a antithèse lorsque deux mots, deux expressions ou deux notions s'opposent.

Ex. : ci-dessus, dans les deux vers extraits de *La Légende des siècles*, le chiasme souligne une antithèse. En effet, les deux expressions « *jeunes gens* » et « *vieillard* » sont antithétiques.

B. L'oxymore

Ce procédé consiste à rapprocher deux termes opposés.

Ex. : « le soleil noir de la mélancolie ».

Gérard de Nerval, *El Desdichado.*

C. L'antiphrase

L'antiphrase est l'expression d'une idée par son contraire, le lecteur étant censé comprendre le ton ironique.

Ex. : « Tu es vraiment très gentil », pour dire à quelqu'un qu'il est désagréable.

Il ne faut pas confondre le procédé (ici, l'antiphrase) et l'effet qu'il produit (l'ironie).

3 Le commentaire d'un procédé de style

Un procédé de style n'est jamais un simple ornement ; on ne le commentera donc jamais en disant qu'il est là « pour faire joli ». On ne se contentera pas non plus de le repérer sans en proposer un commentaire en rapport avec le sens du texte.

Un procédé de style exprime et souligne les intentions, les sensations ou les sentiments de l'auteur. On peut parler de « mise en relief », de « mise en valeur ».

Notion-clé

Le procédé de style perme[t] au lecteur de partager l[a] pensée de l'auteur en y étan[t] plus sensible.

Teste-toi !

Corrigés p. 30

A. « L'obscure clarté » : est-ce un oxymore ou une antithèse ?

B. Qu'est-ce que la syntaxe ?

C. Quel est le procédé employé lorsque l'on dit « elle est vraiment très intelligente » au lieu de « elle est stupide » ?

D. À quoi servent les procédés de style ?

L'étude de l'image

On distingue l'image fixe (dessin, tableau, photographie) et l'image mobile (le cinéma).

1 Situer l'image dans son contexte

A. Le contexte historique et esthétique

Les œuvres appartiennent à un mouvement esthétique et l'on ne peint pas de la même manière durant la Renaissance (découverte de la perspective, par exemple) et dans les années 1880 (impressionnisme).

B. Les objectifs de l'œuvre

- On peut s'interroger sur les objectifs du peintre : une commande officielle, comme celle de la Chapelle Sixtine (Michel-Ange), le tableau libre d'un artiste qui, comme Van Gogh, n'a pas connu le succès de son vivant.
- Dans le cas de la photographie, plus encore que pour les œuvres plus anciennes, il est essentiel de comprendre le but de l'image : informer, célébrer, plaire, persuader (publicité)…
- On peut se demander aussi dans quel cadre (palais, église, journal…), l'image doit être regardée.

Notes

2 Étudier les procédés

A. Le support et la matière

- Dans le cas de la peinture, on étudiera le support sur lequel la toile est peinte ainsi que la dimension du tableau.
- On s'intéressera aussi aux couleurs et aux textures (huile, aquarelle) d'un tableau. Le jeu des couleurs ou le recours au noir et blanc (ou au sépia) sont aussi essentiels en photographie.

B. Le point de vue

- Lorsqu'il s'agit de représenter un personnage, une scène ou un paysage, l'artiste adopte une certaine position par rapport à ce qu'il veut peindre ou photographier.
- Pour la photographie et le cinéma on parle de plongée (point de vue du dessus de la scène) ou de contre-plongée (appareil au-dessous de la scène).

Notes

■ L'œil humain choisit de regarder un premier plan ou un plan plus reculé et il adapte sa vision à la distance : l'objet regardé est net alors que le reste est plus flou. La peinture ou la photographie peuvent choisir d'imiter le regard humain en privilégiant un plan plutôt qu'un autre. Elles peuvent aussi présenter chaque plan avec autant de netteté : En photographie comme au cinéma, ce procédé d'optique s'appelle la profondeur de champ ; comme en peinture avec la perspective, il donne l'illusion de la troisième dimension.

C. La composition

Vous pourrez étudier :
– le jeu des différents plans,
– la position de l'objet / la personne fondamental(e) par rapport à l'ensemble de l'image : au centre ou en décalage ?
– La place accordée au(x) personnage(s) par rapport au paysage environnant,
– l'éclairage : d'où vient-il ? que met-il en relief ?
– les lignes : sont-elles droites ou sinueuses ? Vers quelle partie de l'image convergent-elles ? Repérez les parallélismes, les formes qui se répètent, les effets de symétrie (formes et couleurs).

D. L'interprétation

■ Pensez aux intentions de l'auteur (célébrer, critiquer, saisir l'instant…) et interrogez-vous sur ce que vous ressentez : impression de paix, d'oppression, de grandeur, de vie … Repérez les procédés qui créent cette impression.

■ La lecture de l'image passe parfois par un décodage des symboles ; le tableau semble se lire comme un texte. Au spectateur de déchiffrer ces symboles.

Symboles-clés
La rivière représente le temps qui passe, une tête de mort nous rappelle la fragilité, la vanité (l'inutilité) de notre existence, un livre incarne le savoir…

Teste-toi !

Corrigés p. 3…

A. Que peut-on étudier quand on examine les lignes d'un tableau ?
B. Où est placé l'appareil dans une photographie en contre-plongée ?
C. Qu'est-ce que la profondeur de champ ?
D. Que peut symboliser une rivière ?

CORRIGÉS DES *TESTE-TOI !*

Notes

Les indications entre parenthèses renvoient au(x) paragraphe(s) de la fiche dans le(s)quel(s) se trouve la réponse à la question.

Fiche 1. **A** : les discours, les genres, les registres (tonalités), les outils grammaticaux et les procédés de style (1). **B** : Relire les appréciations du professeur permet de comprendre ses erreurs et de progresser (2). **C** : tout (réponses, réécriture, dictée, rédaction) doit être relu (3). Fiche 2. **A** : non (1). **B** : Les réponses argumentées ont un barême plus élevé et doivent être développées (2). **C** : elle reprend les termes de la question (2). Fiche 3. **A** : un modalisateur (1). **B** : un terme positif (1). **C** : un terme qui exprime un sentiment (1). **D** : une question qui n'attend pas de réponse (1). **E** : l'autobiographie (2). Fiche 4. **A** : oui (1). **B** : L'introduction, le développement et la conclusion (2). Fiche 5. **A** : non (1). **B** : « Il entra et referma la porte derrière lui » (1). **C** : une relecture qui se fixe des objectifs précis (2). Fiche 6. **A** : les guillemets, le tiret, les deux points (1, 2). **B** : une proposition qui vient se placer au milieu ou à la fin de la réplique et précise le locuteur (2). **C** : « dire, répondre, assurer, proposer, suggérer, hurler, répliquer, refuser, certifier, murmurer, grommeler, marmonner, faire, reprendre, etc. » (2, 3). **D** : non (2). **E** : un verbe de parole et son sujet, parfois des indications concernant le ton de la réplique ou les gestes (2). Fiche 7. **A** : on risque un hors sujet (1, 2). **B** : la copie d'examen est anonyme (1). **C** : non (1). Fiche 8. **A** : Le journal intime est écrit au jour le jour alors que l'autobiographie suppose que l'on a déjà vécu les années que l'on raconte (2). **B** : Les mémoires témoignent d'événements historiques alors que l'autobiographie est un récit plus intime (2). **C** : présent et passé composé (1). **D** : un texte dans lequel l'auteur exprime ses sentiments (2). Fiche 9. **A** : du moins important au plus important (2). **B** : un argument illustré par un ou plusieurs exemples (2). **C** : ils expriment les liens logiques entre les différentes idées (2). **D** : « parce que, puisque, comme, étant donné que, car », etc. (2).

Fiche 10. **A** : nom, adjectif, déterminant, pronom, verbe (2). **B** : complément d'objet (COD, COI, COS), sujet, complément d'agent (1, 3). **C** : une conjonction de coordination (2). **D** : une conjonction de subordination (2). Fiche 11. **A** : l'adjectif, le complément du nom, la subordonnée relative (1). **B** : une impression de grande précision souvent caractéristique d'un passage descriptif (2). **C** : « qui paraît chaque semaine » (2). **D** : « enfantin, puéril, infantile » (2). Fiche 12. **A** : épithète du nom, apposé au nom, attribut (du sujet ou du COD) (2). **B** : non (1). **C** : deux (3). **D** : attribut du sujet « performance » (2). Fiche 13. **A** : articles définis, articles indéfinis, articles partitifs (1). **B** : article partitif (1). **C** : article indéfini (1). **D** : pronom personnel (3). Fiche 14. **A** : pronom démonstratif (1). **B** : en, y (1). **C** : les pronoms personnels et les pronoms possessifs (1). **D** : pronom interrogatif (1). Fiche 15. **A** : un pronom personnel de la même personne que le sujet s'intercale entre le sujet et le verbe (3). **B** : l'indicatif, le subjonctif, le conditionnel et l'impératif (2). **C** : la certitude (2). **D** : on peut le remplacer par le verbe « être » (1). **E** : un verbe qui n'admet pas de complément d'objet (1). Fiche 16. **A** : un sujet placé après le verbe (1). **B** : un verbe qui admet un COI (4). **C** : une tournure impersonnelle (2). **D** : sujet réel ou logique du verbe « se produire » (2). **E** : COS du verbe « donner » (3). Fiche 17. **A** : le verbe « être » (2). **B** : ce sont des verbes d'état (2). **C** : oui (1). **D** : avec le COD (1). **E** : attribut du sujet « il » (1, 2). Fiche 18. **A** : il peut être déplacé ou supprimé (1). **B** : complément circonstanciel de temps (2). **C** : classe grammaticale : adverbe ; fonction : CC de manière (2). **D** : CC de cause (2). Fiche 19. **A** : apposé à « région » (2). **B** : non (1). **C** : la même chose que le nom auquel il se rapporte (2). **D** : COI du verbe « ressembler » (1). Fiche 20. **A** : une phrase qui ne contient aucun verbe conjugué (2). **B** : un sentiment ou une sensation (1). **C** : un point ou un point d'exclamation

Notes

(1). **D** : une interrogation qui porte sur l'ensemble de la phrase et qui n'admet que deux réponses : oui ou non (1). **E** : indicatif, conditionnel, subjonctif et impératif (2). **F** : un seul verbe (2). Fiche 21. **A** : deux propositions juxtaposées (5). **B** : les propositions indépendante, principale et subordonnée (2). **C** : un seul (1). **D** : elle est introduite par un mot subordonnant (2). Fiche 22. **A** : « qui, que, quoi, dont, où » (1). **B** : à ce que le mot subordonnant a un antécédent (3). **C** : complément de l'antécédent (3). Fiche 23. **A** : « qui, que, quoi, où » (1). **B** : le pronom relatif a un antécédent, le pronom interrogatif n'en a pas (1). **C** : Non (2). **D** : complément circonstanciel (2).

Fiche 24. **A** : « je résous » (1). **B** : « j'appuierai » (2). **C** : le présent du moment où l'on parle (3). **D** : une action à venir, un ordre (4). Fiche 25. **A** : « je laçai » (1). **B** : « nous vînmes » (1). **C** : « vous pariiez » (1). **D** : une action non limitée dans le temps (2). Fiche 26. **A** : passé antérieur (1). **B** : présent (voix passive) (1). **C** : futur antérieur (1). **D** : l'antériorité par rapport à une autre action passée (2). Fiche 27. **A** : un ordre, une interdiction ou un conseil (3). **B** : « Écoute bien ! » (3). **C** : « nous le saurions » (1). **D** : Futur dans le passé, action hypothétique, atténuation de politesse (1). Fiche 28. **A** : « qu'il ait » (1). **B** : « que je voie » (1). **C** : quatre (1). **D** : un ordre (2). Fiche 29. **A** : non (3). **B** : « de » ou « par » (3). **C** : passé antérieur passif (2). **D** : « On résoudra ce problème. » (3).

Fiche 30. **A** : l'orthographe qui concerne l'application des règles de grammaire (2). **B** : non (2). **C** : « honneur, honorable, honorifique » (1). **D** : devant a, o et u (1). **E** : devant e et i (1). Fiche 31. **A** : deux mots qui se prononcent de la même manière mais n'ont pas le même sens et ne s'écrivent pas de façon identique (1). **B** : « qu'elle » (2). **C** : « quant » (2). **D** : « ce » (2). Fiche 32. **A** : « je jouais » (1). **B** : « je serais » (2). **C** : « je vois » (3). **D** : « qu'il croie » (3). Fiche 33. **A** : « décidé, travailler » (1). **B** : Tu as écrit une lettre. Tu écris une lettre. (3). **C** : « entendit » (3). Fiche 34. **A** : « des fleurs roses » (2). **B** : « orange » (2). **C** : « satisfaits » (2). **D** : non, « enchanté » (2). Fiche 35. **A** : si le COD est placé avant le verbe (2). **B** : oui (2). **C** : « écrits » (2). **D** : « promis, entrepris, conclu, prédit » (1).

Fiche 36. **A** : narratif, descriptif, explicatif et argumentatif (1). **B** : la comédie et la tragédie (2). **C** : Racine et Corneille (2). **D** : non (2). **E** : l'expression des sentiments (3). Fiche 37. **A** : le fait de raconter un événement qui s'est produit avant le récit principal (2). **B** : un saut dans le temps (2). **C** : il rend le récit plus proche du lecteur (3). **D** : un récit dans lequel l'auteur raconte sa propre vie (3). **E** : non (3). Fiche 38. **A** : l'imparfait (2). **B** : une description faite du point de vue d'un des participants (2). **C** : une caricature (1). **D** : le portrait physique et le portrait moral (2). Fiche 39. **A** : une indication scénique (2). **B** : à l'entrée ou à la sortie d'un personnage (2). **C** : une tirade (2). **D** : un personnage parle sans s'adresser à ses interlocuteurs ; seuls les spectateurs sont censés l'entendre (2). **E** : le spectacle (1). Fiche 40. **A** : la césure (1). **B** : un poème dont les vers n'obéissent à aucune règle (2). **C** : les rimes plates (ou suivies), les rimes croisées et les rimes embrassées (1). **D** : un vers dont le nombre de syllabes est impair (1). Fiche 41. **A** : un texte qui défend un point de vue en exposant des arguments (1). **B** : oui (3). **C** : ils illustrent les arguments pour emporter plus sûrement l'adhésion du destinataire (3). Fiche 42. **A** : le champ sémantique de ce mot (1). **B** : l'ensemble des mots ou des expressions qui se rapportent à une notion (2). **C** : préfixe, radical, suffixe (1). **D** : une famille de mots, des mots de la même famille (1). Fiche 43. **A** : une comparaison sans outil de comparaison (1). **B** : une métaphore filée (1). **C** : l'hyperbole (2). **D** : la personnification (1). Fiche 44. **A** : un oxymore (2). **B** : la construction des phrases (intro). **C** : une antiphrase (2). **D** : ils servent à mettre en relief la pensée de l'auteur (3). Fiche 45. **A** : droites ou sinueuses, convergence, parallélisme, symétrie (2). **B** : en-dessous de ce que l'on photographie (2). **C** : illusion de relief en gardant net les différents plans (2). **D** : le temps qui passe (2).

Histoire Géographie EMC

Sommaire

HISTOIRE

L'Europe, un théâtre majeur des guerres totales (1914-1945)

Le monde depuis 1945

Françaises et Français dans une République repensée

Cartes d'histoire *(La couleur renvoie au thème correspondant.)*

Histoire-Géographie-EMC

Notes

1 Brevet Blanc

Notes

GÉOGRAPHIE

Dynamiques territoriales de la France contemporaine

Pourquoi et comment aménager le territoire ?

La France et l'Union européenne

Cartes de géographie *(La couleur renvoie au thème correspondant.)*

ENSEIGNEMENT MORAL ET CIVIQUE

Civils et militaires dans la Première Guerre mondiale

Fiche 1

Histoire

1 Les causes de la Première Guerre mondiale

Les causes de la Première Guerre mondiale sont multiples : rivalités économiques entre puissances européennes, revendications territoriales (entre la France et l'Allemagne, l'Italie et l'Autriche-Hongrie)... Les nationalismes européens agitent aussi l'ensemble des peuples d'Europe. Mais le détonateur immédiat du conflit est l'assassinat du prince héritier d'Autriche-Hongrie, l'archiduc François-Ferdinand, et de sa femme, à Sarajevo en Bosnie, le 28 juin 1914. L'engrenage des alliances militaires conduit à la guerre : la Triple Alliance ou Triplice (Empires allemand, austro-hongrois et Italie qui reste neutre en 1914) s'oppose à la Triple Entente. En août 1914, les principaux pays européens mobilisent leurs troupes.

La Triple Entente

Elle est composée de la France, du Royaume-Uni et de la Russie.

Notes

2 La guerre de mouvement (1914-1915)

■ Lorsque la guerre se déclenche, tous les gouvernements pensent qu'elle sera de courte durée (*cf.* **carte p. 341**). En août 1914, les troupes allemandes déferlent sur le Nord de la France jusqu'à 25 km de Paris. Le général Joffre, chef des armées françaises, parvient à faire reculer l'armée allemande après 8 jours de contre-offensive (bataille de la Marne, septembre 1914). Les deux armées s'affrontent et parviennent à une stabilisation du front Ouest de la mer du Nord à la frontière suisse.

■ Sur le front Est, l'armée russe envahit la Prusse orientale mais est stoppée à Tannenberg (août) par les généraux allemands Ludendorff et Hindenburg. Fin 1914, le front de l'Est se stabilise également.

3 La guerre de position ou de tranchées (1915-1917)

A. Une guerre totale

■ Les belligérants restent alors sur une position défensive : chacun s'enterre dans des tranchées pour se protéger de l'ennemi.

■ Un nouveau type de guerre commence avec des armes de plus en plus meurtrières : canons, mitrailleuses, gaz asphyxiants, avions et chars de combat. Les États mobilisent leurs matières premières, leur main-d'œuvre (femmes, enfants, travailleurs des colonies) dans les usines et les champs. C'est une guerre totale.

B. Une guerre d'usure

Dans les tranchées, les soldats subissent le froid, la boue, les ravitaillements difficiles et les bombardements. Les attaques contre les

Notes

lignes ennemies défendues par des réseaux de barbelés et les tirs entraînent de très lourdes pertes pour de faibles gains de terrain (ex. : 1re bataille de Champagne, décembre 1914 à mars 1915 ; bataille de l'Artois, automne 1915 ; bataille de Verdun, février à décembre 1916).

4 Une guerre longue

A. 1917 : le tournant de la guerre

■ Face aux échecs militaires et à l'usure morale des soldats, les contestations se font de plus en plus vives. Les armées connaissent des mouvements d'indiscipline. À l'arrière, les pénuries engendrent des grèves. Les gouvernements d'Union nationale sont gagnés par un retour des idées pacifistes. En réaction, des hommes à forte personnalité (Clémenceau en France, Lloyd George en Grande-Bretagne) prennent la tête de gouvernements et prônent la guerre à outrance.

Exemple-clé
Des mutineries et des déser-tions ont lieu dès 1917.

■ L'Empire russe connaît, en quelques mois, deux révolutions et la prise du pouvoir par les bolcheviks (octobre 1917 – *cf.* **fiche 3**). Ceux-ci décident d'interrompre les combats avec l'Allemagne et signent un traité de paix séparée en mars 1918. À l'Ouest, l'Entente entreprend un blocus pour asphyxier économiquement la Triple Alliance. L'Allemagne réplique par une guerre sous-marine totale qui engendre l'entrée en guerre des États-Unis (avril 1917).

B. La fin de la guerre

Avant l'arrivée des troupes américaines, Ludendorff, chef d'état-major allemand, reprend une guerre de mouvement. Une série d'offensives est menée en Picardie, dans les Flandres et en Champagne. Les armées de l'Entente, sous le commandement unifié du maréchal Foch, soutenues par l'armée américaine, lancent une contre-offensive et font reculer l'armée allemande à partir d'août 1918. Les Alliés de l'Allemagne (Bulgarie, Turquie et Autriche-Hongrie) reculent également et capitulent. L'Allemagne isolée et confrontée à une situation intérieure difficile (abdication de l'empereur Guillaume II le 9 novembre 1918), demande un armistice, signé le 11 novembre 1918 à Rethondes, près de Compiègne.

Teste-toi !

Corrigés p. 3…

A. Quel est l'événement déclencheur de la Première Guerre mondiale ?
B. Qu'appelle-t-on la « Triplice », ou « Triple Alliance » ?
C. Combien de phases militaires distingue-t-on durant la guerre ?
D. Pourquoi l'année 1917 est-elle un tournant de la guerre ?
E. À quelle date l'Allemagne signe-t-elle l'armistice mettant fin aux combats ?

Bilan et conséquences de la Première Guerre mondiale

Notes

1 Une Europe meurtrie

A. Des pertes humaines considérables

■ Jamais une guerre n'avait été aussi meurtrière : entre 9 et 10 millions de morts, 6 millions d'invalides parmi lesquels certains sont défigurés à vie (les « gueules cassées »), des millions de veuves et d'orphelins.

■ À ces pertes militaires s'ajoutent les décès civils dus aux opérations militaires, aux maladies comme la grippe « espagnole » (1918), ou encore les populations civiles massacrées, comme les Arméniens accusés de traîtrise et déportés ou assassinés par le gouvernement ottoman entre 1915 et 1917. C'est le premier génocide du XXe siècle.

■ La guerre a décimé la jeunesse. Les belligérants ont connu un déficit des naissances pendant la durée du conflit. Cela crée des « classes creuses » visibles sur les pyramides des âges. Une Europe vieillissante sort du conflit. Enfin, un déséquilibre entre les hommes et les femmes est consécutif à la surmortalité masculine.

B. Des territoires et une économie dévastés

■ L'Europe est dévastée par la guerre. Des régions entières ont été détruites : infrastructures industrielles, moyens de communication et terres agricoles réduits à néant. Tous les pays connaissent une baisse de leur production industrielle.

Chiffre-clé

L'Europe a perdu 40 % de son potentiel industriel.

■ L'Europe s'est endettée en finançant une guerre coûteuse et en souscrivant des emprunts auprès des États extérieurs. À la fin de la guerre, ses États doivent reconstruire des régions entières, aider les populations en difficulté, indemniser les victimes, convertir une économie de guerre en économie de paix, et reconquérir des marchés souvent perdus au profit des États-Unis.

C. Une Europe affaiblie

C'est donc une Europe affaiblie, en déclin, qui sort de la guerre. L'Europe ne domine plus le monde comme en 1914. Elle doit faire face à de nouveaux concurrents comme le Japon, le Canada et surtout les États-Unis, nouvelle puissance et nouveaux « banquiers » du monde. Dans les colonies, l'image de la civilisation européenne est écornée et les liens avec les métropoles deviennent plus tendus.

Notes

Le modèle européen est remis en question. Enfin, les esprits et les mentalités sont profondément marqués par le conflit.

La « der des der »
En France, les combattants espèrent avoir vécu la dernière des dernières guerres.

2 Une Europe redessinée

Les vainqueurs imposent leur vision du monde aux vaincus. Plusieurs traités de paix sont signés séparément avec chacun des vaincus. À la conférence de la paix de Paris (janvier à juin 1919), il s'agit de reconstruire l'Europe, mais la Russie et les États vaincus ne sont pas invités.

A. L'Europe de Versailles

- L'Allemagne, jugée comme principal responsable du conflit, signe un traité humiliant à Versailles, en juin 1919 : son armement est strictement limité, le service militaire obligatoire supprimé, les rives du Rhin démilitarisées, l'armée réduite à 100 000 hommes, son territoire amputé, l'Alsace et le nord de la Lorraine restitués à la France, ses colonies lui sont retirées et elle doit surtout payer les dommages subis par les Alliés.
- D'autres traités signés en 1919-1920 démantèlent les quatre empires d'avant-guerre (allemand, austro-hongrois, ottoman et russe) et créent de nouveaux États (*cf.* **carte p. 342**).

B. Une paix fragile et source de tensions

- En janvier 1918, la volonté du président américain Wilson, énoncée en « 14 points », devait fonder la paix future pour éviter les rancœurs des vaincus. Mais celle-ci n'est pas entièrement suivie.
- Une Société des Nations (SDN) est créée pour garantir la paix, mais elle dispose de peu de moyens et les États-Unis refusent d'y participer.
- Le droit des peuples à disposer d'eux-mêmes n'est qu'en partie appliqué, la carte politique de l'Europe centrale est bouleversée, des minorités nationales sont frustrées au cœur d'États-nations.
- Enfin, l'Italie, qui n'a pas obtenu de ses alliés le respect de leurs engagements, dénonce une victoire mutilée, tandis que l'Allemagne accuse le diktat versaillais (« chose imposée » en allemand).

Teste-toi !

Corrigés p. 3

A. Quel est le bilan humain de la Première Guerre mondiale ?

B. Pourquoi la Première Guerre mondiale se caractérise-t-elle par « une violence de masse » ?

C. Pourquoi les États-Unis sont-ils « les banquiers du monde » en 1918 ?

D. Pourquoi la paix est-elle considérée comme fragile et source de tensions ?

Le régime stalinien

Fiche 3

Histoire

Notes

1 Le régime soviétique

A. La mise en place du régime soviétique

■ Pays rural et pauvre, la Russie est dirigée par un tsar, Nicolas II, qui règne de manière autoritaire. En 1914, le tsar engage son pays dans la guerre. Rapidement, les défaites et les problèmes de ravitaillement de l'arrière accentuent le mécontentement de la population. En février 1917, des manifestations se transforment en grèves. Le tsar envoie l'armée, mais celle-ci fraternise avec la foule qui obtient l'abdication de Nicolas II.

■ Après deux révolutions (février et octobre 1917), Lénine, revenu d'exil, chef des bolcheviks et dirigeant le « Conseil des commissaires du peuple », met en place ses « thèses d'avril » (paix immédiate, terre aux paysans et pouvoir au Soviet). Mais il impose rapidement une dictature. La Russie se fonde désormais sur la « dictature du prolétariat » et un parti unique, le parti communiste (PCUS).

■ En 1922, les bolcheviks créent un État fédéral, l'URSS (l'Union des Républiques socialistes soviétiques), composé de 11 Républiques.

Moscou
Cette ville devient la capitale de l'URSS en 1922.

B. La succession de Lénine

La maladie puis la mort de Lénine en janvier 1924 ouvrent la lutte au sein du Parti bolchévique pour sa succession. Staline, nommé secrétaire général du PCUS en avril 1922, s'impose en écartant son principal rival, Trotski, exclu du Parti en 1927 avant d'être exilé en 1929.

2 La nouvelle Russie de Staline

A. La construction du socialisme en URSS

■ Seul à la tête du parti et chef de l'État, Staline décide d'instaurer le « socialisme dans un seul État ». En 1929, l'État reprend en main l'économie. Des plans de 5 ans fixent les objectifs de la production (planification de l'économie) tandis que l'État devient propriétaire de toutes les industries. La priorité est donnée à l'industrie lourde (production de charbon, d'électricité et d'acier).

■ Les revenus de l'agriculture fournissent l'investissement nécessaire. À partir de 1929, les terres sont collectivisées de force, la

Notes

propriété privée est supprimée, les paysans se regroupent en kolkhozes. Les paysans qui refusent et les anciens propriétaires terriens (koulaks) sont déportés ou massacrés. De nombreuses famines s'ensuivent.

Chiffre-clé
La famine en Ukraine a fai 6 millions de victimes.

B. Les transformations de l'URSS

Grâce à l'industrialisation forcée, l'URSS devient en 1940 la 3e puissance industrielle mondiale. La société est transformée au prix d'une violence inouïe : l'exode rural est massif, et une nouvelle classe de privilégiés proche du pouvoir se développe. Staline présente ces transformations comme la construction du socialisme.

3 Le régime totalitaire de Staline

A. Propagande et culte de la personnalité

- La population est soumise à une forte propagande qui exalte le régime et Staline.
- La propagande qui contrôle les moyens d'information encourage le culte de la personnalité du chef suprême. Celui que l'on surnomme « le Petit Père des peuples » est glorifié et vénéré. L'art exalte l'idéologie communiste et les réalisations du régime. Les sciences et l'enseignement doivent glorifier le régime.

B. La terreur stalinienne

- Entre 1936 et 1938, le régime stalinien accentue la terreur. Par des procès politiques (procès de Moscou), il condamne à mort les anciens compagnons de Lénine. La police politique (Guépéou, puis NKVD) organise des purges au sein du Parti et de l'armée. La population est très surveillée, les « ennemis du socialisme » sont tués, emprisonnés ou envoyés dans des camps appelés « goulags ». Les détenus sont contraints au travail forcé dans des conditions terribles. L'URSS est devenue un État totalitaire.
- La Grande Terreur (1937-1938) a pour objectif d'éliminer définitivement tous les ennemis supposés de la société socialiste en cours de construction. Entre 1936 et 1953 (mort de Staline), 15 millions de personnes sont arrêtées. Plusieurs millions d'entre elles sont tuées ou mortes de faim.

Teste-toi !

Corrigés p. 38

A. Quelles sont les causes de la première révolution de février 1917 ?
B. Pourquoi Lénine souhaite-t-il une seconde révolution ?
C. Comment Staline s'impose-t-il à la tête du pouvoir ?
D. Quelles sont les conséquences humaines de la collectivisation forcée ?
E. Quelles sont les caractéristiques du régime totalitaire stalinien ?

Le régime nazi

Fiche 4

Histoire

En novembre 1918, l'Allemagne est devenue une république. Ce régime est d'emblée combattu tant par l'extrême gauche que par l'extrême droite et l'armée. Seuls trois partis votent la Constitution rédigée par l'Assemblée réunie à Weimar.

1 L'arrivée au pouvoir des nazis

A. Une république vite fragilisée par la crise

- Après des débuts difficiles liés à la fin de la Première Guerre mondiale (occupation de la Ruhr par l'armée française, augmentation faramineuse des prix), la République stabilise la situation économique. Mais l'Allemagne subit les conséquences de la crise américaine de 1929 avec une augmentation du chômage.

Chiffre-clé
L'Allemagne compte plus de 6 millions de sans-emploi.

Notes

- Les classes moyennes et populaires, principales victimes de la crise économique, se tournent vers les partis extrêmes : le Parti communiste et le Parti nazi (NSDAP). Rapidement, la crise économique devient une crise politique.

B. L'ascension d'un homme

Adolf Hitler adhère, après la Première Guerre mondiale, à un minuscule parti antisémite et nationaliste. Il en devient le chef, le nomme Parti national-socialiste des travailleurs allemands (NSDAP) et le dote d'une force paramilitaire, les Sections d'assaut (SA). Après un putsch manqué en 1923, Hitler est emprisonné et rédige un ouvrage (*Mein Kampf*) dans lequel il livre sa vision du monde et définit son programme. Il se présente aux élections présidentielles de 1932 et obtient 37 % des voix. Devant l'inquiétude de la montée du communisme, le président Hindenburg le nomme chancelier le 30 janvier 1933.

2 Le nazisme

A. Une dictature

- Chef d'un gouvernement dans lequel les nazis sont minoritaires, Hitler obtient d'Hindenburg la dissolution du Parlement (Reichstag). Durant la campagne électorale, les nazis sèment un climat de terreur et l'incendie du Reichstag le 27 février 1933 est le prétexte pour arrêter les communistes et suspendre les libertés fondamentales. Toutefois, le Parti nazi n'obtient pas la majorité aux élections législatives. Après l'exclusion des communistes, le

Notes

Parlement vote les pleins pouvoirs à Hitler pour une durée de 4 ans. Dès lors, il ne tolère plus aucune opposition : le Parti nazi devient parti unique, les syndicats sont remplacés par le Front du travail et les opposants envoyés dans les premiers camps de concentration.

Exemple-clé
Dachau, premier camp de concentration dès 1934.

■ Il fait aussi taire toute opposition au sein de son parti. Les principaux chefs SA sont exécutés en juin 1934 lors de « la Nuit des longs couteaux ». En août, à la mort d'Hindenburg, Hitler cumule les pouvoirs de chancelier et de président de la République.

B. Un État totalitaire, raciste et antisémite

■ La doctrine d'Hitler repose sur un slogan : *Ein Volk, ein Reich, ein Führer* (Un seul peuple, un seul Empire, un seul chef). Elle repose sur le racisme : la race aryenne, dont les Allemands sont les représentants les plus purs, doit être préservée des Juifs et des Tziganes. Cette race doit dominer l'Europe, puis le monde. À sa tête, un chef absolu, le Reichsführer contrôle l'État et la société. La Gestapo (police secrète) d'Himmler surveille la population. Les SS assassinent ou déportent les opposants.

■ Les Allemands, embrigadés dès leur plus jeune âge dans des associations nazies, sont soumis à la propagande constante de Goebbels (presse, radio, cinéma). La culture est au service de l'État : les livres indésirables sont censurés ou brûlés lors d'autodafés.

■ Les Juifs allemands perdent le droit de vivre en société : les lois de Nuremberg en 1935 les privent de travail et de droits civiques. Les persécutions physiques commencent en 1938 avec le pogrom de « la Nuit de cristal ». La moitié d'entre eux fuient le pays.

C. Une économie au service du nazisme

■ Pour résoudre la crise économique, Hitler lance un programme de grands travaux (construction d'autoroutes) et de réarmement qui résorbent le chômage. Mais l'Allemagne vit en autarcie.

■ Dès 1936, la préparation à la guerre est la priorité. La puissance économique et la supériorité militaire doivent servir à constituer une « Grande Allemagne » et à lancer le pays à la conquête de « l'espace vital » dont les ressources lui font défaut.

Teste-toi !

Corrigés p. 38

A. Pourquoi la République de Weimar est-elle fragile ?

B. Comment Hitler parvient-il au pouvoir ?

C. Comment la société allemande est-elle encadrée ?

D. Que deviennent les opposants au régime ?

E. Pourquoi dit-on que le régime nazi est un régime « raciste et antisémite » ?

La République de l'Entre-deux-guerres

Fiche 5

Histoire

1 Les lendemains de la victoire

A. Une France marquée par la guerre

La France sort très affaiblie de la Première Guerre mondiale (*cf.* **fiche 2**). Pourtant, elle récupère l'Alsace et le nord de la Lorraine (Moselle) suite au traité de Versailles de juin 1919, et son empire colonial atteint son extension maximale.

> **Date-clé**
> Le 11 novembre (armistice) devient une fête nationale à partir de 1922.

Par ailleurs, la victoire, après des années de combat, donne l'image d'une armée puissante.

Notes

B. La IIIe République confortée

- L'adhésion des Français à la République et à ses valeurs est désormais assurée grâce à la victoire et au patriotisme développé durant le conflit.
- Aux élections législatives de novembre 1919, c'est le « bloc national » (partis de droite) qui sort vainqueur. Cette Chambre « bleu horizon », couleur des uniformes militaires des nombreux anciens combattants élus, dirige le pays jusqu'en 1924. Le bloc national mène une politique de fermeté face aux grèves et à l'émergence du communisme ainsi que d'apaisement religieux (non-application de la loi de 1905 en Alsace-Lorraine). Les Français savourent une période de prospérité (les « Années folles »).
- Les partis de gauche sont désunis. Au congrès de Tours en décembre 1920, la SFIO (Section française de l'Internationale ouvrière) se divise avec la création de la Section française de l'Internationale communiste, transformée en Parti communiste français (PCF) à partir de 1922.

C. Une IIIe République instable

- Une nouvelle majorité est élue en 1924, issue de la gauche socialiste et radicale (le Cartel des gauches). Ce Cartel subit l'opposition des communistes et se divise sur des questions financières.
- En juillet 1926, Raymond Poincaré constitue un gouvernement d'« union nationale » (1926-1928) qui stabilise les finances.

2 Les crises des années 1930

A. Une crise économique

La désorganisation financière et économique des États-Unis, suite au krach de 1929 à Wall Street, finit par toucher la France dont la

Notes

croissance économique stagne déjà depuis 1927. Si la crise est limitée, à la différence de l'Allemagne et du Royaume-Uni, elle est aussi plus longue.

Notion-clé
Le nombre de chômeurs augmente et les revenus des paysans et des classes moyennes diminuent.

B. Une crise politique

La IIIe République est déstabilisée par des scandales politico-financiers dont l'affaire Stavisky en 1934. Cette dernière révèle la montée de groupes nationalistes et antiparlementaires comme l'Action française, les Croix de feu… Le 6 février 1934, une manifestation organisée par les ligues et des associations d'anciens combattants tourne à l'émeute. La République est menacée. En juillet 1935, le PCF, la SFIO et les radicaux s'unissent contre la menace fasciste. Le programme est articulé autour de trois revendications : « le pain, la paix, la liberté ». C'est la naissance du Front populaire.

3 La démocratie sauvegardée

A. Le Front populaire au pouvoir

Aux élections législatives de 1936, le Front populaire obtient la majorité. Léon Blum, chef de la SFIO, devient président du Conseil (chef du gouvernement). Il réunit patronat et syndicats pour trouver une solution à la crise sociale. Les accords Matignon signés en octobre 1937 prévoient une hausse des salaires, le renforcement du droit syndical… La Chambre des députés vote la semaine de 40 heures et les premiers 15 jours de congés payés.

B. Les difficultés demeurent

Les réformes sociales n'interrompent pas la crise socio-économique. Mais surtout, le Front populaire se divise sur la question de l'intervention française auprès des républicains dans la guerre d'Espagne (1936-1939). Par ailleurs, le gouvernement est attaqué par les partis de droite, mais surtout l'extrême droite qui se déchaîne en utilisant des attaques antisémites. En 1938, le Parti radical quitte le Front populaire. Léon Blum démissionne. Il est remplacé par le radical Édouard Daladier. Rapidement, celui-ci est confronté à la politique belliqueuse de l'Allemagne nazie (*cf.* **fiche 6**).

Teste-toi !

Corrigés p. 3

A. À quels problèmes sont confrontés les gouvernements d'après-guerre ?
B. Que se passe-t-il le 6 février 1934
C. Comment s'appelle l'union du PCF, de la SFIO et du Parti radical ?
D. Que sont les accords Matignon ?
E. À propos de quel événement l'union PCF, SFIO et Parti radical se divise-t-elle ?

La Seconde Guerre mondiale (1939-1945)

Fiche 6

Histoire

Dès 1938, Hitler décide par des annexions d'agrandir « l'espace vital » allemand (*cf.* **fiche 4**) : Anschluss en Autriche, le 13 mars 1938 ; région des Sudètes, lâchée par les alliées de la Tchécoslovaquie (France, Grande-Bretagne) lors de la conférence de Munich (septembre 1938). Hitler signe le pacte d'Acier avec Mussolini (mai 1939) et un pacte de non-agression avec Staline (août 1939). L'Allemagne est prête à envahir la Pologne (*cf.* **carte p. 343**).

Lieu-clé

Les Sudètes se trouvent au nord-est de la Tchécoslovaquie.

Notes

1 Les victoires éclairs de l'Allemagne

A. L'élimination de la Pologne et la drôle de guerre

- Le 1er septembre 1939, les troupes de la Wehrmacht envahissent la Pologne et pratiquent une guerre éclair (*Blitzkrieg*). En 1 mois, la Pologne occidentale est sous le contrôle de l'armée allemande tandis que l'armée soviétique s'empare de la Pologne orientale, conformément aux clauses secrètes du pacte germano-soviétique.
- La Grande-Bretagne et la France choisissent une stratégie d'attente jusqu'au printemps 1940 (« la drôle de guerre »).

B. L'écroulement de la France

- En mai 1940, l'armée allemande, après avoir envahi les Pays-Bas et la Belgique, entre en France par les Ardennes. De 7 à 8 millions de civils fuient les combats. Le gouvernement quitte Paris, puis Bordeaux. La défaite se transforme en débâcle.
- Paul Reynaud, président du Conseil, est contraint à la démission. Le maréchal Pétain, le héros de Verdun, apparaît comme le seul recours. Il forme un nouveau gouvernement et signe l'armistice le 22 juin 1940 à Rethondes.

C. Le Royaume-Uni seul

L'Allemagne tente d'écraser le Royaume-Uni sous les bombardements. Mais cette bataille d'Angleterre (1er août 1940 au printemps 1941) est un échec. Hitler décide alors de mener un blocus pour isoler le Royaume-Uni et l'asphyxier économiquement.

D. L'assaut contre l'URSS

Le 2 juin 1941, Hitler entre en guerre contre l'URSS (plan Barbarossa) en violant le pacte de non-agression germano-soviétique. En décembre 1941, l'armée allemande, proche de Moscou, est stoppée par une contre-offensive soviétique (*cf.* **carte p. 343**).

Notes

2 1942-1943 : la guerre bascule

A. Une guerre mondiale

Le 7 décembre 1941, les Japonais attaquent la base américaine de Pearl Harbor dans les îles Hawaï. Les États-Unis entrent en guerre.

B. Les tournants de la guerre

- Les États-Unis stoppent la progression japonaise en 1942 dans la mer de Corail et près de l'île de Midway.
- Dans le Nord de l'Afrique, les Britanniques remportent à El Alamein (novembre 1942) une victoire décisive sur l'Afrika Korps du général Rommel. Le même mois, les Américains, aidés des Britanniques, débarquent en Algérie et au Maroc. L'Allemagne réplique en occupant la zone Sud de la France. En mai 1943, les forces de l'Axe sont définitivement chassées de l'Afrique du Nord.
- À Stalingrad, la 6e armée allemande doit capituler le 6 février 1943 après 3 mois de combat extrêmement violents.

3 La victoire des Alliés

A. Les débarquements

En juillet 1943, les troupes anglo-américaines débarquent en Italie. Mussolini est renversé ; Rome est libérée en juin 1944. Deux autres débarquements, en Normandie (juin 1944) et en Provence (août 1944) libèrent progressivement le territoire français (mars 1945).

B. L'avancée soviétique

L'Armée Rouge libère le territoire soviétique durant l'été 1944, puis pénètre en Europe centrale et orientale avant de rejoindre les troupes anglo-américaines en avril 1945.

C. Les capitulations

Les 7 et 8 mai 1945, l'Allemagne capitule sans conditions. Le président des États-Unis, Truman, décide d'utiliser la bombe atomique contre le Japon à Hiroshima (6 août 1945) et Nagasaki (9 août 1945). Le 2 septembre, le Japon signe la capitulation.

Date-clé

Dans Berlin assiégé, Hitler se suicide en avril 1945.

Teste-toi !

Corrigés p. 3

A. Comment s'appelle la stratégie pratiquée par l'armée allemande en 1939-1940 ?

B. Quel est le seul pays à tenir tête à l'Allemagne en 1940 ?

C. Pourquoi la guerre devient-elle mondiale en 1941 ?

D. Citez deux batailles qui marquent le tournant de la guerre.

E. Quelles sont les dates de capitulations allemande et japonaise qui marquent la fin de la guerre ?

La Seconde Guerre mondiale : une guerre d'anéantissement

Fiche 7

Histoire

En 1942, l'Allemagne nazie contrôle la plus grande partie de l'Europe. Outre les conquêtes entreprises depuis 1938 (*cf.* **fiche 6** et **carte p. 345**), des territoires sont annexés à l'Allemagne. D'autres États ou territoires occupés sont soumis à des administrations allemandes. Enfin, l'Allemagne utilise des gouvernements nationaux fidèles qui mènent des collaborations d'État (*cf.* **carte p. 346**).

Le Grand Reich
Les territoires annexés à l'Allemagne forment le Grand Reich.

1 Une guerre idéologique

Notes

A. Une guerre totale

- La Seconde Guerre mondiale oppose deux camps. L'Allemagne nazie et ses alliés (Italie, Japon) sont des dictatures fondées sur le racisme et la guerre de conquête. L'ennemi juif et communiste est déshumanisé et doit être exterminé. En face, les Alliés et les mouvements de Résistance défendent la liberté, la démocratie et les droits de l'homme.
- Les belligérants disposent de moyens de destruction qui permettent des massacres gigantesques.

B. Une guerre de propagande

La propagande devient un instrument de lutte pour soutenir le moral des siens ou mener le combat contre ses adversaires. Les affiches, la presse, les tracts, la radio et le cinéma sont des outils de la propagande.

2 Répression et extermination

A. Le système concentrationnaire

Ceux qui s'opposent aux forces nazies sont traqués dans toute l'Europe. Beaucoup sont arrêtés, torturés, fusillés ou déportés dans des camps de concentration pour devenir des sources de main-d'œuvre. Cette terreur s'appuie sur un appareil poli-cier redoutable (SS et Gestapo).

B. L'extermination de masse

- Dès 1940, le massacre de Juifs commence en Pologne, puis en Russie où les *Einsatzgruppen* les fusillent en masse.
- L'extermination totale et systématique des Juifs d'Europe est appliquée à partir de janvier 1942 lorsque « la solution finale » est décidée

Notes

(conférence de Wannsee). Les populations juives d'Europe sont alors déportées dans des camps d'extermination (Auschwitz, Treblinka, Sobidor, Belzec, Chelmo…). Certains servent de main-d'œuvre tandis que les autres sont gazés, puis brûlés dans des fours crématoires. Ce génocide (Shoah) provoque la mort de plus de 5 millions de Juifs dont plus de 3 millions dans les camps.

Les ghettos

Les juifs qui ont survécu au massacres sont rassemblé dans des ghettos, comm celui de Varsovie, dans les quels ils sont exploités, persé cutés et meurent en nombre

■ Les Tziganes, considérés comme population inférieure à éliminer, connaissent un sort identique à celui des Juifs. Déportés dès 1940, ils sont exécutés ou envoyés au camp d'extermination d'Auschwitz. Le tiers de la population tzigane d'Europe est éliminé (1,5 million de victimes).

C. D'autres populations exterminées

■ Les Slaves sont également victimes de la barbarie nazie. Plus de 2 millions de prisonniers soviétiques meurent dans les camps. Les populations des territoires conquis à l'Est sont opprimées, déportées ou exterminées. Enfin, toutes les populations considérées comme « marginales » sont exécutées : prisonniers de droit commun, témoins de Jéhovah, homosexuels…

3 L'exploitation économique

A. Un pillage systématique

■ L'Europe vaincue est exploitée économiquement au profit de l'Allemagne nazie. Des frais d'occupation sont levés pour payer l'armée allemande. Les matières premières et les ressources industrielles sont réservées à l'économie de guerre allemande.

■ La population civile subit de terribles privations. La pénurie impose le rationnement et favorise le marché clandestin (« marché noir ») qui profite à de nombreux intermédiaires.

B. La réquisition des hommes

Les nazis recrutent d'abord des volontaires pour aller travailler en Allemagne, puis ils utilisent les prisonniers de guerre, les déportés… En 1942, le Service du travail obligatoire (STO) oblige une main-d'œuvre servile à travailler au service du Reich.

Teste-toi !

Corrigés p. 3

A. Citez deux États dont les gouvernements sont fidèles à l'Allemagne nazie.

B. Qu'est-ce que « la solution finale » ?

C. Combien de personnes ont été victimes de l'extermination ?

D. Quels sont les objectifs du pillage économique ?

E. Qu'est-ce que le STO ?

Bilan et conséquences de la Seconde Guerre mondiale

Fiche 8

Histoire

1 Un monde exsangue

> **Chiffre-clé**
> La guerre a provoqué des déplacements importants de population estimés à près de 30 millions de personnes.

A. Un bilan humain terrible

Le nombre des victimes est catastrophique : plus de 50 millions de tués et disparus, dont 35 millions d'Européens. Les victimes, majoritairement civiles, sont tuées lors des combats et des bombardements aériens intensifs. Les armées utilisent les bombardements massifs : bataille d'Angleterre, bombardements des villes allemandes par les Alliés en 1945 ou largage de bombes atomiques sur Hiroshima et Nagasaki en août 1945 par l'armée américaine. Les civils ont également été la cible de représailles (ex. : le village d'Oradour-sur-Glane en juin 1944). À ces victimes s'ajoutent les populations juives et tziganes exterminées dans les ghettos et les camps d'extermination (*cf.* **fiche 7**).

Notes

B. Une Europe en ruine

- Les villes européennes sont détruites à plus de 80 %, les infrastructures réduites à néant, des terres agricoles sont perdues.
- Financièrement, l'Europe supporte une dette gigantesque et l'inflation est considérable en 1945.

C. Un traumatisme moral

- L'épuration punit les collaborateurs. Les horreurs de la guerre (*cf.* **fiche 7**), l'ouverture des camps d'extermination et la découverte des archives nazies provoquent un traumatisme profond chez les survivants. Devant l'horreur du génocide des Juifs et pour éviter le retour d'une telle barbarie, les Alliés organisent à Nuremberg, un procès contre des criminels nazis de novembre 1945 à octobre 1946. Pour la première fois dans l'histoire, la notion de « crime contre l'humanité » est établie.
- Les criminels de guerre japonais sont jugés par un tribunal international qui siège à Tokyo de mai 1946 à novembre 1948.

2 Une nouvelle carte du monde

> **Lieu-clé**
> Yalta se trouve en Crimée au sud de l'URSS.

A. La conférence de Yalta

À Yalta, en février 1945, une conférence réunit Roosevelt, président des États-Unis, Churchill, Premier ministre britannique, et Staline, secrétaire général du PCUS, pour régler le sort de l'Allemagne et de la Pologne jusqu'à la paix. L'Allemagne est

Notes

divisée en quatre zones d'occupation, démilitarisée et condamnée à payer de lourdes réparations.

B. La conférence de Potsdam

■ La conférence de Potsdam (près de Berlin) en juillet 1945 qui réunit Attlee (successeur de Churchill), Truman (successeur de Roosevelt, mort en avril 1945) et Staline, précise le sort de l'Allemagne qui perd la Prusse orientale.

■ Le Japon, soumis à l'autorité des États-Unis, perd toutes ses conquêtes et est démilitarisé.

■ La Seconde Guerre mondiale laisse un bilan terrible et un monde à reconstruire (***cf.* carte p. 347**).

3 Un nouvel ordre mondial

A. L'émergence de deux grandes puissances

Les États-Unis et l'URSS sont désormais les deux grandes puissances mondiales. Les États-Unis disposent de l'arme nucléaire et affirment leur domination économique. L'URSS, bien que meurtrie par la guerre, sort grandie de la libération des peuples d'Europe centrale et orientale.

B. L'Organisation des Nations unies

■ Les circonstances de la guerre avaient conduit les Britanniques, les Américains et les Soviétiques à combattre ensemble l'Allemagne nazie (***cf.* fiche 6**). Suite à la charte de l'Atlantique signée entre Roosevelt et Churchill en août 1941, 26 États signent la *Déclaration des Nations unies* le 1er janvier 1942. À Téhéran, en 1943, Roosevelt, Churchill et Staline proclament la nécessité d'une organisation internationale pour le maintien de la paix.

■ En avril-juin 1945 naît lors de la conférence de San Francisco, l'Organisation des Nations unies (ONU) : 50 États signent la charte de l'ONU dont l'objectif est la préservation de la paix mondiale par la coopération internationale, le respect des droits de l'homme et des nations, le développement du progrès économique et social.

Teste-toi !

Corrigés p. 3

A. Quel est le bilan humain de la Seconde Guerre mondiale ?

B. À quel procès est créée la notion de « crime contre l'humanité » ?

C. Quel est l'objectif de la conférence de Yalta ?

D. Pourquoi, à l'issue de la guerre, les deux grandes puissances sont-elles les États-Unis et l'URSS ?

E. Quels sont les objectifs de l'ONU ?

La France défaite et occupée

Fiche 9

Histoire

Après la « drôle de guerre » **(cf. fiche 6)**, l'armée allemande fonce vers les Pays-Bas et la Belgique et perce le 10 mai 1940 le front français dans les Ardennes.

1 La France de Vichy

A. Un régime issu de la défaite

À la mi-juin 1940, la déroute de l'armée française est totale tandis que les civils fuient les combats. Le président du Conseil Paul Reynaud démissionne. Le maréchal Pétain devient chef du gouvernement le 17 juin 1940 et signe un armistice avec l'Allemagne le 22 juin à Rethondes, instaurant l'occupation des 3/5 du territoire français (***cf.* carte p. 344**).

Notion-clé

La France est partagée entre la zone d'occupation au nord et la zone libre, au sud de la ligne de démarcation.

Notes

Pétain et le gouvernement s'installent à Vichy. Le 10 juillet, Pétain obtient les pleins pouvoirs de la majorité des députés. C'est la fin de la IIIe République et la mise en place de l'État Français.

B. Un régime autoritaire

- L'État Français ou régime de Vichy est d'abord le pouvoir d'un homme, Philippe Pétain. Il concentre les pouvoirs exécutifs, législatifs et contrôle le pouvoir judiciaire. La propagande le montre comme le sauveur de la France. Un culte de la personnalité se développe.

Mais ce régime est surtout un régime autoritaire, antidémocratique et antirépublicain. Pétain suspend dès juillet 1940 les libertés fondamentales.

- Le régime de Vichy prône une nouvelle idéologie : la Révolution nationale. Celle-ci repose sur une nouvelle devise (« travail, famille, patrie ») et doit permettre le redressement de la France. La République et ses représentants dont les dirigeants du Front populaire **(cf. fiche 5)** sont jugés responsables de la défaite.

Le régime pourchasse toutes les personnes considérées comme agents de l'étranger : communistes, socialistes, francs-maçons, juifs. À partir d'octobre 1940, est mise en place une législation antisémite.

Notes

C. Un régime collaborationniste

Après l'entrevue de Montoire le 24 octobre 1940 avec Hitler, Pétain fait entrer la France dans la collaboration d'État puis économique (livraison de matières premières et de denrées agricoles au Reich) et enfin policière (Service du travail obligatoire – STO – en janvier 1943, rafles, création d'une Milice en 1943).

La Milice

Elle aide les autorités alle[mandes] à traquer les résistan[ts] et les Juifs.

2 La France de la Résistance

A. Le refus de l'armistice et du régime de Vichy

Dès le 18 juin 1940, le général de Gaulle lance depuis la radio britannique un appel à la poursuite des combats. Le gouvernement de Churchill le reconnaît comme le chef de la France Libre (Résistance extérieure). Les volontaires des Forces françaises libres (FFL) sont rejoints par le ralliement des territoires de l'Empire colonial.

Progressivement la Résistance intérieure s'organise. Les communistes y participent à partir de l'été 1941 après l'invasion de l'URSS par l'Allemagne. Des réseaux assurent l'évasion de Français, d'autres collectent et transmettent des renseignements… Des mouvements émergent comme Combat, Libération et Francs-Tireurs…

B. Une Résistance unifiée

À la demande de De Gaulle, Jean Moulin œuvre à l'unification des mouvements dans le cadre du Conseil national de la Résistance (CNR) en mai 1943. Tous reconnaissent progressivement l'autorité de De Gaulle. En février 1944, tous les combattants de la Résistance sont regroupés dans les Forces françaises de l'intérieur (FFI).

C. La Libération

Les FFI participent à partir de juin 1944 à l'avancée des troupes alliées, les aident et libèrent certaines régions. Les FFL participent aux débarquements. Avec près de 70 000 victimes, la Résistance a permis à la France d'être aux côtés des vainqueurs du conflit.

Teste-toi !

Corrigés p. 3

A. Que devient le territoire français à la suite de l'armistice de juin 1940 ?

B. Qu'est-ce que la « Révolution nationale » ?

C. Comment se manifeste la collaboration du régime de Vichy ?

D. Qu'est-ce que la France Libre ?

E. Qu'est-ce que le CNR ?

Indépendances et construction de nouveaux États

Fiche 10

Histoire

La Seconde Guerre mondiale fragilise les empires coloniaux. La défaite rapide de la France fait perdre son prestige aux yeux des peuples colonisés. Après la guerre, les États-Unis et l'URSS se montrent favorables à la décolonisation et l'ONU proclame dans sa charte l'égalité des peuples et leur droit à disposer d'eux-mêmes.

1 De l'Asie à l'Afrique : la marche vers la décolonisation

A. La décolonisation de l'Inde

Gandhi, puis Nehru, multiplient les actions non violentes pour exiger le départ des Britanniques. Ceux-ci en acceptent le principe dès 1945 en ouvrant des négociations. En août 1947, l'ancienne colonie indienne donne naissance à deux États : l'Union indienne, à majorité hindoue, et le Pakistan, à majorité musulmane. Cette partition n'évite pas les violences entre les deux nouveaux États.

Date-clé

Gandhi est assassiné en janvier 1948 par un nationaliste hindou qui n'accepte pas la partition.

Notes

B. L'Indochine

En Indochine, sous domination française, le communiste Hô Chi Minh proclame l'indépendance du Viêt Nam en septembre 1945. Mais la France va rétablir sa souveraineté. Les opérations prennent vite l'allure d'une guerre durable. Suite à la défaite française de Diên Biên Phu en 1954, la France accepte de signer la paix lors des accords de Genève (juillet 1954). Le pays est partagé entre un Viêt Nam du Nord communiste et un Viêt Nam du Sud libéral. Le Laos et le Cambodge obtiennent également leur indépendance.

C. Les indépendances africaines

- En 1954, en Algérie, colonie française où vit 1 million d'Européens, le Front de libération nationale (FLN) se lance dans une insurrection contre la France pour obtenir l'indépendance. Une guerre s'engage jusqu'en 1962 dont le bilan est terrible : près de 400 000 victimes du côté algérien et 30 000 du côté français. La France reconnaît l'indépendance de l'Algérie le 18 mars 1962 lors des accords d'Évian.
- Le Maroc et la Tunisie obtiennent leur indépendance en 1956, de manière pacifique, grâce aux négociations menées par Pierre Mendès-France, président du Conseil, avec les indépendantistes.

Notes

■ Les colonies françaises d'Afrique noire obtiennent leur autonomie, puis leur indépendance à partir de cette date. Les colonies britanniques d'Afrique deviennent indépendantes à leur tour au cours des années 1960 (*cf.* **carte p. 348**).

2 L'émergence du tiers monde

A. La recherche d'une troisième voie

■ Les pays du tiers monde ont en commun leur indépendance récente et un retard de développement. En avril 1955, lors de la conférence de Bandung (Indonésie), 29 délégations d'Asie et d'Afrique s'expriment contre le colonialisme, la guerre froide (***cf.* fiche 11**) et pour une coopération pour développer leur économie.

■ En 1961, à Belgrade (Yougoslavie) naît le mouvement des non-alignés qui rejette le système des deux blocs nés de la guerre froide. Ce mouvement se développe dans les années suivantes avec la réunion de plus en plus importante d'États.

B. Une unité difficile

■ Les États du tiers monde optent cependant progressivement pour l'un des deux blocs. Cuba s'oriente vers un régime communiste, soutenu par l'URSS. Les anciennes colonies françaises ont tendance à se rapprocher du bloc occidental. Un certain nombre de ces pays connaissent des instabilités politiques, des guerres civiles (au Nigeria, de 1967 à 1970, « guerre du Biafra ») et parfois l'émergence de dictatures (au Cambodge, de 1975 à 1979, avec les Khmers rouges).

■ Avec la chute du communisme soviétique au début des années 1990 (***cf.* fiche 12**), les pays du tiers monde communistes mettent en place des économies plus ou moins libérales.

C. Les défis du sous-développement

Avec plus des deux tiers de la population mondiale et un accroissement démographique très important, le tiers monde est confronté à des famines peu à peu endiguées par la Révolution verte. Mais l'instabilité politique et la corruption nuisent durablement à son développement.

Teste-toi !

Corrigés p. 3

A. Quelles sont les origines des décolonisations ?

B. Qu'est-ce qu'un « pays du tiers monde » ?

C. Qu'est-ce que la conférence de Bandung ?

D. Qu'est-ce que le « non-alignement » ?

E. Pourquoi « l'unité » des pays du tiers monde est-elle difficile ?

La guerre froide : un nouvel ordre international

Fiche 11

Histoire

Notes

1 Les origines de la guerre froide

A. Deux grandes puissances concurrentes

La guerre froide est un conflit entre les deux grandes puissances victorieuses de l'Allemagne : les États-Unis et l'URSS. Elles cherchent à défendre leurs intérêts, notamment en Europe, détruite par la guerre. Churchill dénonce, en 1946, la mise en place d'un « rideau de fer » qui s'est abattu sur l'Europe.

B. 1947 : année de la rupture

Les États-Unis décident de s'engager pour la défense de « la démocratie ». Le 12 mars 1947, Truman annonce une aide à tout pays favorable à la liberté, contre le communisme : c'est la doctrine de l'endiguement. Le plan Marshall (juin 1947) propose une aide économique aux États européens, y compris ceux sous influence soviétique. L'URSS leur demande de refuser le plan. 16 États d'Europe occidentale l'acceptent. Staline réplique en créant le Kominform en septembre 1947, et, à cette occasion, le représentant Jdanov formule la doctrine soviétique : « Le monde est désormais divisé en deux blocs rivaux, l'un impérialiste et anti-démocratique (celui des États-Unis), l'autre démocratique et anti-impérialiste (celui de l'URSS) » (*cf.* **carte p. 349**).

2 Un monde coupé en deux blocs

A. Les États-Unis et le monde capitaliste

■ À la tête du bloc occidental se trouvent les États-Unis qui se définissent par la liberté individuelle et la démocratie. Leur modèle de société repose sur l'économie libérale capitaliste et le mode de vie américain (*American way of life*).

■ Les pays bénéficiaires du plan Marshall forment l'OECE afin de répartir l'aide financière. Le 4 avril 1949, les États-Unis signent avec le Canada et 10 pays d'Europe occidentale une alliance militaire défensive, l'Alliance atlantique, renforcée l'année suivante par l'OTAN. Ces pays sont sous la protection nucléaire des États-Unis. La solidarité occidentale est aussi économique et culturelle.

> **OECE**
> Organisation européenne de coopération économique

B. L'URSS et le bloc soviétique

Le bloc de l'Est est dirigé par l'URSS, patrie du communisme (*cf.* **fiche 3**). Dans les pays libérés par l'Armée Rouge s'installent

Notes

des régimes communistes appelés « démocraties populaires ». Pour développer les liens économiques entre ces pays, l'URSS crée en 1949 le CAEM. La même année, la Chine devenue communiste par la prise du pouvoir de Mao Zedong incorpore le bloc soviétique. Enfin, le pacte de Varsovie, place les démocraties populaires, excepté la Yougoslavie, sous la protection militaire de l'URSS.

CAEM
Conseil d'assistance économique mutuelle

3 Des affrontements multiples

A. La première crise de Berlin (1948)

La première crise débute à Berlin, divisé en 4 zones d'occupation depuis 1945. Pour protester contre l'unification des zones occidentales (britannique, américaine et française), Staline impose un blocus. Truman riposte en instaurant un pont aérien pour ravitailler la partie occidentale de la ville. En mai 1949, le blocus est levé. Cette crise donne naissance à la RFA (République fédérale allemande) à l'Ouest, puis à la RDA (République démocratique allemande) à l'Est.

B. La guerre de Corée (1950-1953)

En juin 1950, la Corée du Nord communiste envahit la Corée du Sud soutenue par les États-Unis. Avec l'accord de l'ONU, l'armée américaine intervient pour empêcher l'invasion complète de la Corée. La guerre nucléaire menace car l'URSS détient cette arme depuis 1948. Finalement, un armistice est signé en juillet 1953. La guerre a engendré près de 1,5 million de victimes.

C. La crise de Cuba (1962)

En octobre 1962, les Soviétiques installent à Cuba des rampes de lancement pour missiles à moyenne portée. Alors que des cargos soviétiques s'apprêtent à livrer des fusées à Cuba, le président des États-Unis J. F. Kennedy entreprend le blocus de l'île et exige le retrait des navires soviétiques. L'épreuve de force dure une semaine. Khrouchtchev, nouveau secrétaire général du PCUS depuis 1953, finit par céder contre la promesse des Américains de ne pas envahir Cuba.

Teste-toi !

Corrigés p. 38

A. D'après Churchill, comment se manifeste la division de l'Europe en 1946 ?
B. Quels sont les objectifs du plan Marshall ?
C. Que sont les « démocraties populaires » ?
D. Citez les alliances militaires des deux blocs.
E. Citez des affrontements entre les deux blocs.

La détente et la fin de la guerre froide

Fiche 12

Histoire

1 Les origines de la détente

A. La coexistence pacifique

Khrouchtchev avait proposé, dès 1956, une coexistence pacifique aux Occidentaux afin d'instaurer la paix entre les deux blocs. C'est le « temps du dégel » marqué toutefois par des crises : l'édification d'un mur entre Berlin-Ouest et Berlin-Est pour éviter l'exode des Allemands de la RDA vers Berlin-Ouest et la RFA (août 1961), et la crise de Cuba en 1962 (*cf.* **fiche 11**).

B. L'entente entre les deux Grands

Après cette dernière crise, les deux Grands décident de s'entendre pour éviter une nouvelle crise grave. Le traité de non-prolifération des armes atomiques est signé en 1968. En 1969, des accords sur la limitation des missiles et des armes offensives stratégiques sont signés à Moscou (accords SALT 1 en 1972 et SALT 2 en 1979). Enfin, en 1975, les accords d'Helsinki engagent 35 États, dont l'URSS et les États-Unis, à garantir leurs frontières, à permettre la libre circulation des personnes et la coopération internationale.

Exemple-clé

Dès 1963, une ligne téléphonique directe, le « téléphone rouge », relie Washington et Moscou.

Notes

2 Crises et conflits durant la détente

A. Des blocs contestés

- En Europe, la détente se marque par une contestation des deux blocs. En France, le général de Gaulle refuse d'inscrire sa politique dans la logique des blocs et prend ses distances avec les États-Unis (visite de De Gaulle en URSS, retrait de la France de l'OTAN). À l'Est, le modèle soviétique est aussi contesté en Tchécoslovaquie (« Printemps de Prague », 1968). Mais Brejnev, nouveau dirigeant soviétique, mate la contestation. Enfin, à l'initiative de Willy Brandt, chancelier ouest-allemand, la RFA et la RDA se rapprochent.
- En Asie, la Chine critique de plus en plus l'URSS et sa politique internationale vis-à-vis des pays décolonisés. La rupture est officielle en 1961 et la Chine se rapproche des États-Unis.

B. Des guerres dans les pays du tiers monde

- Au Proche-Orient, les pays arabes refusent toujours de reconnaître l'État d'Israël depuis sa création en 1948. Après quatre guerres israélo-arabes (1948, 1956, 1967 – guerre des Six jours. 1973 – guerre du Kippour), chacun des deux Grands pousse à la négociation.

Notes

■ En Asie, les États-Unis sont enlisés depuis 1964 dans la guerre du Viêt Nam qui oppose le Nord communiste au Sud libéral. Suite aux accords de paix de Paris (1973), les États-Unis quittent définitivement la région en 1975, après une guerre meurtrière.

3 Les relations internationales de 1975 à 1991

A. Le monde incertain du milieu des années 1970

Profitant des décolonisations (*cf.* **fiche 10**), l'URSS étend son influence en Afrique. En Amérique latine, l'URSS soutient les révolutions communistes, comme au Nicaragua (1978-1979). Au Moyen-Orient, l'Iran devient une république islamiste (1979), tandis qu'en Asie centrale, l'URSS envahit l'Afghanistan (décembre 1979).

B. Le retour des États-Unis

Les États-Unis réagissent fermement : « Amerika is back », selon les mots du nouveau président R. Reagan (1981-1989). Ils soutiennent les guérillas anticommunistes pour défendre la liberté et la démocratie et relancent la course aux armements (projet « guerre des étoiles »). Toutefois, les négociations sur le désarmement se poursuivent entre Reagan et Gorbatchev, secrétaire général du PCUS depuis 1985. Ces rencontres aboutissent au traité de Washington (décembre 1987) qui élimine les armes nucléaires de courte et moyenne portées.

C. La disparition de l'URSS

Mikhaïl Gorbatchev lance à partir de 1985 des réformes politiques et économiques (glasnost et perestroïka) qui se heurtent à de nombreuses oppositions. Les différentes Républiques qui composent l'URSS demandent leur indépendance. Critiqué, victime d'un putsch tenté par des dirigeants communistes conservateurs en août 1991, Gorbatchev démissionne de ses fonctions de premier secrétaire du PCUS. À l'initiative de Boris Eltsine, président de la Fédération de Russie, les présidents des trois Républiques slaves (Russie, Ukraine et Biélorussie) se réunissent et créent la Communauté des États indépendants (CEI) à laquelle adhèrent 8 autres Républiques. C'est la fin de l'URSS.

Date-clé

Dès 1990, les États balte[s] obtiennent leur indépendanc[e] suivis d'autres États.

Teste-toi !

Corrigés p. 38

A. Quelle crise engendre la détente ?

B. Comment se manifeste concrètement la détente ?

C. Quelles crises viennent perturber la détente ?

D. Pourquoi parle-t-on d'un « monde incertain » au milieu des années 1970 ?

E. Avec quel dirigeant soviétique les relations internationales s'apaisent-elles ?

La construction européenne

Fiche 13

Histoire

La construction européenne naît de la volonté de construire une paix durable après 1945. L'Europe est alors en ruine (*cf.* **fiche 8**). L'idée vient notamment du Français Jean Monnet pour qui la seule solution est l'unité de l'Europe. Il propose un processus « à petits pas », basé sur une coopération franco-allemande.

1 Les débuts de la construction européenne

A. Des conditions favorables

Dès la fin de la guerre, Churchill souhaite construire les « États-Unis d'Europe ». Ses espoirs reposent sur des hommes politiques issus de la Résistance et de la démocratie-chrétienne (les « pères de l'Europe ») qui veulent une Europe unie reposant sur le respect des principes démocratiques. Dans le contexte de la guerre froide, la crainte du communisme est un élément moteur. Dès 1949, 10 pays européens créent le Conseil de l'Europe.

Notes

B. Du Conseil de l'Europe à la CECA

L'idée de Jean Monnet est reprise par le ministre des Affaires étrangères français, Robert Schuman. Ce dernier propose, le 9 mai 1950, l'idée d'une mise en commun des ressources en charbon et en acier de la France et de l'Allemagne au sein d'une organisation ouverte aux autres pays d'Europe. En 1951, 6 États forment la CECA en signant le traité de Paris.

> **CECA**
> Les 6 États faisant partie de la CECA sont la France, la RFA, l'Italie, la Belgique, le Luxembourg, les Pays-Bas.

2 La CEE

A. Les traités de Rome

Après le succès de la CECA, la construction européenne ralentit lorsque la France refuse de ratifier la Communauté européenne de défense (CED) en 1954. Toutefois, les États membres de la CECA créent un marché commun. Le 25 mars 1957, les traités de Rome donnent naissance à la Communauté économique européenne (CEE). Un premier traité prévoit une coopération économique, l'abolition des frontières douanières et la mise en place d'un tarif extérieur commun. Un second jette les bases d'une communauté européenne de l'énergie atomique (Euratom). La souveraineté des États est maintenue puisque toutes les décisions concernant la CEE sont prises à l'unanimité.

Notes

B. Les nouvelles adhésions

Les succès de la CEE lui valent des demandes d'adhésion. Dès 1973, de nouveaux États adhèrent au Marché commun (Danemark, Irlande, Royaume-Uni), puis en 1981 (Grèce) et en 1986 (Espagne et Portugal). Ce sont donc 12 États qui signent, en 1986, l'Acte unique qui prévoit une Europe sans frontières pour 1993.

C. De nouvelles institutions

L'Acte unique de 1986 renforce le pouvoir des organismes communautaires, dont le Conseil des ministres, afin de rendre plus efficaces les prises de décision. Le Parlement voit ses pouvoirs élargis dans les domaines législatif et budgétaire. Parallèlement est signé, en 1985, à Schengen, un accord qui instaure la libre circulation des personnes au sein de la Communauté. Cet accord entre en vigueur en 1996.

3 L'Union européenne depuis 1992

> **Jacques Delors**
> Il est président de la Commission européenne de 1984 à 1994.

Le traité de Maastricht

■ Avec la fin de la guerre froide (*cf.* **fiche 12**), la CEE doit s'adapter ; soutenu par Jacques Delors et défendu par le couple franco-allemand (le chancelier Kohl et le président Mitterrand), le traité de Maastricht est signé le 7 février 1992. Il transforme la CEE en Union européenne. Il favorise la politique d'intégration et étend le champ de la construction européenne : l'industrie, l'énergie, la recherche, l'environnement, le social, la santé, la culture, la justice entrent dans le domaine des compétences communautaires. Un marché unique sans frontières intérieures et sans restrictions de circulation des personnes et des capitaux est ainsi créé. Le traité prévoit également une politique étrangère et de sécurité commune (PESC). Enfin, une citoyenneté européenne (*cf.* **fiche 28**) est reconnue.

■ Par ailleurs, une monnaie européenne unique (l'euro) est prévue, gérée par une banque centrale indépendante. L'euro entre en circulation en 2002 dans 12 États de l'Union. Au fur et à mesure de son intégration économique et de son union politique, l'UE s'est élargie pour compter 28 membres en 2016.

Teste-toi !

Corrigés p. 38

A. Quel est le premier objectif de la construction européenne ?

B. Qu'est-ce que la CECA ?

C. Quand naît officiellement la CEE ?

D. Qu'est-ce que « l'espace Schengen » ?

E. Combien d'États membres compte l'UE en 2016 ?

Enjeux et conflits dans le monde depuis 1989

Fiche 14

Histoire

Notes

1 Une seule superpuissance

A. La chute du communisme

- L'arrivée au pouvoir de Gorbatchev et la mise en place de la perestroïka (*cf.* **fiche 12**) provoquent la fin du communisme en Europe de l'Est. En Pologne, par exemple, après plusieurs années de confrontations avec le syndicat *Solidarność* (« Solidarité »), le général Jaruzelski doit mettre fin à l'état de guerre. La liberté syndicale est rétablie et de nouvelles institutions sont mises en place (1989). Les élections donnent une très large victoire aux candidats du syndicat Solidarité. En 1990, Jaruzelski démissionne et Lech Walesa, fondateur du syndicat et prix Nobel de la paix en 1983, devient président de la République de Pologne.
- En RDA et en Tchécoslovaquie, des manifestations populaires ébranlent les régimes communistes. Le Mur de Berlin tombe le 9 novembre 1989 et les deux Allemagnes se réunifient en octobre 1990, tandis qu'en Tchécoslovaquie Vaclav Havel, écrivain dissident, devient président de la République. L'effondrement du communisme se prolonge en Bulgarie et en Roumanie.

B. L'action des États-Unis

La fin du communisme en Europe de l'Est et la mort de l'URSS (*cf.* **fiche 12**) marquent l'entrée dans une ère nouvelle où les États-Unis semblent être sans rivaux et apparaissent comme les seuls capables d'arbitrer le « nouvel ordre mondial ». Les présidents américains consolident la suprématie des États-Unis.

Les présidents américains

George H. W. Bush de 1989 à 1993 et Bill Clinton de 1993 à 2001.

2 La poursuite des conflits

A. Les guerres en ex-Yougoslavie

La fin du communisme en Europe crée de nouvelles rivalités. C'est le cas dans les Balkans où se déroule, de 1991 à 2001, une guerre entre les différentes Républiques de Yougoslavie. Ce retour de la guerre en Europe particulièrement meurtrier (entre 200 000 et 300 000 victimes) est le premier conflit à caractère génocidaire en Europe (épuration ethnique) depuis la Seconde Guerre mondiale.

B. Proche et Moyen-Orient

Le 2 août 1990, l'armée irakienne envahit le Koweït pour ses richesses pétrolières. Suite à une résolution de l'ONU et la mise sur pied

Notes

d'une force internationale d'intervention de 29 nations, l'Irak est bombardé et envahi (« guerre du Golfe », 1990-1991). Le Koweït libéré, une conférence internationale se réunit à Madrid en octobre 1991 pour régler le conflit israélo-palestinien, elle aboutit aux accords d'Oslo et de Washington (septembre 1993) avec la création de l'Autorité palestinienne. Cependant, la paix reste lointaine.

3 Une entrée dans le XXIe siècle incertaine

A. Le développement du terrorisme international

L'entrée dans le XXIe siècle est marquée par les attentats du 11 septembre 2001 aux États-Unis. Près de 3 000 personnes sont tuées par ces attaques. Les États-Unis sont, pour la 1re fois, attaqués sur leur territoire et doivent combattre la menace terroriste. Une guerre d'un type nouveau apparaît. Les États-Unis luttent contre un réseau terroriste international (*al-Qaïda*). Sur tous les continents, des attentats font des centaines de victimes.

Notion-clé
Le fondement d'*al-Qaïda* est le fanatisme religieux islamiste.

B. La lutte contre le terrorisme

Dès octobre 2001, les États-Unis et certains alliés engagent une guerre contre le régime islamiste des talibans en Afghanistan. Puis G. W. Bush, président des États-Unis (2001-2009), décide de renverser Saddam Hussein, dirigeant irakien, prétextant qu'il détient des armes de destruction massive. Une coalition restreinte attaque l'Irak en mars 2003. Le dictateur est capturé et condamné à mort, mais les troupes américaines restent dans le pays soumis à de fortes tensions communautaires. De même, après 10 ans de traque, Oussama Ben Laden, chef d'*al-Qaïda*, est tué par un commando américain le 2 mai 2011. Mais la menace terroriste n'est pas supprimée avec le développement de *Daech* (l'État islamique).

C. De nouvelles puissances

Alors que le monde est marqué par des bouleversements imprévisibles (ex. : « printemps arabe » à partir de décembre 2010), des puissances s'affirment dans les relations internationales : on les appelle « les BRIC » : Brésil – Russie – Inde – Chine.

Teste-toi !

Corrigés p. 38

A. Quelle est la cause de l'effondrement du communisme en Europe de l'Est ?
B. Pourquoi parle-t-on d'un « nouvel ordre mondial » à partir de 1991 ?
C. Qu'est-ce qu'*al-Qaïda* ?
D. Comment se manifeste la lutte contre le terrorisme international ?
E. Citez des puissances qui s'affirment dans les relations internationales.

La refondation républicaine (1944-1958)

Fiche 15

Histoire

1 La République de la Libération

A. Le Gouvernement provisoire de la République française

■ En août 1944, le Gouvernement provisoire de la République française (GPRF), créé en juin 1944 et dirigé par le général de Gaulle, s'installe à Paris après la Libération. Son action s'inspire du programme du CNR : épuration légale, retour à la démocratie. Pour favoriser le retour de l'unité nationale, l'ordre républicain est restauré.

■ Le GPRF met en œuvre des réformes économiques et sociales. Des entreprises sont nationalisées, la Sécurité sociale est fondée, les comités d'entreprise créés en 1945 donnent de nouveaux droits aux salariés.

Notion-clé
Le GPRF met en place un État-providence et une démocratie sociale.

Notes

B. Une nouvelle République

■ Le référendum d'octobre 1945 auquel participent pour la première fois les femmes décide l'élection d'une Assemblée constituante pour donner une nouvelle Constitution au pays. Le général de Gaulle devient chef du gouvernement (novembre 1945). Mais refusant le système des partis et souhaitant un pouvoir exécutif fort, De Gaulle démissionne le 20 janvier 1946.

■ Après l'échec d'un premier projet constitutionnel en mai 1946, une nouvelle Assemblée est élue pour rédiger une nouvelle Constitution en octobre 1946.

2 La IVe République

A. Une nouvelle République ?

■ Approuvée par référendum, la nouvelle Constitution entre en vigueur à la fin de 1946. Elle rappelle celle de la IIIe République. Élue pour cinq années au suffrage universel direct, l'Assemblée nationale a de nombreux pouvoirs : initiative des lois, investiture du président du Conseil. C'est à l'Assemblée nationale que sont prises les décisions pour la Nation.

■ Le chef de l'État, président de la République est élu par les deux assemblées (suffrage universel indirect) et a peu de pouvoirs.

Notes

B. La poursuite de l'œuvre du GPRF

■ La IVe République poursuit le travail de reconstruction économique et politique engagé par le GPRF. Au début des années 1950, la reconstruction économique de la France est quasiment terminée. La création d'un salaire minimum (SMIG), la troisième semaine de congés payés en 1956 améliorent les conditions de vie des Français (*cf.* **fiche 18**). Des programmes de construction de logements et la création des Habitations à loyer modéré (HLM) complètent la politique sociale.

■ Enfin, les gouvernements de la IVe République prennent l'initiative de la construction européenne (*cf.* **fiche 13**).

C. Des difficultés

■ Toutefois, malgré des réussites économiques et sociales, la République se heurte à l'instabilité politique. La République est parfois paralysée par le jeu des trois principales forces politiques en présence depuis 1945 (communiste, socialiste, gaulliste). De plus, la guerre froide à partir de 1947 (*cf.* **fiche 11**) et l'opposition des communistes comme celle des gaullistes fragilisent le régime.

Chiffre-clé
Vingt-deux gouvernements se succèdent de 1946 à 1958.

■ Enfin, la question coloniale qui divise les Français et les partis politiques déstabilise la République. Celle-ci ne parvient pas à régler le problème de la décolonisation en Algérie commencée depuis 1954. Finalement la IVe République ne survit pas à la guerre d'Algérie.

Teste-toi !

Corrigés p. 38

A. Qui a le pouvoir à la Libération ?

B. Citez quelques mesures socio-économiques mises en place par le GPRF ?

C. Comment est adoptée la IVe République ?

D. Quelles sont les principales mesures socio-économiques réalisées par la IVe République ?

E. Citez une cause de la fin de la IVe République.

De Gaulle et le nouveau système républicain (1958-1969)

Fiche 16

Histoire

Le 13 mai 1958, les Français d'Algérie se soulèvent et prennent d'assaut le siège du gouvernement général. Un comité de salut public dirigé par l'armée est créé pour tenter d'imposer au pouvoir des hommes favorables à l'Algérie française. Pour résoudre cette crise, le président de la République, René Coty, nomme le général de Gaulle président du Conseil. Il reçoit les pleins pouvoirs pour écrire une nouvelle Constitution telle qu'il l'avait proclamée lors de son discours de Bayeux en 1946.

1 La République gaullienne

A. Naissance de la Ve République

Notes

- De Gaulle fait voter la Constitution de la Ve République par référendum en septembre 1958. Près de 80 % des électeurs l'approuvent : le rôle du président de la République est renforcé. De Gaulle est élu en décembre 1958 par une très large majorité des grands électeurs. Il nomme Michel Debré Premier ministre.
- En 1962, un nouveau référendum modifie la Constitution et permet l'élection du président de la République au suffrage universel direct pour 7 ans (septennat).

B. La fin de la décolonisation

- Dès 1959, De Gaulle affirme le droit des Algériens à l'autodétermination. Une opposition acharnée d'une partie des Français d'Algérie et de l'armée se fait jour. En 1961, un putsch est tenté à Alger par quatre généraux tandis que l'OAS multiplie les actions violentes en Algérie et en France. Finalement, les accords d'Évian signés le 18 mars 1962 donnent l'indépendance à l'Algérie. Les Français d'Algérie (les « pieds-noirs ») et les harkis (Algériens qui ont combattu le FLN aux côtés de l'armée française) sont plus d'1 million à rejoindre la France.

> **OAS**
> Organisation armée secrète

- En 1958, les colonies d'Afrique noire choisissent l'autonomie, dans le cadre d'une communauté franco-africaine. Ces pays obtiennent l'indépendance en 1960.

C. Un rang mondial pour la France

- De Gaulle souhaite redonner à la France son rang de puissance mondiale. Dans le cadre de la construction européenne, il est hostile à l'idée d'une Europe supranationale. Il refuse l'adhésion

Notes

de la Grande-Bretagne à la CEE et il œuvre pour le rapprochement franco-allemand. Les deux États signent, en janvier 1963, un traité de coopération suivant trois axes : politique étrangère, défense et culture (traité de l'Élysée).

■ Il fait entendre la voix de la France, en nouant des liens de coopération avec les pays du tiers monde en se démarquant des deux Grands. La France se dote de l'arme atomique en 1960 et, en 1966, le chef de l'État décide le retrait de la France du commandement de l'OTAN tout en restant fidèle à l'Alliance atlantique. Les bases militaires américaines doivent fermer en France.

■ La France profite de la période de croissance pour moderniser son économie (création d'un nouveau franc stable) et développer ses secteurs de pointe (centrales nucléaires, avion supersonique).

2 La fin de l'ère gaulliste

A. Un pouvoir contesté

■ Lors des élections présidentielles au suffrage universel de décembre 1965, à la surprise générale, De Gaulle n'est élu qu'au second tour contre le candidat de la gauche, François Mitterrand.

Chiffre-clé

De Gaulle est élu au second tour avec près de 55 % des voix.

■ En mai 1968, des grèves étudiantes gagnent les ouvriers. La France est paralysée. Tandis que les partis de gauche réclament le départ du président de la République, celui-ci dissout l'Assemblée, comme le lui permet la Constitution. Aux élections législatives de juin 1968, les gaullistes obtiennent une très large majorité.

B. La démission de De Gaulle

Malgré cette reprise en main, De Gaulle est remis en cause. Il tente de répondre à la crise par des réformes assurant la participation du peuple français. En avril 1969, il lance un référendum sur la régionalisation. Il promet de quitter ses fonctions si les Français répondent « non ». Le non l'emporte à 52 %. De Gaulle démissionne. Il meurt le 9 novembre 1970.

Teste-toi !

Corrigés p. 38.

A. Quel événement permet à de Gaulle de revenir au pouvoir en 1958 ?

B. Quelle est la principale caractéristique de la Ve République ?

C. Quelle est la durée du mandat présidentiel au début de la Ve République ?

D. Comment se manifeste le rapprochement franco-allemand ?

E. Pourquoi de Gaulle démissionne-t-il en 1969 ?

La Ve République à l'épreuve de la durée

Fiche 17

Histoire

Notes

1 L'après-gaullisme

A. Pompidou, l'héritier du gaullisme (1969-1974)

- Suite à la démission de De Gaulle (*cf.* **fiche 16**), Georges Pompidou, ancien Premier ministre, est élu à une large majorité.
- Pompidou poursuit une politique industrielle ambitieuse. Dans le contexte de l'après-Mai-1968, il soutient le projet de « nouvelle société » de son Premier ministre Jacques Chaban-Delmas. Mais, dès 1972, il revient à une politique plus conservatrice. Son mandat est interrompu brutalement par sa mort le 2 avril 1974.

B. Giscard d'Estaing (1974-1981)

Aux élections présidentielles de mai 1974, c'est un candidat non gaulliste, Valéry Giscard d'Estaing, qui est élu face à François Mitterrand (gauche). Son septennat est marqué par la majorité fixée à 18 ans et la légalisation de l'avortement (loi Veil en 1975)... La France entre dans une crise économique et Jacques Chirac, Premier ministre, démissionne. Il est remplacé par Raymond Barre qui mène une politique de rigueur, mais le chômage augmente et l'inflation se poursuit.

2 L'alternance politique depuis 1981

A. La gauche victorieuse

- La gauche arrive au pouvoir avec François Mitterrand, élu aux élections présidentielles d'avril-mai 1981 et le Parti socialiste (PS) qui obtient la majorité absolue à l'Assemblée nationale. Plusieurs mesures politiques, sociales et économiques sont prises immédiatement : abolition de la peine de mort, régularisation des immigrés clandestins, lois sur la décentralisation, nationalisations...
- La politique de relance est peu efficace. En 1984, Pierre Mauroy, Premier ministre, est remplacé par Laurent Fabius qui mène une politique de rigueur.

Exemple-clé

En 1982, la durée du temps de travail est ramenée à 39 heures.

B. La première cohabitation

Aux élections législatives de 1986, la droite l'emporte et le gaulliste Jacques Chirac, président du RPR, devient Premier ministre. C'est la première cohabitation. Le gouvernement mène une politique libérale sans remettre en cause les lois sociales de 1981. Mais le gouvernement est soumis aux mécontentements et le chef de l'État qui se pose en gardien des « acquis sociaux », regagne de la popularité.

Notes

C. Le second mandat de François Mitterrand (1988-1995)

En mai 1988, François Mitterrand est réélu au second tour face à Jacques Chirac et la gauche gagne les élections législatives. Tandis que les Premiers ministres se succèdent (Michel Rocard, 1988 ; Édith Cresson, 1991 ; Pierre Bérégovoy, 1992), la crise se poursuit malgré certaines réformes fortes (ex. : mise en place du RMI). Les élections législatives de 1993 sont une défaite pour la gauche. Le chef de l'État, confronté à une majorité de droite, nomme Édouard Balladur, membre du RPR, Premier ministre.

D. Jacques Chirac président (1995-2007)

■ En mai 1995, Jacques Chirac remporte les présidentielles et nomme Alain Juppé Premier ministre. C'est le retour des gaullistes à l'Élysée. Rapidement, les difficultés sociales et économiques s'accumulent. Jacques Chirac dissout l'Assemblée nationale en juin 1997. Les partis de gauche (« gauche plurielle ») l'emportent et Lionel Jospin, premier secrétaire du PS, est nommé Premier ministre. C'est la 3e cohabitation. Le gouvernement fait de la lutte contre le chômage sa priorité. Mais la gauche se divise et le mécontentement de l'opinion s'accroît. En 2000, un référendum ramène le mandat du président de 7 à 5 ans.

Exemple-clé

Pour lutter contre le ch mage, le gouvernement cr les emplois jeunes et limi la durée hebdomadaire travail à 35 heures.

■ Aux présidentielles de 2002, le candidat du Front national (extrême droite), Jean-Marie Le Pen, est au second tour (21 avril). C'est un choc politique qui démontre la montée du vote protestataire. Mais Jacques Chirac est réélu avec 82 % des voix et obtient une large majorité à l'Assemblée nationale.

E. Depuis 2007…

■ Lors de l'élection présidentielle de 2007, Nicolas Sarkozy, ancien ministre de l'Intérieur, secrétaire général de l'UMP (Union pour un mouvement populaire), est élu.

■ En mai 2012, le président sortant est battu par le candidat François Hollande (PS). C'est de nouveau l'alternance.

Teste-toi !

Corrigés p. 3

A. Citez les présidents de la République depuis 1969.

B. Citez des mesures sociales prises sous la présidence de V. Giscard d'Estaing.

C. Citez des mesures socio-économiques sous la présidence de F. Mitterrand.

D. Quelles sont les dates des cohabitations ?

E. Pourquoi parle-t-on à propos du 21 avril 2002 d'un « choc politique » ?

Les évolutions de la société française de 1950 aux années 1980

Fiche 18

Histoire

1 Les « Trente Glorieuses »

A. Une forte croissance économique

■ De 1945 à 1975, la France comme les autres pays développés connaît une forte croissance économique avec un chômage presque inexistant.

■ Cette croissance s'explique par la reconstruction (plan Marshall), la modernisation de l'économie voulue par l'État (**cf. fiche 16**). Les entreprises françaises se concentrent pour être plus efficaces et l'agriculture se modernise. La France tient un rôle de premier plan dans les transports ferroviaires et l'aéronautique, dans l'énergie avec la naissance du nucléaire, dans les constructions électriques, l'automobile et les travaux publics.

Notion-clé
Cette croissance est liée à l'augmentation de la population, à l'aménagement du territoire et au rôle de l'État providence.

Notes

B. Un ralentissement économique à partir des années 1970

À partir du début des années 1970, la croissance ralentit et le chômage augmente. La France entre dans une période de difficultés. Des secteurs industriels traditionnels (mines, sidérurgie, textile…) connaissent de graves crises et licencient massivement. À l'inverse les entreprises du secteur de la technologie à main-d'œuvre hautement qualifiée sont en pleine croissance (nucléaire, électronique, aéronautique…). Toutes ces transformations économiques bouleversent la société française.

2 Une société bouleversée

A. Une forte croissance démographique

■ La France passe de 40 millions d'habitants à près de 67 millions aujourd'hui. Cette croissance est due à une forte reprise de la natalité (baby-boom) jusqu'aux années 1960.

■ La population née de l'immigration – développée pendant les « Trente Glorieuses » car la France manquait de main-d'œuvre pour les travaux les moins qualifiés – croît elle aussi.

B. Une société tertiarisée et féminisée

■ Les Français sont des salariés à plus de 80 % mais la répartition par secteurs d'activité a changé : le secteur primaire recule

Notes

progressivement. C'est la « fin des paysans » et de la société rurale traditionnelle. Le secondaire connaît une évolution plus lente : augmentation jusqu'à la fin des années 1960, puis baisse régulière (crise des secteurs traditionnels, automatisation, délocalisations...). Enfin, le secteur tertiaire explose : services publics (éducation, santé, administrations, transports) et services privés, soit aux entreprises soit aux particuliers.

Notion-clé
Les ouvriers existent mais sont souvent des immigrés des femmes.

■ Les femmes déjà présentes sur le marché du travail (33 % en 1954) investissent massivement le monde du travail, surtout dans le tertiaire en liaison avec le mouvement de libération des femmes. C'est la féminisation.

3 De nouveaux modes de vie

A. Transformation familiale

■ La famille a été profondément transformée. Ainsi le nombre des divorces augmente progressivement tandis que le nombre de mariages diminue.

■ Depuis le début des années 1970, l'« enfant roi » occupe le centre de la famille. L'adolescence se prolonge et le départ du domicile familial intervient plus tardivement.

B. Démocratisation culturelle et culture de masse

Les années 1960 ont vu la démocratisation du collège puis du lycée et de la formation universitaire. Une culture de masse s'est largement diffusée. Si les médias traditionnels comme la presse n'ont pas disparu, des révolutions technologiques ont eu lieu dans le domaine audiovisuel (radio à piles, baladeur, et surtout télévision). Celles-ci ont permis la massification culturelle : le plus grand nombre écoute de la musique, voit des films (au cinéma, à la télévision) et se retrouve lors d'événements planétaires comme les jeux Olympiques ou les Coupes du monde de football.

Teste-toi !

Corrigés p. 3

A. Qu'est-ce que les Trente Glorieuses ?
B. Comment la croissance économique des années 1960 s'explique-t-elle ?
C. Comment se manifeste le ralentissement économique des années 1970 ?
D. Qu'est-ce que la féminisation ?
E. Qu'est-ce que la culture de masse ?

Notes

L'Europe de 1914

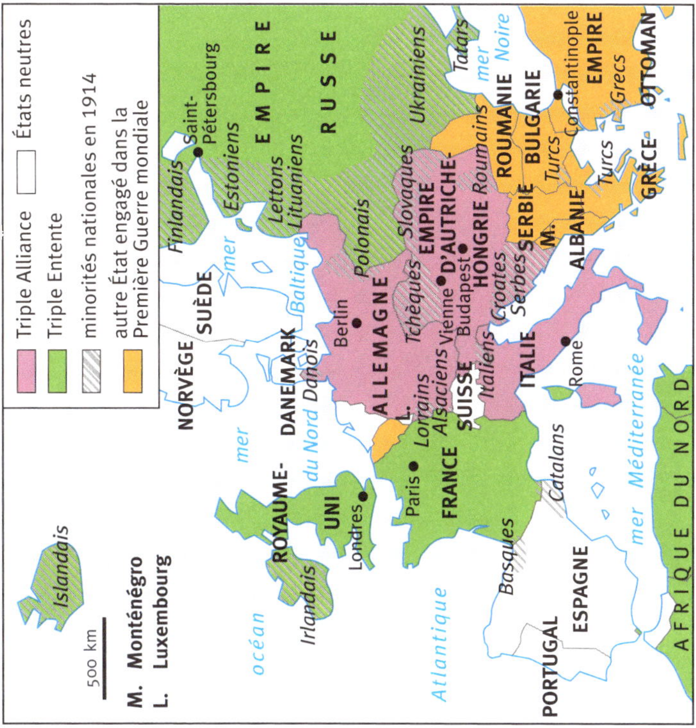

Notes

L'Europe des années 1920 : nouvelles frontières, nouveaux problèmes

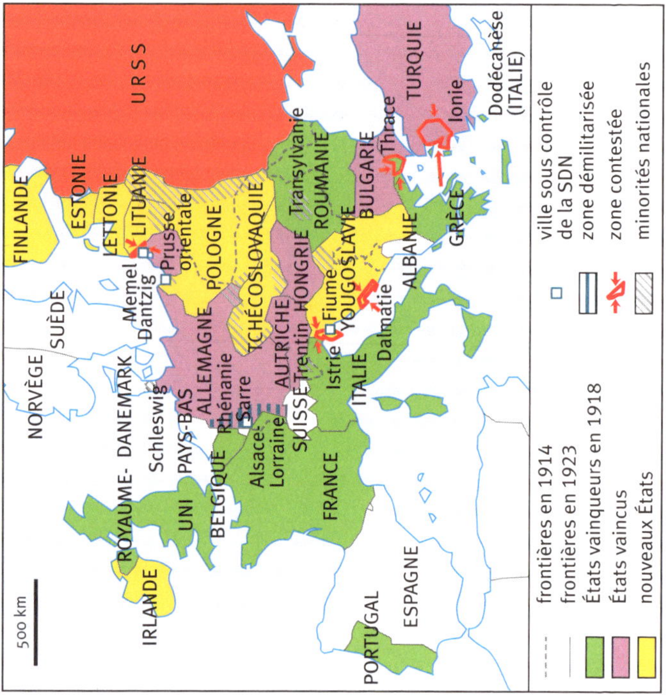

L'Europe à la veille de la guerre, en 1939

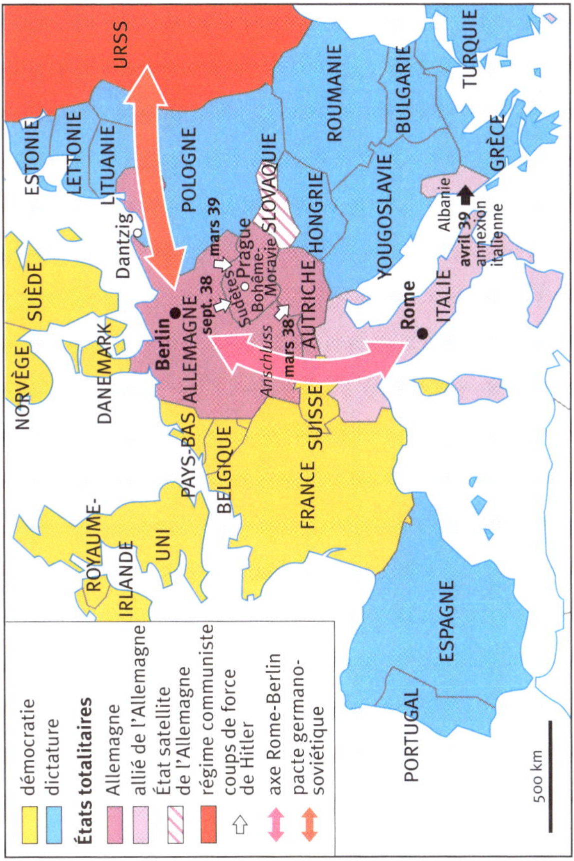

Notes

La France occupée

L'Europe en octobre 1942

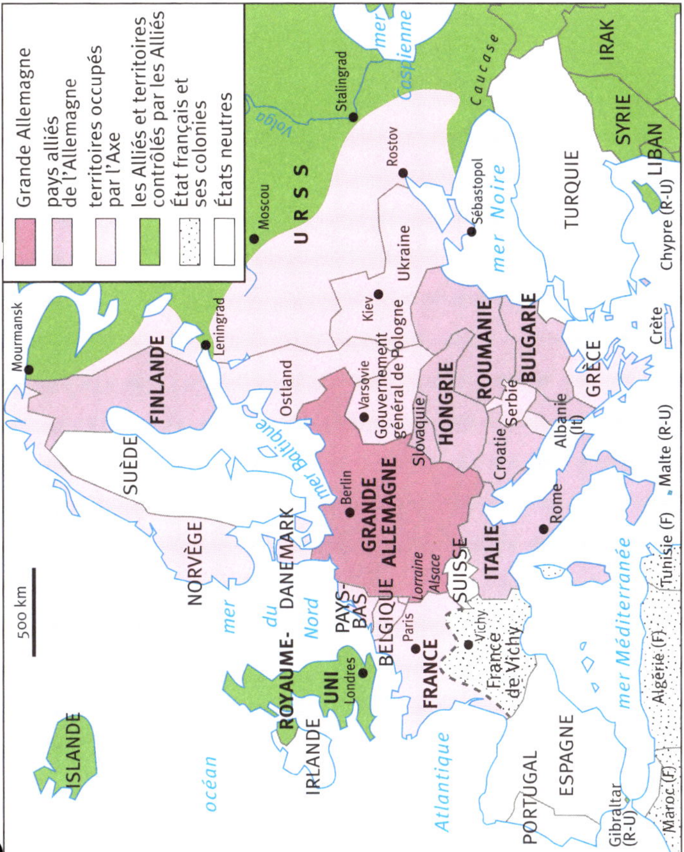

Notes

Notes

Le monde en 1942

les Alliés fin 1942

routes de ravitaillement alliés

l'Axe et ses alliés fin 1942

extension maximale des conquêtes de l'Axe

expansion japonaise

guerre de l'Atlantique,
attaques de sous-marins allemands

L'Europe à la fin de 1945

Notes

La décolonisation depuis 1945

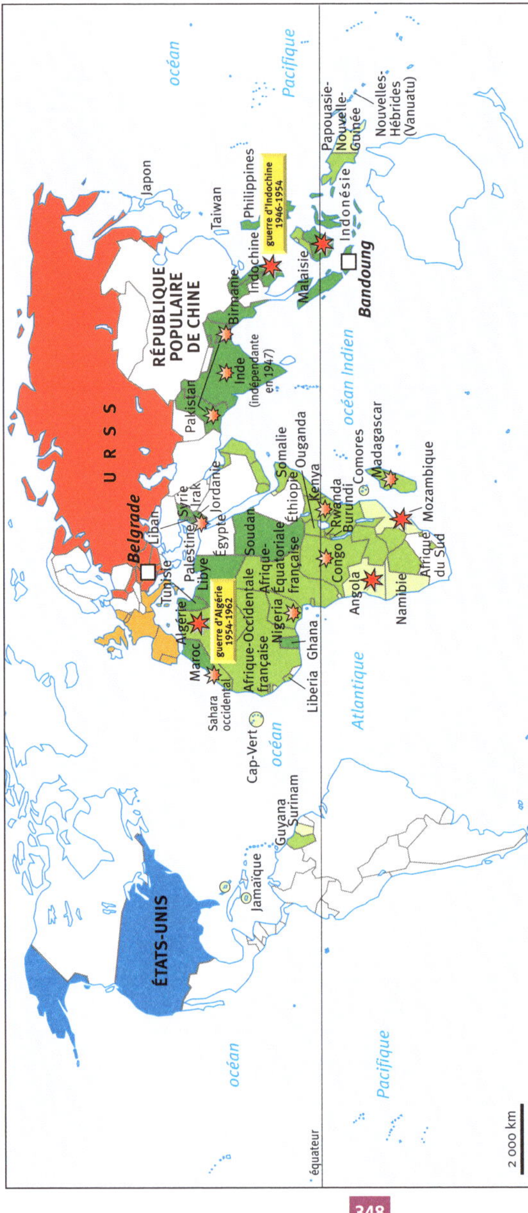

• Les métropoles
- puissances coloniales européennes en 1945

• La décolonisation
- États indépendants entre 1944 et 1957
- États indépendants entre 1958 et 1969
- États indépendants depuis 1970
- guerre d'indépendance
- troubles graves

• L'émergence du tiers-monde
- conférence de Bandoung 1955
- conférence de Belgrade 1961

Notes

Un monde bipolaire, 1947-1991

• Le camp occidental
- Organisation du traité de l'Atlantique Nord (OTAN)
- autres traités signés avec les États-Unis
- principales bases américaines
- principales flottes américaines

• Le camp soviétique
- pays communistes en 1960
- guérillas pro-communistes des années 1960 et 1970
- pays pro-communiste à la fin des années 1970
- principales bases soviétiques

• Autre pays communiste
- République populaire de Chine

• Grandes crises internationales de la guerre froide
- Berlin : **1948-1949**
- guerre de Corée : **1950-1953**
- Berlin : **1961**
- Cuba : **1962**
- guerre du Viêt-nam : **1964-1975**
- principales crises au Moyen-Orient : **1956, 1967, 1973, 1991**

Notes

Un territoire sous influence urbaine

Fiche 19

Géographie

Notes

La superficie de l'espace urbain progresse ; les villes occupent désormais 22 % de la superficie métropolitaine et accueillent plus de 80 % de la population. On parle d'aire urbaine qui comprend les villes, les banlieues, ainsi que les communes rurales dont au moins 40 % de la population active travaille dans l'aire urbaine.

1 Urbanisation et dynamiques urbaines

A. L'urbanisation en France

- La population vit à 80 % dans un espace à dominante urbaine. Par ailleurs les villes s'étalent. Avec la périurbanisation et la rurbanisation, la limite entre ville et campagne devient imprécise. Cet étalement est dû au moindre coût des terrains, des communications plus rapides, l'aspiration à la propriété d'une maison individuelle, et l'agrément d'un cadre de vie plus rural.
- Près de la moitié des communes en France est située en zone rurale et accueille près de 12 % de la population sur 59 % du territoire.

> **Notion-clé**
> La grande majorité de cette population rurale travaille en ville et se comporte comme un citadin.

- L'urbanisation n'est pas régulière et uniforme. Forte dans les années 1950 et 1960, elle a ralenti ensuite. Depuis les années 1980, on assiste à un retour de la croissance des grandes agglomérations.
- Le réseau urbain est caractérisé par le poids écrasant de Paris (l'aire urbaine de la capitale abrite plus de 12 millions d'habitants, alors que la 2e, Lyon, en compte un peu plus de 2 millions) et un déséquilibre Est-Ouest (***cf.* carte p. 369**).

B. Des dynamiques internes

- Les villes françaises présentent une organisation générale commune : un centre et des périphéries. Ces espaces ont connu des changements liés aux exigences de la mobilité, de la tertiarisation de l'économie, et de la périurbanisation.
- Le centre est le cœur historique de la ville. Les zones piétonnières s'y sont développées. Les commerces tentent de résister à la concurrence des centres commerciaux périphériques. Parfois, de nouveaux centres directionnels apparaissent proches des anciens (ex. : La Défense à Paris, Euralille à Lille, La Part-Dieu à Lyon…).
- Les espaces périphériques forment un tissu urbain complexe : quartiers d'habitations (tours ou barres, zones résidentielles

Notes

pavillonnaires), zones d'activités diversifiées où se côtoient des industries, des écoles spécialisées, des technopôles, des centres commerciaux et des entrepôts le long des axes de communication.

■ L'étalement urbain engendre des déplacements importants pour les populations qui utilisent un réseau saturé aux heures de pointe. Les déplacements pendulaires sont considérables.

Déplacement pendulaire
Déplacement journalier de la population des grands centres urbains entre le domicile et le lieu de travail

2 Les villes structurent le territoire national

A. Des villes hiérarchisées

■ Les pôles urbains se hiérarchisent en fonction de leur taille et des biens et des services qu'ils fournissent à leur population. Plus le pôle est important, plus l'espace qui dépend de son agglomération est important.

■ Au niveau inférieur, se trouvent les petites villes réparties sur l'ensemble du territoire. Elles possèdent des commerces de base et des services élémentaires (santé, enseignement, administration). Elles possèdent une ou plusieurs activités de production.

■ Les villes moyennes présentent des situations diverses. Les activités sont plus nombreuses et les équipements spécialisés parfois étendus (ex. : université, hôpital, tribunal, centre administratif…).

■ Enfin, Paris centralise les administrations de l'État, les sièges sociaux des grandes entreprises et des FTN, des laboratoires de recherche, des établissements d'enseignement supérieur… Paris détient aussi des fonctions tertiaires d'importance mondiale (ville mondiale).

B. Des systèmes urbains régionaux variés

Le réseau urbain français est déséquilibré. Les Français sont attirés par les aires urbaines ensoleillées (héliotropisme) et littorales de l'Ouest et du Sud.

Teste-toi !

Corrigés p. 38

A. Quelle part de la superficie métropolitaine est occupée par les villes ?

B. Pourquoi peut-on dire que la société française est « majoritairement urbaine » ?

C. Pourquoi les villes « s'étalent-elles » ?

D. Quelles sont les caractéristiques du réseau urbain français ?

E. Quelle est l'organisation traditionnelle d'une agglomération ?

Les espaces industriels

Fiche 20

Géographie

Notes

La France est la 6e puissance industrielle au monde. L'intégration aux marchés extérieurs exige une modernisation de l'appareil productif qui conduit à une tertiarisation de l'industrie. Les espaces industriels sont marqués par ces transformations.

1 Une industrie ouverte sur le monde

A. Une modernisation de l'appareil productif

- De 1945 à la première moitié des années 1970, l'industrie est le moteur de la croissance économique française. Mais la France connaît un ralentissement de la production et de l'emploi industriels suite au choc pétrolier de 1973 puis à partir de la fin des années 1990.
- Les difficultés touchent l'industrie traditionnelle, mais aussi l'automobile, l'électronique ou l'électroménager. Ces dernières industries sont fortement concurrencées par les États-Unis, le Japon et les nouveaux pays industrialisés d'Asie (NPIA) et l'Allemagne. Les coûts de production sont devenus trop élevés.

> **Exemples-clés**
> L'industrie traditionnelle se compose de la sidérurgie, des usines de textiles, des chantiers navals…

- Ces industries doivent s'automatiser ou se délocaliser pour bénéficier de coûts de production moins élevés. Ces restructurations engendrent une hausse du chômage.

B. L'industrie française participe à la mondialisation

- Au milieu des années 1980, grâce à l'innovation et à la recherche-développement, l'industrie française exporte de l'armement (ex. : Dassault), du matériel ferroviaire (ex. : Alstom), de l'aéronautique et de l'aérospatiale (ex. : Airbus group), la chimie-pharmacie, le traitement des eaux (ex. : Veolia), la maîtrise du nucléaire (ex. : Areva), etc.
- Pour faire face à la concurrence et pouvoir investir plus, les entreprises françaises se regroupent davantage entre elles ou avec des entreprises étrangères (ex. : Renault-Nissan). Grâce aux investissements (IDE), l'industrie française contrôle près de 16 000 filiales.

2 Les espaces industriels

L'opposition entre une France du Nord et de l'Est industrielle, et une France du Sud et de l'Ouest sous-industrialisée s'est atténuée depuis le début des années 1980 (*cf.* **carte p. 370**).

Notes

A. La reconversion des vieilles régions industrielles

■ Les vieilles régions industrielles correspondent aux régions qui ont connues la première industrialisation du XIXe siècle. Les industries sont alors installées près des bassins miniers (charbon, minerai de fer) du Nord-Pas-de-Calais, du Nord de la Lorraine, du Creusot, de Saint-Étienne.

■ Durement touchées par la crise des années 1970, ces régions ont su attirer des investisseurs étrangers et diversifier leurs activités industrielles. Toutefois, ces régions ont des difficultés à retenir l'emploi industriel même si celui-ci n'a pas disparu.

Notion-clé
Les efforts de reconversic
restent soumis aux aléa
économiques.

B. Les grandes régions industrielles

■ Aujourd'hui, la région Auvergne-Rhône-Alpes compte plus de salariés dans le secteur de l'industrie que l'Île-de-France. La 1re région industrielle de France (près de 13 % des emplois industriels) est dominée par les industries chimiques, métallurgiques et automobiles de haute technologie qui se situent près des grandes agglomérations (Lyon, Grenoble).

■ Seconde région industrielle de France avec près de 14,3 % des emplois industriels nationaux, l'Île-de-France présente une gamme complète d'industries (métallurgie, automobile, industries de haute technologie…). Avec la volonté de décentralisation menée par l'État, l'agglomération parisienne perd des activités industrielles au profit du Centre et de la Haute-Normandie. Les entreprises y trouvent un bassin d'emplois bien formé et la proximité de la dorsale européenne.

C. Les régions industrielles dynamiques du Sud et de l'Ouest

Les régions du Sud et de l'Ouest attirent, depuis les années 1970, des industries de haute technologie (aviation à Toulouse) ou de montage de pièces. Les premiers technopôles près des métropoles régionales se sont installés dans ces régions (ex. : Sophia-Antipolis à Nice en 1969).

Teste-toi !

Corrigés p. 3

A. Comment les industries s'adaptent-elles à la crise qui commence en 1973 ?
B. Comment se manifeste l'attraction de la France pour les industries étrangères ?
C. Qu'appelle-t-on « les vieilles régions industrielles » ?
D. Quelle est la 1re région industrielle française ?
E. Quelles sont les régions qui ont bénéficié du redéploiement industriel ?

Les espaces agricoles

Fiche 21

Géographie

Troisième exportateur de produits agricoles européen et 1er producteur européen, la France est un grand pays agricole.

1 Des espaces agricoles de plus en plus spécialisés

A. Une agriculture moderne

■ Avec moins de 1 % des terres agricoles mondiales, la France possède une capacité de production agricole remarquable. La modernisation de l'agriculture française depuis les années 1950-1960 a permis à la France d'être auto-suffisante, et aux agriculteurs d'augmenter leurs revenus. Les exploitations agricoles se sont agrandies, transformant les paysages agricoles et faisant évoluer les techniques agricoles : acquisition de matériels de culture et d'élevage (mécanisation), utilisation d'engrais et de pesticides, développement de l'irrigation, sélection des espèces animales et végétales par l'INRA (Institut national de la recherche agronomique).

Chiffre-clé
La superficie moyenne des exploitations agricoles est actuellement de 61 ha.

Notes

■ Cette agriculture intensive nécessite des capitaux. En « amont », des entreprises fournissent les machines, les engrais, les aliments pour le bétail, tandis qu'en « aval », les industries agroalimentaires transforment la production. Les agriculteurs sont intégrés à une chaîne agro-industrielle.

■ La « politique agricole commune » (PAC) garantit des prix et la protection des marchés européens assure aux agriculteurs français la vente de leur production. Les consommateurs trouvent des produits alimentaires bon marché transformés par les industries agroalimentaires et vendus par la grande distribution.

B. Des exploitations de plus en plus concentrées

■ Beaucoup d'agriculteurs n'ont pas pu réaliser les investissements nécessaires à cette modernisation. Les exploitations familiales meurent par manque de successeurs. Les exploitations sont de moins en moins nombreuses et de plus en plus étendues. Dans les régions de montagne où l'agriculture productiviste est la moins adaptée, les friches progressent.

Notes

■ Cette concentration s'accompagne d'une spécialisation des régions (*cf.* **carte p. 371**) :
– les cultures de céréales et de plantes industrielles couvrent le Bassin parisien, les plaines du Nord et une partie du Sud-Ouest ;
– l'élevage pour la production de lait et de viandes prédomine dans l'Ouest, le Limousin, et les espaces de moyennes montagnes ;
– les cultures spécialisées (vignobles, cultures maraîchères, fruitières) forment des îlots de cultures intensives dans les vallées du Rhône, de la Garonne, du Val de Loire et des plaines méditerranéennes et littorales.

Chiffre-clé

La Bretagne est la 1re région d'élevage laitier et d'élevage hors sol de volailles et de porcs.

2 Vers un autre modèle agricole ?

A. Un système remis en cause

■ L'agriculture intensive nécessite de lourds investissements. Les agriculteurs ont dû s'endetter. Dans le même temps, l'UE y consacre une part importante de son budget, alors qu'il y a de moins en moins d'agriculteurs. Depuis le début des années 1950, le nombre d'exploitations a été divisé par 5.

■ Aussi, à partir de 1992, l'Union européenne tente de limiter les subventions aux agriculteurs et d'aider les exploitations en difficulté. Le respect de l'environnement et le maintien d'agriculteurs sur les territoires deviennent de nouveaux enjeux.

B. De nouvelles voies possibles

■ Les opinions publiques sont de plus en plus sensibles à l'environnement : pollution des eaux, pompage des nappes phréatiques… Par ailleurs, les consommateurs deviennent méfiants quant à l'usage des pesticides ou la condition animale.

■ La France et l'UE souhaitent mettre l'accent sur la qualité des produits, le respect de l'environnement et la valorisation des paysages (« agriculture durable »). L'agriculture biologique ou l'agriculture labélisée se développent.

Teste-toi !

Corrigés p. 3…

A. Pourquoi peut-on dire que la France est un grand pays agricole ?

B. Quelles sont les craintes des consommateurs ?

C. Quelles sont les nouvelles agricultures envisagées par la France et l'UE ?

Les espaces de production et de services

Fiche 22

Géographie

Notes

1 Le poids du secteur tertiaire

A. Un secteur clé

■ Le secteur tertiaire regroupe l'ensemble des activités de services aux entreprises et aux particuliers. Il occupe près de 75 % de la population active et produit environ les 3/4 de la richesse nationale. Ce secteur crée, par ailleurs, de nombreux emplois, notamment dans les services marchands.

Chiffre-clé
La France est le 2e exportateur mondial de services (tourisme, assurances, banques).

■ Ce secteur est stimulé par le développement de la sous-traitance. Les fonctions péri-productives des entreprises sont confiées à des sociétés spécialisées (gardiennage, nettoyage, comptabilité, transporteurs, communications…). La généralisation du travail féminin a fourni de la main-d'œuvre et généré de nouveaux services. L'augmentation du niveau de vie a engendré la création d'emplois dans les loisirs. Enfin, les services publics non marchands se sont développés.

B. Des acteurs multiples

■ Les acteurs du secteur tertiaire sont nombreux. Les services peuvent être assurés par des personnes travaillant à leur propre compte ou par des groupes spécialisés (banques, assurances…).

■ L'État fournit des services non marchands financés par l'impôt : l'éducation, la justice, la santé, la police et l'armée. L'État peut décider de déplacer ou de supprimer certains services de proximité, dans les régions les moins peuplées (*cf.* **fiche 24**).

2 L'empreinte des services dans les paysages

A. Un secteur concentré dans les agglomérations

■ Les emplois tertiaires sont inégalement répartis sur le territoire. Plus un territoire est densément peuplé, plus les services proposés sont nombreux, diversifiés et pointus. C'est le cas du tertiaire supérieur, qui se concentre dans les métropoles, et plus particulièrement à Paris. Le secteur tertiaire entraîne une hiérarchisation des agglomérations (*cf.* **fiche 19**).

B. Des paysages marqués par les services

■ Certains services marquent les paysages, comme les transports et le tourisme. Ainsi, des routes rurales peuvent être réhabilitées

Notes

en routes touristiques comme les routes des vignobles, les bords de fleuve. Certaines routes deviennent des attractions paysagères (ex. : le viaduc de Millau).

> **Notion-clé**
> Ces paysages de transports concernent aussi les voies ferrées (territoires ruraux ou urbains), les aéroports et les ports.

■ Les paysages du tourisme sont de deux ordres. Les premiers sont des paysages patrimoniaux (ex. : Mont-Saint-Michel, châteaux de la Loire, pointe du Raz...) qu'il a fallu aménager pour accueillir des touristes. Les seconds, qui ont été aménagés, se trouvent le long des littoraux ou en montagne : le littoral languedocien a ainsi été aménagé dans les années 1960 pour accueillir un tourisme de masse, tandis que des stations de sports d'hiver ont été créées artificiellement dans le cadre du « plan neige » de 1960 (ex. : les Menuires dans les Alpes).

3 Le tourisme

A. Un secteur fondamental

■ En France, le tourisme est un secteur économique fondamental. Il représente 7 % du PIB et emploie un peu moins de 1 million de personnes. La France est la 1re destination touristique mondiale.

■ La France possède une situation géographique privilégiée, des paysages variés, une tradition touristique, un patrimoine culturel et historique mis en valeur... La France peut proposer de multiples tourismes : balnéaire, de montagne, rural, culturel (ex. : Paris, châteaux de la Loire...), religieux (ex. : Lourdes), de mémoire (ex. : Caen).

B. Un secteur fragile

Le tourisme est une activité fragile. Un peu plus de 6 Français sur 10 partent en vacances, mais ce taux est à nuancer en fonction des catégories socioprofessionnelles (CSP) et des niveaux de vie. Le tourisme est aussi dépendant du contexte international. Ainsi, la France accueille plus ou moins de touristes en fonction des risques d'attentats.

Teste-toi !

Corrigés p. 38

A. Quelles activités regroupe le secteur tertiaire ?

B. Quels sont les acteurs de ce secteur d'activités ?

C. Quels sont les territoires les plus attractifs pour les services ?

D. Quelle est la part du tourisme dans l'économie française ?

E. Quels sont les types de tourismes développés en France ?

Les espaces de faible densité

Fiche 23

Géographie

Notes

1 L'espace français

A. Une originalité

Avec environ 118 habitants au km² en 2015, la France semble être un pays assez faiblement peuplé en Europe. La faible densité apparaît plutôt comme une originalité au sein de l'ensemble Nord-Ouest européen.

B. Les espaces de faible densité

En France, on qualifie aujourd'hui d'espaces de faible densité ceux qui comptent moins de 30 hab./km². Ils sont marqués par la rareté des hommes et le plus souvent aussi par celle des ressources financières pour les collectivités concernées. 42 % des communes françaises sont ainsi des communes de faible densité et 10 % forment la sous-catégorie des communes désertifiées.

Notion-clé

Les espaces où la densité est inférieure à 10 hab./km² sont qualifiés d'espaces désertifiés.

2 Des espaces très divers

A. Des espaces non homogènes

Les espaces de faibles densités sont variés : zones de montagne, plateaux agricoles (Champagne), régions intérieures (Bretagne, Landes…) (***cf.* carte p. 369**) ; et vivent des mutations permanentes. Ils n'appartiennent pas tous à la catégorie de « campagne fragile » et peuvent se rencontrer dans les campagnes périurbaines. Un espace isolé de haute montagne n'a de commun avec un vaste plateau agricole que sa situation d'espace de faible densité. Ainsi, la faible densité ne doit pas être confondue avec la notion d'espace défavorisé.

B. Une diagonale du vide ?

- Près de 4 millions de personnes vivent aujourd'hui dans les espaces de faible densité dont 0,5 million dans les espaces désertifiés. Ces espaces ont une faible croissance démographique essentiellement liée au solde migratoire. Certains connaissent un phénomène de repeuplement : plus ils sont ruraux, plus ils ont tendance à attirer les populations.
- Ce phénomène touche de façon inégale les espaces de faible densité. La diagonale du vide (large bande du territoire français de faible densité démographique allant de la Meuse aux Landes)

Notes

traverse la France (*cf.* **carte p. 369**). Si sa partie Sud-Ouest connaît une légère augmentation de sa population, sa partie Nord-Est poursuit la tendance à la désertification.

3 Des espaces attractifs

A. Des populations diversifiées

■ Il ne faut donc pas associer faible densité et exode rural. La faible densité peut manifester, au lieu d'un abandon, un certain équilibre. Il est possible d'associer faible densité et attractivité (espace disponible, tranquillité, rapport privilégié à la nature).

■ Le phénomène de rurbanisation concerne aussi les espaces faiblement peuplés. Ceux-ci constituent des lieux de vie, permanents ou temporaires pour des populations variées (natifs, rurbains, urbains possédant une résidence secondaire).

B. Des activités multiples

■ Les activités économiques peuvent être regroupées en trois domaines. L'agriculture est l'activité traditionnelle. La sylviculture (gestion et exploitation de la forêt), également considérée comme une activité traditionnelle, connaît un nouvel essor. Enfin, la production d'énergie est réapparue récemment : l'exploitation des biocombustibles agricoles et forestiers, le développement de la production d'énergie par l'éolien et le photovoltaïque ont multiplié les potentiels et donné un intérêt nouveau à ces espaces.

■ D'autres activités tentent de se développer. La préservation des ressources, l'entretien de certains paysages, la gestion de la biodiversité, la protection contre les risques naturels, etc. créent de nouveaux métiers au sein de ces espaces. Les activités de loisirs enfin, fondées sur la valorisation des ressources patrimoniales, culturelles et naturelles, constituent un autre secteur privilégié dans l'économie de ces territoires.

Teste-toi !

Corrigés p. 38

A. Qu'est-ce qu'un espace de faible densité ?

B. Citez des exemples de régions où se situent des espaces de faible densité.

C. Combien de Français métropolitains vivent dans ces espaces ?

D. Qu'est-ce que la « diagonale du vide » ?

E. Citez trois activités économiques au sein de ces espaces.

L'aménagement du territoire français

Fiche 24

Géographie

Notes

1 Un territoire aménagé

A. L'État aménage le territoire

■ C'est à partir de 1963 que la DATAR aménage le territoire. Plusieurs objectifs sont définis : rééquilibrage entre Paris et les autres agglomérations (création des métropoles d'équilibre, 1965), entre une France industrielle (à l'est d'une ligne Le Havre-Paris-Lyon-Marseille) et une France plus rurale (à l'ouest et au sud de cette même ligne), rénovation et reconversion des espaces industriels traditionnels (*cf.* **fiche 20**), aide aux régions menacées de dépeuplement.

La DATAR
La Délégation à l'aménagement du territoire et à l'action régionale, puis la Délégation ministérielle à l'aménagement du territoire et à l'attractivité régionale.

■ Depuis les lois de décentralisation (1982), les collectivités territoriales sont devenues un acteur de l'aménagement du territoire. Des acteurs privés peuvent s'associer à des acteurs publics pour des aménagements autour d'un projet de territoire. L'UE participe aussi au financement. Les aménagements concernent le rééquilibrage territorial (construction d'infrastructures, incitation au développement économique), mais aussi la protection environnementale (*cf.* **carte p. 372**).

B. Un territoire organisé

■ L'économie française est principalement tournée vers les services (*cf.* **fiche 22**). La plupart des activités se concentrent dans les grandes agglomérations. Ces zones urbaines ont également connu un fort étalement urbain (*cf.* **fiche 19**). Les services sont inégalement répartis : dans certaines zones, souvent rurales, ils sont moins présents.

■ Cette concentration des activités et des fonctions de commandement dans certains centres urbains est la marque, à l'échelle du territoire, de la mondialisation. C'est la métropolisation.

■ Le territoire s'organise ainsi autour des métropoles. Un réseau dense et maillé de transports et flux, combinant route, rail, avion ou télécommunications, relie les métropoles entre elles. Sur les littoraux et les espaces frontaliers, se trouvent d'autres territoires dynamiques.

Notes

2 Une France encore déséquilibrée ?

A. De fortes inégalités territoriales

> **IDE**
> Investissements directs à l'étranger.

■ Les espaces dynamiques, principales zones de production de richesse, reçoivent la majorité des investissements, notamment des IDE, tandis que de nombreux espaces sont moins intégrés économiquement. Ces espaces en marge sont caractérisés par un accès limité aux services (transports et communications). Le manque d'infrastructures limite l'intégration de ces territoires.

■ À l'échelle locale, des déséquilibres apparaissent : des quartiers dynamiques peuvent jouxter des zones plus défavorisées. Face à ces inégalités, des politiques publiques ont été mises en place (ex. : la politique de la ville).

B. La compétition entre les territoires

■ Le développement de la compétitivité des territoires et la recherche de l'excellence est un thème qui revient dans toute l'UE depuis les années 2000. La France encourage des pôles de compétitivité qui permettraient à des territoires d'acquérir un rôle central dans un domaine à l'échelle nationale ou mondiale. Ces actions sont impulsées au niveau national par les Comités interministériels d'aménagement et de compétitivité des territoires (CIACT) et gérées par la DATAR. Ainsi, la DATAR impulse et coordonne les politiques d'aménagement du territoire menées par l'État et accompagne les mutations économiques en privilégiant une approche de la compétitivité.

■ L'aménagement du territoire concerne aussi d'autres ministères et actions : Fonds national de développement des entreprises (FNDE), politique des transports (surtout ferroviaires), gestion de l'espace rural, actions en faveur des PME-PMI, enseignement supérieur…

Teste-toi !

Corrigés p. 38

A. À partir de quand peut-on parler « d'aménagement du territoire » ?
B. Quel est le principal objectif de l'aménagement du territoire ?
C. Quels sont les principaux acteurs de l'aménagement du territoire ?
D. Qu'est-ce que « la métropolisation » ?
E. Quel est l'objectif des pôles de compétitivité ?

L'Union européenne : un nouveau territoire

Fiche 25

Géographie

Notes

1 La construction européenne

A. Une volonté de coopération économique

■ Dès 1951, 6 États (RFA, France, Italie, Belgique, Pays-Bas et Luxembourg) forment la CECA pour assurer la libre circulation du charbon et l'acier.

> **CECA**
> Communauté européenne du charbon et de l'acier.

■ Ces mêmes États signent, en 1957, le traité de Rome qui fonde le Marché commun ou CEE (Communauté économique européenne), et l'Euratom (Accord pour le développement de l'énergie atomique). Ils prévoient la libre circulation des marchandises, des services, des capitaux et des personnes au sein de la CEE (*cf.* **fiche 13**).

B. L'élargissement de la CEE et de l'Union européenne

■ Les premiers succès de la CEE lui valent la demande d'adhésion de plusieurs États. De nouveaux partenaires adhèrent au Marché commun en 1973 (Danemark, Irlande et Royaume-Uni), 1981 (Grèce) et 1986 (Espagne et Portugal).

■ En 1995, 3 nouveaux États accèdent à l'UE (Autriche, Finlande et Suède). La signature d'accords bilatéraux avec certains pays d'Europe centrale et orientale (Pologne, République tchèque, Slovaquie, les 3 États baltes, Slovénie et Hongrie) et la candidature officielle d'autres États (Chypre, Malte et Turquie), annoncent l'élargissement prochain de l'Union. L'entrée de 10 d'entre eux, à l'exception de la Turquie, est effective en 2004. Puis 3 nouveaux États intègrent l'UE : la Bulgarie et la Roumanie en 2007, la Croatie en 2013 (*cf.* **carte p. 373**). L'adhésion de la Turquie semble s'éloigner, tandis que le référendum en faveur du Brexit (juin 2016) a enteriné la sortie du Royaume-Uni de l'UE.

2 Une union de plus en plus poussée

A. Schengen et l'Acte unique

■ En juin 1985, plusieurs États de la CEE signent des accords à Schengen (Luxembourg) qui prévoient l'abolition des contrôles aux frontières et des règles communes sur l'entrée et le séjour des ressortissants n'appartenant pas à la Communauté européenne. Ces accords, complétés en 1990, entrent en vigueur en 1995 et ne s'appliquent pas à tous les États de l'UE.

Notes

■ L'Acte unique signé en 1986 renforce le pouvoir des organismes communautaires (Conseil des ministres, Parlement, Commission) pour rendre plus efficaces les prises de décision.

B. Depuis 1992

Le traité de Maastricht (1992) permet la création d'un marché unique (*cf.* **fiche 13**). Depuis, les traités d'Amsterdam (1997), de Nice (2001) et de Lisbonne (2007) réaffirment les objectifs du traité de Maastricht.

3 Une union contrastée

A. De fortes inégalités régionales

■ De Londres à l'Italie du Nord, en passant par l'axe rhénan, se concentrent les principales métropoles, les activités industrielles et de recherche, une main-d'œuvre abondante et qualifiée. C'est le cœur économique de l'Europe, appelé aussi « centre » ou « dorsale européenne ».

■ À l'échelle mondiale, l'UE est un pôle économique majeur avec un marché dynamique influent politiquement et culturellement. L'UE a réussi à construire une union solide entre des États démocratiques. Elle représente également un espace de liberté grâce à sa charte des droits fondamentaux.

Chiffre-clé

L'Union européenne était constituée de plus de 500 millions d'habitants en 2015, avant le retrait du Royaume-Uni (65 millions d'habitants).

B. Aider les régions en difficulté

■ Depuis 1974, l'UE mène une politique de lutte contre les inégalités régionales (régions en retard économique, pays en reconversion industrielle...). Le Fonds européen de développement économique et régional (FEDER) finance ainsi le développement d'infrastructures, ainsi que des actions pour l'éducation, la santé et la recherche. Le Fonds social européen (FSE) finance la formation professionnelle et l'aide à l'emploi. Cette politique s'est accrue depuis 1992 et la création du Fonds de cohésion a aidé les pays les moins riches de l'UE.

Teste-toi !

Corrigés p. 38

A. Qu'est-ce que « l'Euratom » ?

B. Que sont « les accords de Schengen » ?

C. Pourquoi le traité de Maastricht est-il fondamental pour l'évolution de la CEE ?

D. Qu'est-ce que « le centre » de l'UE ?

E. Comment se manifeste la « solidarité » européenne ?

La France dans l'Union européenne

Fiche 26

Notes

La France est un isthme entre le nord et le sud de l'Europe, ainsi qu'un finistère à son extrémité occidentale.

1 La France : un carrefour de l'Union européenne

A. Une situation européenne favorable

- Avec l'agglomération parisienne et les régions septentrionales, la France fait partie de l'espace européen le plus dynamique : le cœur de l'Europe. Cet espace concentre 20 % de la population européenne.

Chiffre-clé
La France produit près d'1/4 des richesses de l'Union européenne.

- La France est le seul État membre de l'UE avec de 3 façades maritimes (mer du Nord, océan Atlantique et mer Méditerranée), tout en étant ouverte à l'Est sur le continent européen. Avec la création de l'espace Schengen, les mobilités des biens et des personnes se sont développées.
- Ainsi, de nombreux Français travaillent dans les pays limitrophes comme le Luxembourg, la Belgique, la Suisse ou l'Allemagne. Des régions attirent des investissements européens : région Hauts-de-France et agglomération lilloise, région Auvergne-Rhône-Alpes et agglomération lyonnaise, Alsace et agglomération strasbourgeoise.

B. Se déplacer en France et en Europe

- Les trois modes de transports rapides (TGV, avion, automobile) révolutionnent les manières de se déplacer, modifient les échanges économiques et imposent leur marque sur les paysages français et européens.
- La France a dû repenser, dans le cadre de l'UE, l'organisation de son réseau de transports.
- Le réseau des communications ferroviaires, né de l'industrialisation du XIXe siècle et construit autour de Paris (en étoile), s'est connecté progressivement au réseau européen avec la construction des lignes à grande vitesse (LGV). Ce mouvement commencé dès 1981 (ligne Paris-Lyon), s'est développé par étapes (TGV Atlantique, TGV Rhône-Alpes, LGV Est…). Les projets trans-européens se poursuivent. Ainsi, la LGV Est a pour ambition de joindre Paris à Bratislava en Slovaquie. Le réseau à grande vitesse

Notes

permet à la France de s'intégrer au cœur de l'UE, mais des régions à l'écart de la desserte du TGV souffrent de l'« effet tunnel ».

■ Le réseau aérien français est également connecté à l'Europe et au monde, notamment grâce à l'aéroport de Roissy-Charles-de-Gaulle, 2e plate-forme de correspondances (hub) d'Europe derrière Londres.

■ Enfin, le réseau autoroutier français est également connecté au reste de l'Europe. Le transport routier engendre des nuisances à l'environnement. La combinaison des modes de transports (routiers, ferroviaires, voire fluviaux) tend à se développer. Deux lignes de ferroutage existent en France : la ligne Perpignan-Luxembourg et l'autoroute ferroviaire alpine qui relie la France à l'Italie.

Chiffres-clés

Avec une quarantaine d'aéroports en métropole, plus de 181 millions de passagers ont transité sur le territoire français en 2015.

2 La gestion de l'environnement à l'échelle européenne

A. Le développement durable

■ La France dispose d'une grande variété de paysages et de milieux à protéger. Elle dispose d'une législation qui s'est renforcée depuis le Grenelle de l'environnement en 2008.

■ L'UE applique des normes environnementales parmi les plus strictes au monde. Ses priorités sont : la protection des espèces et des habitats menacés et l'utilisation efficace des ressources naturelles. En délimitant des zones Natura 2000, l'UE définit des zones ayant une grande valeur patrimoniale par leur faune et leur flore.

B. La gestion des risques

Des politiques de gestion du risque technologique sont mises en place à l'échelle européenne. Ainsi, la directive « Seveso » (1982) impose aux États membres d'identifier les sites industriels présentant des risques majeurs d'accidents.

Teste-toi !

Corrigés p. 38

A. Pourquoi dit-on que la France est située « au cœur de l'Europe » ?

B. Par quel type de liaison ferroviaire la France s'intègre-t-elle à l'UE ?

C. Qu'est-ce que « le ferroutage » ?

D. Qu'est-ce que « la directive "Seveso" » ?

La France dans le monde

Fiche 27

Géographie

Notes

1 La France ultramarine

A. Une originalité géographique

■ Toutes les terres françaises d'Outre-mer, à l'exception de la Guyane et de la terre Adélie, sont des îles dispersées sur l'ensemble des océans. La plupart de ces îles sont rattachées aux arcs insulaires volcaniques.

■ L'ensemble de la palette climatique est représenté depuis le climat polaire en terre Adélie jusqu'au climat équatorial en Guyane.

B. Des statuts en constante évolution

■ Dans le cadre de la décolonisation sous la IVe République (mars 1946), la Guyane, la Martinique, la Guadeloupe et la Réunion sont des départements (DOM). Mayotte, l'une des 4 îles des Comores, devient le 5e DOM en 2011. Depuis la loi de décentralisation de 1982, les DOM sont devenus des régions monodépartementales (*cf.* **carte p. 374**). Ce sont des DROM qui sont gérés par deux assemblées : le Conseil régional et le Conseil général.

> **Les DROM**
> Les Départements et Régions d'Outre-mer.

■ Le reste des Territoires d'outre-mer est devenu, lors de la réforme constitutionnelle de 2003, des Collectivités territoriales (COM) ou des Pays d'outre-mer (POM) depuis 2004. La Nouvelle-Calédonie a un statut provisoire en attendant qu'un référendum local décide, avant 2018, de son indépendance ou de son maintien dans la République.

C. Une place particulière

Les DROM sont dépendants de la Métropole. Le secteur tertiaire public et la politique sociale y sont très développés. Les DROM font d'ailleurs partie des Régions ultra-périphériques (RUP), partie intégrante de l'Union européenne, qui reçoivent des aides communautaires.

D. La participation à la puissance française

■ Avec ses terres ultramarines, la France est un pays maritime qui dispose d'une immense zone économique exclusive (ZEE). Elle est au 2e rang des pays maritimes dans le monde avec 10 millions de km² (*cf.* **carte p. 374**). Ces étendues océaniques sont exploitées pour ses ressources halieutiques et ses hydrocarbures.

Notes

■ La France participe aussi aux conférences internationales portant sur le continent antarctique (continent reconnu comme propice à la recherche scientifique et à la coopération internationale depuis 1959).

Lieu-clé
Dans le cadre de sa recherche spatiale, la France a installé la base de lancement des fusées Ariane à Kourou, en Guyane.

2 La France : un rayonnement mondial

A. Une puissance politique et militaire

■ Grande puissance économique manifestée par la présence aux G8 et G20 et la reconnaissance de FTN françaises, la France tient aussi un rôle politique et militaire. C'est un membre permanent du Conseil de sécurité de l'ONU et un membre actif des organismes spécialisés, comme l'UNESCO. Puissance nucléaire, la France dispose de militaires répartis sur l'ensemble du globe. Ses forces armées participent aux missions internationales de maintien de la paix dans le cadre de l'ONU ou de l'OTAN (*cf.* **carte p. 374**).

■ La France est un pays engagé dans les politiques d'aide et de développement économiques par la signature d'accords de coopération, notamment avec les pays d'Afrique sub-saharienne et les pays ACP. Elle participe à des programmes humanitaires et a donné naissance à de nombreuses ONG (Médecins du monde).

B. Un rayonnement culturel

■ Le français est parlé par environ 200 millions de personnes. Il est soutenu par l'Organisation internationale de la francophonie (OIF) qui réunit près de 75 États membres et observateurs. Cette présence s'appuie aussi sur un réseau diplomatique, éducatif et culturel (ambassades, Alliances françaises), qui renforce l'écho de la France dans le monde. Cependant, la langue française dans le monde régresse et la culture française est de plus en plus concurrencée.

■ Le rayonnement culturel s'appuie également sur les Français expatriés et l'image positive de la culture française.

Teste-toi !

Corrigés p. 38.

A. Quelle est la particularité essentielle de la France ultramarine ?
B. Que sont les DROM ?
C. Quelle est la particularité de la Nouvelle-Calédonie ?
D. Citez une ONG française.
E. Combien de personnes parlent ou utilisent familièrement le français ?

La répartition de la population en France

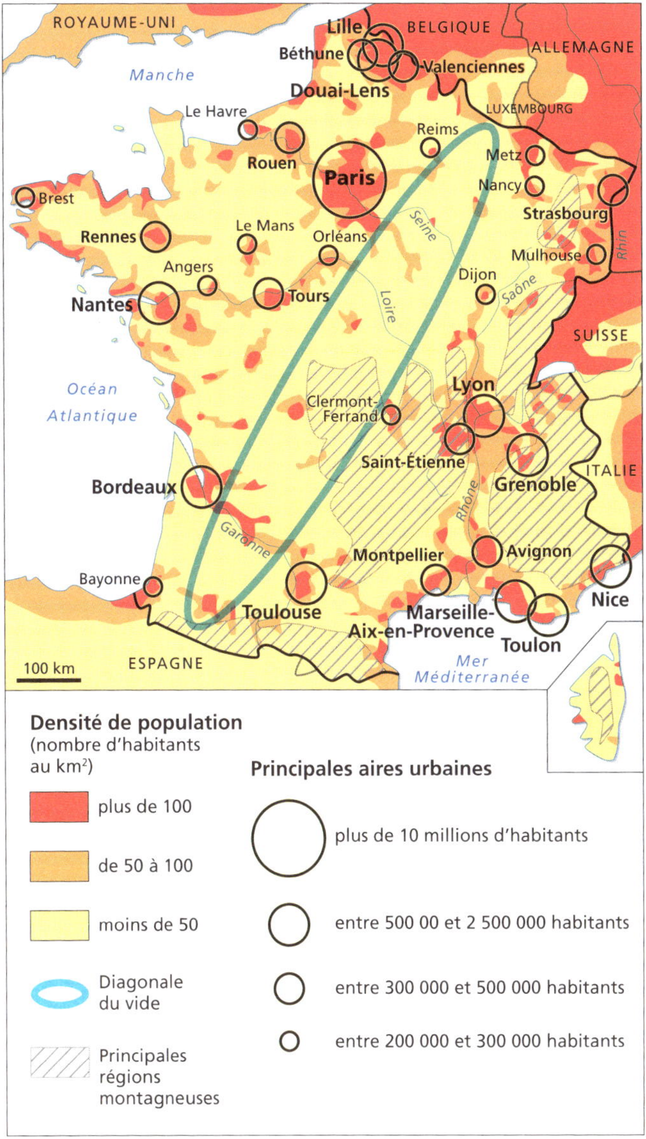

Notes

La France industrielle

Héritage en 1945

Vieilles régions industrielles

- fondées sur les ressources énergétiques et minières
- fondées sur les facteurs humains et la localisation géographique (carrefours, ports)
- régions d'industries diffuses en milieu rural

Évolution de 1945 à 1973

- importance des grands axes de circulation
- littoralisation des industries lourdes
- déconcentration et décentralisation de la région parisienne

Évolution depuis 1973

- implantation de capitaux étrangers
- technopôle
- désindustrialisation des vieilles régions manufacturières
- région industrielle du Nord-Est en perte de vitesse
- régions et pôles industriels dynamiques en France
- pôles de compétitivité (16 d'envergure mondiale)

Notes

La France agricole

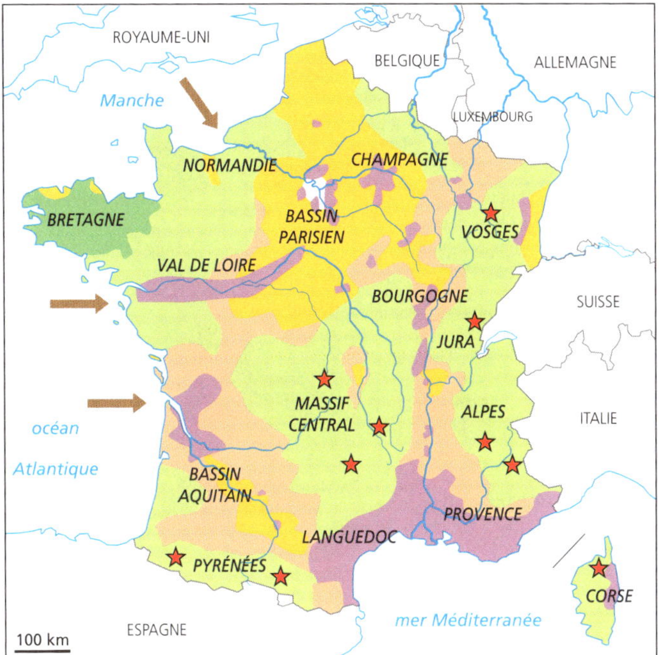

Trois systèmes agricoles dominants

- culture céréalière et industrielle (céréales, betteraves…)
- élevage
- viticulture et cultures spécialisées (fruits, légumes, fleurs)

Autre forme de mise en valeur

- élevage hors sol (porcs, volailles)
- polyculture
- lieux de déprise agricole
- importation d'aliments pour bétail

L'aménagement du territoire français

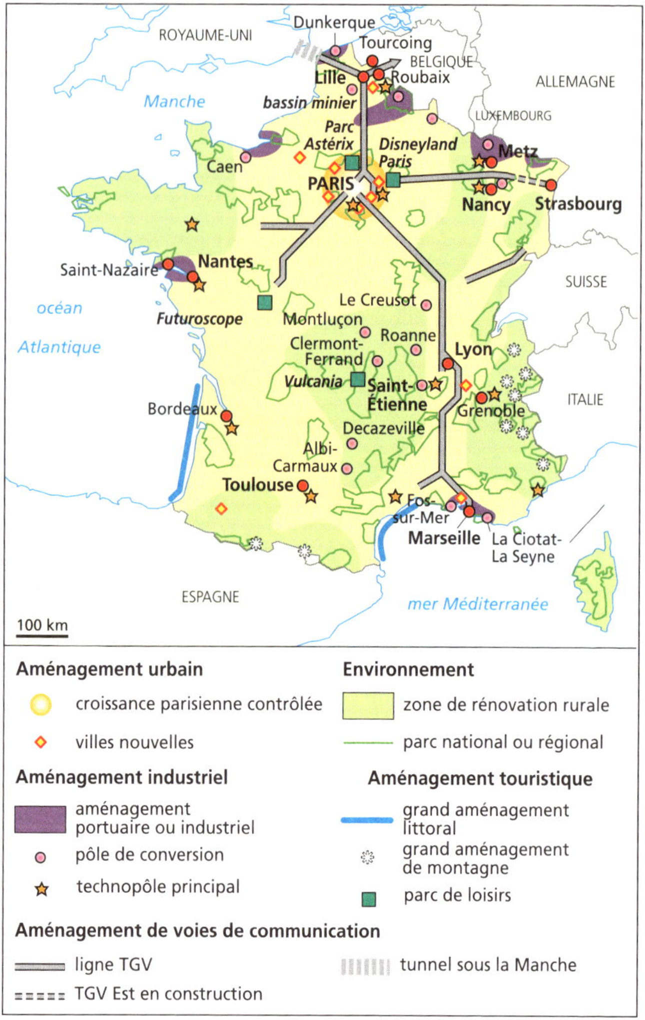

L'Union européenne, un espace politique en construction

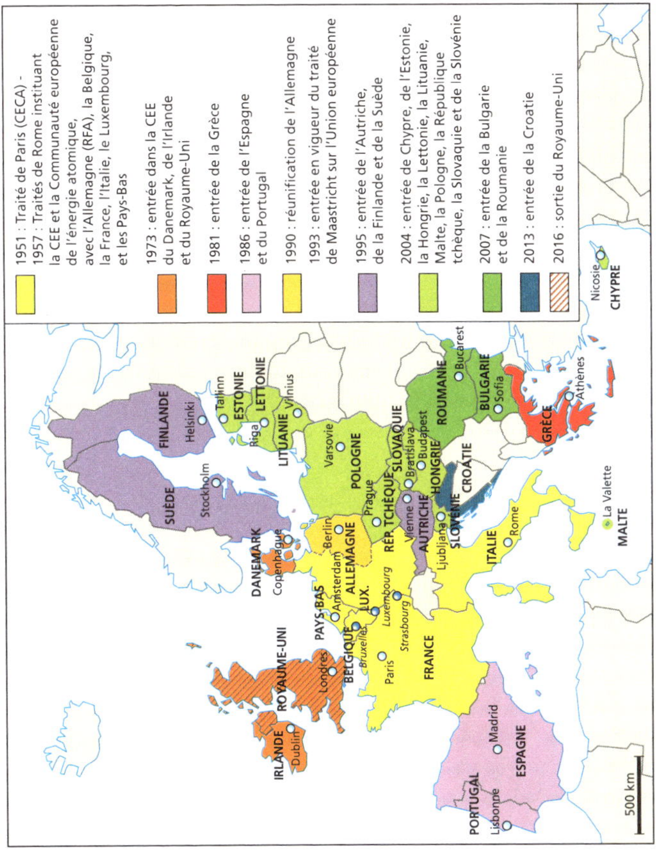

Notes

La France : une influence mondiale

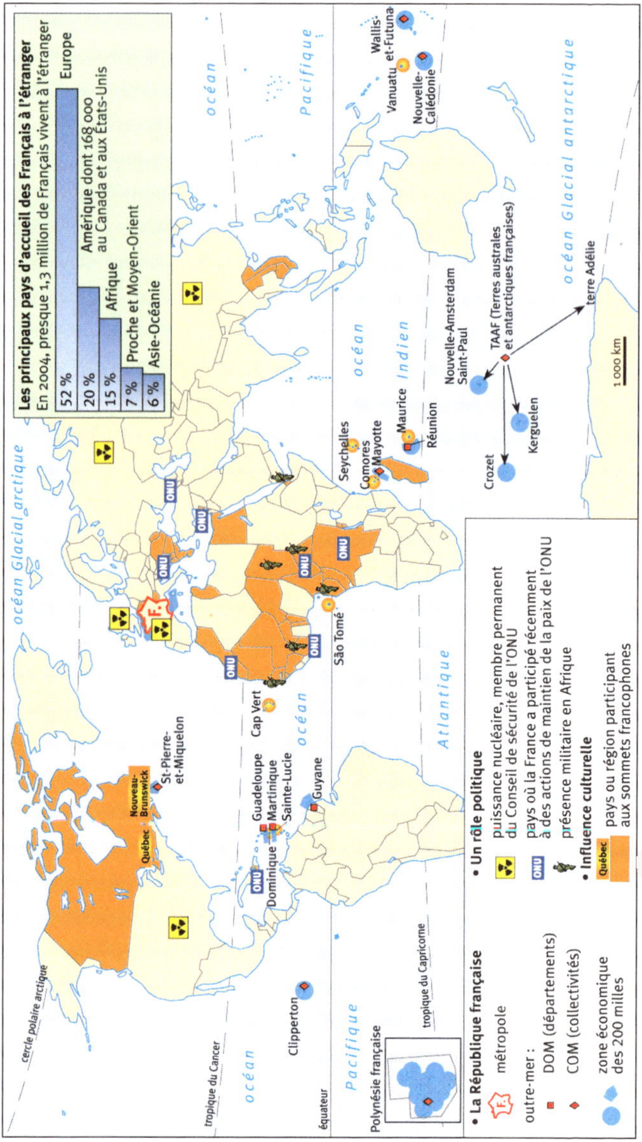

Nationalité, citoyenneté française et européenne

Fiche 28

EMC

Notes

1 La nation : une communauté de citoyens

A. Naissance de la citoyenneté en France

La citoyenneté accorde à tous les individus les mêmes droits, indépendamment de leur origine, de leur religion ou de leur milieu social. C'est la Révolution française de 1789, puis les républiques successives à partir de 1792, qui ont fait de l'homme un citoyen, en le rendant acteur de la vie politique du pays.

B. Citoyenneté et nation

- La citoyenneté se définit par la nationalité : l'appartenance à une même communauté nationale.
- La nation française s'est constituée selon la « volonté générale » (pour être français, il fallait le vouloir) et par la construction de l'État. À partir de 1789, la France est un État-nation.

Citoyenneté

Les citoyens vivent ensemble sur un même territoire, unis par une culture, une langue, une organisation politique et des règles communes.

C. Citoyenneté et nationalité

- Pour être citoyen, il faut posséder la nationalité française : appartenir à la communauté nationale. La citoyenneté est historiquement liée à la nationalité.
- La nationalité s'acquiert de plusieurs façons :

– soit par filiation ou « droit du sang » : au moins un des deux parents est français ou devient français ;
– soit par naissance en France ou « droit du sol » : pour une personne née en France de parents étrangers, la nationalité est acquise de plein droit à 18 ans ;
– soit par acquisition : « naturalisation » ou mariage. Un étranger vivant en France depuis au moins 5 ans, ou 2 ans s'il peut rendre des services à la nation (ex. : études supérieures), peut demander à être naturalisé. Un étranger marié à un conjoint français depuis au moins 2 ans peut demander la nationalité française.

- Cependant, la nationalité ne suffit pas pour obtenir la citoyenneté. La personne doit jouir de ses droits civils et juridiques.
- Toutes les personnes qui vivent en France ne sont pas français : elles sont désignées par le terme d'« étrangers ».

Notes

2 Droits et devoirs du citoyen

A. Les droits du citoyen

■ Avant d'être un citoyen, tout individu a des droits garantis par la *Déclaration des droits de l'homme et du citoyen* (1789) et la Constitution de la Ve République (1958).

■ Chaque citoyen possède le droit de vote. Il est détenteur et dépositaire de la souveraineté nationale qu'il exerce soit directement, soit par l'intermédiaire de représentants. Le citoyen dispose de droits politiques et sociaux : la liberté d'expression, d'association, le droit à l'éducation, à la santé, etc.

Le droit de vote
Le droit de vote est un devo[ir] civique.

■ Les étrangers ne possèdent pas de droits politiques (ex. : droits de vote et d'éligibilité), mais ils ont des droits fondamentaux (liberté d'expression, droit d'association, liberté de conscience...).

B. Les devoirs du citoyen

■ Les citoyens ont des devoirs envers l'État : respecter la loi, payer des impôts, participer à la défense du pays, voter, même si la loi ne les y oblige pas. La citoyenneté se définit aussi par les valeurs de civilité et de solidarité.

3 La citoyenneté de l'Union européenne

A. Naissance de la citoyenneté européenne

Depuis le traité de Maastricht (1992), il existe dans l'UE une citoyenneté européenne qui se superpose à la citoyenneté nationale.

B. Les droits du citoyen européen

■ Depuis 1979, les citoyens des États membres ont le droit d'élire au suffrage universel direct leurs représentants au Parlement européen. Le traité de Maastricht permet au citoyen européen résidant dans un autre État membre, de participer aux élections municipales et européennes ou d'être éligible à ces élections.

■ D'autres droits sont apparus : droits de circulation, de séjour et de travail dans l'UE, droit de saisir la Cour de justice de l'UE...

Teste-toi !

Corrigés p. 38

A. Quand est née la citoyenneté française ?

B. Qu'est-ce que « le droit du sang » ?

C. Comment un étranger vivant en France peut-il obtenir la nationalité française ?

D. Qu'est-ce que « le devoir civique » ?

E. Quand est née la citoyenneté européenne ?

Valeurs, principes et symboles de la République

Fiche 29

EMC

Notes

1 La République : un ensemble de valeurs

A. Une longue naissance

La *Déclaration des droits de l'homme et du citoyen* (26 août 1789) établit les premiers principes de la future République. Il faut attendre la IIIe République (1870-1940) pour asseoir définitivement les valeurs de la République (à l'exception du régime de Vichy entre 1940 et 1944 ; *cf.* **fiche 5**) : souveraineté politique du peuple et égalité de tous devant la loi.

B. La diffusion de l'idéal républicain

- L'école primaire obligatoire, laïque et gratuite instituée par les lois de Jules Ferry (1881-1882) donne aux Français une culture équivalente contribuant à la diffusion des valeurs de la République.
- Le suffrage universel direct, la fête nationale et les commémorations (11 novembre et 8 mai) permettent à chaque citoyen de vivre l'idéal républicain et de le défendre.

2 Les principes de la République

A. Une république indivisible

La République française garantit l'unité territoriale et politique de la nation par une administration centralisée qui applique partout les mêmes lois : la République est indivisible. Ce principe s'appuie aussi sur l'usage d'une langue commune, le français.

La langue officielle
Le français est la seule langue officielle de la République française.

B. Une république laïque et démocratique

- Si, depuis la loi de 1905, le principe de laïcité sépare le fonctionnement des Églises et celui de l'État, la République respecte tous les cultes et garantit la liberté de conscience. La République favorise l'égalité sans distinction d'origine, de culture ou de religion.
- La République est démocratique. Le peuple souverain élit ses représentants qui gouvernent dans l'intérêt commun de la nation.

C. Une république sociale

La République se donne les moyens d'assurer à chacun éducation, logement, emploi et couverture médicale. Ces droits sociaux ont été affirmés dans le préambule de la Constitution de 1946.

Notes

3 Les symboles de la République

Les valeurs de la République sont symbolisées par des emblèmes officiels hérités de la Révolution et adoptés sous la IIIe République.

A. Une devise

La devise républicaine, « Liberté, Égalité, Fraternité », rappelle les valeurs de la République et est inscrite dans la Constitution de 1958 (art. 2). Elle reprend l'idéal de la philosophie des Lumières et les principes de la *Déclaration des droits de l'homme et du citoyen* (1789).

« Liberté, égalité, fraternité »
La devise est inscrite et rappelée sur tous les bâtiment de la République française.

B. Un hymne

La Marseillaise est, à l'origine, un chant révolutionnaire composé en 1792 par un officier français, Rouget de Lisle. Chanté pour la 1re fois par des soldats marseillais, il est déclaré « chant national », le 14 juillet 1795. Interdite sous l'Empire et la Restauration, *La Marseillaise* est remise à l'honneur en 1830 avec l'orchestration d'H. Berlioz. C'est la IIIe République qui en refait un chant national.

C. Un drapeau

Le drapeau tricolore symbolise le peuple de Paris (bleu et rouge) uni au roi (blanc). Ce drapeau utilisé par les révolutionnaires, est adopté par la IIIe République pour marquer l'unité nationale. Les Constitutions de 1946 et de 1958 font du drapeau tricolore l'emblème national de la République.

D. D'autres symboles

La République est personnifiée par une femme coiffée du bonnet phrygien : Marianne. On retrouve son buste dans toutes les mairies, sur les timbres et les pièces émises par la France. Enfin, le 14 Juillet est la fête nationale. Instituée par la loi en 1880, elle rappelle une double date : celle du 14 juillet 1789, date de la prise de la Bastille, celle du 14 juillet 1790, jour d'union nationale lors de la fête de la Fédération.

Teste-toi !

Corrigés p. 38

A. Comment se diffuse l'idéal républicain ?
B. Pourquoi dit-on que la République est « indivisible » ?
C. Comment s'appelle l'hymne national français ?
D. Que symbolise le drapeau tricolore ?
E. Comment est personnifiée la République ?

Le rôle de la défense

Fiche 30

EMC

Notes

1 Quelle Défense nationale ?

A. Des objectifs

■ La mission de la Défense nationale est de garantir la sécurité du territoire et de protéger la population. Elle applique les engagements de la France au niveau international. L'armée assure aussi des missions de sécurité civile en cas de catastrophes naturelles ou technologiques.

■ La Défense nationale est globale, c'est-à-dire qu'elle doit faire face à toutes les formes d'agressions et n'est pas seulement l'affaire des militaires. Ainsi, tous les ministères disposent d'un haut fonctionnaire de la Défense. Enfin, la Défense nationale est permanente, c'est-à-dire organisée et préparée en temps de paix.

B. Une Défense nationale soumise au pouvoir politique

■ L'organisation de la Défense est démocratique. Le président de la République est le chef des armées. Il est le garant de l'indépendance nationale et de l'intégrité du territoire.

■ La politique de Défense est définie par le Conseil des ministres et mise en œuvre par le ministre de la Défense. Le gouvernement est chargé de l'application des lois de programmation militaire votées par le Parlement. Celui-ci vote le budget de la Défense nationale. Depuis 2008, le *Livre blanc* fixe de nouvelles stratégies rediscutées tous les 4 ans par les parlementaires.

Notion-clé

Le président de la République est le seul à pouvoir engager les forces nucléaires qui constituent la force de dissuasion.

C. Une armée de professionnels

■ Dans le cadre du plan « Armée 2000 », l'armée se restructure pour s'adapter au contexte international et aux nouvelles menaces. La France possède une armée de métier composée de professionnels.

■ Depuis la loi du 29 octobre 1997, la conscription obligatoire est suspendue (elle peut être rétablie à tout moment). Elle est remplacée par un service national volontaire pour les jeunes de 18 à 26 ans durant une période maximale de 5 ans.

D. Le parcours citoyen

■ La conscription est remplacée par un parcours de citoyenneté. C'est un des devoirs du citoyen, ouvrant le droit à se présenter aux examens.

Notes

- Désormais, le parcours citoyen s'organise en trois temps :
– l'enseignement de la Défense ;
– le recensement dans les 3 mois qui suivent les 16 ans en mairie ;
– la Journée Défense et Citoyenneté (JDC) depuis 2010, ancienne Journée d'appel à la préparation à la Défense : tous les citoyens (garçons et filles) doivent participer à cette journée durant laquelle les jeunes sont informés des métiers de la Défense et du service national volontaire. Depuis 2007, la question européenne est abordée au travers de la citoyenneté et de la Défense.

2 La sécurité collective

A. Un nouveau contexte mondial

- Les conflits régionaux (guerres civiles, guerres ethniques, etc.) se sont multipliés et la France participe à des missions internationales. Pour défendre ses intérêts, elle intervient sur la scène internationale. Elle participe ainsi à la Politique européenne de sécurité et de Défense (PESD) et, depuis 2009, au commandement militaire de l'Organisation du traité de l'Atlantique Nord (OTAN). Elle est également membre du Conseil de sécurité de l'ONU et participe activement aux opérations de maintien de la paix, ainsi qu'à des missions humanitaires.

B. Quelle sécurité ?

- Les actes terroristes du 11 septembre 2001 aux États-Unis, puis ceux de Madrid (2004), de Londres (2005) et de Paris (2015) notamment ont modifié le sens des missions de la Défense nationale. Les limites entre sécurités intérieure et extérieure, entre missions civiles et militaires s'atténuent. Les acteurs internationaux ne sont plus seulement les États. Ce sont également des organisations (ex. : *al-Qaïda, Daech*), ou des individus.
- Le risque d'une attaque terroriste est important. De même, la piraterie, les trafics, la prolifération d'armes et les attaques informatiques sont devenus des menaces mondialisées.

Teste-toi !

Corrigés p. 38

A. Pourquoi dit-on que la Défense nationale est « globale » ?
B. Qui est le chef des armées ?
C. Qui vote le budget de la Défense nationale ?
D. Qu'est-ce que la « JDC » ?
E. Depuis quand les missions de la Défense nationale ont-elles évolué ?

Notes

CORRIGÉS DES *TESTE-TOI !*

Fiche 1. **A** : l'assassinat de l'archiduc François-Ferdinand à Sarajevo. – **B** : les Empires allemand, austro-hongrois et l'Italie. – **C** : trois phases. – **D** : c'est l'entrée en guerre des États-Unis et l'arrêt des combats de la Russie. – **E** : le 11 novembre 1918. Fiche 2. **A** : entre 9 et 10 millions de morts. – **B** : il y a des millions de morts, d'orphelins, de veuves, d'invalides, et le 1er génocide. – **C** : car ils financent la reconstruction de l'Europe. – **D** : la SDN a peu de moyens, l'Allemagne dénonce le Diktat versaillais. Fiche 3. **A** : problèmes de ravitaillement et défaites militaires. – **B** : application des thèses d'Avril « paix immédiate, terre aux paysans, pouvoir aux soviets ». – **C** : en écartant son principal rival, Trotski. – **D** : des arrestations et déportations. – **E** : encadrement de la population, propagande, culte de la personnalité, purges, déportations. Fiche 4. **A** : car c'est un régime combattu par les extrêmes droite et gauche, les monarchistes et l'armée. – **B** : légalement, en étant appelé par Hindenburg comme chancelier. – **C** : la population est étroitement surveillée. – **D** : ils sont déportés ou assassinés. – **E** : car il y a exclusion et déportation des Juifs et des Tziganes. Fiche 5. **A** : à des difficultés économiques, sociales et politiques. – **B** : manifestation des ligues contre la République. – **C** : le Front populaire. – **D** : accords entre le patronat et les syndicats (hausse des salaires et renforcement du droit syndical). – **E** : la guerre civile espagnole (1936-1939). Fiche 6. **A** : Blitzkrieg ou guerre éclair. – **B** : le Royaume-Uni. – **C** : parce que le Japon attaque la base américaine de Pearl Harbor en décembre 1941. – **D** : El Alamein (novembre 1942) et Stalingrad (février 1943). – **E** : capitulation allemande : 7 et 8 mai 1945 ; capitulation japonaise : 2 septembre 1945. Fiche 7. **A** : France et Croatie. – **B** : l'extermination des Juifs d'Europe centrale et orientale. – **C** : 5 à 6 millions de Juifs et 1,5 million de Tziganes. – **D** : soutenir l'effort de guerre de l'Allemagne nazie. – **E** : Service du Travail Obligatoire. Fiche 8. **A** : plus de 50 millions de morts. – **B** : le procès de Nuremberg. – **C** : régler le sort de l'Allemagne et de la Pologne jusqu'à la paix. – **D** : domination économique et possession de l'arme nucléaire des États-Unis ; l'URSS bénéficie d'un prestige important suite à la libération des peuples d'Europe centrale et orientale. – **E** : maintenir la paix et développer la coopération internationale. Fiche 9. **A** : Séparation en deux zones : la zone Nord occupée par l'Allemagne et la zone libre au sud. – **B** : Régime instauré par Vichy autour de l'idéologie Travail, Famille, Patrie. – **C** : Aide économique à l'effort de guerre de l'Allemagne et répression policière des opposants au Reich. – **D** : Mouvement de résistance extérieur. – **E** : Conseil national de la Résistance, unifiant tous les mouvements de la Résistance intérieur. Fiche 10. **A** : la Seconde Guerre mondiale, l'anticolonialisme des États-Unis et de l'URSS, le rôle de l'ONU. – **B** : un pays récemment indépendant et en retard économique. – **C** : conférence qui s'exprime contre le colonialisme, contre la guerre froide et pour une coopération entre États pour développer les économies des pays du tiers monde. – **D** : mouvement qui rejette le système bipolaire né de la guerre froide. – **E** : contexte d'un monde bipolaire, instabilités politiques. Fiche 11. **A** : par la mise en place d'« un rideau de fer ». – **B** : aide économique aux pays européens. – **C** : des pays libérés par l'Armée Rouge devenus communistes. – **D** : OTAN sous commandement des États-Unis et Pacte de Varsovie sous commandement de l'URSS. – **E** : crise de Berlin (1948), guerre de Corée (1950-1953), crise de Cuba (1962). Fiche 12. **A** : la crise de Cuba (1962). – **B** : installation d'une ligne téléphonique directe entre Washington et Moscou (1963), les traités de désarmement (SALT 1 et 2), les accords d'Helsinki. – **C** : contestations des blocs, guerres au Proche-Orient, guerre du Vîet Nam. – **D** : à cause de l'affaiblis-

Notes

sement des États-Unis, les révolutions communistes en Amérique latine, l'invasion de l'Afghanistan par l'URSS (1979). – **E** : Mikhaïl Gorbatchev. Fiche 13. **A** : construire la paix et développer une solidarité entre des pays européens. – **B** : le marché commun du charbon et de l'acier entre 6 États européens. – **C** : le 25 mars 1957. – **D** : un espace interne à l'UE de libre circulation des personnes. – **E** : 28. Fiche 14. **A** : l'arrivée au pouvoir de Mikhaïl Gorbatchev et la mise en place de la Perestroïka. – **B** : fin du communisme en URSS et les États-Unis dominent seuls le monde. – **C** : un réseau terroriste international. – **D** : l'invasion de l'Afghanistan et de l'Irak. – **E** : Brésil, Russie, Inde, Chine. Fiche 15. **A** : Le GPRF dirigé par le général de Gaulle. – **B** : Nationalisation, Sécurité sociale, comités d'entreprise. – **C** : Par référendum. – **D** : Création du SMIG, 3e semaine de congés payés, création des HLM. – **E** : La guerre d'Algérie. Fiche 16. **A** : la guerre d'Algérie (1954-1962). – **B** : le renforcement du rôle du président de la République. – **C** : sept ans. – **D** : en janvier 1963, traité de coopération suivant 3 axes : politique étrangère, défense et culture (traité de l'Élysée). – **E** : il a obtenu une majorité de non (52 %) au référendum sur la régionalisation. Fiche 17. **A** : Pompidou (1969-1974), Giscard d'Estaing (1974-1981), Mitterrand (1981-1995), Chirac (1995-2007), Sarkozy (2007-2012), Hollande (2012). – **B** : majorité à 18 ans, légalisation de l'IVG. – **C** : abolition de la peine de mort, régularisation des immigrés clandestins, durée hebdomadaire du travail ramenée à 39 heures, 5e semaine de congés payés, retraite à 60 ans… – **D** : 1986, 1993 et 1997. – **E** : car au 2nd tour de l'élection présidentielle, J.-M. Le Pen, candidat du Front national, est présent face à J. Chirac. Fiche 18. **A** : Les années de forte croissance économique avec un chômage inexistant (1945-1975). – **B** : Par les résultats du plan Marshall et la modernisation de l'économie. – **C** : Ralentissement de la croissance, augmentation du chômage et crise minière et industrielle. – **D** : Proportion croissante des femmes dans le monde du travail. – **E** : Accès du plus grand nombre à la culture et à l'éducation. Fiche 19. **A** : 22 %. – **B** : parce que 80 % de la population vit dans un espace urbain. – **C** : en raison du moindre coût des terrains, des communications plus rapides, de l'aspiration à la propriété d'une maison individuelle et de l'agrément d'un cadre de vie plus rural. – **D** : poids écrasant de Paris et dissymétrie Est-Ouest encore marquée. – **E** : un centre et des périphéries. Fiche 20. **A** : par la modernisation, la délocalisation et la restructuration. – **B** : par des investissements. – **C** : régions qui ont connu la 1re industrialisation du XIXe siècle (Nord-Pas-de-Calais, nord de la Lorraine, Creusot, Saint-Étienne). – **D** : l'Auvergne-Rhône-Alpes. – **E** : le Sud et l'Ouest. Fiche 21. **A** : c'est le 1er producteur européen et 3e exportateur européen. – **B** : utilisation de pesticides, pollution des eaux, pompage des nappes phréatiques. – **C** : Des agricultures mettant l'accent sur la qualité des produits, le respect de l'environnement et la valorisation des paysages. Fiche 22. **A** : des activités qui fournissent des services aux entreprises et aux particuliers. – **B** : État, entreprises, personnes. – **C** : les agglomérations. – **D** : 7 % du PIB et presque 1 million d'emplois. – **E** : balnéaire, montagnard, rural, culturel, religieux de mémoire. Fiche 23. **A** : Un espace comptant moins de 30 hab./km². – **B** : Zones de montagne (Massif central), plateau agricoles (Champagne), régions intérieures (Landes). – **C** : 4 millions de personnes. – **D** : Une large bande de territoire de faible densité démographique allant de la Meuse aux Landes. – **E** : Agriculture, sylviculture, production d'énergie. Fiche 24. **A** : 1963, à la création de la DATAR. – **B** : répartir harmonieusement les hommes et les activités. – **C** : l'État, les collectivités locales, l'UE et des acteurs privés. – **D** : la concentration des activités et des fonctions de commandement dans certains centres urbains. – **E** : permettre à des territoires d'acquérir un rôle central dans un domaine particulier à l'échelle nationale, voire mondiale. Fiche 25. **A** : l'accord pour le développement de l'énergie atomique. – **B** : accords qui prévoient l'abolition des contrôles aux frontières communes des États signataires. – **C** : car il crée un marché unique (Communauté européenne ou Union européenne) sans frontières intérieures, sans restrictions de circulation des personnes et des capitaux et adopte une monnaie unique, l'euro. – **D** : espace qui s'étend de Londres à l'Italie du Nord en passant par l'axe rhénan et qui concentre les principales métropoles européennes et les principales activités industrielles et de recherche. – **E** : par la lutte contre les inégalités régionales. Fiche 26. **A** : car elle est un isthme entre l'Europe du Nord et du Sud, et un finistère occidental du continent européen. – **B** : par les lignes à grande vitesse (LGV). – **C** : la combinaison des modes de transports. – **D** : elle impose aux États membres d'identifier les sites industriels présentant des risques majeurs d'accidents. Fiche 27. **A** : elle est composée d'îles. – **B** : Départements et Régions d'outre-mer. – **C** : elle a un statut provisoire de collectivité spécifique en attente du référendum de 2018 pour statuer sur son indépendance. – **D** : Médecins du monde. – **E** : environ 200 millions. Fiche 28. **A** : 1789. – **B** : acquisition de la nationalité française par filiation. – **C** : par naturalisation ou mariage selon certaines conditions. – **D** : droit de voter. – **E** : 1992 (traité de Maastricht). Fiche 29. **A** : par l'école, le suffrage universel, la Défense et les commémorations. – **B** : unité territoriale et politique de la nation. – **C** : La Marseillaise. – **D** : le peuple de Paris (bleu et rouge) uni au roi (blanc). – **E** : par une femme coiffée du bonnet phrygien : Marianne. Fiche 30. **A** : en raison de la multiplication des conflits locaux et régionaux. – **B** : le président de la République. – **C** : le Parlement. – **D** : Journée Défense et citoyenneté. – **E** : depuis les attentats du 11 septembre 2001 aux États-Unis et ceux en Europe.

Notes

Crédits photographiques

p. 146 : Bon Appetit/Shutterstock ; p. 154 : bilha golan/Shutterstock ; p. 157 gauche : YuryKo/Shutterstock ; p. 157 droite : Guan jiangchi/ Shutterstock ; p. 158 (scooter) : Supertrooper/Shutterstock ; p. 158 (rollers) : monticello/Shutterstock ; p. 158 (moto) : MiloVad/Shutterstock ; p. 158 (train) : S-F/Shutterstock ; p. 172 : Santé publique France/www.santepubliquefrance.fr ; p. 176 : Ministère du Développement durable ; p. 178 (haut) : joshya/Shutterstock ; p. 178 (bas) : Teguh Mujiono/ Shutterstock ; p. 180 : BlueRingMedia/Shutterstock ; p. 189 : stihii/ Shutterstock ; p. 199 (haut) : BlueRingMedia/Shutterstock ; p. 199 (bas) : Alila Medical Media/Shutterstock. © Scratch : p 103 à 106 et dépliant p. 8 : Scratch est développé par le groupe Lifelong Kindergarten auprès du MIT Media Lab. Voir http://scratch.mit.edu

Achevé d'imprimer en Slovaquie par Polygraf
Dépôt légal : Mai 2017 - Collection n° 67 - Édition 01
63/1106/8